Mit Illustrationen von Werner Ruhner

Herbert Wotte

David
LIVINGSTONE

Das Leben
eines Afrikaforschers

VEB F. A. Brockhaus Verlag
Leipzig

ISBN 3-325-00174-2

4., veränderte Auflage
© VEB F. A. Brockhaus Verlag Leipzig, DDR, 1973
Lizenz-Nr. 455/150/8/88   LSV 5008
Lektor: Hanna Link/Roland Walter
Kartenredaktion: Helmut Sträubig/Rüdiger Thomas
Buchgestaltung: Hans-Jörg Sittauer
Printed in the German Democratic Republic
Gesamtherstellung: Grafische Werke Zwickau
Redaktionsschluß: 30. 3. 1987
Bestell-Nr. 586 861 2
01200

Inhalt

I

Ein Fabrikarbeiter
wird Arzt und Missionar

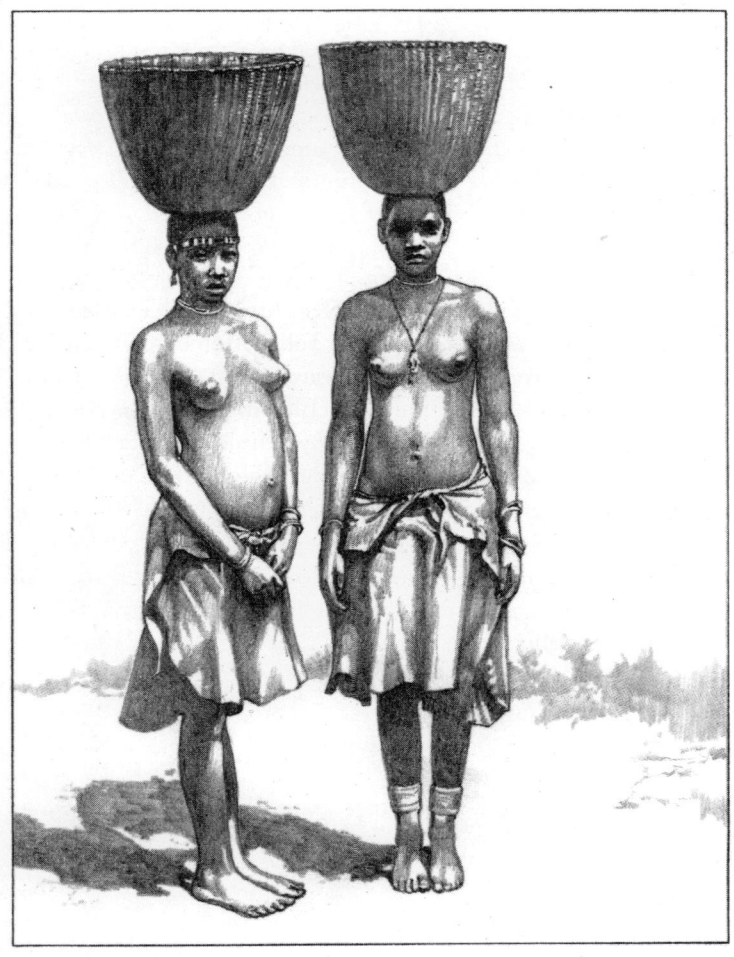

Ein schottischer Dickschädel. Noch nicht lange bedient der hagere, schwächlich aussehende Jüngling die Spinnmaschine. Er arbeitet zwar schon acht Jahre in der Fabrik von Monteith & Co. in Blantyre Works, einem großen Industriedorf südlich von Glasgow in Schottland. Aber erst mit achtzehn Jahren wurde er »zu der mühsamen Arbeit des Baumwollspinners befördert«, wie er später berichtete.

Der Aufseher ist ihm nicht eben wohlgesinnt. Auf seinen Kontrollgängen bleibt er gewöhnlich hinter dem jungen Livingstone stehen und beobachtet ihn eine Weile. Der sonderbare Mensch hat stets vor sich auf der Maschine ein Buch liegen, um von Zeit zu Zeit einen Satz daraus erhaschen zu können. Das Getöse rundum scheint ihn nicht zu stören. Die Spinnmaschinen sind damals noch unvollkommen und verlangen von dem Mann, der sie bedient, ständige Aufmerksamkeit und viele Handgriffe. Die längste Pause, die David Livingstone jedesmal zum Lesen gewinnt, beträgt weniger als eine Minute. Dem Aufseher hat dieser schmächtige Bursche mit seiner Lese- und Lernwut von Anfang an mißfallen. Aber die Maschine läuft, der Bursche vergißt sie nicht, Nachlässigkeit kann man ihm nicht vorwerfen. Und auch darüber ärgert sich der Aufseher, denn nur zu gern würde er diesem Dickschädel seinen Spleen austreiben, ihm bewußt machen, was und wo er ist; doch der bietet ihm dazu keine Handhabe. Und die Firma Monteith unterstützt ja solche Faxen noch, indem sie für ihre Arbeiter eine Abendschule unterhält; sie hat nichts dagegen, daß die jungen Leute Latein lernen und Cornelius Nepos oder Cäsar in der Ursprache lesen. Das hält sie davon ab, über ihre Lage und über soziale Gerechtigkeit nachzudenken. Und daß auf der Maschine des jungen Livingstone keine Schriften gefährlichen, umstürzlerischen Inhalts liegen, hat der Aufseher natürlich längst festgestellt. Er setzt seinen Rundgang fort und tröstet sich damit, daß sich schon einmal eine Gelegenheit finden wird, dem eigensinnigen Burschen einen Denkzettel zu verpassen ...

Am 19. März des europäischen Schicksalsjahres 1813 war David Livingstone in Blantyre zur Welt gekommen.

Im Oktober jenes Jahres sicherte der Sieg der verbündeten Mächte Österreich, Rußland und Preußen in der Völkerschlacht bei Leipzig die Vormachtstellung Großbritanniens in der Welt für ein Jahrhundert. Die Kontinentalsperre, mit der Napoleon Englands Industrie und Handel tödlich treffen wollte, hatte ihren Zweck verfehlt und im Gegenteil das Inselreich gerade zur vollen Entfaltung seiner Seemacht und zum Überseehandel genötigt. Durch die jahrelange Verwicklung der europäischen Kontinentalstaaten in blutige und kostspielige Kriege hatte Napoleon selber seinem Todfeind zum ersten Platz unter den Großmächten verholfen.

Die Familie Livingstone spürte indessen nichts von Großbritanniens wachsender Macht und Größe. Was an Gewinn aus den fremden Erdteilen ins Land strömte, blieb in den Fingern der Monteith und ihresgleichen hängen. Die Livingstones gehörten zu den Millionen, die durch harte Arbeit und durch den Einsatz ihres Lebens im Krieg den Reichtum der Fabrik- und Handelsherren ins Unermeßliche mehrten. Alle Brüder von Davids Vater Neil Livingstone hatten während des Krieges gegen Frankreich als Soldaten oder Matrosen gedient. Einer von ihnen, der auf ein Kriegsschiff »gepreßt« worden war, wie Livingstones Biograph Blaikie 1880 schrieb, hatte im Mittelmeer den Tod gefunden. Nur Neil war daheim in Blantyre geblieben, hatte einen Teehandel angefangen und geheiratet. David war sein zweiter Sohn, er bekam später noch mehrere Geschwister.

Die Familie war arm, und schon als Kind mußte David, gleich seinem älteren Bruder, zum Unterhalt beitragen. Einige Jahre durfte er die Dorfschule besuchen, dann schickten ihn seine Eltern als Fadenanstückler in die Fabrik. Zehn Jahre alt, verließ er die Schule und wurde Arbeiter. Ein Gesetz, das Kinderarbeit verboten hätte, gab es in den zwanziger Jahren des vorigen Jahrhunderts nicht. Nie hat Livingstone erzählt, wie ihm damals zumute war, nie hat er sich über seine harte Kindheit beklagt.

Es scheint, als hätte die streng religiöse Erziehung in dem Heranwachsenden keinerlei Protest gegen die ihn umgebenden sozialen Mißstände aufkommen lassen. Aus gewissen dunklen Andeutungen seines ersten Biographen Blaikie kann man jedoch entnehmen, daß der junge Livingstone die sich ständig verbreiternde Kluft zwischen arm und reich sehr wohl bemerkte und nicht kritiklos hinnahm. Protest, Auflehnung, Streik gab es unter dem anwachsenden Proletariat der Industriemacht England schon damals. Aber die christliche Religion lehrte David, aus Demut vor Gott die angeblich von Gott geschaffene Weltordnung anzuerkennen. Zugleich aber reifte in ihm der Entschluß, sich persönlich aus dem trostlos öden Fabrikarbeiterdasein zu befreien. Schon als Kind lernte er gern, und diesen Willen zum Lernen konnte die eintönige Arbeit an der Maschine nur täglich stärken und härten.

Morgens um sechs mußte David in der Fabrik sein, und die Arbeitszeit, nur von der Frühstücks- und der Mittagspause unterbrochen, dauerte bis acht Uhr abends. Wann blieb da noch Zeit zum Lernen? fragt man sich verwundert. Nun, von den vierundzwanzig Stunden des Tages waren immer noch zehn übrig! Von acht bis zehn Uhr abends saß der Junge in der Abendschule, für die die Firma eigens einen Schulmeister angestellt hatte, einen freundlichen und bescheidenen Mann, der sich mit einer lächerlich niedrigen Bezahlung zufriedengab. Von einem Teil seines ersten Wochenlohnes hatte sich David ein Buch gekauft – kein Märchen- oder Abenteuerbuch, sondern die »Anfangsgründe der lateinischen Sprache«. Bei seinem Eifer dauerte es nicht lange, bis er mit jedem gleichaltrigen Gymnasiasten hätte wetteifern können – er, der arme kleine Fabrikarbeiter mit seinem vierzehnstündigen Arbeitstag! »Ich las auf diese Weise manche von den Schriftstellern des klassischen Altertums und kannte mit sechzehn Jahren Vergil und Horaz besser als heutzutage«, schreibt er viele Jahre später in der Einleitung zu seinem ersten Reisewerk. »Das Nachschlagen im Wörterbuch und ähnliche Hilfsarbeiten für die Abendschule wurden sodann bis Mitternacht oder noch länger daheim fortgesetzt, wenn meine Mutter nicht Einhalt tat, indem sie aufsprang und mir das Buch aus der Hand riß.« Und am nächsten Morgen um sechs war David wieder in der Fabrik. Welche fast übermenschliche Zähigkeit, Willenskraft und Selbstüberwindung dazu gehörte, dieses Leben jahrelang durchzuhalten, kann man heute kaum noch ermessen.

Übrigens büffelte der junge Livingstone nicht nur lateinische Grammatik und Vokabeln. »In meiner Lesewut verschlang ich damals alle Bücher, die mir in die Hand fielen, mit Ausnahme von Romanen. Wissenschaftliche Werke und Reisebeschreibungen waren meine Lieblingslektüre.«

Man sollte meinen, der Vater hätte sich über den Lerneifer seines zweiten Sohnes gefreut, doch Neil Livingstone dachte darüber anders. Er war ein sehr frommer Mann; er gab Unterricht in einer Sonntagsschule und war mehr darauf bedacht, die Traktätchen, die er von religiösen Gesellschaften bezog, an den Mann zu bringen als den Tee, mit dem er handelte. Infolgedessen sank sein Umsatz. So gern er es sah, daß seine Kinder die religiösen Wochenblätter lasen, die er für sie hielt, so sehr mißbilligte er es, daß David viel lieber über naturgeschichtlichen Büchern saß, die sein Denken doch nur vergiften konnten – Neil Livingstone sah in der Wissenschaft eine gefährliche Feindin der Religion. Immer wieder drängte er dem Sohn seine Erbauungsbücher auf. Doch dem Jungen waren die trockenen Abhandlungen und Moralpredigten zuwider. Der aufgebrachte Vater griff zum Stock, um den widerspenstigen Sohn zu »überzeugen«, und erreichte damit das Gegenteil.

Der Widerwille des Jungen galt nur den religiösen Büchern, nicht der Religion selbst. Er blieb zeitlebens ein gläubiger Christ. Aber er hielt sich mehr an das Bibelwort »An ihren Früchten sollt ihr sie erkennen« und sah die Früchte wahren Christentums in Taten der Menschenliebe.

Davids erste naturkundliche Lektüre war ein altes Kräuterbuch. Es weckte in ihm den Wunsch, das Gelesene und im Bild Gesehene in der Natur aufzusuchen. Und so beschränkt seine freie Zeit war, er durchwanderte dennoch die Umgebung von Blantyre – die bewaldeten Höhen im Süden, die von Laubwald gesäumten Ufer des Clyde – und forschte nach den in seinem Buch beschriebenen Pflanzen. Oft begleiteten ihn seine beiden Brüder. Einmal kamen die Jungen an einen Kalksteinbruch und entdeckten mit Staunen Muscheln im Gestein – ein Naturwunder, das auch die Steinbrucharbeiter nicht zu erklären wußten. David packte sich alle Taschen mit solchen Muschelsteinen voll, um daheim eine Sammlung anzulegen. Natürlich interessierten ihn auch die Tiere in den Wäldern und die Fische im Clyde und in den Teichen. Und er wäre kein richtiger Junge gewesen, wenn sich in ihm nicht die Jagdlust geregt hätte, die als Erbteil urzeitlicher Vorfahren in jedem Jungenherzen schlummert und in einem bestimmten Alter erwacht. In den Bächen fing David Forellen, und auch Lachse mußten dran glauben. Einmal hatten die Jungen den Beutel vergessen, in dem sie gewöhnlich den Fang verstauten. Und gerade an diesem Tag fing David einen besonders stattlichen Fisch. Offenbar wußte er recht gut, daß Jagd und Fischerei durch Gesetze geregelt waren, denn auf dem Heimweg mußte sein Bruder Charles die Beute in seiner Hose bergen und mit einem schlimm geschwollenen Bein durchs Dorf hinken. Trotz ihrer strengen Erziehung waren die Brüder Livingstone also keineswegs Duckmäuser.

Davids Liebe zur Natur und der Drang, ihre Geheimnisse zu ergründen, sein Wissensdurst und seine Freude am Lernen, das alles vertrug sich nicht mit der trüben Aussicht, sein ganzes Leben an der Spinnmaschine hinbringen zu müssen. Schon früh hat er wohl den brennenden Wunsch verspürt, sich aus dieser Enge zu befreien, sonst wäre sein geradezu fanatischer Lerneifer kaum zu verstehen. Aber wann sich der Wunsch zum Willen verdichtete und seit wann sich dieser Wille auf ein bestimmtes Ziel richtete, läßt sich nicht genau feststellen. Jedenfalls bekommt er, als er schon zwei oder drei Jahre als Baumwollspinner arbeitet, eines Tages einen Aufruf zu lesen, den der in China tätige evangelische Missionar Gützlaff an die englischen und amerikanischen Kirchen gerichtet hat.

Karl Gützlaff, 1803 in Pommern geboren, also zehn Jahre älter als Livingstone, war ebenfalls armer Leute Kind. Er hatte Gürtler gelernt, war aber dann Missionar geworden, hatte in Singapur und Bangkok gewirkt und bereiste seit 1831 die Küstengebiete Chinas, wobei er die Bevölkerung zum Christentum zu bekehren versuchte und selbstverfaßte Missionsschriften vertrieb.

Gützlaffs Aufruf wird für den etwa zwanzigjährigen Livingstone der Wegweiser in die Zukunft. Er nimmt sich vor, es Gützlaff gleichzutun und Missionar in China zu werden. Die Eltern billigen seinen Entschluß, besonders der Vater freut sich darüber. Die Ausbildung zum Missionar ist auch nicht unerschwinglich teuer. In England bestehen mehrere Missionsgesellschaften, die dem unbemittelten jungen Mann sicherlich unter die Arme greifen werden.

Doch David will sich nicht damit begnügen, nur Missionar zu sein. Sein Vorbild Gützlaff betätigt sich nebenher auch als Arzt und gibt dadurch seinem missionarischen Wirken eine gute Grundlage. Wenn Livingstone sein Leben »der Linderung menschlichen Elends widmen« will, wie er selbst sagt, so wird er am besten dem Beispiel Gützlaffs folgen. Sich zum Arzt auszubilden ist freilich viel schwieriger, als Missionar zu werden. Das Medizinstudium ist eine langwierige und kostspielige Sache, und für die Kosten muß er selber aufkommen. Wie will er das schaffen, der junge Arbeiter, der täglich vierzehn Stunden an der Maschine steht? Es gibt nur *eine* Möglichkeit: Er muß sich das Geld zusammensparen, zunächst für das erste Semester. Einen Teil seines Wochenlohns gibt er der Mutter ab, einen Teil legt er beiseite. Als Baumwollspinner verdient er verhältnismäßig gut. Dennoch gehören eine heutzutage fast unvorstellbare Bedürfnislosigkeit und eine auch zu jener Zeit seltene Härte gegen sich selbst dazu, das Vorhaben in die Tat umzusetzen. Die einzige Ausgabe, die sich Livingstone hin und wieder leistet, ist die Anschaffung eines Buches – eines belehrenden, wissenschaftlichen natürlich.

Zu Beginn des Winters 1836/37 machen sich David und sein Vater zu Fuß von Blantyre nach Glasgow auf, der Sohn mit einem Verzeichnis möblierter Zimmer in der Tasche, das ihm ein Freund mitgegeben hat. Den ganzen Tag wandern sie durch die beschneiten Straßen der Universitätsstadt – die Zimmer sind alle zu teuer. Endlich wählen sie ein Stübchen für zwei Schilling die Woche.

In diesem Wintersemester hört David hauptsächlich medizinische Vorlesungen, daneben Altgriechisch und Theologie. Der Assistent des Chemieprofessors hatte ursprünglich Handwerker werden sollen, und in dem Zimmer, das er bewohnt, befinden sich eine Hobel- und eine Drechselbank und allerlei Handwerkszeug. In dieser kleinen Werkstatt treffen sich ein paar Studenten in ihrer Freizeit, unter ihnen auch Livingstone, dem es klar ist, daß ein Missionar »a Jack of all trades«, ein Tausendkünstler, sein muß, wenn er sich auf einsamem Vorposten behaupten will.

Das Wochenende verbringt David im Elternhaus, wo sich schon alle auf den Samstagabend freuen, wenn der Student am offenen Kaminfeuer erzählt, was er in der vergangenen Woche erlebt hat. Bei aller Strenge in den Grundsätzen führen die Livingstones ein glückliches Familienleben. David hat vor seinem Vater hohe Achtung. Neil Livingstone interessiert sich trotz seiner übergroßen Frömmigkeit lebhaft für das, was er den »Fortschritt der Welt« nennt, und liest gern Reiseschilderungen, besonders von Missionaren geschriebene. Die eigentliche Seele der Familie scheint die Mutter gewesen zu sein, eine zarte kleine Frau mit auffallend schönen Augen, die sie ihrem zweiten Sohn ebenso vererbte wie ihr heiteres fröhliches Wesen, ihre Sorgfalt, Reinlichkeit und Pflichttreue.

Im April 1837, nach dem ersten Semester, kehrt der nun schon

Vierundzwanzigjährige nach Blantyre zurück und nimmt seine Arbeit in der Spinnerei wieder auf, um Geld zum Weiterstudieren zu verdienen. Für den zweiten Winter in Glasgow kann er jedoch nicht genug beiseite legen, er muß bei seinem älteren Bruder borgen. Da raten ihm Freunde, sich doch an die Londoner Missionsgesellschaft zu wenden, um sich den Weg zu seinem Berufsziel zu erleichtern. Livingstone zögert; er ist gewöhnt, ganz selbständig seinen eigenen Weg zu suchen, und möchte nicht von anderen abhängig werden. Erst als man ihm versichert, diese Gesellschaft sei frei von aller konfessionellen Engherzigkeit, entschließt er sich, »nicht ohne einige Beklemmung«, die Verbindung mit ihr aufzunehmen. Aber noch nach vielen Jahren wollte er die Verdienste der Missionsgesellschaft um seinen beruflichen Werdegang nicht überschätzt wissen und schrieb mit berechtigtem Stolz: »Ich erhielt niemals von irgend jemandem auch nur einen Pfennig Unterstützung und würde meinen Vorsatz, als Arzt und Missionar nach China zu gehen, im Laufe der Zeit auch durch meine eigenen Bemühungen und Mittel ausgeführt haben.« Dieser eigensinnige Wille zur Unabhängigkeit und zum Alleingang tritt in Livingstones Laufbahn als Missionar und Forscher immer wieder zutage – bis zu seinem einsamen Tod tief im Innern Afrikas.

Die Missionsgesellschaft nimmt sein Gesuch vorläufig an und ruft ihn zur Vorstellung und Prüfung in die Hauptstadt. Zugleich mit ihm trifft ein anderer Bewerber namens Moore ein. Sie begegnen sich in der Herberge, werden bei Tisch miteinander bekannt und besichtigen gemeinsam die Sehenswürdigkeiten Londons. Nachdem sie die Prüfung bestanden haben, besuchen sie die Westminsterabtei, wandern von Grabmal zu Grabmal und lesen ehrfürchtig die Namen der berühmten Persönlichkeiten, die in Westminster beigesetzt sind. Sie können nicht ahnen und wagen nicht einmal davon zu träumen, daß dereinst auch einer von ihnen hier ruhen wird.

Mit anderen Missionszöglingen verbringen sie nun bei einem Pfarrer in Ongar, Essex, eine dreimonatige Probezeit. Sie wohnen zusammen und schließen eine Freundschaft, die das ganze Leben dauern wird. Moore, der später als Missionar nach Tahiti ging, fühlt sich täglich mehr zu Livingstone hingezogen: »Trotz seiner etwas unbeholfenen Art und seinem keineswegs einnehmenden Gesicht umgab ihn ein unbeschreiblicher Reiz, der wohl jedermann anzog und ihm auch bei seinen späteren Wanderungen in Afrika sehr zustatten kam. Er bezauberte alle, die sich ihm näherten.« Das ist keine Idealisierung aus späterer Sicht, denn diesen Eindruck bestätigen andere in ihren Erinnerungen. »Er war gegen jedermann so gut und mild in Wort und Tat, daß ihn alle liebten. Immer hatte er ein freundliches Wort zur Hand, und wo jemand leidend war, widmete er ihm seine volle Teilnahme... Bei einer gewissen Rauheit und Unbeholfenheit im Ausdruck äußerte er seine Meinung schlicht und freundlich und doch auch mit großer Bestimmtheit«, erinnert sich ein anderer Kandidat, der zugleich mit ihm in Ongar weilte. Auch auf die afrikanischen Menschen übte Livingstones Persönlichkeit einen eigentümlichen Zauber aus. Seine einfache, gütige Art, seine Ruhe und Geduld selbst in den heikelsten Lagen, sein Taktgefühl auch den »Wilden« gegenüber bewirkten, daß er aus den vielen Gefahren, die ihm in Afrika von Menschenhand drohten, heil hervorging.

Und noch einen Charakterzug heben seine damaligen Bekannten hervor: sein zähes Festhalten an einer Meinung, die er für richtig hält, oder an einem Ziel, das er sich gesteckt hat. Eine Episode, die Moore erzählt, bezeugt diese Zähigkeit, die Livingstone später in Afrika befähigte, die härtesten Strapazen und Entbehrungen zu ertragen. An einem nebligen Novembermorgen verließ er um drei Uhr morgens Ongar, um zu Fuß nach London zu gehen und für seinen älteren Bruder, der einen Spitzenhandel betrieb, einiges zu erledigen. Den Tag verbrachte er in London mit Besuchen und Besorgungen. Ohne sich irgendwo ausgeruht zu haben, trat er danach den Heimweg an. Außerhalb Londons sah er eine Frau bewußtlos an der Straße liegen, sie war mit ihrem Handwagen verunglückt. Er half sie in ein nahes Haus bringen, überzeugte sich, daß sie kein Glied gebrochen hatte, und wartete, bis der herbeigerufene Arzt eintraf. Dann erst setzte er seinen Weg fort. Es wurde dunkel, er war sehr müde und an den Füßen wund. Da merkte er, daß er sich verirrt hatte. Am liebsten hätte er sich jetzt niedergelegt und geschlafen, doch er zwang sich weiterzugehen und erblickte schließlich im Sternenlicht einen Wegweiser. Er kletterte an dem Pfahl hoch, entzifferte die Inschrift und fand sich nun wieder zurecht. »Gegen Mitternacht kam er an jenem Samstag in Ongar an, blaß wie ein Linnen und so müde, daß er kaum ein Wort sprechen konnte«, erzählt

Moore. »Ich setzte ihm Brot und Milch vor, und ich übertreibe nicht, wenn ich sage, daß ich ihn ins Bett legte. Er fiel sogleich in tiefen Schlaf und erwachte erst am Sonntagnachmittag.«

Beinahe wäre alle jahrelang aufgewandte Mühe und Sparsamkeit umsonst gewesen, denn der Bericht des Pfarrers, der in den Probemonaten die Kandidaten betreut, fällt in einem wichtigen Punkt ungünstig aus: Livingstone ist ein schlechter Prediger. Die angehenden Missionare halten in Ongar und den umliegenden Gemeinden mitunter Gottesdienst. Auch Livingstone muß eines Tages für einen erkrankten Geistlichen einspringen. Er hat sich gut vorbereitet, steigt auf die Kanzel, liest bedächtig den Text vor, über den er zu predigen hat – dann ist es aus mit der Predigt. Vergeblich sucht er nach den Anfangsworten. Endlich stößt er hervor: »Freunde, ich habe alles vergessen, was ich sagen wollte!« und verläßt eilends Kanzel und Kirche. Auch wenn er in der Pfarre von Ongar die Hausandacht zu halten hat, spricht er stockend. Schon will sich die Missionsgesellschaft gegen ihn aussprechen, da beantragt jemand, seine Probezeit zu verlängern. Diese eine Stimme entscheidet über seine Zukunft: Dem Antrag wird stattgegeben, und am Ende der verlängerten Probezeit fällt das Urteil über ihn günstiger aus, er darf Missionar werden.

Als Arbeitsfeld hat er sich, nach dem Vorbild Gützlaffs, China gewählt. Doch die englische Politik macht ihm einen Strich durch die Rechnung: Im Jahre 1839 zwingt England dem Reich der Mitte den sogenannten Opiumkrieg auf. Die chinesische Regierung hatte die Einfuhr von Opium verboten, weil dieses Rauschgift die chinesische Volkskraft schwächte und weil als Zahlungsmittel dafür massenhaft chinesisches Silber ins Ausland abfloß. Indisches Opium war aber die wichtigste und einträglichste Ware im Handel Englands mit China. Die Englisch-Ostindische Kompanie veranlaßte daher die englische Regierung zum »Einschreiten«. Der Krieg endete damit, daß China nicht nur das Einfuhrverbot aufheben, sondern auch Hongkong an Großbritannien abtreten und dem britischen Handel fünf Häfen öffnen mußte. Schon lange vor diesem Krieg nämlich hatte sich China den Europäern verschlossen, auch den christlichen Missionaren, denen es bis ins achtzehnte Jahrhundert hinein keine Hindernisse in den Weg gelegt hatte. Gützlaff hatte sich nur noch in den Küstengebieten betätigen können und auch dort nur unter Lebensgefahr.

Auf China muß Livingstone also verzichten. Doch als die Londoner Missionsgesellschaft ihn nach Westindien schicken will, erhebt er Einspruch: Er habe zwei Jahre auf das Studium der Medizin verwendet; in Westindien gebe es jedoch voll ausgebildete Ärzte, so daß sein noch unvollkommenes medizinisches Wissen und Können dort nahezu wertlos sein würde. Er bittet, ihn zuvor sein Studium vollenden zu lassen. Im stillen hofft er immer noch auf China, sieht sich aber doch bereits nach einem anderen Arbeitsfeld um und denkt dabei auch schon an Afrika.

Die Missionsgesellschaft erfüllt seinen Wunsch, er darf in London weiterstudieren. Im Charing-Cross-Hospital macht er sich mit der ärztlichen Praxis und der Krankenpflege vertraut und in einer Apotheke mit der Herstellung und Anwendung der wichtigsten Heilmittel.

Eines Tages lernt er in der Pension, in der er mit anderen zukünftigen Missionaren wohnt, einen älteren Herrn kennen, Mister Moffat, der seit vielen Jahren als Missionar in Südafrika tätig ist und sich nur vorübergehend in England aufhält. Der junge Livingstone macht sich an den erfahrenen Mann heran, der in seinem Beruf hohes Ansehen genießt, besucht seine öffentlichen Vorträge, richtet an ihn allerlei Fragen über das Missionswesen in Südafrika und will schließlich Moffats Meinung darüber wissen, ob er, Livingstone, sich für Afrika eigne. Moffat antwortet: »Ich denke schon, vorausgesetzt, daß Sie nicht auf eine alte Station gehen, sondern ein noch unbesetztes Gebiet in Angriff nehmen, zum Beispiel die nördlich von meiner Station Kuruman gelegene Ebene, wo ich manchmal in der Morgensonne den Rauch ungezählter Dörfer erblicke, in denen noch nie ein Missionar gewesen ist.« Nach kurzer Überlegung sagt Livingstone: »Was nützt es, auf das Ende dieses abscheulichen Opiumkrieges zu warten? Ich will nach Afrika gehen.«

Das bedeutet bei seinem Charakter einen neuen, festen Entschluß, den er auch sogleich, in Form einer Bitte, der Missionsgesellschaft mitteilt. Man darf annehmen, daß Moffat das Gesuch unterstützt hat, denn die Direktoren der Gesellschaft willigen ohne weiteres ein.

Die Begegnung mit Moffat war für Livingstone zwiefach schicksalhaft: Sie gab nicht nur seinem Lebensweg die endgültige Richtung, sie bescherte ihm auch – was er damals noch nicht ahnen konnte – den zukünftigen Schwiegervater.

Um den Doktortitel zu erwerben, geht Livingstone noch einmal nach Glasgow. Als er sich vor der Abreise aus London von dem Professor verabschiedet, bei dem er vergleichende Anatomie gehört hat und dem er durch sein großes Interesse für Naturgeschichte aufgefallen ist, verspricht er, ihm aus Afrika irgendeine anatomische Seltenheit zu schicken. Jahre vergingen, ohne daß von Livingstone eine Mitteilung oder gar ein seltener Fund eintraf. Der Professor nahm an, sein einstiger Schüler habe das in der Abschiedsstimmung gegebene Versprechen längst vergessen. Wie war er überrascht, als ihm nach sechzehn Jahren Livingstone, von seinem ersten Aufenthalt in Afrika zurückgekehrt, einen spiralig gewundenen Elefantenstoßzahn überreichte, dessen Transport gewiß allerhand Mühe gekostet hatte! Ein Beweis für die Zähigkeit, aber auch für die Gewissenhaftigkeit Livingstones.

Er erhält das Zeugnis der medizinischen und chirurgischen Fakultät und ist nun voll Stolz und Freude »Mitglied eines Standes, der sich vorzugsweise praktischem und werktätigem Wohlwollen widmet und mit unermüdlicher Tatkraft von Jahrhundert zu Jahrhundert sein Bemühen fortsetzt, menschliches Elend zu mildern«. Am 20. November 1840 wird er in einer Londoner Kirche feierlich in sein Missionarsamt eingesetzt. Seine Bestimmung und sein Lebensweg scheinen endgültig festgelegt.

Nur ein Abend und eine Nacht bleiben ihm, um von den Eltern und den Geschwistern Abschied zu nehmen.

»Ich erinnere mich«, schreibt eine seiner Schwestern, »daß mein Vater und er über die Aussichten für die christlichen Missionen sprachen. Sie stimmten darin überein, daß eine Zeit kommen werde, in der es reiche und große Männer für eine Ehre halten würden, ganze Missionsstationen zu unterhalten, anstatt ihr Geld für Hunde und Pferde auszugeben. Meine Mutter bereitete den Kaffee. David las den 121. und den 135. Psalm und betete. Mein Vater und er gingen nach Glasgow, um sich des Dampfers nach Liverpool zu vergewissern. Auf dem Landungsplatz von Glasgow sahen Vater und Sohn einander zum letzten Mal auf Erden.«

Die Zuversicht auf einen bevorstehenden Gesinnungswandel der »reichen und großen Männer« mutet uns, die wir die weitere Entwicklung der Dinge kennen, sonderbar weltfremd an. Der naive Glaube an eine Wandlung aller Menschen im Sinne christlicher Frömmigkeit und tätiger Nächstenliebe ist und bleibt für Livingstone eine Quelle der Kraft. Aus dem ständigen Zusammenprall seiner Illusionen mit der Wirklichkeit entstehen ihm aber auch immer neue tiefe Enttäuschungen.

Am 8. Dezember 1840 besteigt Livingstone das Schiff, das ihn nach dem Kapland bringen soll. Es fährt über Rio de Janeiro, und so betritt er zum ersten und einzigen Mal in seinem Leben amerikanischen Boden. Das zauberhafte Landschaftsbild überwältigt ihn: »Gewiß ist es das schönste Stück Erde, das ich je gesehen. Alles entzückt mich hier, nur die Menschen nicht.« Die Europäer, denen er hier begegnet, sind der Trunksucht und allen anderen Lastern ergeben. An Bord stößt ihn die Roheit der Seeleute ab.

Den Kapitän Donaldson, einen rauhbeinigen und ungeselligen Schotten, versteht er indessen für sich einzunehmen, weil er sich lebhaft für Nautik und Astronomie interessiert. Donaldson bleibt oft bis Mitternacht auf, um mit seinem wißbegierigen Fahrgast die Gestirne zu beobachten und ihn im Gebrauch des Quadranten zu unterweisen. So verschafft sich Livingstone auf der Seereise, die drei Monate dauert, die nötigen Kenntnisse für

die astronomische Bestimmung der Lage eines Ortes. Wohl kaum denkt er schon jetzt an Forschungsreisen, doch er wird sicherlich den Rat Moffats befolgen und in missionarisches Neuland vorstoßen, und dabei kann ihm die Fähigkeit, seinen Standort kartographisch genau festzustellen, von großem Nutzen sein. Daß er später einer der besten Astronomen unter allen Afrikaforschern wurde, verdankte er – nach seinen eigenen Worten – zu einem guten Teil dem Kapitän Donaldson.

Mit dem Ochsenwagen durch Südafrika. In Kapstadt wird das Schiff einen Monat lang aufgehalten. In dieser Zeit macht Livingstone erstmals Bekanntschaft mit seinen Amtsbrüdern in Afrika und erlebt dabei seine erste Enttäuschung als Missionar. Er hat erwartet, eine Schar Gleichgesinnter zu finden, die in schöner Eintracht und einander brüderlich helfend Gott und den Menschen dienen. Doch die Missionare sind nicht nur streng nach Konfessionen geschieden, sie sind zum Teil auch persönlich in kleinlicher Weise untereinander zerstritten, und bei etlichen stehen Charakter und Lebensführung keineswegs mit dem Beruf im Einklang. Den Landesbewohnern gegenüber nehmen sie zwei grundverschiedene Positionen ein: Die einen halten es mit den europäischen Ansiedlern gegen die Afrikaner, die anderen mit den Farbigen gegen die Weißen. Sehr bald stellt sich Livingstone auf die Seite derer, die sich für den Schutz der Einheimischen gegen die allenthalben zu bemerkende Willkür und Ungerechtigkeit der Eingewanderten einsetzen.

Von Kapstadt fährt das Schiff am Südende Afrikas ostwärts nach der Algoabai. In Port Elizabeth geht Livingstone an Land; und nach kurzem Aufenthalt reist er mit dem Ochsenwagen, wie ihn die europäischen Farmer seit alters benutzen, landeinwärts. Sein erstes Ziel ist Kuruman, die Missionsstation Moffats in Botswana, von den Briten Bechuanaland genannt. Sie liegt in der Luftlinie rund achthundert Kilometer nördlich von Port Elizabeth. Die Fahrt verläuft nicht etwa durch »Niemandsland«, sondern durch ein Kolonialgebiet, das europäische Ansiedler, vom Kap der Guten Hoffnung aus allmählich nach Norden und Osten vordringend, im Laufe von fast zwei Jahrhunderten besetzt haben. Man kann Livingstones spätere Erlebnisse in Südafrika und den Haß, mit dem ihn die hier ansässigen Buren ver-

folgen, nur dann verstehen, wenn man wenigstens in großen Zügen weiß, was sich vorher in diesem Lande zugetragen hat.

Als sich die ersten Europäer im Süden Afrikas niederließen, war es von den Khoi-Khoin (von den weißen Kolonialisten Hottentotten genannt) und den San (früher Buschmänner genannt) bevölkert, die man für seine historisch ältesten Bewohner hält. Seit dem zehnten Jahrhundert waren sie indessen durch Bantustämme, die über den Sambesi südwärts vordrangen, aus dem östlichen Teil Südafrikas verdrängt, zum Teil auch von den Eroberern assimiliert worden.

Als sich im siebzehnten Jahrhundert die Europäer im Kapland festsetzten, saßen im ganzen übrigen Südafrika und in Tropisch-Ostafrika Bantustämme. Die Südostküste bis zu den Drakensbergen war von den Xhosa und Zulu bewohnt. Zwischen Oranje und Vaal und nördlich davon hatten sich Sotho- und Tswanastämme niedergelassen, deren Existenzgrundlage Viehzucht und Hackbau waren. Die Männer gingen außerdem auf Jagd, Frauen und Kinder sammelten nebenher wildwachsende Früchte. Feldbau und Hauswirtschaft oblagen ausschließlich den Frauen. Großenteils lebten diese Stämme noch in urgesellschaftlichen Verhältnissen: Das Land war unveräußerliches Eigentum des Stammes oder der Dorfgemeinde; die Jagd wurde gemeinschaftlich betrieben; beim Bau einer Hütte, bei der Ernte und in Notlagen unterstützten die Sippengenossen einander; die Handwerkserzeugnisse wurden innerhalb des Stammes ausgetauscht; Märkte gab es nicht, doch fand bereits ein reger Warenaustausch zwischen den Stämmen statt.

Zu Livingstones Zeit ist die alte Gentilordnung im Verfall begriffen. Bei den Tswana und noch mehr bei den Makololo – den Stämmen, mit denen er in den sechzehn Jahren seines ersten Afrikaaufenthaltes hauptsächlich in Berührung kommt – hat sich bereits eine Oberschicht herausgebildet. Die Ober- und Unterhäuptlinge und die Sippenältesten bereichern sich auf Kosten ihrer ärmeren Stammesgenossen und beginnen diese auszubeuten: Die einfachen Stammesmitglieder müssen unentgeltlich die Herden des Häuptlings hüten und Hürden für sie anlegen, müssen seine Felder bearbeiten und Hütten für ihn bauen. Das Land ist zwar noch Stammes- oder Gemeindebesitz, aber der Häuptling oder der Sippenälteste bestimmt, wie es verteilt wird. Die Völkerschaften und Stämme Süd- und Ostafrikas befinden sich im Übergang von urgesellschaftlichen zu frühfeudalen Verhältnissen. Noch verdeckt die alte Sippenordnung die entstehenden Vermögens- und Klassenunterschiede, aber es scheiden sich schon Reiche und Arme, Ausbeuter und Ausgebeutete voneinander.

Starken Häuptlingspersönlichkeiten gelingt es vorübergehend, andere Stämme zu unterwerfen und Reiche zu errichten, die gewisse Züge eines Staatswesens tragen. Die Unterworfenen werden entweder tributpflichtig gemacht oder dem eigenen Stamm eingegliedert, mitunter auch als Haussklaven behalten. Diese patriarchalische Form der Sklaverei hat nichts mit dem von Arabern, Europäern und Amerikanern betriebenen Sklavenhandel zu tun. Die Haussklaven der afrikanischen Stämme werden nicht verkauft und gekauft, sie sind eine Art Familienmitglieder niederen Ranges. Die frühfeudalen Reiche sind nur von kurzer Dauer; meistens fallen sie beim Tode ihres Schöpfers wieder auseinander. Nur die straff organisierten Militärstaaten der Zulukönige haben längeren Bestand und sind allgemein gefürchtet, auch von den europäischen Eroberern.

Im Jahre 1652 landete am Kap der Guten Hoffnung der Niederländer Jan van Riebeeck. Das Südende Afrikas war damals den Europäern längst bekannt; schon 1488 hatte es der Portugiese Bartoloměu Diaz, den Seeweg nach Indien suchend, umsegelt. Im Auftrag der Niederländisch-Ostindischen Kompanie gründete Riebeeck eine Niederlassung, aus der später Kapstadt wurde. In den folgenden Jahren wanderten weitere niederländische Ansiedler ein, Buren genannt (ndl. boer = Bauer), und drangen allmählich ins Landesinnere vor. In mehreren Kriegen vertrieben oder versklavten sie die Khoi-Khoin; die San wurden wie Tiere gejagt und zu Hunderten vernichtet. 1698 kamen auch französische Hugenotten ins Kapland, doch blieben die niederländischen Buren weit in der Mehrzahl. Um 1776/78 stießen die Buren am Großen Fischfluß, der die Ostgrenze ihrer Besitzungen bildete, auf die bantusprechenden Xhosa und bekämpften sie in den sogenannten Kaffernkriegen.

Während der Napoleonischen Kriege, 1806, besetzte Großbritannien das Kapland; denn die Niederlande, aus denen die Buren stammten, waren unter französische Herrschaft geraten, und mit Frankreich stand Großbritannien in erbittertem Kampf um die Vorherrschaft in der Welt. Auch die Briten bekriegten die Xhosa, nahmen ihnen das Gebiet zwischen dem Großen Fischfluß und dem Keiskamafluß weg und siedelten dort um das Jahr 1820 britische Kriegsveteranen an. Mehr noch als die britische Landnahme erbitterte die Buren die Aufhebung der Sklaverei durch das britische Parlament im Jahre 1833, denn auf Sklavenarbeit beruhte die burische Wirtschaft. Seit 1836 verließen deshalb viele von ihnen die Kapkolonie. Sie luden ihre Familie und ihre bewegliche Habe auf große, feste Wagen, spannten ein bis zwei Dutzend Ochsen paarweise davor und treckten nordwärts, das Gewehr stets griffbereit.

Die Buren zogen über den Oranje, siedelten sich dort an und schlossen sich zur Oranjerepublik zusammen. Sie überschritten die Drakensberge und ließen sich in Natal nieder, konnten sich aber nur nach schweren Kämpfen gegen die von König Dingaan geführten Zulu behaupten, die ihr Land zu verteidigen suchten. Erst in einer Schlacht an dem Fluß, der nach dem blutigen Gemetzel – Tausende von Zulu waren die Opfer – den Namen Blood River erhielt, zerschlugen die Buren dank ihren Feuerwaffen den Zulustaat und gründeten die Republik Natal mit der Hauptstadt Pietermaritzburg. Doch die britische Regierung erkannte einen unabhängigen Burenstaat in einem Gebiet, auf das sie selbst Anspruch erhob, nicht an und nahm schon nach drei Jahren, 1843, Natal als britische Kolonie in Besitz. Wieder packten viele Buren ihr Hab und Gut auf Ochsenwagen und treckten unter Führung von Pretorius nordwärts bis über den Vaal, wo sie vier neue Staaten gründeten, die sich nach einigen Jahren zu einem Bund vereinigten. Daraus ging 1852/53 die Südafrikanische Republik (Transvaal) hervor, die von Großbritannien in einem Vertrag anerkannt wurde. Da sich die Briten mit dem Oranjefluß als Nordgrenze ihrer Kapkolonie einverstanden erklärten, blieben zunächst zwei unabhängige Burenrepubliken bestehen: Oranje und Transvaal. Dem Oranjefreistaat wurde später noch West- und Nordbasutoland einverleibt. Die einheimische Bevölkerung war überall teils vertrieben, teils versklavt worden.

Durch die Kapkolonie zieht Livingstone im langsamen Schritt seiner Zugochsen nordwärts bis zum Oranje, wo sich bereits Buren angesiedelt haben. Als er den Fluß durchquert, hat er sein erstes Abenteuer zu bestehen. Der Wagen stürzt um, die Ochsen geraten durcheinander und gebärden sich so wild, als wollten sie sich im Zugjoch erwürgen. Doch gleich darauf heißt es im Reisebericht: »Das Reisen gefällt mir wirklich sehr gut. Wir genießen

dabei die ausgedehnteste Freiheit. Wir schlagen unsere Zelte auf und machen unser Feuer an, wo es uns beliebt; wir gehen oder reiten oder schießen in Menge alle Arten von Wild, wie wir gerade Lust haben. Ein großer Übelstand ist allerdings dabei: Wir können nicht studieren oder lesen.«

Jenseits des Oranje durchquert Livingstone das Land der Griqua, einer Bevölkerung aus Nachkommen von Khoi-Khoin, Buren und deren Sklaven aus den ostindischen Besitzungen. Ende Juli 1841 erreicht er Kuruman, die damals vom Kap aus am weitesten landeinwärts gelegene Missionsstation in Südafrika, in der seit vielen Jahren Moffat lebt und wirkt, der zur Zeit aber noch in England weilt.

Kuruman war inmitten unabsehbarer Grasebenen an einer kräftig fließenden Quelle angelegt, deren Wasser auf Getreidefelder und in Gemüsegärten geleitet wurde. Wein, Äpfel, Pfirsiche, auch Feigen, Zitronen und andere Südfrüchte gediehen hier gut. Zu der Missionsstation gehörten eine kleine Kirche, Schulräume und eine Druckerei, in der Moffat mit seinen Gehilfen die von ihm in die Tswanasprache übersetzte Bibel sowie kleine Erbauungsschriften druckte. Er hatte die Landessprache jahrzehntelang erlernt und erforscht, hatte ihr ein Alphabet geschaffen und sie damit überhaupt erst schreib- und lesbar gemacht. Eine Schar einheimischer Missionsgehilfen, von ihm ausgebildet, wirkte in der Umgebung von Kuruman, hielt Gottesdienst und Schule in den Tswanadörfern.

Nach den von der Missionsgesellschaft empfangenen Weisungen soll Livingstone auf Moffat warten, gleichzeitig jedoch die Möglichkeiten für die Anlegung einer neuen, weiter nördlich gelegenen Station erkunden. Daher bricht er in Begleitung einiger einheimischer Christen noch im selben Jahr mit seinem Ochsenwagen nach Norden auf, ins Bechuanaland hinein. Er muß sich mit den einheimischen Stämmen und ihren Sitten bekannt machen und einen geeigneten Platz für die neue Station suchen. In Kuruman hat er bereits ein Haupthindernis für die Bekehrung der Einheimischen erkannt: Die Häuptlinge in der Umgebung hassen die neue Lehre, weil sie die Vielweiberei für sündhaft erklärt; als wohlhabend und angesehen gilt hier nur der Mann, der mehrere Frauen besitzt. Im Landesinnern erhofft sich Livingstone eine günstigere Stimmung. Dort fürchten sich die friedlichen Tswanastämme vor den Überfällen und Plünderungen des berühmten Zuluhäuptlings Moselekatse und seiner Matabele, die von den Buren nach Westen vertrieben worden sind, und erhoffen sich von den Fremden und ihren Feuerwaffen Hilfe und Schutz.

Von seiner ersten Exkursion ins Land der Tswana kehrt Livingstone mit der Erfahrung zurück, daß er sich vor einer endgültigen Ansiedlung das Vertrauen der Einheimischen erwerben und ihre Sprache beherrschen müsse. Er bleibt drei Monate in Kuruman und tritt im Februar 1842 eine zweite Reise nach Norden an. Zwei einheimische christliche Lehrer aus Kuruman und zwei weitere Einheimische, die sich um den Wagen und die Zugochsen zu kümmern haben, begleiten ihn. Fünfzehn Kilometer südlich der Residenz des Bakwenahäuptlings Setschele macht er halt und schlägt in dem Bakwenadorf Lepelole für mehrere Monate sein Standlager auf. Hier ist er von jedem Umgang mit Europäern abgeschnitten und kann sich nur in der Landessprache verständigen. Gleichzeitig gewinnt er Einsicht in die Lebens- und Denkweise der Bakwena und in die ungeschriebenen Gesetze, die ihr Zusammenleben regeln.

Von anderen Missionaren sind ihm die Tswana als träge, unverschämt und tyrannisch geschildert worden; nur unter den größten Schwierigkeiten könne man sie dazu bringen, etwas zu tun. Sehr bald wird ihm klar, wie dieses ungünstige Urteil entstanden ist: Die Missionare haben die Bevölkerung falsch behandelt, haben jede Gefälligkeit und Hilfeleistung erbeten und belohnt und dadurch den Tswana erst bewußt gemacht, daß die Fremden von ihnen abhängig sind. Er verhält sich gerade umgekehrt: »Ich mache meine Anwesenheit unter ihnen zu einer Gunst; sobald sie sich unverschämt zeigen, drohe ich ihnen mit meiner Abreise. Und wenn sie sich nicht bessern, führe ich die Drohung aus. Bei einem kühnen, freien Auftreten ihnen gegenüber habe ich nicht die geringste Schwierigkeit, selbst die wildesten zu bändigen.«

So kann er nur sprechen, wenn er sich bereits die Achtung und Zuneigung der Leute verschafft hat. Und das gelingt ihm überall erstaunlich schnell, einmal durch sein schlichtes und furchtloses Verhalten, seine Güte und sein stets fröhliches Wesen, das den Menschen Vertrauen einflößt, zum andern durch seine ärztliche Kunst. In Kuruman kommen Patienten über hundert Meilen weit her, nur um sich von ihm behandeln zu lassen. »Dies ist das

Land für einen Arzt, der sich eine ausgedehnte Praxis wünscht; an Honorar darf er freilich nicht denken. Unter den Tswana kommen viel mehr Krankheiten vor, als ich bei einem solchen Naturvolk zu finden glaubte; aber was kann man anderes erwarten, da sie nahezu nackt gehen und in diesem Zustand der sengenden Tageshitze und den Nachtfrösten ausgesetzt sind. Hierzu kommt noch, daß sie absolut alles essen ... Schlechte Verdauung, Rheumatismus, Augenleiden sind die vorherrschenden Krankheiten ... Viele sehr schlimme Fälle wurden vor mich gebracht, und manchmal sah ich auf der Reise meinen Wagen von Blinden, Hinkenden und Lahmen förmlich belagert.«

Bald entsteht das Gerücht, er sei ein großer Zauberer und vermöge sogar Tote wiederzuerwecken. Der Glaube an seine übernatürlichen Kräfte erklärt wohl auch die Tatsache, daß ihm weder in Kuruman noch im Reisewagen, noch in Lepelole jemals auch nur das geringste entwendet wird, obwohl seine Behausung, in der seine Sachen verstreut umherliegen, manchmal mit Patienten vollgestopft ist.

In dem Bakwenadorf Lepelole muß er außer dem Ortshäuptling auch den Medizinmann für sich gewinnen, der als Arzt und Zauberer hohes Ansehen genießt, vor allem, weil er den Regen herbeizurufen und die todbringende Dürre zu bannen vermag. Livingstone darf sich diesen einflußreichen Mann, der ihm anfangs mit Argwohn begegnet, keinesfalls zum Feind machen und hütet sich daher, seine Zauberkraft anzuzweifeln. »Der Doktor ist bei diesem Volk zugleich der Regenmacher. Da ich hinter meinen einheimischen Kollegen nicht zurückstehen wollte, erklärte ich, auch ich könne Regen machen, zwar nicht durch Zauberei wie er, wohl aber durch Ableitung ihres Flusses zur Bewässerung. Der Gedanke fand allgemeinen Beifall, und wir machten uns augenblicklich ans Werk. Auch des Häuptlings eigener Doktor ist dabei und arbeitet tapfer mit, herzlich über die List des Fremden lachend, der auf solche Weise Regen macht. Wir besitzen nur eine Schaufel, und die hat keinen Stiel, und doch haben wir mittels zugespitzter Stöcke einen ziemlich langen Kanal gegraben. Die ausgehobene Erde wurde in Ledermänteln, Muschelschalen und hölzernen Gefäßen fortgeschafft.«

Bevor der Kanal fertig ist, läßt Livingstone den Ochsenwagen anspannen und fährt am Wohnsitz des Häuptlings Setschele vorüber nach Norden, um die dort lebenden Stämme zu besuchen.

Vor ihm ist ein Händler dahin gereist, aber mit all seinen Leuten dem Fieber erlegen. Da Livingstones Zugochsen erkranken, muß er sie zurücklassen und zu Fuß weiterwandern. Er hat einige Männer neu in Dienst genommen; sie wissen nicht, daß er ihre Sprache schon ziemlich gut versteht, und unterhalten sich in seiner Gegenwart ganz ungehemmt über ihn: »Er ist nicht stark, er ist schmächtig und sieht nur so stämmig aus, weil er seine Beine in Säcke gesteckt hat. Er wird bald schlappmachen.« Livingstone sagt nichts dazu, aber er marschiert mit seinen Leuten mehrere Tage hintereinander so schnell sie können. Bald hat er die Genugtuung, daß sie ihre Meinung über seine Leistungsfähigkeit gründlich ändern.

Im Juni kehrt er abermals nach Kuruman zurück und beginnt sogleich mit den Vorbereitungen für eine dritte Fahrt, auf der er nun den Platz für seine eigene Missionsstation wählen will. Diesmal verzögert sich die Abreise, weil niemand den Mut hat, ihn zu begleiten – in den Gegenden, durch die er gereist ist, sind Kriege ausgebrochen. Dabei geht es stets um den Besitz von Land oder Vieh. Einer der Häuptlinge, die Livingstone freundlich aufgenommen haben, ist von Nachbarn überfallen worden; viele Männer, Frauen und Kinder wurden grausam ermordet. Livingstone ist genötigt, mehrere Monate zu warten. Er beteiligt sich an der Arbeit in Kuruman: Er predigt, hilft in der Druckerei und beim Bau eines Kirchengebäudes auf einer Außenstation. Viel Zeit nimmt, wie immer, seine ärztliche Praxis in Anspruch. Er hat viel zu tun, aber die Arbeit befriedigt ihn nicht, er will hinaus, auf eigenen Füßen stehen.

Im Februar 1843 hält es ihn nicht länger in Kuruman, er bricht zu einer dritten Reise auf. Diesmal muß er auf einem Ochsen reiten, weil er nicht genug Leute hat, um einen Wagen auszurüsten. Das ist kein angenehmes Reisen. »Die Haut des Ochsen ist beweglich, so daß der Überrock, der als Sattel und Decke dienen muß, fortwährend verrutscht. Die langen Hörner vorn, mit denen einem das Tier, wenn es ihm beliebt, einen Stoß in den Unterleib versetzen kann, zwingen den Reiter, kerzengerade wie ein Dragoner zu sitzen. Auf solche Weise reiste ich über vierhundert Meilen.«

Ein Löwenabenteuer. Diese Reisen waren keine Forschungsfahrten, obwohl Livingstone dabei Land und Leute kennenlernte und manche wissenschaftlich interessante Beobachtung niederschrieb, zum Beispiel über die fortschreitende Austrocknung des Landes, die ihm immer wieder auffiel. Aber der eigentliche Zweck war doch, einen geeigneten Platz für die Errichtung einer neuen Missionsstation zu finden und den Einheimischen bei jeder Gelegenheit das Christentum zu predigen.

Über die Missionen – katholische und evangelische, englische, französische, niederländische, deutsche – und über die Missionare hat er sich inzwischen seine eigene Meinung gebildet. Der ungünstige erste Eindruck, den er in Kapstadt gewann, hat sich seither nur bestätigt und vertieft. Früher stellte er sich unter einem Missionar einen mit heiligem Eifer erfüllten Mann vor, der furchtlos in die Tiefen eines riesigen Weltteils vordringt, um den »armen Heiden« die frohe Botschaft von der Erlösung durch Jesus Christus zu bringen. Und nun muß er allenthalben »eine bedauerliche Lässigkeit« feststellen. Die meisten Missionare bleiben aus Bequemlichkeit in der Kapkolonie und den angrenzenden Gebieten, wo ihrer schon zu viele sind. An Stelle von opferbereitem Bekehrungseifer findet er »einen elenden Hang, die eigenen Übel und Beschwerden zu überschätzen und sich in kleinliche Zänkereien zu verlieren«. Die holländischen Missionare lernt er als kluge Geschäftsleute kennen. Sie kaufen eine Quelle und verpachten das umliegende Land, zu dessen Bewässerung sie ihre Quelle verwenden, an die Dorfbewohner. Je mehr Pächter sie gewinnen, desto höher steigen ihre Einnahmen. Auf diese Weise »verdienen« sie sich zu ihrem Jahresgehalt von zweihundert Pfund Sterling noch ebensoviel oder mehr hinzu und gelangen mit der Zeit zu Wohlstand; manche verwenden ihre Nebeneinnahmen allerdings auch zu Missionszwecken.

Livingstone ist von dem aufrichtigen Wunsch beseelt, als Missionar und Arzt den afrikanischen Menschen Gutes zu tun. Bis an sein Ende bleibt ihm verborgen, daß er ohne und gegen seine Absicht der Unterwerfung und Ausbeutung der Afrikaner durch seine eigenen Landsleute Vorschub leistet. Nie kommt ihm der Gedanke, das christliche Gebot »Liebet eure Feinde!« könnte die Widerstandskraft der Afrikaner gegen die europäischen Eindringlinge schwächen und die von den Missionaren genährte

Hoffnung auf ein besseres Jenseits könnte ihren Blick von den Vorgängen im Diesseits ablenken. Er erkennt zeitlebens nicht, daß sich die Tätigkeit eines Missionars um so verhängnisvoller auswirkt, je tüchtiger, ehrlicher, humaner er ist: Seine Persönlichkeit vermittelt den Afrikanern ein ganz falsches Bild des »weißen Bruders«, und seine friedliche Lehre entwaffnet sie moralisch.

Als nach Livingstones Tod die Aufteilung Süd- und Ostafrikas zwischen England und Deutschland begann, wurde die widersprüchliche Stellung der christlichen Missionare offenbar: Sie lehnten zwar »Übergriffe«, »Willkürakte«, »brutale Methoden« der Kolonialherren ab, nicht aber die Kolonialpolitik überhaupt; das heißt, sie bejahten die Kolonialherrschaft ihres jeweiligen Vaterlandes, verneinten jedoch zugleich deren unvermeidliche Mittel und Folgen. Gerade die human denkenden und handelnden Missionare trugen dazu bei, in den Kolonien wie in den »Mutterländern« den Irrglauben an die Möglichkeit einer »anständigen« Kolonialpolitik am Leben zu erhalten. Viele Sendboten des christlichen Glaubens aber stellten sich unbedenklich in den Dienst der Kolonialpolitik ihres Landes und mißbrauchten das Vertrauen, das die Afrikaner ihnen entgegenbrachten: Sie schürten die Uneinigkeit der Stämme und Häuptlinge, sie trieben in ihren Gemeinden Spionage für die Kolonialherren und verurteilten als Prediger scharf jeden Ungehorsam gegen die angeblich von Gott eingesetzte Obrigkeit und jeden Gedanken an eine gewaltsame Befreiung von den fremden Blutsaugern.

Livingstone entschließt sich, seine erste eigene Station unter den Bakatla, einem Tswanastamm, zu gründen. Er hat einen Amtsbruder gefunden, der bereit ist, mit ihm zu gehen und ihm zu helfen. Anfang August 1843 machen sich die beiden Missionare in Gesellschaft von drei englischen Großwildjägern auf den Weg. Die Ochsenwagen sind mit Handwerkszeug, Ersatzkleidung, Proviant und Geschenken für die Einheimischen beladen.

Die Jäger gehören einer Klasse an, mit der Livingstone bisher nicht in nähere Berührung gekommen ist; es sind wohlhabende Herren, mit Dienerschaft, Reitpferden und Vorräten ausgestattet, damit sie sich das Leben auch in der Wildnis behaglich einrichten können. Er dagegen muß mit seinem bescheidenen Missionarsgehalt auskommen. Trotzdem beneidet er sie nicht.

In einem Brief an seine Angehörigen schildert er die abendliche Rast auf der Reise mit deutlichem Vergnügen: »Sobald wir an einer Stelle anlangen, wo wir die Nacht zuzubringen gedenken, greifen sogleich alle zu, um die Ochsen auszuspannen. Einige aus der Begleitung sammeln Holz. Einer von uns macht Feuer an, ein anderer nimmt den Wassereimer und füllt den Kessel. Ein Stück Fleisch wird aufs Feuer gesetzt, und wenn wir Zwieback haben, trinken wir schon kaum eine halbe Stunde nach der Ankunft unseren Kaffee.«

Nach vierzehntägiger Reise kommen sie in dem lieblichen, rings von Bergen umgebenen Tal an, das Livingstone für seine Station ausgewählt hat. Die Bakatla eines nahen Dorfes sind gern bereit, in diese Gegend, die sie Mabotsa nennen, überzusiedeln. Livingstone hatte zuvor den Häuptling aufgesucht und gefragt, ob er einen Missionar wünsche. Der Häuptling war sofort einverstanden gewesen; ihm und seinem Volk war bekannt, daß die Europäer stets viel Flinten und Perlenschnüre mitbrachten. Livingstone kauft zunächst ein Stück Land und setzt darüber einen Vertrag auf, den die Missionare unterschreiben und den der Häuptling mit einem Zeichen versieht.

So schön die Gegend ist, sie hat eine Schattenseite: Sie wird von Löwen unsicher gemacht. Sie brechen nachts in die Viehhürden ein und reißen Kühe, ja sie überfallen das Vieh sogar am hellichten Tag. Das ist etwas so Außergewöhnliches, daß die Bakatla nur *eine* Erklärung dafür finden: Irgendein Nachbarstamm muß sie durch Hexerei in die Gewalt der Löwen gegeben haben. Einmal ziehen sie zur Löwenjagd aus, kehren jedoch ohne Beute heim; mit ihren Waffen ist den Raubtieren schwer beizukommen.

Als eines Tages ein Löwe in der Nähe des Dorfes neun Schafe gerissen hat, machen sich die Bakatla abermals auf, ihn zu erlegen. Um ihnen zu helfen, geht Livingstone diesmal mit, obwohl er sich sonst aus der Jagd nicht viel macht. Nach Erfahrung der Einheimischen verlassen Löwen die Gegend, wenn ein Tier des Rudels getötet wird.

Die Löwen liegen auf einer langgestreckten felsigen Anhöhe unter Bäumen. Die Bakatla umstellen den Hügel in einem weiten Kreis, den sie immer enger ziehen, indem sie den Hügel hinansteigen. Livingstone und sein aus Kuruman stammender Gehilfe Mebalwe sind noch am Fuß der Anhöhe, da sehen sie einen Löwen auf einem Felsstück sitzen. Er bietet ein gutes Ziel, und Mebalwe schießt auf ihn, noch ehe Livingstone sein Gewehr in Anschlag gebracht hat. Die Kugel trifft nur den Felsen, und der Löwe beißt nach der getroffenen Stelle, wie ein Hund nach einem Stock schnappt, der nach ihm geschleudert worden ist. Dann springt er auf den Kreis der Bakatla zu, die erschrocken zur Seite weichen und ihn entkommen lassen.

Jetzt bemerkt Livingstone zwei weitere Löwen innerhalb des Kreises, der sich wieder geschlossen hat; doch er wagt nicht zu feuern, um nicht versehentlich einen der Bakatla zu treffen, die sich zwischen ihm und dem Ziel bewegen. Auch diesen beiden Löwen gelingt es, aus der Umzingelung zu flüchten. Die Jagd wird abgebrochen, die Jäger sammeln sich und treten den Heimweg an.

Als sie um das Ende des Hügels biegen, sieht Livingstone plötzlich im Schatten eines niedrigen Busches, etwa dreißig Schritt entfernt, einen vierten Löwen liegen. Er reißt das Gewehr hoch, zielt und feuert beide Läufe ab. »Er ist getroffen! Er ist getroffen!« jubeln die Bakatla und laufen auf den Busch zu. Doch da sieht Livingstone den Löwen mit steil aufgerichtetem Schwanz hinter dem Busch stehen. Er ruft den Männern zu:

»Wartet, bis ich wieder geladen habe!« Das dauert eine Weile, denn sein Gewehr ist ein Vorderlader. Während er die Kugel in den Lauf stößt, hört er ein entsetztes Geschrei. Er schrickt zusammen, blickt auf und sieht den Löwen in mächtigen Sätzen auf sich zuspringen. Im nächsten Augenblick schlägt ihm das Tier das Gebiß in die Schulter und wirft ihn zu Boden. Dicht an seinem Ohr hört er das furchtbare Gebrüll, dann fühlt er sich geschüttelt – »wie eine Ratte von einem Dachshund geschüttelt wird«. Dieses Schütteln betäubt ihn so, daß er weder Angst noch Schmerz empfindet, obwohl er bei vollem Bewußtsein ist. Später hat er diesen Zustand mit dem eines Patienten verglichen, der unter der Wirkung einer örtlichen Narkose zwar die Operation sieht, aber das Messer nicht fühlt. Während er bäuchlings unter dem Löwen liegt, der ihm eine Pranke auf den Hinterkopf gesetzt hat, versucht er sich umzudrehen und sieht dabei, daß sich der tapfere Mebalwe bis auf zehn, fünfzehn Schritt genähert hat und mit seinem alten Steinschloßgewehr auf den Löwen zielt. Nun drückt er ab. Doch das Gewehr versagt auf beiden Läufen. Auch der Löwe hat den neuen Feind erblickt, er läßt Livingstone los, springt Mebalwe an und beißt ihn in den Schenkel. Ein Bakatla will mit seinem Speer zustoßen. Sofort wendet sich der Löwe von Mebalwe ab und packt den anderen Angreifer an der Schulter. Doch in diesem Augenblick schwinden seine Kräfte, er bricht verendend zusammen. Jetzt erst haben die beiden Kugeln gewirkt, die Livingstone ihm aufgebrannt hat. Es ist ein mächtiges Tier; die Bakatla behaupten, einen so großen Löwen hätten sie noch nie gesehen.

Sein Biß hat nicht nur tiefe Fleischwunden verursacht, sondern auch das linke Oberarmgelenk Livingstones zersplittert. Die Fleischwunden heilten langsam ab, doch das Schultergelenk blieb zeitlebens steif. Selbst eine leichte Vogelflinte konnte Livingstone mit dem linken Arm nur unter Schmerzen heben und stützen. Daß er mit dieser Lähmung, durch die er mehrmals in Lebensgefahr geriet, drei Jahrzehnte lang durch Afrika reiste, zeugt wieder von einer ungewöhnlichen Zähigkeit und Willenskraft.

Es ist bezeichnend für ihn, daß er nie von selbst über das gefährliche Abenteuer sprach. Und wenn er danach gefragt wurde, was später in England sehr oft geschah, gab er Antworten, die seine Zuhörer befremdeten und enttäuschten. Einmal wollte jemand wissen, was er gedacht habe, als er unter dem Löwen lag. Er antwortete: »Ich dachte: Welchen Körperteil von mir wird er wohl zuerst fressen?« Diesen Gedanken fanden manche Leute bei einem so frommen Mann »shocking«; aber sicherlich sprach Livingstone, dem alle Prahlerei ein Greuel war, die reine Wahrheit.

In der ersten Zeit nimmt der Hausbau fast die ganze Zeit und Kraft Livingstones in Anspruch. Das Mauerwerk wird aus Stein aufgeführt, das Dach aus Holz gezimmert. Zwar hat er in den Afrikanern, die aus Kuruman mitgekommen sind, erfahrene Helfer; einer von ihnen fertigt die Tür und die Fenster an. Aber er muß selbst von früh bis abends mitarbeiten, um das Haus möglichst bald benutzen zu können. Er will darin nicht nur wohnen, sondern auch Gottesdienst und Schule halten und Kranke behandeln. Gern vergleicht er sich und die Missionare überhaupt mit den Mönchen des frühen Mittelalters, deren Klöster ja ebenfalls Missionsstationen waren und »als Apotheken für die Kranken, als Versorgungshäuser für die Armen, als Pflanzschulen der Gelehrsamkeit dienten«.

Eigentlich wollte er in Afrika seine wissenschaftlichen Studien fortsetzen, doch bisher ist er nicht dazu gekommen, am wenigsten hier in Mabotsa. Abends ist er zu erschöpft, um zu einem Lehrbuch zu greifen. Höchstens einen Brief bringt er noch zustande an die Verwandten und Freunde in der Heimat oder an Miss Mary Moffat in Kuruman – ja, einen Liebesbrief an die älteste Tochter des angesehenen Missionars, der ihm den Weg nach Südafrika gewiesen hat. Noch Ende 1843 hatte er an einen Freund in England geschrieben: »Wenn ich ans Heiraten denken will, so gibt es für mich keinen anderen Weg als den, in das ›Evangelische Magazin‹ eine Heiratswunschanzeige zu setzen. Und wenn ich darüber alt werden sollte, müßte es eben eine würdige Witwe sein. Aber ich bin viel zu beschäftigt, als daß ich an so etwas dächte.« Wie sollte er auch im Innern Afrikas eine Frau finden!

Das hatte sich rasch geändert, als Moffat mit seiner Familie aus England nach Kuruman zurückgekehrt war und Livingstone die kleine, aber kräftige, schwarzhaarige Mary näher kennenlernte. An dem Entschluß, sie zu heiraten, mögen Zuneigung und Vernunft gleichermaßen beteiligt gewesen sein – die beste Voraussetzung für eine gute Ehe. In Mabotsa hatte er sehr bald erkannt, wie wertvoll für das Missionswerk und natürlich auch für ihn persönlich die Mithilfe einer Frau wäre; um auf Frauen und Kinder einzuwirken, war sie unerläßlich. Und eine bessere Frau als die lebhafte, umgängliche, praktische Mary Moffat, die von klein auf an das Missionsleben und seine Entbehrungen gewöhnt war, konnte er gar nicht bekommen. Er durfte sicher sein, in ihr eine treue und tüchtige Kameradin zu finden, die in keiner Lebenslage verzagen würde. Er verlobte sich mit ihr, war glücklich, hatte alles, was er sich wünschte.

Als das Haus fertig ist, wird Hochzeit gefeiert, und Mary zieht nach Mabotsa. Sie übernimmt neben ihrem Haushalt die Kleinkinderschule, und er kann sich nun ganz seinen Aufgaben als Seelsorger, Lehrer und Arzt widmen. Gegen das Schulehalten hat er anfangs einen großen Widerwillen, aber da er es für eine seiner Pflichten hält, überwindet er sich dazu. In den ersten Tagen kamen die nackten braunen Kerlchen mit Furcht und Zittern zur Schule; und hätte nicht der Häuptling selbst, von Mebalwe unterstützt, sie herangeholt, so wäre kein Kind erschienen. Das war nicht verwunderlich, denn die Frauen sagten zu ihren Kindern, damit sie gehorchten: »Gleich hole ich den weißen Mann, der beißt dich!« – genauso wie in früheren Zeiten weiße Mütter ihre Kinder mit dem schwarzen Mann ängstigten. Manchmal kommen zwanzig Kinder zur Schule, manchmal nur zwei und manchmal gar keins, ein Zwang wird nicht ausgeübt. Mebalwe bringt ihnen das Abc bei und singt mit ihnen.

Aus Mabotsa will Livingstone ein zweites Kuruman machen. Um den Erfolg der Missionsarbeit zu beschleunigen, müssen nach seiner Meinung noch viel mehr Einheimische zu Missionsgehilfen und Lehrern herangebildet werden. Er trägt sich mit dem Gedanken, zu diesem Zweck ein Erziehungsseminar zu gründen, arbeitet ein Projekt dazu aus und unterbreitet es seinen Amtsbrüdern.

Bisher deutet nichts in seinem Leben auf seine spätere Forscherlaufbahn hin. Von der Mehrzahl seiner Kollegen unterscheidet er sich höchstens durch größeren Eifer und eine besonders hohe und strenge Auffassung von seinem Missionarsberuf. Gerade dadurch aber macht er sich unbeliebt. Die meisten lehnen sein Erziehungsprojekt ab, einige, weil sie es für verfrüht halten, andere, weil sie glauben, er wolle sich damit nur hervortun, um Karriere zu machen.

Zu seinen Neidern gehört leider auch der Missionar, der mit ihm aus Kuruman nach Mabotsa übergesiedelt ist. Er hat sich schon am Hausbau kaum beteiligt und schwärzt schließlich Livingstone bei der Missionsgesellschaft an, indem er ihm Unredlichkeit, Unfähigkeit und Anmaßung vorwirft. Livingstone ist entrüstet und in seiner Ehre tief gekränkt. Er kann die ungerechten Beschuldigungen nicht auf sich sitzen lassen. Doch der Gedanke, das Zerwürfnis vor den Augen der Einwohner von Mabotsa auszutragen, ist ihm unerträglich, und da ihm der Aufenthalt hier verleidet ist, entschließt er sich, die Station, das Haus, den Garten, alles, was er so mühevoll aufgebaut hat, zu verlassen. Der Abschied fällt ihm sehr schwer, doch er ändert seinen Entschluß nicht – auch dann nicht, als der unkollegiale Kollege, durch Livingstones Verhalten beschämt, nun seine Äußerungen zurücknimmt.

Christliche Sklavenjäger. Schon in Kuruman hatte Livingstone von Setschele gehört, dem Häuptling der Bakwena, eines anderen Tswanastammes. Auf seinen Erkundungsreisen in die Savanne nördlich von Kuruman und Mabotsa hat er den Häuptling besucht und ist von ihm freundlich aufgenommen worden. Setschele ist ein großer, kräftiger Mann. Seine Gesichtszüge sind negrider, seine Hautfarbe ist dunkler als bei den Tswana sonst; seine eigenen Leute nennen ihn den »schwarzen Setschele«. Er ist ein kluger Kopf und gewandter Redner. Livingstone hat einen so starken und guten Eindruck von ihm, daß er sich von einer Missionsarbeit unter den Bakwena mehr Erfolg verspricht, als er in Mabotsa gehabt hat. Dort war es ihm zwar gelungen, mehrere Kriegszüge zu verhindern, wie sie zwischen den einzelnen Tswanastämmen häufig vorkamen, doch niemand war zum Christentum bekehrt worden. »Das Volk hat an dem Evangelium von Jesu nicht die geringste Lust«, hatte er enttäuscht an seine Mutter geschrieben. »Man haßt und fürchtet es ... Es erscheint den Leuten als etwas, das sie sorgfältig meiden müssen, wenn es nicht sie verführen und ihre vielgeliebten Sitten und Gewohnheiten zerstören soll.«

Die Bakatla hätten ihn gern bei sich behalten. Bis zuletzt, als schon die Ochsen vor den Wagen gespannt waren, der seine Habe enthielt, erboten sie sich, ihm an einem anderen Ort ein neues Haus zu bauen, wenn er nur bei ihnen bleiben wollte. Doch diese Sympathie – das weiß er – galt dem Menschen und Arzt, nicht dem Sendboten des Christentums, der er in erster Linie sein will.

In Tschonuane, der etwa vierzig Meilen nördlich von Mabotsa gelegenen Residenz Setscheles, erwirbt er zunächst wieder ein Stück Land, gerade groß genug, um darauf ein Haus oder auch mehrere zu errichten und einen Garten anzulegen. Die Bakwena begreifen anfangs gar nicht, was er von ihnen will; der Gedanke, Land zu kaufen oder zu verkaufen, ist ihnen ganz neu. Warum bittet sie der Fremde nicht einfach, ihm einen Platz, der ihm gefällt, zu überlassen? Livingstone erklärt ihnen, er wolle jedem Anlaß zu künftigen Streitigkeiten vorbeugen; auf dem Gelände würden mit der Zeit ansehnliche und wertvolle Häuser entstehen; wie leicht könnte ein späterer Häuptling, der vielleicht nicht so klug und freundlich wie Setschele sein würde, Anspruch auf das Anwesen erheben! Das leuchtet den Bakwena ein, und so nehmen sie von Livingstone die Waren an, die er ihnen als Kaufpreis bietet und die etwa fünf Pfund Sterling wert sind.

Livingstones siedelten nach Tschonuane über – das sagt sich so leicht. In Wirklichkeit war diese Übersiedelung ein gewagtes Unternehmen und mit schwerer körperlicher Arbeit und harten Entbehrungen verbunden. In Tschonuane gibt es weder Läden noch Werkstätten; alles zum Hausbau Nötige muß man selbst herstellen. Von einem Afrikaner hat Livingstone Eisen schmieden gelernt, in der Tischlerei und Gärtnerei hat ihn Moffat unterwiesen. Das Haus soll aus Backstein erbaut werden, also muß man zuvor Ziegel formen und brennen. Das beginnt damit, daß Livingstone einen geeigneten Baum fällt und in Bretter zersägt, um daraus Ziegelformen zu machen. »Das Material für Türen und Fenster steht gleichfalls noch draußen im Wald. Und will man bei den Eingeborenen geachtet sein, so muß man sich ein Haus von anständigem Umfang bauen, das eine Unmasse Handarbeit kostet. Die Bakwena können nicht viel helfen, denn so gern sie auch um Lohn arbeiten, sind sie doch seltsam ungeschickt, etwas viereckig zu machen.« Ihre eigenen, mit Schilf oder Binsen gedeckten Hütten waren rund. Aus den selbstverfertigten Ziegeln muß Livingstone auch eigenhändig die Mauern aufführen. Er verrichtet diese Arbeiten jedoch keineswegs mißmutig: »Man freut sich vielmehr, wenn man wie Alexander Selkirk mit eigenem Scharfsinn sich alle Bequemlichkeiten selber verschafft.« (Der schottische Matrose Alexander Selkirk, ein Landsmann Livingstones also, wurde unter dem Namen Robinson Crusoe durch Defoes Erzählung weltberühmt.)

In seiner Frau hat Livingstone eine gleichgeartete, unermüdliche Helferin. Sie bäckt selber Brot, näht Wäsche und Kleidung, bereitet Butter und Wachskerzen und aus Pflanzenasche Seife. »So vermochten wir beinahe alles zu leisten, was man von einer Missionarsfamilie im Innern Afrikas verlangen kann, nämlich daß der Mann eine Art Tausendkünstler sei und überall selber mit Hand anlege und daß die Frau im Hause sich auf jede Arbeit verstehe und sich keiner schäme.«

Das Missionarsgehalt war sehr schmal, und der einheimischen Bevölkerung zur Last zu fallen kam für Livingstone weder jetzt noch später jemals in Frage. Die Livingstones müssen daher nicht nur auf jeden Luxus verzichten, sondern sogar am Essen sparen. Statt Kaffee trinken sie einen Aufguß von geröstetem Korn, und als ihnen auch das Korn ausgeht, sind sie genötigt, nach Kuruman zu fahren, um sich Unterstützung zu holen. »Ich kann das, was andere Europäer Hunger und Durst nennen würden, ohne Nachteil ertragen, aber als ich bei unserer Ankunft die alten Frauen, die meine Frau vor zwei Jahren hatten wegziehen sehen, ausrufen hörte: ›Ach, wie mager sie ist! Hat er sie denn hungern lassen? Gibt es in dem Land, wo sie jetzt wohnt, nichts zu essen?‹, so war das mehr, als ich ertragen konnte.«

Während seines Aufenthaltes in Tschonuane unternimmt Livingstone zwei Reisen nach Osten in das Transvaalgebiet, wo sich Buren angesiedelt haben, die aus der britischen Kapkolonie ausgewandert sind. Sie haben den Häuptling Moselekatse und seine Zulu vertrieben und betrachten sich nun als Herren des Landes. Mit Argwohn verfolgen sie das Eindringen britischer Missionare in das Land der Tswana.

Livingstone ist mit dem Bau seines Hauses in Tschonuane noch nicht fertig, da erhält er bereits ein Schreiben vom Befehlshaber und vom Rat dieser Buren, worin sie ihn um Aufklärung über seine Absichten ersuchen. Zugleich erfährt Livingstone, daß die Buren in Botswana einfallen wollen, um die Bakwena Setscheles ihrer wenigen Gewehre zu berauben, die angeblich den Landfrieden gefährden. Um dieselbe Zeit bittet ihn der

Häuptling eines Bakatlastammes, der vier Tagereisen östlich von Tschonuane lebt, um die Entsendung eines einheimischen Missionars und Lehrers.

Sobald sein Haus fertig ist, bricht Livingstone auf, um diesen Häuptling zu besuchen und mit den Buren zu verhandeln. Unterwegs staunt er darüber, wie bevölkert dieses Land im Vergleich mit der Kapkolonie ist. Dort haben die Buren längst unter den freien Einheimischen aufgeräumt; die Khoi-Khoin wurden versklavt, die San zu Hunderten abgeknallt, als wären es wilde Tiere. Regelrechte Treibjagden auf San wurden veranstaltet, nur weil diese Naturkinder keinen Unterschied zwischen dem Wild der Savanne und dem Vieh der Buren machten und mit ihren vergifteten Pfeilen auf beides schossen. Da sie selbst kein Vieh hielten, begriffen sie nicht, daß ihr Verhalten von den Buren als ein schweres Verbrechen aufgefaßt wurde.

Oft hat Livingstone die Bakwena sagen hören: »Moselekatse war grausam gegen seine Feinde und freundlich gegen diejenigen, die er sich unterworfen hatte; die Buren aber erschlagen ihre Feinde und machen ihre Freunde zu Sklaven.« Erst als er die Buren besucht, begreift er, wie diese Worte gemeint sind, denn Setscheles Bakwena sind bisher noch unbehelligt geblieben, und Livingstone hat die Greueltaten, die sie von den Buren erzählen, für übertrieben gehalten. Erst unterwegs erlebt er, daß andere Tswanastämme den Buren Frondienste leisten müssen. Die Buren lassen diesen Stämmen scheinbar die Unabhängigkeit, doch müssen die Afrikaner zwangsweise und ohne Lohn alle schweren Arbeiten für die Buren verrichten; sie müssen düngen, jäten, ernten, Häuser, Kanäle und Dämme bauen und außerdem für ihren eigenen Unterhalt sorgen. Livingstone entrüstet sich darüber: »Ich habe mit eigenen Augen gesehen, wie Buren in ein Dorf kamen und nach ihrer gewohnten Weise zwanzig bis dreißig Frauen verlangten, die ihnen die Gärten jäten sollten. Ich habe gesehen, wie diese Frauen sich mit ihren Nahrungsmitteln auf dem Kopf, ihrem Kind auf dem Rücken und den Feldbaugeräten auf der Schulter nach dem Schauplatz der unvergüteten harten Arbeit begaben.« Die Buren machen gar keinen Hehl daraus, daß sie sich unbezahlter Arbeit bedienen: »Diese Arbeit ist die Gegenleistung dafür, daß wir den Leuten erlauben, in unserem Land zu wohnen.« Der ehemalige Spinnereiarbeiter kann sich über die »unaussprechliche Niederträchtigkeit des Sklavensystems« gar nicht beruhigen, über die »Gemeinheit, fremde Dienste unbezahlt anzunehmen, was doch in aller Welt den Begriffen von Ehrhaftigkeit und Redlichkeit zuwiderläuft«, über den »Betrug und Raub«, den Christen an friedfertigen »Heiden« verüben.

Die Buren brauchen aber nicht nur billige Arbeitskräfte für die Feldbestellung, sondern auch Dienstboten im Hause, nicht nur Sklaven auf Zeit, sondern auch für die Dauer, solche, die ihnen Tag und Nacht zu Gebote stehen. Damit diese Haussklaven nicht davonlaufen, beschafft man sie sich am besten so jung wie möglich. Wie die Buren dabei verfahren, hat Livingstone zwar von den Bakwena gehört, aber er hat es nicht geglaubt. Als er nun in den Häusern der Buren schwarze Kinder antrifft, fragt er sie selbst, wie sie hergekommen sind, und erkennt erschüttert: Die Bakwena haben die Wahrheit gesagt. Er fragt auch die Buren, und »teils bedauernd und entschuldigend, teils prahlerisch und mit befriedigter Eitelkeit« bestätigen sie, was ihm die Bakwena berichtet haben: Diese Kinder wurden auf eigens zu diesem Zweck veranstalteten Kriegszügen geraubt.

Livingstone ist fassungslos, er steht vor einem Rätsel. Die Buren sind Christen, sind aus Überlieferung religiös und leiten ihre Abstammung von tüchtigen, ehrenhaften Menschen her, von Holländern und Hugenotten. Und diese Christen satteln eines Tages ihre Pferde, nehmen ihr Gewehr zur Hand, verabschieden sich zärtlich von Weib und Kind und versammeln sich, um ein friedliches Dorf zu überfallen. Bei diesem Überfall schützen sie ihr eigenes Leben auf wahrhaft teuflische Weise: Sie nehmen ein paar hundert unterworfene Einheimische mit, stellen diese in einer Linie vor ihren Pferden auf und treiben sie während des Angriffs vor sich her. Über diesen lebenden Schild hinweg feuern sie auf die überraschten Dorfbewohner und töten oder verwunden viele; die übrigen fliehen in Todesangst. Nach dem Blutbad teilen die »Sieger« die eingefangenen Kinder und das Vieh unter sich auf. Die Beute gehört natürlich nur den Buren. Ihre einheimischen »Verbündeten« aber sind von nun an schutzlos der Rache der Überfallenen ausgesetzt.

In der Zeit, die Livingstone unter den Bakwena verbrachte, erfuhr er von neun derartigen Überfällen, bei denen nicht ein einziges Mal auch nur ein Tropfen Burenblut vergossen wurde. Sträubt sich wirklich einmal ein Bure, an einer solchen Schandtat teilzunehmen, hat er Gewissensbisse, so reden ihm die anderen ein, der für den Überfall ausgewählte Stamm bereite heimlich eine Empörung vor und wolle seinerseits über die Buren herfallen; außerdem stellt man dem Zaudernden einen schönen Anteil an der Beute in Aussicht. Dieser Verlockung vermag selten einer zu widerstehen. Für den Überfall wählt man stets einen Stamm aus, der viel Vieh besitzt, damit sich die Mühe lohne.

Befinden sich unter den Gefangenen auch Jünglinge und erwachsene Männer, so läßt man sie laufen, denn sie würden sowieso bei nächster Gelegenheit flüchten, und ein Gesetz zur Auslieferung flüchtiger Sklaven wäre in der Wildnis wirkungslos. Am liebsten fangen die Buren kleine Kinder ein, weil diese in der Sklaverei ihre Eltern, ihre Heimat und ihre Muttersprache bald vergessen und von ihren Herren noch abhängiger werden als die Haustiere.

Der wertvollste Besitz der Tswana ist ihr Vieh. Viel Vieh zu besitzen bedeutet Wohlstand, Ansehen, Einfluß haben. Oft verlassen junge Männer, um sich ein paar Rinder zu verschaffen, ihre Heimat und wandern in die Kapkolonie. Dort verrichten sie mehrere Jahre lang für die weißen Ansiedler schwere körperliche Arbeit. Als Lohn erhält ein Mann drei, vier Kühe, mit denen er zu seinem Stamm zurückkehrt. Ist dieser unterdessen von den Buren versklavt worden, so verliert der Heimkehrer sein sauer verdientes Vieh, denn die Buren nehmen es ihm weg.

Die unmenschliche Behandlung der Afrikaner brennt Livingstone tief in der Seele. Haben die Buren, Menschen seiner Rasse und Religion, überhaupt kein Gewissen? »Sie führen beständig ihre Gesetze im Munde, doch in der Anwendung ist ihr Gesetz nur das Recht des Stärkeren.« Livingstone ist überzeugt, daß sie sich für ihre Willküakte und Grausamkeiten dereinst vor dem Richterstuhl Gottes zu verantworten haben werden, und er sagt das den Burenführern ins Gesicht. Die begreifen ihn gar nicht: Sie sind doch gute Christen, denen Gott diese schwarzen Kreaturen anheimgegeben hat. Sie sind gleichsam die Zuchtrute der göttlichen Heimsuchung an den verstockten Heiden. Sie rechtfertigen tatsächlich die Vernichtung und Versklavung der Einheimischen aus der Bibel – allerdings nur aus dem Alten Testament, das ihnen lieber zu sein scheint als das Neue. Kennt der englische Missionar die Bibel so wenig?

Gert Krieger, der holländische Befehlshaber, mit dem Livingstone verhandelt, läßt über die Entsendung eines einheimischen Lehrers zu den Bakatla mit sich reden. Livingstone hat Mebalwe, seinen tüchtigen Helfer, für diesen Posten ausersehen. In der Nähe jenes Stammes wohnt jedoch ein Holländer, der als fanatischer Afrikaner- und Missionsfeind bekannt ist und der den Ausspruch getan hat, die einzig richtige Art, einen einheimischen Missionar zu behandeln, sei, ihn totzuschlagen. Livingstone wagt nicht, Mebalwe solcher Gefahr auszusetzen, und kehrt unverrichteterdinge nach Tschonuane zurück.

Er hat Krieger vor Augen geführt, was für ein Unrecht es wäre, wenn die Buren eines Tages auch Setschele und seine Bakwena, die den Europäern nie ein Haar gekrümmt haben, überfallen und versklaven würden. Der Burenanführer sieht die Sache anders an: Englische Händler verkaufen den Tswana unter anderem Flinten und Schießbedarf. Wenn ein Stamm über Gewehre verfüge, so bedeute das eine Gefahr für die Buren, denn der Besitz von Feuerwaffen mache den Einheimischen Mut, die Weißen anzugreifen; in den Zulukriegen der Vergangenheit habe sich das oft genug erwiesen. Da helfe eben nur eines: vorsorglich einen Gegenschlag zu führen und den Schwarzen das Schießzeug beizeiten wieder abzunehmen. – Die Zulu sind ein kriegerisches Volk, das gibt Livingstone zu; aber die friedlichen Tswana haben noch niemals Weiße angegriffen. Doch gerade ihre Friedfertigkeit gefährdet sie und ermutigt die Buren. An die tapferen und selbstbewußten Zulu wagen sich die Buren nicht mehr heran, seit die Zulu Gewehre besitzen. Der Burenanführer läßt sich von seiner Meinung nicht abbringen. Er sieht nicht ein, daß eine solche »vorsorgliche Expedition« ein Unrecht sein soll. Im Fall der Bakwena gibt er schließlich nach, verlangt aber dafür von Livingstone, daß dieser den Buren über die Stimmung und Absichten Setscheles und seiner Leute von Zeit zu Zeit berichte. Livingstone glaubt, nicht recht verstanden zu haben: Er soll bei den Bakwena den Spion für die Buren machen? Entrüstet weist er dieses Ansinnen zurück.

Die Buren hassen ihn – als Missionar und als Engländer. Nicht nur, weil er ihre Slavenhalterei ablehnt und die Afrikaner human behandelt, sondern weil sie in ihm – nicht zu Unrecht – einen Vorreiter des britischen Kolonialismus sehen. Dem britischen Missionar wird der britische Händler auf dem Fuße folgen, und es braucht nur zu ein paar mehr oder weniger blutigen Zwischenfällen zu kommen, da werden beide ihr Vaterland um Schutz ersuchen: Der britische Händler wird den britischen Soldaten ins Land rufen. Für Gert Krieger ist Livingstone ein getarnter und darum besonders gefährlicher Späher des britischen Kolonialismus, eines unerwünschten Konkurrenten der Burenherrschaft. Dem Menschen Livingstone tut er damit unrecht, dem Missionar Livingstone wird er objektiv gerecht.

Das Reisen ist für Livingstone eine Erholung. »Auf der Reise kann ich lesen, zu Hause kaum. Bauen, gärtnern, Schuhe ausbessern, Kranke behandeln, Kessel flicken, zimmern, Flinten reparieren, Hufeisen aufschlagen, Wagen wiederherstellen, predigen, Schule halten, nach besten Kräften Vorträge über Physik halten, theologische Fragen erörtern – das nimmt meine Zeit ganz in Anspruch.«

Nebenher betreibt er auch noch wissenschaftliche Forschungen. Er sammelt Gesteinsproben, Fossilien und Sämereien, setzt Tiere in Spiritus auf, verpackt das Gesammelte in Kisten und sendet es nach England. Er schreibt über die langsame Austrocknung Südafrikas, die er allenthalben feststellt, eine Abhandlung und schickt sie an die Königliche Geographische Gesellschaft in London. Er stellt Beobachtungen über das Fieber, den Wind, die Tsetsefliege an.

Auf seinen Reisen wird ihm immer mehr die ungeheure Größe Afrikas bewußt. Warum – so fragt er – richten sich die Missionsbestrebungen nur auf die dünnbevölkerte Kapkolonie, wo es schon zuviel Missionare gibt, anstatt auf die ungeheuren unbekannten Gebiete im Innern des Erdteils? Ist es nicht an der Zeit, in der Missionsarbeit eine neue Ära einzuleiten und Wege zu den Völkern Innerafrikas zu suchen?

Die Bekehrung des Häuptlings Setschele. Endlich haben sich die Livingstones in Tschonuane häuslich eingerichtet. Da stellt sich heraus, daß die Gegend für eine Ansiedlung nicht gut gewählt ist: Es fehlt an Wasser. Es regnet zuwenig, der Zauber der Regenmacher wirkt nicht, und ein größerer Fluß, dessen Wasser man in Kanälen auf die Felder leiten könnte, ist nicht vorhanden. Livingstone sieht keinen anderen Ausweg, als die Missionsstation an den Kolobeng zu verlegen, der vierzig Meilen westlich von Tschonuane fließt und ihm genügend wasserreich erscheint.

Setschele, dem er sein Vorhaben mitteilt, gibt zu, daß künstliche Bewässerung das sicherste Mittel ist, den dürstenden Boden zu tränken. An demselben Morgen, an dem Livingstone den Leuten von Tschonuane mitteilt, er werde an den Kolobeng ziehen, beginnen auch sie sich zum Weggang zu rüsten, sie wollen alle mit ihm gehen.

Zum drittenmal fängt Livingstone nun von vorn an, das dritte Haus muß er sich mit eigener Hand erbauen. Das erste Jahr wird er mit seiner Frau und dem kleinen Robert, ihrem ersten Kind, nur in einer Hütte wohnen, denn anfangs können die Bakwena beim Hausbau nicht helfen, weil sie für sich selbst Hütten bauen und Gärten anlegen müssen. Am 4. Juli 1848 kann Familie Livingstone endlich aus der Hütte, wo nachts die Kerzen im Zugwind flackerten, in ihr neues, dauerhaftes Haus ziehen. Zweihundert Männer helfen auf Befehl Setscheles ein Schulhaus errichten. Dafür hilft Livingstone den Bakwena, ihrem Häuptling gleichfalls ein viereckiges Wohnhaus zu bauen. Später bekommt auch Mebalwe ein eigenes Haus.

Die neue Ansiedlung der Bakwena, nach dem Fluß genannt: Kolobeng, ist ebenso wie Tschonuane ein Abbild ihrer patriarchalischen Gesellschaftsordnung. Den Mittelpunkt bildet eine große Kotla – ein freier Platz mit einer Feuerstelle, der von den runden Hütten des obersten Häuptlings, seiner Frauen und seiner nächsten Blutsverwandten umringt ist. Auf der Kotla spielt sich tagsüber das Leben der Bewohner ab, hier arbeiten und essen sie, hier sitzen sie beisammen, um über die Tagesneuigkeiten zu plaudern. Diesen Siedlungskern umgibt ein Ring von kleineren Kotlas, um die jeweils im Kreis die Hütten der Unterhäuptlinge, ihrer Frauen und ihrer nächsten Verwandten stehen. Je mehr Kinder ein Mann zeugt, desto mehr wächst sein Ansehen. Kinder gelten als eine der größten Segnungen, sie werden sehr liebevoll behandelt. Und natürlich kann ein Mann um so mehr Kinder zeugen, je mehr Frauen er hat. Die Vielweiberei ist eine der tragenden Säulen dieser Ordnung. Der oberste Häuptling bindet die Unterhäuptlinge dadurch an sich, daß er ihre Töchter heiratet oder deren Verheiratung mit seinen nächsten männlichen Verwandten veranlaßt.

Auch Setschele hat die Töchter von Unterhäuptlingen geheiratet, die ihm einst in großer Not beigestanden haben. Er selbst erzählt dem Missionar seine Lebensgeschichte.

Als er noch ein Knabe war, wurde sein Vater von Leuten seines eigenen Stammes ermordet, weil er sich die Frauen reicher Unterhäuptlinge angeeignet hatte. Einer der Mörder machte sich selbst zum obersten Häuptling der Bakwena, er verschonte jedoch Setschele und dessen Geschwister. Eines Tages drang Sebituane, der berühmte Häuptling der kriegerischen Makololo, mit einer großen Heerschar in das Land der Bakwena ein. Ihn baten Setscheles Freunde, diesem als dem rechtmäßigen Nachfolger seines ermordeten Vaters die Häuptlingswürde zu verschaffen. Sebituane willigte ein. Bei Nacht umzingelte er mit seinen Kriegern die »Stadt« der Bakwena, und im Morgengrauen verkündete sein Herold mit lauter Stimme, Sebituane sei gekommen, den gewaltsamen Tod des Häuptlings zu rächen. Danach schlugen die Makololo auf ihre Schilde, daß es rings um die »Stadt« dröhnte. Die völlig überraschten Bakwena stürzten in panischem Schrecken aus ihren Hütten und Umzäunungen, und schon flogen ihnen die Wurfspeere der Makololo, die wegen ihrer Treffsicherheit gefürchtet waren, entgegen. Sebituane hatte seine Leute angewiesen, die Söhne des ermordeten Häuptlings zu schonen. Der neue Häuptling, der die Mörder angeführt hatte, wurde gefangengenommen und hingerichtet, Setschele aber in seine Häuptlingswürde eingesetzt. Seitdem verehrt er Sebituane wie einen Vater und ergeht sich in solchen Lobsprüchen über den Edelmut des Makololohäuptlings, daß Livingstone sich vornimmt, später einmal nordwärts zu reisen, um den großen Sebituane persönlich kennenzulernen.

Livingstones stehen frühzeitig auf, denn wie heiß auch der vorhergegangene Tag gewesen sein mag, Abend, Nacht und Morgen sind in Kolobeng immer köstlich erfrischend. Zwischen sechs und sieben Uhr ist Hausandacht und Frühstück. Bis um elf halten Livingstone und seine Frau Schule für alle, die sich einfinden – Männer, Frauen, Kinder. Danach widmet sich Frau Mary ihrem Haushalt und ihr Mann irgendeiner Handarbeit als Schmied, Zimmermann, Gärtner – je nachdem, was gerade notwendig ist. Nach dem Mittagessen und einer Ruhestunde unterrichtet Frau Livingstone die Kleinkinder; in Kolobeng kommen durchschnittlich sechzig, manchmal achtzig, neunzig Kinder, viel mehr als in Mabotsa. An manchen Tagen findet ein Nähkursus statt, der ebenfalls gut besucht ist. Nach fünf Uhr begibt sich

Livingstone in die »Stadt« und unterhält sich mit den Leuten über religiöse und weltliche Dinge. Dreimal in der Woche hält er nach dem abendlichen Melken der Kühe öffentlichen Gottesdienst und eine Art Anschauungsunterricht über weltliche Themen, den er durch das Zeigen von Gegenständen oder von Bildern unterstützt. An den anderen Abenden besucht er die Kranken und verabreicht ihnen Arznei. An arme Leute teilt er Nahrungsmittel aus und hilft ihnen im Hause. Er weiß: Solch kleine Liebesdienste und ein freundliches Wort richten in der Regel mehr aus als eine lange Predigt. »Begegnet man auch den leichtsinnigen und böswilligen Widersachern des Christentums, wenn sie krank sind, mit Wohlwollen und Güte, so können sie nie unsere persönlichen Feinde werden. Hier ganz besonders erzeugt Liebe wiederum Liebe.«

Dieses Verhalten gegenüber den Afrikanern war zweifellos klug, jedoch keine vom Verstand diktierte »Taktik«; es entsprang und entsprach Livingstones innerstem Wesen und war infolgedessen um so wirksamer. Daraus erklärt sich sein erstaunlicher persönlicher Einfluß auf die afrikanischen Menschen, seine Macht über ihre Herzen – eine Macht, wie sie vor ihm kein Europäer und nach ihm wohl nur Albert Schweitzer erworben und ausgeübt hat.

Einen großen Anteil daran hat auch bei Livingstone die ärztliche Praxis, der er viel Zeit widmet. Zwar sind die Bakwena ein gesunder Menschenschlag und kennen weder Cholera noch Tuberkulose und Krebs. Auch haben sie ihre eigenen Ärzte, die Livingstone keineswegs verachtet. Diese haben ihren Beruf und ihr Wissen, das ein Ergebnis langjähriger und genauer Beobachtung ist, meist von ihren Vorfahren ererbt. Gegen die Pocken zum Beispiel wenden sie eine Impfung an, bei der Kuhpockengift als Impfstoff dient. »Mit den Heilkünstlern stand ich immer in bestem Einvernehmen, weil ich es vermied, in Gegenwart ihrer Patienten an ihrem Können zu zweifeln. Jede Belehrung unter vier Augen nahmen sie dankbar entgegen und ersetzten ihre falsche Behandlungsweise bereitwillig durch eine etwas vernünftigere. Alle verlangten nach englischen Heilmitteln und nahmen sie gern an. Ich fand, daß die Heilkunde sehr wirksam dazu beitrug, die Leute zu überzeugen, daß uns an ihrer Wohlfahrt wirklich etwas lag.«

Setschele nimmt eine Art Privatunterricht im Lesen und

Schreiben, natürlich an Hand der Bibel. Er lernt mit Eifer und Erfolg. Schon am ersten Tag eignet er sich das ganze Alphabet an, und bald ist er so weit, daß er selbständig die Bibel liest. Wenn Livingstone ihn besucht, setzt ihm sein Schüler stets einen Imbiß vor und bittet ihn, einige Kapitel vorlesen zu dürfen.

Nicht selten bringt er seinen Lehrer durch Fragen in arge Verlegenheit. Einmal erzählt ihm der Missionar vom Jüngsten Gericht, bei dem Gott den durch Christus Erlösten die ewige Seligkeit schenken, die Heiden aber in die ewige Verdammnis stoßen werde. Setschele ist tief beeindruckt: »Du erschreckst mich, deine Worte machen mich erzittern, ich habe gar keine Kraft mehr in mir. Haben deine Vorfahren auch schon von diesem Gericht gewußt?« Nichtsahnend bejaht Livingstone. »Meine Vorfahren lebten zur selben Zeit wie die deinigen«, fährt Setschele fort. »Warum haben deine Vorfahren uns nicht schon eher Kunde von dem Gericht Gottes gebracht? Warum ließen sie uns in der Finsternis und ins ewige Verderben wandern?« Darauf kann Livingstone nur erwidern, seine Vorfahren hätten den Weg ins Innere Afrikas noch nicht gekannt. Die naheliegende Frage, warum Gott seinen weißen Kindern die Erlösung und die ewige Seligkeit ermöglichte, seinen schwarzen Kindern aber nicht, scheint Setschele nicht ausgesprochen zu haben. Was hätte Livingstone darauf antworten sollen?

Trotz allem Bemühen treten weitere Bekehrungserfolge nicht ein, der Häuptling bleibt der einzige, der sich von Livingstone in freundschaftlicher Unterhaltung allmählich in die christliche Religion einführen und dazu bekehren läßt. Oft gerät sein neuer Glaube mit seinem früheren Denken und Verhalten in Widerstreit. Eines Tages äußert Livingstone, er wünsche sich, daß auch andere Bakwena an das Wort Gottes glauben möchten. Setschele will dem Missionar, den er liebt und schätzt, gern einen Gefallen tun, und da er, wie alle afrikanischen Häuptlinge, mit absoluter Gewalt über seine Untertanen herrscht, antwortet er: »Meinst du etwa, sie werden durch Zureden und Bitten gläubig werden? Nein, ich werde sie zwingen, indem ich sie durchprügle. Wenn es dir recht ist, rufe ich meine angesehensten Leute zusammen, und wir wollen sie mit unseren Peitschen aus Flußpferdhaut sogleich gläubig machen.« Natürlich geht Livingstone darauf nicht ein.

Wenn er in Setscheles Haus Andacht hält, so erscheint dazu

niemand außer der Familie des Häuptlings, die dieser ausdrücklich dazu befohlen hat. Und selbst von dessen nächsten Verwandten will keiner zum Christentum übertreten. Seine Frauen hören sich zwar gern seine und Livingstones Reden über den Christenglauben an, aber dabei bleibt es.

Auch vor Setschele selbst steht noch ein großes, unüberwindlich scheinendes Hindernis, das ihn von dem letzten Schritt, der Taufe, abhält: Als Christ darf er nur *eine* Frau haben. Was soll er aber mit den überzähligen Frauen machen? Livingstone begreift die schwierige Lage des Häuptlings durchaus: »Er ist durch seine Weiber gebunden. Er hat eine seltsame Idee: Er möchte gern in ein anderes Land gehen, um drei oder vier Jahre lang zu studieren, in der Hoffnung, daß seine Weiber währenddessen andere Männer heiraten. Dann will er zurückkehren, das heilige Abendmahl nehmen und seinem Volk das Wissen, das er erworben hat, mitteilen. Er scheint außerstande, seine Frauen wegzuschicken. Er fühlt sich sehr zu ihnen hingezogen, und auch wir haben die meisten von ihnen sehr gern. Sie sind unsere besten Schülerinnen, unsere beständigen Freundinnen.« Die meisten von ihnen, nicht alle. Gerade Setscheles Hauptfrau ist dem neuen Glauben und den neuen Gewohnheiten des Häuptlings äußerst abgeneigt und zeigt das auch bei jeder Gelegenheit. Sie kommt sogar zum Gottesdienst im Evakostüm, und Livingstone muß oft mit ansehen, wie Setschele die Frau daraufhin fortschickt, damit sie wenigstens einen Rock anzieht, und wie sie jedesmal mit verächtlich verzogenem Mund davongeht.

In vielen seiner Ansichten war Livingstone ganz in den Vorurteilen seiner Zeit und seines Berufes befangen. Wie uns heute die europäischen Kleidermoden jener Zeit unpraktisch, unhygienisch und lächerlich vorkommen, so auch das unnatürliche Verhalten den natürlichsten Dingen gegenüber. Die Prüderie von damals erscheint uns albern. Die Frauen der Griqua und Tswana gingen fast nackt, die Männer trugen nur ein kleines Stück Fell; das war für sie etwas Natürliches und Selbstverständliches. Livingstone und seine weißen Zeitgenossen aber hielten es für höchst unanständig und eiferten dagegen. Die Missionare verboten auch das Tragen einheimischer Trachten und verlangten, daß die Leute wenigstens zum Gottesdienst halbwegs europäisch gekleidet erschienen. Da es aber an Mitteln fehlte, sie einzukleiden, kam nun der eine nur im Hemd, der andere besaß nur eine Hose aus billigstem Stoff und ein dritter nur einen alten Hut. Die schwarzen und braunen Menschen, die bisher in ihrer natürlichen Nacktheit oder ihrer althergebrachten, selbstverfertigten Kleidung ihre Würde bewahrt hatten, wirkten nun in den Augen der Europäer wie Spottfiguren.

Die Trennung von seinen Frauen fällt dem Häuptling nicht nur aus persönlichen Gründen schwer, sie würde vor allem den Bruch mit einer alten Sitte und eine Herausforderung an alle Verwandten der Frauen bedeuten. Wer weiß, ob sie diese Maßnahme ohne weiteres hinnehmen werden? Livingstone drängt daher nicht zur Entscheidung, Setschele soll den letzten Schritt aus freiem Willen tun. Endlich entschließt sich der Häuptling dazu und läßt sich und seine Kinder am 1. Oktober 1848 im Beisein einer großen Volksmenge taufen. Während der Feierlichkeiten gewahrt Livingstone in den Augen einiger alter Männer Tränen. Als er sie hernach fragt, warum sie geweint haben, antworten sie: »Weil es mit unserem Häuptling ein so schlimmes Ende genommen hat.« Sie glauben, der weiße Mann habe ihn durch einen bösen Zauber nun völlig in seine Gewalt gebracht.

Jeder seiner überzähligen Frauen schenkt Setschele neue Kleidung und den Teil seiner Habseligkeiten, den sie in ihren Hütten für ihn zu verwahren pflegten; damit schickt er sie zu ihren Eltern zurück. Diesen läßt er sagen, er habe den weggeschickten Frauen, ihren Töchtern, keinerlei Vergehen vorzuwerfen, er entledige sich ihrer nur, um den Willen Gottes zu erfüllen.

Livingstone hat seinen ersten Bekehrungserfolg errungen – doch um welchen Preis! Die Zahl seiner Gegner wächst nach der Taufe Setscheles und der Heimschickung der Frauen bedenklich. Die Verwandten und Freunde der verstoßenen Frauen werden nun offene Feinde der neuen Religion. Außer Setschele und seinen Kindern kommt kaum noch jemand in die Schule und zum Gottesdienst. Livingstone und seiner Frau begegnen die Bakwena immer noch »mit achtungsvollem Wohlwollen«, aber den Häuptling verfluchen sie und sagen ihm Dinge ins Gesicht, für die er früher unversöhnliche Rache genommen hätte.

Allmählich erfaßt die tiefe Abneigung gegen den neuen Glauben immer weitere Kreise, und zwar aus einer sehr begreiflichen und nicht wegzupredigenden Ursache, gegen die Livingstone ganz einfach machtlos ist.

Im ersten Jahr seines Aufenthaltes unter den Bakwena wurde die Gegend von einer langen Trockenheit heimgesucht. In solchen Zeiten pflegten nach alter Sitte die Regenmacher durch allerlei Zaubermittel den Regen herbeizuziehen. Der Glaube an die Wirksamkeit dieses Zaubers war tief eingewurzelt. Setschele war selbst ein berühmter »Regendoktor« und glaubte felsenfest an die Kraft seiner Zaubermittel. Livingstone verbot ihm das »Regenmachen« nicht, aber er redete ihm hartnäckig zu, diesem heidnischen Aberglauben abzuschwören. Setschele erwiderte, seinen Glauben an den Regenzauber aufzugeben falle ihm schwerer als alles andere, was das Christentum von ihm verlange. Er ließ sich jedoch, wie einstmals die Bewohner von Lepelole, dazu überreden, von seinen Untertanen einen Kanal graben zu lassen, der das Wasser des Kolobeng nach den Feldern und Gärten leitete. Über hundert Männer warfen den Damm auf und hoben den Graben aus. Der Versuch glückte, das Wasser des Flusses rettete die Ernte der Bakwena.

Im zweiten Jahr fiel aber wieder kein Regen und im dritten Jahr auch nicht. Der Kolobeng trocknete aus. Es starben so viele Fische, daß die Hyänen von weither kamen, sich vollfraßen und doch nicht imstande waren, mit den faulenden Massen aufzuräumen. Manchmal ballten sich verheißungsvoll Gewitterwolken über der Gegend zusammen, in der Ferne hörte man es donnern; doch am nächsten Morgen stieg die Sonne wieder an einem wolkenlosen Himmel auf und versengte das Land mit ihrer Glut.

Im vierten Jahr wird die Dürre zur Katastrophe. Das Getreide verdorrt auf dem Halm. Livingstone gräbt mit den Bakwena im Flußbett des Kolobeng immer tiefer, um wenigstens so viel Wasser zu bekommen, daß die Fruchtbäume am Leben erhalten werden können – vergeblich. Das Laub der Bäume schrumpft zusammen und fällt ab. Schon in den vergangenen Jahren haben sich die Bakwena nicht satt essen können; jetzt nun bricht eine schreckliche Hungersnot aus.

Bevor der Missionar zu ihnen kam, hatten sie Regen und genug zu essen. Mit ihm zugleich kam diese unheilvolle, nicht endende Dürre. Selbst wenn Livingstone an einen unglücklichen Zufall glaubte, die Bakwena könnte er unmöglich davon überzeugen. Sie behandeln ihn nach wie vor freundlich und achtungsvoll, aber von Jahr zu Jahr wird ihnen deutlicher, daß er eine Irrlehre predigt. Um die Kirche machen sie einen Bogen. Sie sprechen dem Missionar gegenüber ihre Gedanken nicht aus, doch kommt ihm zu Ohren, daß einige gesagt haben, es sei schade, daß ihn in Mabotsa der Löwe nicht getötet habe. Und ein sehr angesehener und kluger Mann, ein Onkel Setscheles, sagt eines Tages zu ihm: »Wir lieben dich, als wärst du einer der Unseren. Aber wir möchten, daß du mit diesem ewigen Predigen und Beten aufhörst. Du siehst, bei uns regnet es nie, während die Stämme, die niemals beten, Regen im Überfluß erhalten.« Das ist eine Tatsache, gegen die Livingstone kein Argument ins Feld zu führen hat. Er sieht selber häufig genug, wie auf den viele Meilen entfernten Bergen Regen fällt, ohne daß die Bakwena auch nur einen einzigen Tropfen abbekommen.

Sie glauben, er habe ihren Häuptling, der sich in seinem Wesen so sehr verändert hat, mit einem fremden, feindlichen Zauber behext, und schicken oft Abordnungen zu ihm, die aus den ältesten, angesehensten Männern des Stammes bestehen und ihn anflehen, er möge Setschele erlauben, wenigstens einige Schauer herbeizuzaubern: »Laß ihn nur dieses eine Mal Regen machen, und wir alle, Männer, Frauen und Kinder, wollen in die Schule kommen und singen und beten, solange du willst!«

Vergeblich versucht Livingstone ihnen klarzumachen, Set-

schele handle ganz nach eigenem Ermessen und gehorche freiwillig den Gesetzen, die in der Bibel niedergelegt seien. Es betrübt ihn tief, daß er in den Augen dieser gutmütigen Menschen
hartherzig erscheint und daß seine Ablehnung sie in ihrer Meinung, er habe über Setschele einen Zauber verhängt, nur bestärkt. Aber kann er als Missionar anders handeln? Darf er vor
ihrem Aberglauben zurückweichen? Wie könnte er hoffen, sie jemals von der Wahrheit seiner Lehre zu überzeugen, wenn er ihren Zauberern recht gäbe gegenüber Gott? Gleichzeitig fühlt er
jedoch, daß seine Unnachgiebigkeit ihre Abneigung gegen seine
Lehre noch verstärkt, so daß letzten Endes auch in Kolobeng all
seine Mühe umsonst sein wird.

In der Auseinandersetzung mit den Regenmachern hat er keinen leichten Stand – nicht nur, weil sie die Sympathie ihrer
Stammesgenossen haben, sie sind auch kluge Diskussionspart-
ner. Ein Gespräch mit einem Regenmacher verläuft nach Livingstones eigener Schilderung etwa so:

Livingstone: Na, mein Lieber, du hast ja eine ganze Menge
Medizin (das heißt Zaubermittel) bei dir.

Regendoktor: Ja, die brauche ich aber auch, denn das Land
dürstet, wie du weißt.

Livingstone: Du glaubst also wirklich, du könntest den Wolken gebieten? Ich bin jedoch der Überzeugung, das steht allein in
der Macht Gottes.

Regendoktor: Wir meinen beide ein und dasselbe. Gott ist es,
der den Regen schafft, aber ich bete zu ihm mittels dieser Medizin.

Livingstone: In den Worten unseres Erlösers ist uns aber gesagt, daß Gott uns nur im Gebet erhört, nicht mittels Medizin.

Regendoktor: *Uns* hat es Gott anders gelehrt. Die schwarzen
Menschen erschuf er zuerst, aber er liebte sie nicht so wie die weißen. Euch schenkte er Kleider, Gewehre, Schießpulver, Pferde,
Wagen und viele andere Dinge, von denen wir nichts wissen. Uns
gab er nur Vieh, den Assegai und die Kunst, Regen zu machen.
Auch solche Herzen wie die eurigen gab er uns nicht. Wir lieben
einander nicht. Andere Stämme behexen unser Land, um den
Regen zu verhindern, damit wir uns ihnen unterwerfen oder
durch Hunger zugrunde gehen. Diesen Zauber müssen wir
durch einen Gegenzauber lösen, den wir mit dieser Medizin voll-
bringen. Ihr solltet unsere Kenntnis, die wir von Gott haben,

nicht verachten, nur weil ihr sie nicht versteht. Wir verstehen ja euer Buch ebenfalls nicht, dennoch verachten wir es nicht.

Livingstone: Ich verachte das, was ich nicht kenne, durchaus nicht, ich bin nur der Ansicht, daß ihr im Irrtum seid, wenn ihr glaubt, mit eurer Medizin die Wolken herbeirufen zu können.

Regendoktor: Auch ihr wendet ja Medizin an und glaubt, damit Kranke heilen zu können. So sind wir also beide Doktoren und keine Betrüger. Manchmal beliebt es Gott, den Kranken mittels eurer Medizin zu heilen, manchmal nicht – dann stirbt der Kranke. Bei uns ist es genauso. Manchmal schickt uns Gott Regen, manchmal nicht. Wenn euch ein Kranker stirbt, so gebt ihr deswegen das Vertrauen in eure Medizin nicht auf. Wir tun es ebensowenig, wenn der Regen ausbleibt. Wenn du willst, daß ich meine Medizin aufgebe, warum behältst du die deinige bei?

So geht das Geplänkel noch lange, ohne daß es Livingstone gelingt, seinen Partner zu besiegen. Er gesteht ein, daß er es nicht ein einziges Mal fertigbrachte, einen Regendoktor von der Untauglichkeit seiner Zaubermittel zu überzeugen, so große Mühe er sich auch gab. Dabei mußte er sich sehr hüten, den Eindruck zu erwecken, als liege ihm gar nichts am Erfolg des Regendoktors; in diese Falle suchten ihn die Zauberer gern zu locken. Wäre er hineingegangen, so hätte er sich den Stamm zum offenen Feind gemacht.

Bei jeder Gelegenheit betont Livingstone, daß es den Bakwena keineswegs an Intelligenz und gesundem Menschenverstand fehle. »Sie verstehen sich meisterhaft auf Hornvieh, Schafe und Ziegen und wissen genau, welche Weidegründe sich für die einzelnen Arten am besten eignen. Ebenso wählen sie mit großer Umsicht die geeigneten Böden für die verschiedenen Getreidearten. Auch mit den Lebensgewohnheiten der wilden Tiere sind sie genau vertraut.«

Über die Mißernte helfen sie sich hinweg, so gut sie können. Die Frauen geben ihren Schmuck her, um von begünstigteren Stämmen dafür Getreide einzutauschen. Die Kinder durchstreifen das Land nach Knollen und Wurzeln. Die Männer gehen auf die Jagd. Sie fangen Büffel, Zebras, Giraffen, Nashörner, Antilopen in tiefen, geschickt getarnten Fallgruben, die am Ende eines sich allmählich verengenden Verhaus angelegt sind, in das die Tiere mit Geschrei und geschleuderten Speeren getrieben werden.

Livingstone achtet sehr darauf, daß er und seine Familie den Bakwena in keiner Weise zur Last fallen. Während der Trockenheit bekommt er Brotgetreide aus Kuruman geschickt. Das trifft freilich nicht immer rechtzeitig und in genügender Menge ein. Eine Zeitlang lebt die Familie von Kleie, die dreimal gemahlen werden muß, damit Mehl daraus wird. Sehr entbehren alle die Fleischkost. Mit seinem gelähmten Arm ist Livingstone ein schlechter Jäger; und wenn ihnen auch Setschele von dem Fleischanteil, den ihm seine Untertanen von jedem geschlachteten Tier zu liefern haben, stets ein reichliches Stück schickt, so geschieht das doch sehr unregelmäßig. Manchmal sind Livingstones froh, wenn sie ein Gericht Heuschrecken bekommen, die in Botswana mit Honig gegessen oder geröstet und zu Mehl zerstoßen werden. Den hungrigen Kindern der Missionarsfamilie geben die Einheimischen aus Mitleid zuweilen große Raupen zu essen, die sie auch selber verzehren und die den Kleinen gut zu schmecken scheinen. Auch große Frösche, die gekocht wie junge Hühner aussehen, essen die Kinder mit Begierde. Der kleine Robert hat in Kolobeng noch zwei Geschwister bekommen. Ein viertes Kind, »ein süßes kleines Mädchen mit blauen Augen«, stirbt leider bereits sechs Wochen nach der Geburt an einer Epidemie, die den Ort heimsucht.

II

Der Missionar
wird Forschungsreisender

Livingstones erste Entdeckung: der Ngamisee. Schon in der Kapkolonie hat Livingstone andere Missionare von einem großen See reden hören, der fern im Norden liegen soll und den noch kein Europäer sah. Seitdem hat er oft an diesen See gedacht, und die Forscherleidenschaft seiner Jugendjahre ist dabei wiedererwacht. Auch Ehrgeiz regt sich: Gern wäre er der erste Missionar, überhaupt der erste Europäer, der den geheimnisvollen Ngamisee mit eigenen Augen erblickte und Kunde von ihm bringen könnte. Im Norden wohnt auch der große Makololohäuptling Sebituane, von dem ihm Setschele erzählt hat und den er schon lange kennenzulernen wünscht.

Im Frühjahr 1849 entschließt er sich zu einer Reise nach Norden. Den letzten Anstoß dazu gibt die Absicht der Bakwena, wegen der anhaltenden Dürre Kolobeng zu verlassen und sich woanders anzusiedeln. Wenn die Bakwena abwandern, was soll Livingstone dann tun? Er sieht ein: »Die Mission bei den Tswana ist in eine Sackgasse geraten.« Es ist besser, er sucht sich ein neues Arbeitsfeld. Vielleicht findet er es bei Sebituane, unter den Makololo?

Gerade in dieser Zeit trifft eine Gesandtschaft des Häuptlings Letschulatebe ein, der mit seinem Stamm in der Gegend des Ngamisees wohnt. Die Abgesandten überbringen Livingstone eine Einladung ihres Häuptlings. Sie erzählen von dem ungeheuren Reichtum ihres Landes an Elfenbein. Angeblich stellt man dort sogar die Viehhürden aus Elefantenzähnen von gewaltiger Größe her.

Den Bakwena ist das nichts Neues, auch Setschele hat schon von den zahllosen Elefanten und dem billigen Elfenbein am Ngamisee gehört und würde gern erfahren, wie man dahin kommt. Auf einer Reise in jene Gegend könnte er nebenher seinem Wohltäter Sebituane einen Besuch abstatten – nicht aus Dankbarkeit, wie Livingstone nüchtern bemerkt, sondern um mit seinen neuen Kenntnissen und seinem weißen Freund zu prahlen und außerdem reiche Gastgeschenke einzuheimsen.

Der Weg zu den Elefanten des Ngamisees führt durch das Land eines anderen Tswanastammes, der Bamangwato, über die der Häuptling Sekhomo herrscht. Zu ihm schickt Setschele sogleich einen angesehenen Mann als Boten, der als Gastgeschenk einen Ochsen mitnimmt und für Livingstone die Erlaubnis, durch das Bamangwatogebiet zu reisen, erbitten soll. Der Bakwenahäuptling nützt die günstige Gelegenheit, seinen Freund als Schrittmacher und Pfadfinder zu verwenden. Leider lehnt Sekhomo die Bitte ab. Er bezieht selber vom Ngamisee Elfenbein in großen Mengen und sehr billig und hat keine Lust, den Weg zu diesen Schätzen anderen Leuten zu verraten. Natürlich begründet er in seiner Antwort die Ablehnung anders: »In der Richtung des Sees wohnen die Matabele, die Todfeinde der Tswana. Wenn sie den weißen Mann töten, wird in seinem Volk Haß und Feindschaft gegen uns entstehen, weil wir ihn nicht zurückgehalten haben.«

Livingstone, der hinter diesen Worten den wahren Grund der Ablehnung errät, läßt sich von einem einmal gefaßten Vorhaben so leicht nicht abbringen. Er wird das Bamangwatogebiet umgehen und am Ostrand der Wüste Kalahari entlang ziehen. Seinem Freund Setschele rät er von der Teilnahme an der Fahrt dringend ab; er fürchtet, die Buren könnten die Abwesenheit des Häuptlings ausnützen und ihre mehrmals ausgesprochene Drohung, die Bakwena zu überfallen, wahr machen. Dann hätten die Bakwena ihm vorwerfen können, er habe ihr Oberhaupt mitgenommen und dadurch den Buren geholfen. Setschele sieht das ein und bleibt in Kolobeng. Er warnt aber Livingstone vor der Kalahari, die sich vom Oranjefluß nordwärts bis in die Nähe des Ngamisees erstreckt: »Nie kannst du durch dieses Land zu den Stämmen kommen, die jenseits davon wohnen. Auch uns Einheimischen ist das nur möglich, wenn ungewöhnlich viel Regen gefallen ist und in der Kalahari die Wassermelonen gut gedeihen.«

Bevor Livingstone nach dem Ngamisee aufbricht, unternimmt er ein zweites Mal von Kolobeng aus die dreihundert Meilen weite Reise ins Transvaalgebiet, um mit Hendrik Potgieter zu sprechen, der die Buren einst über den Vaal geführt hat. Er fürchtet nämlich, daß den Bakwena während seiner Abwesenheit Gefahr von seiten der Buren droht. Diese haben bereits mehrmals Setschele brieflich aufgefordert, zu ihnen zu kommen, sich ihnen zu unterwerfen und die englischen Händler, die den Tswana Gewehre verkaufen, aus dem Lande zu weisen. Setschele hat darauf geantwortet: »Gott hat mich zu einem unabhängigen Häuptling gemacht, nicht ihr. Die Engländer sind meine Freunde. Ich erhalte von ihnen alles, was ich wünsche. Ich kann sie nicht hindern, zu gehen, wohin sie wollen.« Infolge der wiederholten

Botschaften und Drohungen der Buren leben die Bakwena in ständiger Furcht vor einem Überfall. Setschele wagt auch nicht, Livingstone zu den Buren zu begleiten. Er weiß so gut wie der Missionar, daß seine Antwort nicht geeignet ist, die Buren zu besänftigen.

Die Buren stehen Livingstone höflich und achtungsvoll gegenüber. Er meidet sie auch nicht, behandelt ihre Kranken unentgeltlich und versieht sie mit Arzneien. Aber gerade die Transvaalburen sind die hartnäckigsten Verfechter der Sklaverei. Sie können den Engländern die angeblich schweren Verluste nicht verzeihen, die sie durch das Freiwerden ihrer Khoi-Khoin-Sklaven erlitten haben. Sie sind ausgewandert, um in einem eigenen »Freistaat« die »geeignete Behandlung der Schwarzen«, wie sie es nennen, ungehindert weiter betreiben zu können. Was sie darunter verstehen, haben sie schon ein halbes Jahrhundert vorher in einer Eingabe an den damaligen holländischen Gouverneur der Kapkolonie dargelegt: »Jeder Buschmann oder Hottentott, männlich oder weiblich, sowohl solche, die durch Kommandos, wie solche, die durch Individuen gefangen sind oder noch gefangen werden, sind lebenslang das gesetzliche Eigentum der Bürger, die sie besitzen, und sollen von Geschlecht zu Geschlecht dienstbar sein. Wenn solche Hottentotten fliehen, soll der Eigentümer das Recht haben, sie zu verfolgen und sie nach Verdienst zu strafen, wie er es für gut befindet.« (Nach G. Brennecke)

Livingstone weiß, daß sein Aufenthalt unter den Bakwena die Buren stört, daß sie ihn hassen, daß sie an seine Amtsbrüder in der Kapkolonie geschrieben haben und seine unverzügliche Abberufung gefordert haben, weil er ihren einheimischen Feinden eine Kanone geliehen habe. Auch bei der Kolonialregierung haben sie ihn angeschwärzt und tatsächlich erreicht, daß er bei seinen eigenen Landsleuten als »ein Mann von sehr verdächtigem Charakter« gilt.

Bei der angeblichen Kanone handelt es sich in Wahrheit um einen Kochkessel, den er Setschele geliehen und den das Gerücht, vom Haß beflügelt, in ein gefährliches Kriegsgerät verwandelt hat. Und aus den fünf Gewehren, die die Bakwena wirklich von den englischen Händlern gekauft haben, sind im Munde der Buren fünfhundert geworden. In gewisser Hinsicht sind diese Übertreibungen für die Bakwena von Vorteil: Acht Jahre lang hält die Furcht vor dem vermeintlich so gut bewaffneten

Stamm die Buren ab, ihre Drohungen zu verwirklichen und die Bakwena zu überfallen.

Übrigens ist es durchaus möglich, daß die Bakwena mehr Gewehre besitzen als nur die fünf, die sie von den Engländern gekauft haben. Manchmal kommen nämlich einzelne Buren nach Kolobeng – die einen frei und offen, um sich bei Livingstone ärztlichen Rat zu holen, die anderen jedoch heimlich. Und diese verkaufen hin und wieder eine Muskete und Schießpulver und benützen solche Besuche außerdem dazu, die Bakwena über ihre Bewaffnung, ihren Häuptling und die Tätigkeit des Missionars auszuhorchen.

Sein Besuch bei Potgieter bleibt nicht ganz ohne Erfolg. Zwar gerät der Burenführer in heftigen Zorn, als Livingstone ihm sagt, man dürfe den armen Heiden das Evangelium nicht vorenthalten. Er droht, jeden Stamm zu überfallen, der einen afrikanischen Lehrer aufnehmen würde. Aber schließlich beruhigt er sich und verspricht sogar, dafür zu sorgen, daß die ihm untertanen Stämme Livingstone ungehinderten Durchzug durch ihr Gebiet gewähren.

Auf seinen Reisen erlebt Livingstone in der Wildnis manches Abenteuer, aber er macht kein Aufhebens davon; er liebt es nicht, seine persönlichen Verdienste herauszustellen oder ausgestandene Gefahren auszumalen. Nur nebenbei erfährt man davon. Auf der Reise zu den Buren im Dezember 1848 begleitet ihn der einheimische Missionshelfer Paul. Als die beiden Männer in einem trockenen Flußbett nach einer Furt suchen, erhebt sich zwischen ihnen und dem Wagen plötzlich ein Nashornweibchen mit einem neugeborenen Kalb von seinem Lager. Die Gewehre liegen im Wagen, die Männer können sich nur niederducken. Die aufgescheuchte Mutter greift den Wagen an, zersplittert mit ihrem Horn ein Rad und trollt sich dann. Livingstone und Paul kommen mit dem Schrecken davon.

Im Mai 1849 treffen zwei Engländer in Kolobeng ein, die mit Livingstone reisen wollen. Der eine, Oswell, hat früher in Indien eine hohe Stellung bekleidet. Er ist reich und will in Afrika zu seinem Vergnügen Großwild jagen. Als er merkt, daß Livingstone nicht weiß, wovon er die einheimischen Führer bezahlen soll, nimmt er ihm diese Sorge sofort ab. Das bedeutet für Livingstone viel, denn mit seinem Jahresgehalt von hundert Pfund kann er keine großen Sprünge machen.

Schon mehrmals haben Engländer ihn in Kolobeng besucht; fast alle waren durchreisende Großwildjäger, aber nicht alle haben sich so anständig benommen wie Oswell. Einmal »vergaß« ein solcher Gast, vor der Heimreise seine Führer und Gehilfen zu entlohnen. »Um die Ehre des englischen Namens aufrechtzuerhalten«, bezahlte der arme Missionar die Schulden dieses Herrn.

Am 1. Juni 1849 bricht die Expedition nach dem Ngamisee auf – zwanzig Menschen mit ebensoviel Pferden und mehr als achtzig Zugochsen.

Zwischen Kolobeng und dem See dehnt sich die von den Bakwena gefürchtete Wüste Kalahari aus, in der es kein fließendes Gewässer und nur wenige Brunnen gibt. Aus Vorsicht hält sich Livingstone am Rand der Wüste. Auf seiner Reise stellt er fest, daß die gefürchtete Kalahari nicht ein pflanzenloses Sandmeer ist, sondern eine Wüstensteppe mit dürftigem Graswuchs. Auf weiten Strecken bedeckt dorniger Akazienbusch den sandigen Boden, und hier und da ragen sogar einzelne Bäume auf. Trockenbetten einstiger Flüsse durchschneiden die weite Ebene. Große Antilopenherden schweifen darüberhin. In den Betten der versiegten Flüsse bleiben monatelang Tümpel von Regenwasser stehen.

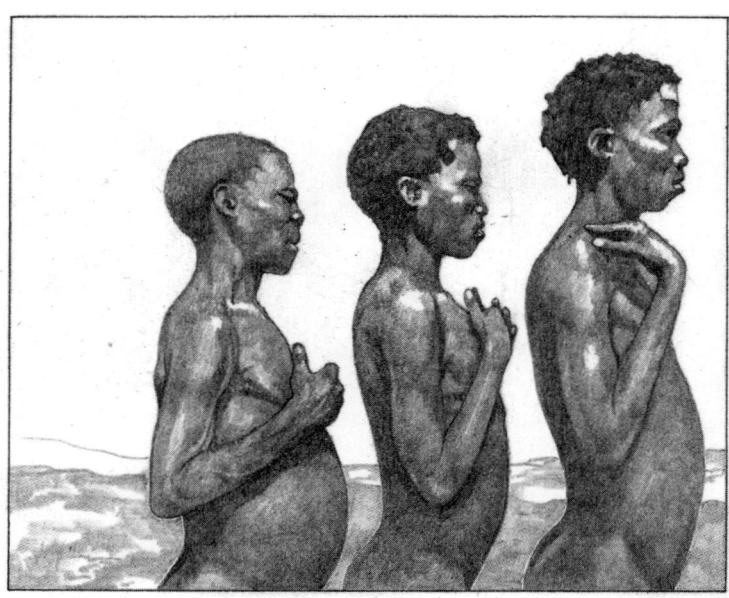

Kleine, hagere San streiften damals durch die Kalahari und nährten sich von Wild, das sie mit vergifteten Pfeilen erlegten, sowie von kleinem Getier, Wurzeln und Knollen, die sie auf ihren Streifzügen sammelten. Die anderen Bewohner waren die schwächlichen, scheuen und furchtsamen Bakalahari. »Ba« heißt Menschen, »Bakalahari« also Menschen der Kalahari. In ihnen erkannte Livingstone Nachkommen von Tswana, die einstmals in die Wüste vertrieben worden waren. Sie wohnten in kleinen Dörfern, gruben tiefe Brunnen und trieben noch ein wenig Gartenbau und Viehzucht: Sie pflanzten Melonen und Kürbisse und hielten kleine Ziegenherden.

Früher regnete es in der Kalahari öfter, dann gediehen wilde Melonen im Überfluß. In der letzten Zeit war das Land jedoch immer mehr ausgetrocknet, und solche »Ernten« waren jetzt eine Seltenheit.

Die Ochsentreiber schreien sich die Kehlen wund, sie lassen die Peitschen knallen und auf die Rücken der Tiere niedersausen. Auf dem Sandboden, in den die Wagenräder tief einsinken, kommen die Ochsen noch langsamer vorwärts als sonst. Man kann nur morgens und abends fahren, tagsüber wären bei der Sonnenglut die Zugtiere zu schnell erschöpft gewesen. Während der ganzen Fahrt ist an einem Rad von Livingstones Wagen ein Gerät befestigt, das die Umdrehungen zählt; deren Summe, mit dem Umfang des Wagenrades multipliziert, ergibt die zurückgelegte Wegstrecke.

Die Brunnen in den Bakalaharidörfern, wo die Ochsen getränkt werden, müssen manchmal erst tiefer ausgeschachtet werden, weil sie zuwenig Wasser hergeben. Mitunter findet man statt der erhofften Quelle nur ein Schlammloch vor. Dann muß man graben, bis man auf Grundwasser stößt, vielleicht zwei Meter tief. Die Bakwenaführer mahnen dabei zur Vorsicht: Man darf die unterste Bodenschicht, die aus festem Sand oder jungem Sandstein besteht, nicht durchstoßen, sonst verschwindet das Wasser, das sich darüber angesammelt hat, in die Tiefe. Zuerst werden die Pferde getränkt, die zur Jagd unentbehrlich sind, danach die Zugochsen.

Drei Tage lang zieht die Expedition durch eine völlig wasserlose Gegend. Das Gras ist so dürr, daß es zwischen den Fingern zu Staub zerfällt. Die ermatteten Ochsen finden kein frisches Hälmchen und blöken kläglich, wenn sie das Trinkwasser in den

Gefäßen auf den Wagen wittern. Am dritten Tag endlich kehren einige Leute, die einem Wildpfad nachgegangen sind, mit der frohen Kunde zurück, sie hätten Wasser gefunden. Sie führen die Karawane zu einem tiefen Regenwassertümpel. Die durstigen Ochsen stürzen sich bis an die Kehle hinein und schlürfen in langen Zügen, bis ihre eingefallenen Flanken anschwellen, als wollten sie platzen. Dann fangen sie an zu weiden, denn ringsum steht frisches grünes Gras. Die Bakwenaführer versichern, die schlimmste Wegstrecke sei nun überwunden.

In einem ausgetrockneten Flußbett wird die Reise fortgesetzt. Allmählich weitet sich das Tal zu einem Becken, das einstmals ein gewaltiger See ausgefüllt haben muß, denn im Boden entdeckt Livingstone Muscheln, die er später im Ngamisee wiederfinden wird und die ihn zu der Annahme führen, daß dieser nur der Überrest eines viel größeren Sees ist.

Eines Abends reitet Oswell ein Stück voraus. Plötzlich wirft er seinen Hut in die Luft und stößt ein lautes Freudengeschrei aus: Er hat den gesuchten See erblickt! Auch vor Livingstone, der ihm nacheilt, dehnt sich eine weite, im Licht des Sonnenuntergangs glänzende Wasserfläche aus, auf der die Wellen tanzen. Bäume spiegeln sich darin, in der Ferne bewegt sich eine Elefantenherde am Ufer. Livingstone sieht das alles und – ärgert sich. Der Missionar Livingstone ärgert sich, daß nun doch nicht er der erste Europäer ist, der den vielgenannten und dennoch bis jetzt unbekannt gebliebenen See mit eigenen Augen sah. Diese Anwandlung von Neid mutet etwas kleinlich an; andererseits zeugt es von einem aufrichtigen und großherzigen Charakter, daß Livingstone die kleine Schwäche in seinem Reisebericht nicht verschweigt. Wenn man seine Schilderung dieses Augenblicks, überhaupt dieser Fahrt liest, könnte man vergessen, daß er sie als Missionar angetreten hat, so sehr erfüllen ihn jetzt die Freude am Forschen und der Ehrgeiz des Entdeckers. – Europäer und Afrikaner, Pferde und Hunde eilen dem Wasser entgegen. Da ist es auf einmal, als zerrisse ein Nebel, der See verschwindet, und hinter dem Baumhügel im Vordergrund breitet sich eine riesige glitzernde Salzpfanne aus. Eine Fata Morgana hatte alle genarrt, Menschen wie Tiere. Im Westen und Nordwesten steigen dunkle Rauchwolken auf. Einheimische behaupten, dort werde an einem großen Flusse Schilf verbrannt. Bis zum Ngamisee aber ist es noch weit – rund vierhundertfünfzig Kilometer!

Nach einigen Tagen erreicht die Expedition jenen großen Fluß, den Suga. Er soll dem gesuchten See entströmen. Nun ist der Weg nicht mehr zu verfehlen. Die Expedition zieht am Suga aufwärts. In den Ansiedlungen wird sie überall freundlich aufgenommen. In einem Dorf werden die Ochsen und die Wagen außer dem kleinen Gefährt Oswells zurückgelassen, damit sich die Zugtiere für die Heimfahrt ausruhen können. Livingstone, Oswell und Murray steigen in Einbäume. Man reist darin viel angenehmer als im Wagen. Die Kahnbesitzer sind auf dem Wasser zu Hause. Sie schlafen auf der Reise lieber in ihren Nachen als am Lande. »Dort gibt es Löwen, Hyänen, Schlangen und unsere Feinde«, sagen sie, »im Kahn aber, hinter einem Schilfdickicht, kann uns kein Unglück zustoßen.« In den Einbäumen wird ständig ein Feuer unterhalten, über dem der Kochtopf hängt; man braucht also nicht einmal des Kochens wegen zu landen.

Die Flußufer sind bewaldet. Nach einigen Tagen ergießt sich ein breiter Nebenfluß in den Suga. »Woher kommt er?« fragt Livingstone. – »Oh, aus einer Gegend voller Flüsse – so viel sind es, daß man sie nicht zählen kann – und voller großer Bäume.« – Das ist eine Kunde, die Livingstone aufhorchen läßt: Dann wäre das unbekannte Innere Afrikas also nicht eine große sandige Hochebene, wie die Geographen vermuten! Diese Neuigkeit verheißt zugleich weitere Entdeckungen, die nicht allein geographisch von größter Bedeutung sein würden. Vielleicht gibt es unter den vielen Flüssen einen, der zur Küste strömt und schiffbar ist, eine Wasserstraße, auf der man von der Ozeanküste aus ins Innere eindringen könnte, um den Menschen dort das Christentum und die Segnungen der Zivilisation zu bringen? – Die tiefe Unzufriedenheit Livingstones mit dem verschwindend geringen Erfolg seiner jahrelangen mühseligen Missionsarbeit in Mabotsa, Tschonuane und Kolobeng wühlt in ihm und drängt nach irgendeiner Änderung, einem Ausweg aus der »Sackgasse«, die er erkannt hat. Jetzt beginnt sich ein Ausweg abzuzeichnen. Erstmals und zunächst nur unklar ahnt der unbekannte kleine Missionar, der er noch immer ist, die ungeheure Aufgabe: Wege in das unbekannte Innere dieses Erdteils auszukundschaften, Wege zu den Menschen, die in diesen riesigen Gebieten wohnen. Der visionäre Gedanke verblaßt wieder, Näherliegendes zieht Livingstones Blicke auf sich: Es gilt, einen Ersatz für Kolobeng zu schaffen, den Seinen ein neues Heim und sich selbst eine neue und hoffentlich erfolgreichere Arbeitsstätte in Sebituanes Reich zu gründen.

Nach zwölftägiger Kahnfahrt erreichen die Reisenden den Ngamisee. »Am 1. August 1849 zogen wir miteinander nach seinem breiten Teil hinunter, und zum erstenmal zeigte sich dieser prächtig anzusehende große Wasserspiegel europäischen Blikken.« So weit das Auge reicht, sind die flachen Ufer fast überall sumpfig und verschilft. Der See selbst muß seicht sein, denn noch weit draußen staken die Anwohner ihre Kähne mit einer kurzen Stange vorwärts.

Der Ngamisee ist später ein Opfer der fortschreitenden Austrocknung Südafrikas geworden; neueste Karten geben an seiner Stelle nur noch ein ausgedehntes Sumpfgelände an.

Der große Häuptling Sebituane. Am Ngamisee selbst siedelt ein Stamm, über den jener Letschulatebe herrscht, dessen Abgesandte im Frühjahr nach Kolobeng gekommen waren, um Livingstone die Einladung des Häuptlings zu überbringen.

Letschulatebe ist ein noch sehr junger und, wie sich bald herausstellt, recht schwieriger Mann. Sein Vater ist einstmals von Sebituane besiegt worden und er selbst eine Zeitlang in Gefangenschaft aufgewachsen, bis ein Onkel ihn loskaufte und ihm die Häuptlingswürde abtrat. Der Onkel, ein älterer und sehr verständiger Mann, empfiehlt dem jungen Häuptling, die Fremden zuvorkommend zu behandeln. Doch diesem scheint die Macht, die er seit kurzem ausübt, zu Kopf gestiegen zu sein, er tut meistens das Gegenteil von dem, was der Onkel rät. Er schenkt den fremden Gästen eine Ziege statt eines Ochsen, wie es sich eigentlich gehörte. Livingstone schlägt vor, das Tier loszubinden und laufenzulassen; er kennt die Bräuche der Einheimischen und weiß, daß dieses Geschenk eine Beleidigung ist. Doch seine Reisegefährten wollen den Häuptling nicht kränken und nehmen die Gabe an. Als Livingstone ein paar Ziegen oder Ochsen zum Schlachten kaufen will, bietet ihm Letschulatebe Elefantenstoßzähne an: »Ihr Weißen liebt doch diese Knochen.« – »Wir können sie aber nicht essen«, erwidert Livingstone, »wir brauchen etwas, um unseren Hunger zu stillen.« Das läßt den Häuptling kalt; seine Ziegen brauche er selbst, erklärt er.

Die Einheimischen achteten das Elfenbein gering. Sie ließen es
bei den sonstigen Überresten eines getöteten Elefanten liegen
und verfaulen. Ein Händler, der sich Livingstone angeschlossen
hat, tauscht gegen eine Muskete, die dreizehn Schilling wert ist,
zehn große Stoßzähne ein. Zwei Jahre später war das bereits anders geworden, da merkten die Händler, die der Spur der Entdecker folgten, daß die Einheimischen über den Wert des Elfenbeins besser Bescheid wußten.

Auch als Livingstone um Führer zu Sebituane bittet, lehnt
Letschulatebe ab. Er fürchtet den mächtigen Makololohäuptling. Aber noch mehr fürchtet er, es könnten später auch andere
Weiße den Weg zu Sebituane finden und diesem Gewehre und
Munition liefern. Er will, daß die Händler nur bis zu ihm, Letschulatebe, kommen und nur ihm Feuerwaffen verkaufen; dadurch hofft er, mit der Zeit dem Makololoherrscher überlegen zu
werden und den Spieß umdrehen zu können: Sebituane soll sich
vor *ihm* fürchten! Livingstone erklärt ihm, sein Wunsch sei, daß
zwischen beiden Häuptlingen Frieden herrsche. Doch Letschulatebe läßt sich nicht umstimmen; er bietet Livingstone so viel
Elfenbein an, wie er haben wolle, wenn er nur nicht zu Sebituane
gehe. Er verweigert Livingstone und Oswell, die zu Pferde wei-

terreisen wollen, nicht nur die erbetenen Führer, er schickt auch Leute aus, die ihnen den Übergang über den Suga verwehren sollen. Die Reisenden versuchen an einer schmalen Stelle allein überzusetzen. Stundenlang arbeitet Livingstone im Wasser, um ein Floß zu bauen – vergebens, das Holz trägt nicht genügend, und der Fluß ist breit und tief. »Ich hatte damals noch keine Ahnung von den vielen Krokodilen im Suga und denke niemals an jene Arbeit im Wasser, ohne Gott herzlich dafür zu danken, daß ich ihrem Rachen entging.«

Infolge von Letschulatebes Halsstarrigkeit bleibt Livingstone nichts anderes übrig, als für diesmal auf den Besuch bei Sebituane zu verzichten und nach Kolobeng zurückzugehen; doch er gibt sein Vorhaben nicht auf.

Im April 1850 tritt er zum zweitenmal die Fahrt zu Sebituane an, diesmal in Begleitung seiner Frau, seiner drei Kinder und des Häuptlings Setschele und auf einem anderen Weg. Setschele hat sich für die Reise einen eigenen Ochsenwagen gekauft. Da er zuvor Letschulatebe besuchen will, den Livingstone umgehen möchte, trennen sich beide an einer Furt des Suga. Livingstone setzt über und zieht am nördlichen Ufer weiter, um später einem Nebenfluß zu folgen und geradenwegs zu Sebituane zu reisen. Seine Fahrt gestaltet sich äußerst mühselig, fortwährend muß man Bäume fällen, um dem Wagen eine Bahn zu schaffen. Manchmal stürzen Zugochsen in Fanggruben, die für Großwild bestimmt sind, und müssen getötet werden. Den größten Kummer aber bereitet Livingstone die Nachricht, daß es an dem Nebenfluß, dem er folgen will, Tsetsefliegen gibt. Er läuft also Gefahr, sämtliche Zugochsen einzubüßen und den Wagen in der Wildnis zurücklassen zu müssen, wo es für seine Familie keine Lebensmittel gibt. Die bloße Nachricht von der Tsetse nötigt ihn, mit seinem Troß auf das Südufer des Suga zurückzukehren und mit Setschele nun doch erst zu Letschulatebe zu fahren.

Wieder sträubt sich der junge Häuptling lange, ihm den Weg zu Sebituane zu ebnen. Gegen ein gutes Gewehr erklärt er sich endlich bereit, die gewünschten Führer zu stellen und während Livingstones Abwesenheit dessen Frau und Kinder, die am Ngamisee bleiben sollen, ständig mit Fleisch zu versorgen. Als alles zur Abreise fertig ist, bekommen die Kinder und die ganze Dienerschaft das Fieber. Livingstone kann die Kranken nicht ohne seine ärztliche Hilfe zurücklassen. Das beste Mittel gegen das

Fieber ist Luftveränderung, in diesem Fall Rückkehr aus dem feuchten Klima am See in das trockene der Wüste.

Ein zweites Mal ist Livingstone genötigt, seinen Besuch bei Sebituane aufzuschieben und umzukehren. Das Gewehr überläßt er Letschulatebe als Anzahlung für die Führer beim nächsten Versuch, im nächsten Jahr.

Getreu seinem Wahlspruch »Versuch es noch einmal!« ist Livingstone im folgenden Jahr mit seiner Familie und den übrigen Begleitern zum drittenmal unterwegs zu Sebituane, wieder auf einer neuen Route.

Mehrere hundert Meilen führt sie über eine mit kurzem Gras und einzelnen Baobabs bestandene Ebene, in der sich stellenweise riesige, von jedem Pflanzenwuchs entblößte Salzpfannen ausdehnen, an deren Rand salzhaltige Quellen entspringen. Hier trifft man Sanfamilien. Sie gehören nicht zu der zwergenhaft kleinen, gelbhäutigen Rasse, der Livingstone in der Kalahari begegnet ist, sondern sind hochgewachsen und von sehr dunkler Hautfarbe. Ein Mann namens Schobo findet sich bereit, die Fremden durch die Wüstensteppe zum Wohnsitz Sebituanes zu führen, er warnt jedoch vor dem Wassermangel dieser Gegend.

Anfangs kommt man noch an einer Reihe mit Regenwasser gefüllter Tümpel vorüber, dann beginnt eine trostlos öde Landschaft. Der einzige Pflanzenwuchs ist niedriges Gestrüpp auf tiefem Sand. Kein Vogel, kein Insekt belebt die Wüste. Am zweiten Tag schon hat sich Schobo hoffnungslos verirrt. Er läuft kreuz und quer den Fährten von Elefanten nach, die in der Regenzeit hier gewesen sind. Schließlich setzt er sich nieder und sagt: »Kein Wasser, alles nur Erde. Schobo kann nicht mehr, muß schlafen. Alles nur Erde.« Streckt sich aus und schläft ein. Am übernächsten Morgen ist er spurlos verschwunden. Livingstone zieht nach dem Kompaß weiter. Die Ochsen sind matt und durstig, das Reisetempo verlangsamt sich bedrohlich.

Am späten Nachmittag erblicken die Reisenden Vögel und entdecken die Fährte eines Nashorns. Sofort werden die Ochsen ausgespannt und sich selbst überlassen. Sie laufen westwärts davon. Einige von Livingstones Leuten folgen ihnen. Der Wasservorrat auf den Wagen ist durch die Unachtsamkeit eines Dieners vergeudet worden. Am Nachmittag ist nur noch ein kleiner Rest übrig, der für die Kinder aufgespart wird. Livingstone und seine Frau bringen eine bange Nacht zu. Am Morgen bleiben auch die Kinder durstig. »Der Gedanke, daß sie vor unseren Augen verschmachten könnten, war entsetzlich. Es wäre mir fast ein Trost gewesen, wenn mir jemand den Vorwurf gemacht hätte, daß ich die alleinige Ursache dieser Katastrophe sei; doch die Mutter der Kleinen äußerte auch nicht *ein* Wort des Tadels, obschon ihr tränenfeuchtes Auge genugsam den Schmerz in ihrem Innern bekundete.«

Am Nachmittag kehren endlich die Leute mit den Ochsen und einem Wasservorrat zurück. Die Tiere hatten tatsächlich ein Flüßchen gefunden. Doch auf dem Weg dahin müssen sie von Tsetsefliegen gestochen worden sein. In einer der folgenden Nächte kommt der Wagenzug abermals durch eine tsetseverseuchte Gegend, und bald zeigen sich die Folgen.

Für wildlebende Tiere, auch für Maultiere, Esel und Ziegen ist der Stich der Tsetsefliege unschädlich; der Mensch schien ebenfalls immun dagegen zu sein. (Man wußte damals noch nicht, daß die Tsetse die Erreger der Schlafkrankheit auf den Menschen überträgt.) Pferde und Rinder aber gehen unweigerlich ein, wenn sie von der Tsetse gestochen werden. Beim Stich einer Bremse schrickt der Ochse zusammen, beim Stich einer Tsetse

nicht. Aber nach wenigen Tagen beginnen Augen und Nase zu
fließen, die Haut schauert wie vor Frost, am Unterkiefer und am
Nabel treten Schwellungen auf. Das Tier weidet und frißt zwar
noch, magert aber trotzdem ab; die Muskeln erschlaffen mehr
und mehr; Durchfall stellt sich ein. Schließlich ist der Ochse vor
Mattigkeit nicht mehr imstande zu grasen und verendet. Manchmal sterben die Tiere schon bald nach dem Stich unter Schwin-
del und Erblinden, manchmal zieht sich der körperliche Verfall
über Monate hin.

Livingstone verläßt sofort die von der Tsetse heimgesuchte
Gegend, das Südufer eines Flusses, und setzt nach dem Nordufer
über, wo es nicht eine einzige Tsetse gibt. Da die Ochsen mit
größter Sorgfalt gehütet worden sind und darum nur wenige Stiche erhalten haben können, hofft er, der Verlust werde nicht zu
schlimm sein.

Am Tschobe, der sich später als ein Nebenfluß des Sambesi erweisen wird, trifft die Expedition auf die ersten Makololo. Sie begrüßen Livingstone erfreut und weisen ihn zu Sebituanes zeit-
weiligem Wohnsitz. Als der Häuptling vom Nahen der Europäer
hörte, ist er ihnen nämlich hundert Meilen entgegengereist, um
sie zu bewillkommnen. Livingstone und Oswell, der sich der Expedition wieder zugesellt hat, fahren sogleich dahin. Sebituane
empfängt sie inmitten seiner vornehmsten Leute.

Endlich steht Livingstone dem Mann gegenüber, den er so
beharrlich gesucht hat und der auf ihn einen tieferen und nach-
haltigeren Eindruck macht als irgendein Afrikaner vor- und
nachher. Er sieht einen hochgewachsenen Mann von etwa fünfundvierzig Jahren vor sich. Die Hautfarbe ist hellbraun wie
Milchkaffee, das Kopfhaar etwas gelichtet, die Haltung straff,
das Gebaren beherrscht. Nach der Begrüßung schildert Livingstone die Schwierigkeiten, die er und die Seinen unterwegs hatten, und äußert seine Freude darüber, daß nun alles überstanden
und er endlich bei Sebituane angelangt sei. Der Häuptling
spricht ebenfalls seine Freude über die Begegnung aus und fügt
hinzu: »Euer Vieh ist sämtlich von der Tsetse gestochen worden
und wird gewiß sterben. Aber ich habe genug Ochsen und werde
euch so viele geben, wie ihr braucht.« Dann schenkt er seinen
Gästen einen Ochsen zum Schlachten und einen großen Krug
Honig und läßt ihnen für die Nacht als Decken zubereitete Och-
senhäute bringen, die so weich sind wie Tuch.

Vor Anbruch des nächsten Tages kommt er ins Expeditionslager, setzt sich zu seinen Gästen an das Feuer, das er hinter einer Hecke für sie hat anmachen lassen, und erzählt, wie er als junger Mann dieselbe Wüste durchreist hat wie sie – er ist ja in Setscheles Land gewesen.

Im Verlauf der folgenden Begegnungen erfährt Livingstone aus dem Mund Sebituanes dessen ganze Lebensgeschichte. Sie ist eine ununterbrochene Folge von Abenteuern und hört sich an wie ein spannender Roman. Livingstone widmet der Wiedergabe der wichtigsten Begebenheiten etliche Seiten seines Reiseberichtes.

Sebituane stammt aus dem Quellgebiet des Vaal am Westfuß der Drakensberge, neunhundert Meilen südlich von seinem jetzigen Wohnsitz. Immer wieder ist er mit seinem Stamm vertrieben worden und hat seinerseits andere Stämme vertrieben. Es blieb ihm gar nichts anderes übrig, denn menschenleeres Land gab es nicht. Verloren er und seine Makololo ihre Weidegründe und ihr Vieh, so mußten sie ihre Nachbarn angreifen, um neues Weideland und neues Vieh zu erobern. Auch die Buren hatten Sebituanes Stamm überfallen und ihm durch ihre Feuerwaffen schwere Verluste beigebracht. Im Sambesi verjagte Sebituane mit Gewalt und List die Batoka von den Inseln, die sie besetzt hielten und von denen aus sie den Strom beherrschten. Die Hochebenen am Sambesi waren ein prächtiges Weideland, für ein Hirtenvolk wie die Makololo wie geschaffen. Aber hier griff sie Moselekatse mit seinen Matabele an und nahm ihnen ihre Weiber und ihr Vieh weg. Sebituane gelang es jedoch, seine Männer von neuem zu sammeln und den Siegern alles wieder abzujagen. Er wäre gern den Sambesi abwärts gezogen bis zu den weißen Männern an der Küste, um sich eine Kanone zu verschaffen. Der Spruch eines »Propheten« hielt ihn davon ab: »Ich sehe dort ein Feuer, Sebituane, weiche ihm aus, es will dich verzehren! Geh nicht dorthin!« Wahrscheinlich meinte der Wahrsager die Feuerwaffen der Europäer. Sebituane befolgte seinen Rat, sich westwärts zu wenden und die dort wohnenden Barotse nicht zu verjagen oder auszurotten, sondern zu unterwerfen und den Makololo dienstbar zu machen. Das glückte ihm zwar, doch Moselekatse, der die erlittenen Niederlagen nicht verwinden konnte, schickte den westwärts vordringenden Makololo noch zweimal eine große Heerschar nach. In der Art und Weise, wie sich Sebituane der gefürchteten, sieggewohnten Matabele erwehrte und dabei seine Makololo schonte, offenbarten sich ebenso persönlicher Mut wie staatsmännische Klugheit und List.

Siegesgewiß näherten sich die Matabele den Ufern des Sambesi, wo die Batoka und die Makalanga in sumpfigen Niederungen hausten und vom Fischfang und Fährdienst lebten. Sebituane, vom Nahen der Matabele durch seine Späher benachrichtigt, gab den Fährleuten den Befehl, die feindlichen Krieger auf eine große Insel des Tschobe überzusetzen, welche die landesunkundigen Matabele für das jenseitige Ufer hielten und wo er vorher ein paar Ziegen hatte aussetzen lassen, damit es so aussah, als wäre die Insel bewohnt. Als sich endlich Moselekatses ganzes Heer auf der Insel befand, fuhren die Fährleute davon. Die Matabele konnten weder schwimmen, noch verstanden sie Kähne zu machen; außerdem vertrugen sie das feuchte Klima nicht; die sumpfige Tschobe-Insel wurde für sie ein todbringendes Gefängnis. Ihr Proviant war in wenigen Tagen aufgezehrt. Fiebernd und hungernd irrten sie in ihrem Kerker umher, ringsum sahen sie nichts als die weiten, von Krokodilen wimmelnden Fluten des Tschobe und Sambesi, die bei Hochwasser in ein einziges Wassermeer zusammenfließen. Einer nach dem andern sank verhungernd oder fiebermatt zu Boden und erhob sich nicht wieder. Die letzten wurden von den Makalanga niedergemetzelt. Keiner blieb übrig, um die furchtbare Kunde zu Moselekatse zu bringen. Als er endlich durch Kundschafter und durch die Erzählungen der Makalanga vom Scheitern seines Kriegszuges hörte, schwor er den Makololo schreckliche Rache.

Er rüstete eine neue Streitmacht aus und verschaffte sich zahlreiche Kähne, um von den Uferbewohnern unabhängig zu sein. Aber in der sumpfigen, weglosen Sambesiniederung fehlten seinem Heer zuverlässige Führer. Auf Sebituanes Befehl hatten sich alle Bewohner des Tales mit ihren Herden zurückgezogen. Lange Zeit irrten die Matabele in den Wäldern umher – kein Dorf, kein Mensch oder Tier zeigte sich. Von Fieber und Hunger bereits ermattet, wagten die Matabele endlich, den Fluß zu überqueren. Den ganzen Tag stießen sie ihre Boote über den breiten Spiegel des Stromes hin und her. Aber als der Abend hereinbrach und die ganze Streitmacht am jenseitigen Ufer versammelt war, wurden die Anführer gewahr, daß sie sich nur auf einer großen Insel befanden. Sie beschlossen, hier zu übernachten und Wachen aufzustellen. Ihre Lage war schon jetzt verzweifelt, ihr Proviant erschöpft, ihre Kraft durch das Sumpffieber gebrochen, das viele von ihnen gepackt hatte, und noch wußten sie nicht einmal, wo der gesuchte Feind anzutreffen war.

In der Nacht hörten plötzlich die Wachen das Klatschen von Rudern auf dem Strom, und eine laute Stimme ertönte aus dem Dunkel. Es war Sebituane, der seine Feinde unablässig hatte beobachten lassen und jetzt mit wenigen Begleitern unter dem Schutz der Nacht sich der Insel näherte. Er ließ die feindlichen Häuptlinge ans Ufer rufen und stellte ihnen ihre verzweifelte Lage dar. Entsetzt lauschten die Matabele dieser gewaltigen, aus dem tiefen Dunkel des Stromes zu ihnen herübertönenden Stimme. Sebituane erinnerte sie an ihre früheren Niederlagen durch seine Waffen, er malte ihnen den grausigen Untergang des vorigen Heeres aus, das Moselekatse gegen ihn ausgesandt hatte, und rief ihnen zu, es liege in seiner Hand, ihnen allen das gleiche Schicksal zu bereiten. Er prophezeite ihnen, daß sie kein Rind, keine Ziege finden würden, um ihren Hunger zu stillen. Fieber und Entkräftung würden sie in wenigen Tagen dahinraffen, und die Überlebenden würden unter den Streitäxten seiner Krieger enden.

Danach wurde es still auf dem nächtlichen Wasserspiegel, die Ruderschläge entfernten sich. Voll Grausen erwarteten die entmutigten Matabele den nächsten Morgen. Sie konnten nicht daran zweifeln, daß der schreckliche Häuptling recht hatte, und ehe noch der Tag graute, war ihr Entschluß gefaßt. Eilig stießen sie ihre Kähne ins Wasser und steuerten wieder dem südlichen Ufer zu. Hungernd und matt zogen sie wiederum durch die Uferwälder des Tschobe. Bei ihrem Abmarsch war es hier totenstill gewesen, nun aber belebte sich alles ringsum. Pfeile und Lanzen schwirrten aus dem Dickicht. Bald sank hier, bald dort ein Mann zu Boden, und jeder, der ermattet zurückblieb, fiel den Keulen der Waldbewohner zum Opfer. Sebituane, viel zu klug, seine Makololokrieger im Kampf mit den Matabele aufzureiben, hatte die von ihm unterworfenen Batoka losgeschickt, und diese wurden mit den entkräfteten, in den Wäldern und Sümpfen umherirrenden Flüchtlingen so schnell fertig, daß nur einige wenige übrigblieben, um Moselekatse den Untergang auch dieses Heeres zu melden.

Das Geheimnis der Erfolge Sebituanes war seine persönliche

Tapferkeit. Zum Unterschied von Moselekatse und anderen afrikanischen Herrschern führte er seine Krieger stets selbst ins Gefecht. Sobald man den Feind erblickte, befühlte er die Schneide seiner Streitaxt und sagte: »Sie ist scharf, und jeder, der dem Feind den Rücken zukehrt, soll ihre Schärfe fühlen.« Er war ein so schneller Läufer, daß keiner seiner Krieger zu fliehen wagte – der Häuptling hätte den Flüchtenden ohne Erbarmen niedergehauen. Wenn sich ein Mann versteckte, um sich dem Kampf zu entziehen, ließ ihn Sebituane ruhig nach Hause zurückkehren. Danach rief er ihn zu sich und sagte: »Du willst also lieber zu Hause sterben als im Kampf. Du sollst deinen Willen haben.« Dabei gab er das Zeichen zur sofortigen Hinrichtung des Feiglings.

Jetzt hatte Sebituane nicht nur alle Stämme in einem riesigen Gebiet bezwungen, sondern sogar dem gefürchteten Moselekatse Schrecken eingejagt. Längs des Sambesi hat er Makololokrieger als Schutzwachen verteilt, um vor einem erneuten Überfall durch die Matabele sicher zu sein.

Als Sebituane von Livingstones Wunsch hörte, ihn zu besuchen, tat er alles, was in seinen Kräften stand, um die Reise der weißen Männer zu fördern. Der junge Letschulatebe hätte für die

Schwierigkeiten, die er der Expedition machte, sicherlich schwer büßen müssen, wenn Livingstone nicht für ihn eingetreten wäre.

Sebituane wußte genau, was in seinem weiten Reich vorging, denn er verstand es, sich die Zuneigung und das Vertrauen seiner Untertanen wie auch fremder Besucher zu gewinnen. Kamen Leute in seine Stadt, um Häute oder Hacken zu verkaufen, so ging er zu ihnen, ließ Mehl, Milch und Honig bringen, mischte es in ihrer Gegenwart durcheinander, um ihnen jeden Argwohn zu nehmen, und setzte ihnen dann das köstliche Gericht vor. Entzückt von seiner Leutseligkeit und Freigebigkeit, erzählten sie ihm alles, was er wissen wollte. Zogen die Gäste wieder ab, so ließ er jedem ein Geschenk überreichen, und sie priesen nun nah und fern seine Güte und Großmut. »Er hat ein Herz, er ist weise«, hörte Livingstone die Leute über ihn sagen, noch ehe er ihn gesehen hatte. »Er war ohne Frage der bedeutendste Mann in diesem ganzen Lande«, urteilt Livingstone über ihn. »Sebituane war entschieden der beste eingeborene Häuptling, den ich jemals kennenlernte.«

Auf der Fahrt durch Sebituanes Land hat die Reisegesellschaft gewaltiges Aufsehen erregt, denn zum erstenmal erblickten die Makololo weiße Menschen. Trotzdem tragen viele von ihnen Kleidungsstücke aus buntem, bedrucktem Kattun europäischer Herkunft. Auch Musketen besitzen sie. Als Livingstone sich erkundigt, woher sie diese Dinge haben, erfährt er, daß man sie gegen Knaben eingetauscht hat, die auf einem Kriegszug gefangengenommen worden waren. Livingstone ist tief getroffen: Die Makololo, die ihn so freundlich aufnehmen, sind Sklavenräuber und -händler geworden! Was mag sie dazu veranlaßt haben?

Die Antwort ist sehr einfach. Sebituane wollte von einem Nachbarstamm gern eine Anzahl alter portugiesischer Musketen einhandeln, von denen er sich gute Dienste bei einem künftigen Einfall der Matabele versprach. Er bot Vieh oder Elfenbein dafür. Die Besitzer der Musketen bestanden jedoch auf vierzehnjährigen Knaben als Gegengabe – für acht Gewehre acht Knaben. Die Makololo hatten vorher nie Menschenhandel betrieben, sie verkaufen auch jetzt niemals ihre eigenen Kinder, sondern nur Gefangene aus den von ihnen bezwungenen Stämmen. Immerhin unternehmen sie bereits Streifzüge gegen andere Stämme, nur um Menschen einzufangen und gegen weitere Gewehre einzutauschen. Bei einem solchen Überfall haben sie zweihundert Gefangene gemacht; ungefähr dreißig davon gaben sie an arabische Händler aus Sansibar für drei Musketen ab.

So erschütternd für Livingstone die Erkenntnis ist, daß die sympathischen Makololo Menschenräuber geworden sind – kann er sie deswegen verdammen? Schließlich haben nur Not, Selbsterhaltungstrieb, der Wunsch, sich besser verteidigen zu können, sie dazu gemacht; sie sind nicht Menschenhändler aus Gewinnsucht wie die Portugiesen in Angola und Moçambique und die ostafrikanischen Araber. Immer dringlicher wird für Livingstone die Frage, wie man den Sklavenhandel, dieses Krebsgeschwür im Körper Afrikas, ausrotten könne. Denn eines ist ihm klar: Solange Sklavenjagden und Sklavenhandel die Menschen teils bedrohen und vernichten, teils moralisch verderben, kann keine Missionsarbeit gedeihen; das hat er schon in Kolobeng erfahren. Aber was kann man gegen das Übel tun? Lange zerbricht er sich darüber den Kopf. Er sieht nur *ein* erfolgversprechendes Mittel: Man muß europäische Manufakturwaren ins Land bringen und gegen Elfenbein und andere afrikanische Erzeugnisse eintauschen. Nur durch einen beide Partner zufriedenstellenden Warenhandel läßt sich der Menschenhandel wirksam bekämpfen. Der Kampf gegen die Sklaverei, und zwar nicht an der Küste, sondern an ihrem Ursprung, im Landesinnern, erscheint Livingstone jetzt vordringlicher als die Bekehrung zum christlichen Glauben. Dem Handel müssen allerdings erst Straßen – zu Lande oder auch zu Wasser – von der Küste ins Innere gebahnt werden. Mit den Händlern können dann auch Missionare einreisen.

Innerafrika dem Handel und der Zivilisation zu erschließen und so der Mission den Weg zu bereiten, das hält Livingstone für die zur Zeit wichtigste Aufgabe der Europäer in diesem Erdteil, für ihre moralische Pflicht den Afrikanern gegenüber und damit auch für *seine* Pflicht. Sie erkennen heißt für ihn: sie auf sich nehmen. Was er früher nur unklar geahnt hat, formt sich jetzt zu einem festen Ziel: Er will Afrika nach Wegen und Straßen für den Fortschritt, wie er ihn auffaßt, durchforschen.

Es ist ein gefährliches Unternehmen, auf das er sich da einläßt. Daß er dabei sein Leben wagt, weiß er; aber er ahnt nicht, daß er auch sein Ziel, den Afrikanern eine große Wohltat zu erweisen, aufs Spiel setzt: Künftig werden seine Bestrebungen noch viel mehr als bisher dem Expansionsdrang der britischen Kolonialpolitiker entgegenkommen, mag sich auch die Gesinnung dieser Art von »Zivilisatoren« von der seinen unterscheiden wie Schwarz von Weiß. Ihnen ging es um die Erschließung neuer Profitquellen, während er Handel und Zivilisation als echte Hilfe für die Afrikaner verstand. Was er für diese zu tun glaubte, kam letzten Endes den Ausbeutern zugute.

Sebituanes Tod. Daß Livingstone mit Frau und Kindern gekommen ist, freut Sebituane, er sieht darin einen Vertrauensbeweis. Er will die ganze Familie mit auf Reisen nehmen und ihr sein Land zeigen, während Oswell vorhat, den Sambesi ostwärts zu verfolgen und zu erforschen.

Doch bevor die Reise zustande kommt, erkrankt Sebituane an einer Lungenentzündung, die von einer alten Wunde herrührt. Livingstone erkennt, daß der Häuptling in Lebensgefahr ist, zögert jedoch, ihn zu behandeln: Stirbt Sebituane, wie leicht kann dann ihm, dem Fremden, die Schuld daran zugeschoben werden! Die Medizinmänner der Makololo, mit denen er darüber spricht, geben ihm recht.

Als er an einem Sonntagnachmittag, nachdem er Gottesdienst gehalten hat, mit seinem Söhnchen Robert den Häuptling besucht, findet er ihn sterbend. Sebituane fühlt auch selbst den Tod nahen und äußert es. Livingstone sagt nur einige Worte, die dem Sterbenden Hoffnung auf ein Weiterleben nach dem Tode machen sollen. »Warum sprichst du vom Tode?« fragt einer der anwesenden Medizinmänner, »Sebituane wird niemals sterben.« Livingstone schweigt. Würde er auf seiner Meinung bestehen, so könnte man ihm später nachsagen, er habe Sebituanes Tod herbeigewünscht. – Wie leicht konnte ein Europäer, der die Sprache und Mentalität der Afrikaner nicht genügend kannte, in solcher Lage verhängnisvolle Fehler begehen! Wie mancher Forscher, der in Afrika einen gewaltsamen Tod fand, mag ihn durch Unkenntnis und falsches Verhalten selbst verschuldet haben! Das erstaunliche Einfühlungsvermögen und Taktgefühl, das Livingstone stets beweist, wurzelt in seiner Einstellung zu den Afrikanern: Jede Überheblichkeit ist ihm fremd, jeder Rassendünkel zuwider; vor Gott sind alle Menschen gleich. – Nachdem er eine Weile am Lager des Sterbenden gesessen hat, erhebt er sich und will sich verabschieden. Da richtet sich Sebituane mühsam auf, ruft einen Diener heran und sagt: »Bring Robert zu Maunku, sie soll ihm etwas Milch geben.« Das sind die letzten Worte, die Livingstone von ihm hört; Maunku ist eine von Sebituanes Frauen. Am nächsten Tag erhält er die Nachricht, daß der Häuptling gestorben ist. Seine Trauer um den Toten ist tief und echt; er weiß, mit Sebituane hat er einen aufrichtigen Freund verloren. »Nie zuvor ist mir der Tod eines schwarzen Mannes so nahegegangen. Ich mußte ihm unwillkürlich mit meinen Gedanken in jene andere Welt folgen, von der er erst in dem Augenblick hörte, als er aus diesem Leben abgerufen wurde.«

Was wird aus einem Mann wie Sebituane nach dem Tode? Um diese Frage, die ähnlich bereits Setschele gestellt hat, kann sich der Christ Livingstone nicht drücken. Doch er weiß diesmal ebensowenig eine Antwort darauf wie damals. Sebituane war als Mensch wie als Herrscher besser als viele christliche und »allerchristlichste« Fürsten Europas; aber als »Heide«, ungetauft und unerlöst, kann er der ewigen Seligkeit nicht teilhaftig werden. Livingstone beruhigt sich schließlich mit dem Glauben, der Richter der Welt werde dereinst, wie er auch immer entscheiden möge, gewiß gerecht handeln. Damit schiebt er im Grunde die Antwort nur von sich an Gott ab. Konnte er sich wirklich innerlich damit zufriedengeben, mußte die ungelöste Frage in ihm nicht weiterbohren und sich allmählich in heimlichen, unterdrückten Zweifel verwandeln – in einen tödlichen Zweifel, der, einmal eingestanden, Livingstones Glauben und damit das Fundament und den Sinn seines Lebens gefährdet hätte? War es vielleicht die Furcht vor diesem Zweifel und seinen Folgen, die den Missionar mehr und mehr zum Forscher werden ließ? Waren seine fortwährenden, bis an sein Ende dauernden Reisen eine Flucht nach vorn, ins dunkelste Afrika? Darauf hätte nur er selbst antworten können. Aber er stellte sich diese Frage gar nicht, er war ein Mann der Tat, nicht der Betrachtung und Analyse. Er überließ die Lösung alles dessen, was sein Verstand nicht zu enträtseln vermochte, Gott und rettete damit sich und seinen Glauben.

Gleichzeitig macht er sich Sorgen um die Zukunft: Wie werden sich die Makololo jetzt ihm und seinen Begleitern gegenüber verhalten? Unglücklicherweise ist der Häuptling ja gerade in der Zeit erkrankt und gestorben, als die Europäer in seiner Stadt weilten.

Sebituane wird in seiner Viehhürde beerdigt. Danach treibt man seine Rinder ein, zwei Stunden lang um das Grab herum und darüber hinweg, so daß es unkenntlich und unauffindbar wird. Livingstone hält es für das beste, selbst zu den Makololo zu gehen, die zur nächsten Umgebung des Häuptlings gehörten, und mit ihnen zu sprechen. Er rät ihnen, zusammenzuhalten und den Erben und Nachfolger zu unterstützen. Die Männer nehmen seine Worte freundlich auf und bitten ihn, seine Freundschaft mit Sebituane auf dessen Kinder und Nachfolger zu übertragen. Der Häuptling sei den Weg seiner Väter gegangen; Livingstone sei nicht schuld an dessen Tod.

Die Häuptlingswürde geht, nach Sebituanes Willen, auf eine Tochter von ihm über, die zwölf Tagereisen nordwärts wohnt. An sie muß sich Livingstone nun wenden, in der Hoffnung, daß sie halten wird, was ihr Vater versprochen hatte: ihm das Land zu zeigen und einen passenden Ort für eine neue Station zu überlassen; denn irgendwo muß er ja seiner Familie eine neue Heimstatt schaffen, wenn er nicht in Kolobeng bleiben will. Ein Bote bringt ihm nach Wochen die Erlaubnis, jeden beliebigen Teil des Landes zu besuchen.

Nunmehr setzt er zusammen mit Oswell seine Reise nach Nordosten fort. Ende 1851 gelangt er zu seiner Überraschung an einen mehrere hundert Meter breiten und sehr tiefen Strom, den die Anwohner Sescheke nennen. Einen Fluß dieses Namens gibt es auf der Karte Afrikas nicht, doch das besagt gar nichts: Ein großer Fluß hat in Afrika stets mehrere Namen; jeder Stamm, der an seinen Ufern wohnt, gibt ihm einen eigenen. Eine solche Wassermasse führt nur *ein* Strom dem Ozean im Osten zu: der Sambesi. Daß er auf den portugiesischen Karten erst viel weiter östlich auftritt, beweist nur, daß die Portugiesen niemals bis hierher vorgedrungen sind. Damit ist Livingstone eine zweite Entdeckung geglückt, weitaus bedeutender als die des Ngamisees.

Er erblickt den Sambesi am Ende der trockenen Jahreszeit, bei niedrigstem Wasserstand. In der Regenzeit steigt der Wasserspiegel um sechs bis sieben Meter, und der Strom überflutet das umliegende Flachland fünfzehn bis zwanzig Meilen weit. Dann steht fast die ganze Ebene zwischen dem Sambesi und dem Tschobe unter Wasser, und die Makololo wohnen, vor ihren Feinden geschützt, in den Sumpfgebieten längs des Tschobe.

Diese Gegenden, die das Fieber auszubrüten scheinen, kommen für eine Niederlassung von Europäern nicht in Betracht. Aber Livingstone möchte die Makololo auch nicht überreden, ihre sicheren Wohnplätze ihm zuliebe aufzugeben und in höher gelegene und darum gesündere Landstriche zu ziehen, wo sie den Angriffen der Matabele ohne einen natürlichen Schutz ausgesetzt wären. Er muß den Gedanken, sich nach dieser Reise unter ihnen anzusiedeln, fallenlassen. Und da er nicht hoffen darf, daß die Buren seine Station bei den Bakwena auf die Dauer dulden werden, entschließt er sich, auf eine neue Niederlassung vorläufig ganz zu verzichten und sich nunmehr jener neuen großen Aufgabe zu widmen, das Land nach Handelswegen zu durchforschen. Den damit verbundenen Mühsalen und Gefahren kann er jedoch unmöglich seine Familie aussetzen. Er wird sie für einige Zeit nach England schicken, bis er eine gesunde Gegend gefunden hat, in der er später wieder eine Missionsstation, eine Keimzelle der Zivilisation und des Glaubens, gründen will, die zugleich ihm und den Seinen eine neue Heimstatt sein wird, wie Kolobeng es war, nur besser, erfolgreicher und dauerhafter.

Denn mit Kolobeng kann er nicht zufrieden sein. Was hat er erreicht? Der Häuptling Setschele hat sich taufen lassen – aber was ist aus ihm geworden? Früher war er ein leidenschaftlicher Jäger mit kraftvollem, schlankem Körper und von seinem Volk geachtet, sogar gefürchtet. Seitdem er täglich stundenlang über der Bibel hockt, hat er Fett angesetzt, und viele hassen und verachten ihn. Und sie hassen auch den neuen Glauben – den Zauber, durch den der weiße Mann ihren Häuptling beherrscht.

»Wir haben hier ein sehr, sehr schwieriges Feld zu bestellen«, hat Livingstone 1850 an seine Eltern geschrieben. »Wenn ich nicht den Glauben hätte, daß der Heilige Geist für uns wirkt und wirken wird, ich würde verzweifelnd mein Wirken aufgeben...« Das Ergebnis der in Mabotsa, Tschonuane und Kolobeng verbrachten Jahre ist niederschmetternd, und die Hoffnung auf die Zukunft, mit der sich Livingstone darüber hinwegzutrösten sucht, vermag nicht zu überzeugen. »Fünf verschiedene Fälle sind mir nachweislich bekannt, in denen durch unseren Einfluß auf die öffentliche Meinung Krieg verhindert wurde.« Das ist am Ende der einzige wirkliche Erfolg des Missionars Livingstone bei den Bakwena.

Wie kann er angesichts der Enttäuschung von Kolobeng und

mit der Einsicht, daß Handel und Zivilisierung der Missionsarbeit zuvor den Boden bereiten müssen, an die spätere Gründung einer neuen Station denken? Doch nur, weil er vor der Konsequenz, sich ganz von seiner Familie zu trennen, noch die Augen verschließt. Was hat er bisher von seinen Kindern, was haben sie von ihm gehabt? Aber die Jahre von Kolobeng blieben, ohne daß er es ahnte und wollte, die einzigen in seinem Leben, in denen er ein Heim besaß und mit seiner Familie zusammenlebte.

Die scheinbare Rücksichtslosigkeit gegen seine Familie haben ihm Gegner und Neider schon zu seinen Lebzeiten vorgeworfen: Er habe Frau und Kinder bedenkenlos seinem Ehrgeiz geopfert. Doch der Vorwurf ist ungerecht. Die Trennung von den Seinen fiel ihm ungemein schwer; seine Tagebücher und Briefe offenbaren, wie sehr er an seiner Familie hing und sich nach ihr sehnte. Er ertrug die Trennung nur in dem Bewußtsein, Gott und den Menschen gegenüber eine noch höhere Pflicht erfüllen zu müssen.

Im August 1851 bricht die Reisegesellschaft zur Heimfahrt auf und bewegt sich langsam südwärts. Unter dem 15. September findet sich in Livingstones Tagebuch eine kurze Eintragung: »Ein Sohn, William Oswell Livingstone, an dem Platz geboren, den wir immer Bellevue nennen.«

Die Station Kolobeng liegt verödet da, Setschele und die Bakwena sind ein Stück fortgezogen. Doch kommt der Häuptling zu Besuch herüber und bringt Livingstone einen Ochsen – ein Geschenk, das bei seiner gegenwärtigen wirtschaftlichen Lage schon ein Opfer bedeutet. Es fällt Livingstone nicht leicht, die Bakwena zu verlassen, doch es muß sein, die Pflicht verlangt es. Und er hat ihnen ja auch nie versprochen, für immer dazubleiben.

Nach einem kurzen Aufenthalt bei Marys Eltern in Kuruman geht es weiter. Am 16. März 1852 treffen die Reisenden in Kapstadt ein. Sie sehen ziemlich abgerissen aus; während Livingstones elfjähriger Abwesenheit ist sein Rock »etwas aus der Mode gekommen«. Er selbst ist zu arm, um für neue Kleidung zu sorgen, er hat für die Reise nicht nur schon sein gesamtes Gehalt für 1852 – hundert Pfund Sterling – ausgegeben, sondern bereits Schulden auf das nächste Jahreseinkommen gemacht. Oswell, freigebig wie immer, greift helfend ein und will keinen Dank dafür: Auf das Geld, das ihm der Verkauf des von ihm erbeuteten Elfenbeins bringt, habe Livingstone so gut ein Recht wie er selbst.

Am 23. April geleitet Livingstone seine Frau und die vier Kinder an Bord eines nach England abgehenden Seglers. Schwer legt sich ihm der Abschied von den Seinen aufs Herz. Zwei Jahre lang wird er sie nicht sehen. Länger soll die Trennung nicht dauern, in zwei Jahren will er nachkommen.

III

Forschungsfahrt
von Kapstadt nach Angola

Der Burenüberfall auf Kolobeng. Mit dem Abschied von seiner Familie an jenem Apriltag 1852 beginnt für Livingstone ein neuer Lebensabschnitt. Zunächst gibt ihm dieser Tag ein Stück seiner früheren Unabhängigkeit zurück; was er von jetzt ab unternimmt und vollbringt, hat mit den Berufspflichten eines Missionars nicht mehr viel zu tun. Zwar wird er weiterhin auf seinen Reisen den Afrikanern predigen und mit ihnen über seinen Glauben sprechen, aber gleichsam nur noch im Vorübergehen. Bevor der ausgestreute Samen keimen kann, ist der Sämann schon wieder fort. Und was für wunderliche Vorstellungen mögen seine Umschreibungen für Begriffe wie Sünde, Erlösung, Auferstehung in den Köpfen seiner afrikanischen Zuhörer hervorgerufen haben, deren Sprache dafür ja gar keine Wörter besaß! Fast scheint es, als habe er mit solchen Predigten eher sein eigenes Gewissen beruhigen wollen, denn daß er kein Missionar im herkömmlichen Sinn mehr ist, bleibt ihm natürlich nicht verborgen. Dafür sorgt schon die scharfe Kritik seiner Amtsbrüder, die ihm weltlichen Ehrgeiz vorwerfen. Auch er selbst befürchtet, daß er auf die Londoner Missionsgesellschaft allmählich mehr den Eindruck eines Forschungsreisenden als den eines Missionars machen könne, denn in Kapstadt hat er mit Erstaunen bemerkt, daß durch die Auffindung des Ngamisees sein Name bekannt geworden ist. Darum legt er den Direktoren der Gesellschaft seine Pläne und Beweggründe ausführlich dar. Zu seiner Beruhigung spricht ihm die Gesellschaft ihre Zustimmung aus.

In Kapstadt bereitet sich Livingstone zielbewußt auf weitere geographische Entdeckertaten vor. Er wendet sich an den Astronomen Maclear, um seine während der elf Missions- und Wanderjahre eingerosteten himmelskundlichen Kenntnisse aufzufrischen. Auf der bevorstehenden großen Reise will er so oft und so genau wie möglich Ortsbestimmungen durchführen. Maclear unterweist ihn gern darin und erklärt sich bereit, Livingstones Beobachtungen später zu überprüfen und, wenn nötig, zu berichtigen.

Nebenher schreibt Livingstone einige Abhandlungen: über das Missionswesen, über die sogenannten Kaffernkriege – die Kämpfe der Xhosa und Zulu gegen die europäischen Eindringlinge –, über die Sprache der Tswana. In einem Artikel über die Buren beschuldigt er ihre Kirche, daß sie »das große Bollwerk der Sklaverei, des Viehraubs und der Kaffernausplünderung ist und immer war«. Er ärgert sich, daß die Redaktionen wenig Lust zeigen, seine Beiträge zu veröffentlichen. Mit seinem literarischen Angriff auf die das Christentum mißbrauchenden und schändenden Buren fühlt er sich so sehr im Recht, daß er nicht danach fragt, ob das, was er schreibt, auch politisch erwünscht ist. Er ist – und bleibt auch später – von der Überzeugung durchdrungen, daß seine britischen Landsleute bessere Christen seien als die Buren. Nie kommt ihm der Gedanke, Englands Kampf gegen die burische Sklavenhalterei könne einen anderen Beweggrund haben als edle Menschenfreundlichkeit und vielleicht nur eine schlau getarnte Kampfmaßnahme gegen die Buren als die Rivalen im Ringen um die Vorherrschaft in Südafrika sein. Nur wenn es um die Niederhaltung der afrikanischen Bevölkerung geht, sind sich Briten und Buren einig. Davon zeugt das Verbot des Verkaufs von Schußwaffen und Schießpulver an die friedlichen Griqua und Tswana, das die britische Kolonialregierung erlassen hat und mit dem sie nur dem Sklaven- und Viehraub der Buren Vorschub leistet, denn diese können ungefährdet über die wehrlosen Tswana herfallen. Livingstone kann gar nicht begreifen, daß seine Landsleute in Kapstadt diese Folge des Verbots nicht einsehen wollen. Sie haben zwar mit dem burischen Transvaalfreistaat einen Vertrag geschlossen, der die Sklaverei auch dort für ungesetzlich erklärt. Aber wenn die Tswana keine Gewehre haben dürfen, um sich gegen die Überfälle der Buren zu verteidigen, ist dieser Vertrag nur ein Fetzen Papier, denn die Transvaalburen denken natürlich gar nicht daran, auf ihre Sklaven zu verzichten – um sie sich ungehindert verschaffen und halten zu können, sind sie ja überhaupt erst aus der Kapkolonie ausgewandert.

Livingstones Illusion, daß die Briten moralisch besser seien als die Buren, hindert ihn, die Wirklichkeit zu begreifen: daß nämlich an der Niederhaltung und Ausbeutung der Afrikaner Briten und Buren gleichermaßen interessiert sind.

Anfang Juni 1852 tritt er von Kapstadt aus seine erste große Forschungsreise an. Sie wird ihn zunächst wieder nordwärts zu den Makololo und an den Sambesi führen und dann westwärts nach Luanda, der an der Atlantikküste gelegenen Hauptstadt der portugiesischen Kolonie Angola. Wieder fährt er mit dem schwerfälligen Ochsenwagen los, wie ihn seit jeher die Buren auf ihren Trecks benützen. Seine Ochsen sind mager, schlecht gefüttert, aber er ist zu arm, sich bessere anzuschaffen. Seine Begleiter sind anfangs zwei christliche Tswana aus Kuruman sowie zwei Bakwenamänner und die beiden Kindermädchen, die mit seiner Familie nach Kapstadt gereist waren und nun in ihre Heimat, die Gegend von Kolobeng, zurück wollen. Auch ein afrikanischer Händler namens Fleming schließt sich der Expedition an.

Der gegenwärtige Winter ist auf eine große Dürre gefolgt, und die Landschaft sieht wenig einladend aus. Sie gleicht einer Wüste. Manche Orts- und Flurnamen verraten, daß über die weiten Ebenen einstmals vielköpfige Büffel-, Elefanten- und Antilopenherden wanderten, doch sie waren hier schon lange ausgerottet. Man traf sie erst Hunderte von Meilen landeinwärts an.

Die Gehöfte der Buren standen stets an einer Quelle und waren meistens von etwas Garten- und Ackerland umgeben, um das sich die Weidegründe ausdehnten. Die extensive Landwirtschaft der Buren hatte zur Folge, daß sie immer weiter ins Land eindrangen: Die anwachsenden Rinder- und Schafherden erforderten immer mehr Weideland. Außerdem kamen ständig neue Ansiedler aus Europa. Die Buren hielten es für ihr gutes Recht, sich bebaubares Land, auf dem die Einheimischen nur jagten oder als Hirten umherwanderten, anzueignen. Diese Moral war allenfalls auf Jäger und Nomaden wie die San und die Khoi-Khoin anwendbar, die den Boden ihres Heimatlandes ja nicht eigentlich »besaßen«, sie konnte aber nicht für seßhafte viehhaltende Akkerbauern wie die Tswana gelten.

Ungefähr vierzehn Tage hält sich Livingstone in Kuruman auf. Nach seinen eigenen Erfahrungen in Tschonuane und Kolobeng sieht er Moffats Station jetzt mit etwas anderen Augen an. Da er nun auch das Sitswana fast so gut wie ein Tswana versteht und spricht, hört er manches, was ihm früher nicht zu Ohren gekommen ist.

Zweifellos hat Moffat, der nun jahrzehntelang in Kuruman und Umgebung gewirkt hat, große Erfolge aufzuweisen. Viele hundert Griqua und Tswana sind in dieser Zeit Christen geworden und haben lesen und schreiben gelernt; denn niemand wird zur Taufe zugelassen, der nicht lesen kann. Dennoch ist Livingstone enttäuscht: Das Christentum sitzt bei diesen Menschen nicht tief. Ein kluger Häuptling äußert ihm gegenüber einmal seine Meinung: »Wir kennen uns untereinander besser, als ihr uns kennt. Gewiß, eine ziemlich große Anzahl der Getauften ist wirklich gläubig. Aber manche heucheln auch nur, um sich das Wohlwollen der Missionare und allerlei Vorteile zu verschaffen. Und viele bekennen sich zum Christentum nur, weil es etwas Neues ist und den Armen mehr Ansehen verleiht, als sie früher hatten.« Im Vergleich mit dem Heidentum, sagt sich Livingstone zum Trost, ist dennoch ein großer Fortschritt festzustellen. Und das Verdienst daran kommt allein dem unermüdlichen Moffat zu, die Station Kuruman ist ganz und gar *sein* Werk. »Es ist lächerlich, Orte wie Kuruman Eigentum der Missionsgesellschaft zu nennen. Diese schöne Station ward nicht mit englischem Geld zu dem gemacht, was sie jetzt ist, sondern durch den Schweiß und die Mühen von Vätern, deren Kinder trotzdem kein Plätzchen auf Erden haben, das sie ihre Heimat nennen könnten.« Diese bittere Bemerkung schreibt er in Gedanken an seine eigenen Kinder nieder.

Eines Tages kommt eine Bakwenafrau nach Kuruman und überbringt dem Missionar Moffat einen Brief des Häuptlings Setschele. Livingstone erkennt sie sofort: es ist Setscheles eigene Frau. Sie berichtet, die Buren hätten die Bakwena an deren neuem Wohnsitz überfallen und auch Livingstones Haus in Kolobeng verwüstet. Sie selbst sei nur mit knapper Not dem Tod entronnen. Während des Überfalls hielt sie sich mit ihrem kleinen Kind in einer Felsspalte versteckt, über die die Buren hinwegfeuerten. In dem Brief beschreibt Setschele, wie sich der Angriff abgespielt hat. Vierhundert Buren mit zahlreichen einheimischen Hilfstruppen waren mit achtzig Ochsenwagen und einigen Kanonen vor Setscheles neuer Stadt erschienen. Da sie an einem Sonnabend kamen, ersuchte Setschele sie, als Christen das dritte Gebot zu achten – »du sollst den Feiertag heiligen« – und am Sonntag nicht zu kämpfen. Die Buren willigten ein. Am Sonntagmorgen und -nachmittag kamen sogar Buren in die Kirche und hörten sich Mebalwes Predigt an. Nach dem zweiten Gottesdienst kündigten sie Setschele den Kampf an, weil er Engländern den Durchzug durch sein Land gestatte. Setschele wiederholte, was er schon früher gesagt hatte: Er sei ein Mann des Friedens, die Engländer hätten ihm nie etwas zuleide getan und ihn stets gut behandelt, er könne ihnen nichts in den Weg legen.

Am Montag im Morgengrauen eröffneten die Buren das Feuer auf die Stadt, schossen sie in Brand und gingen zum Sturm vor. Unter Setscheles Führung verteidigten sich die Bewohner tapfer bis zum Einbruch der Dunkelheit, dann flüchteten sie im Schutz der Nacht in die Berge. Sechzig Bakwena, darunter auch Frauen und Kinder, wurden an diesem Tag getötet, viele gefangengenommen und samt Vieh und sonstigem Besitztum fortgeschleppt. Am meisten schmerzte es Livingstone, daß die Buren ungefähr zweihundert Schulkinder seiner Station geraubt und in die Sklaverei abgeführt hatten.

Trotz ihres »Sieges« waren die Buren wütend, weil sie bei diesem Überfall zum erstenmal selbst Verluste erlitten hatten: Achtundzwanzig von ihnen waren gefallen. Auf all ihren früheren Raubzügen war das Töten eine einseitige Angelegenheit gewesen, jetzt aber hatte ein Stamm, unter dem jahrelang ein Brite, Livingstone, gelebt hatte, ihr eigenes kostbares Blut vergossen. Dieser Brite mußte die schwarzen Afrikaner im Widerstand gegen die Buren unterwiesen haben, das lag auf der Hand! Um sich dafür zu rächen, zogen die Buren nach Kolobeng und plünderten sein Haus, das unter dem Schutz der »Heiden« viele Jahre vollkommen sicher gestanden hatte. Sie zerstörten seine Apotheke, zerfetzten seine Bücher und luden seinen Hausrat auf ihre Wagen, um ihn später öffentlich zu versteigern. Auch das Livingstone, Mebalwe und Paul gehörende Vieh nahmen die Buren mit. Die Wächter wurden getötet.

Livingstone kann noch von Glück reden, daß er nicht selbst den Buren in die Hände gefallen ist; in ihrer Wut würden sie vielleicht ihre Drohung, ihn zu töten, verwirklicht haben. Mindestens hätten sie ihn ausgeraubt und ihm so die Ausführung seiner Reisepläne unmöglich gemacht. So geduldig und gütig er sonst war, so kräftig konnte er sich über Ungerechtigkeiten und Grausamkeiten auslassen. Er tut es auch diesmal in Briefen und Berichten. Letzten Endes aber bestärkt ihn der ganze Vorfall nur in seinem Plan: »Obschon es mir leid tut um den Verlust von Büchern, die schon die Gefährten meiner Knabenzeit gewesen sind, so gewährt mir im Grunde doch erst die Plünderung vollständige Freiheit für meine Expedition nach dem Norden, und ich habe seither auch nicht einen Augenblick lang den Dingen, die ich damals einbüßte, nachgetrauert. Die Buren sind entschlossen, den Zugang zum Innern Afrikas zu verriegeln, ich dagegen bin entschlossen, das Land mit Gottes Hilfe zu öffnen. Die Zukunft wird dartun, wer mehr Erfolg haben wird – die Buren oder ich.«

Die Drohungen der Buren gegen ihn haben die unangenehme Folge, daß er in Kuruman niemanden findet, der ihn auf der Fahrt nach Norden begleiten will. Die Buren wollen seinen Wagenzug mit einer starken Reiterschar verfolgen, falls er sich unterstehen sollte, ihr Land zu betreten. Weil er keine Wagenlenker bekommt, werden aus den zwei Wochen, die er in Kuruman zu verweilen gedachte, Monate.

Schließlich gelingt es ihm, ein paar Leute aufzutreiben, die den Mut haben, mit ihm zu fahren, so daß er am 20. November Kuruman verlassen kann. Unterwegs stellt sich leider bald heraus, daß seine Leute allesamt nichts taugen; sie gehören zu denen, »die nur die Laster der Europäer, aber nicht deren Tugenden annehmen; doch wir hatten keine andere Wahl und mußten froh sein, überhaupt fortzukommen«.

Nach einigen Tagen begegnet Livingstone unvermutet dem Häuptling Setschele, der auf dem Weg zur Königin von England ist. Setschele versteht nicht mehr, was in der Welt vorgeht. Zwei seiner Kinder und deren Mutter, eine seiner früheren Frauen, sind von den Buren geraubt worden. Begreifen denn die Engländer nicht, daß sie durch das Verbot, den Einheimischen Schußwaffen zu verkaufen, ihn und sein Volk wehrlos seinen schlimmsten Feinden ausliefern? Er glaubt noch immer an die Großmut und Gerechtigkeit der Engländer, wie sie ihm Livingstone vorgelebt hat, und will sich bei Königin Victoria persönlich beschweren. Er möchte Livingstone durchaus überreden mitzukommen, doch der sieht voraus, daß Setscheles Reise umsonst sein wird, und sucht ihn darum von seinem Vorhaben abzubringen. Erstaunt und befremdet fragt Setschele: »Wie – wird die Königin mich nicht anhören, wenn ich zu ihr komme?« – »Sie würde dich gewiß anhören; die Schwierigkeit besteht darin, bis zu ihr zu gelangen.« – Das schreckt den Häuptling nicht ab. »Ich werde schon so weit kommen«, ist sein letztes Wort. – Später erfuhr Livingstone, daß der Häuptling bis nach Kapstadt kam; bereits dort gingen ihm die Mittel aus, so daß er wieder umkehren mußte.

Nachdem Livingstone von Setschele Abschied genommen hat, zieht er am Rand der Kalahari, streckenweise auch in der Wüste selbst nach Norden weiter. Sorgsam vermeidet er jede Begegnung mit Buren.

Am letzten Tag des Jahres 1852 erreicht die Expedition die auf einer Hügelkette gelegene neue Stadt Setscheles. Noch nie hat Livingstone die Bakwena so mager und ärmlich gesehen wie diesmal – die Buren haben ja den größten Teil des Viehbestandes weggetrieben, alles Getreide, alle Kleidung und Geräte der Bakwena verbrannt.

Bevor Setschele seine Reise zur Königin von England antrat, hatte er seinen Untertanen streng verboten, an den Buren Rache zu üben. Trotzdem haben etliche junge Männer einer Schar Buren, die von der Jagd kamen, den Weg verlegt und, als die Erschrockenen flohen, deren Ochsenwagen mitgenommen. Die Buren schienen diesen Handstreich für den Beginn eines Kleinkrieges zu halten, denn sie schickten Unterhändler in Setscheles Stadt, um Frieden anzubieten. Die Bakwena machten die Herausgabe der geraubten Frauen und Kinder zur Bedingung. Gleichzeitig besetzten starke Trupps bewaffneter Bakwena alle Pässe auf den Hügeln und in den Schluchten ringsum. Die Unterhändler sahen sich in der Gewalt der Einheimischen. Sie nahmen die Bedingung an und versprachen vor Angst mehr, als sie später zu halten gewillt waren.

Livingstone ist zugegen, als ein Söhnchen Setscheles der Mutter zurückgegeben wird, die es unter Tränen in Empfang nimmt. Auch andere Frauen weinen – sie haben ihre Kinder nicht zurückbekommen. Livingstone schreibt sich die Namen der fehlenden Jungen und Mädchen auf; viele von ihnen kennt er, weil sie die Missionsschule besucht haben. Er weiß, wie kinderlieb die Bakwena sind, doch er kann den schluchzenden Müttern keine Hoffnung machen, daß seine Bemühungen, die Kinder freizubekommen, Erfolg haben werden, denn er hat keinerlei Mittel, die Buren zur Herausgabe zu zwingen.

Nach seiner Rückkehr aus Kapstadt zog sich Setschele mit seinem Volk weiter nach Norden zurück und gründete im Lauf der Jahre noch mehrere Städte; die jeweils verlassene blieb unbewohnt stehen und verfiel rasch. Seine Macht hatte durch den Überfall der Buren keine Einbuße erlitten, im Gegenteil, viele Tswana, die früher im burisch gewordenen Transvaalgebiet gewohnt hatten, schlossen sich nunmehr ihm an.

Andere europäische Zeitgenossen beurteilten Setschele nicht so günstig wie sein Freund Livingstone. Die europäischen Missionare und Händler, die er auch später gern in seiner Stadt wohnen ließ, hielten seine Liebenswürdigkeit für eine Maske und ihn selbst für einen schlauen Fuchs. Von dem Forschungsreisenden Emil Holub, der ihn im Dezember 1873 in seiner letzten Residenz besuchte, wird er »ein geschickter Intrigant, ein Mann mit einem Doppelgesicht« genannt. Einst hätten Holländer bei ihm um die Erlaubnis nachgesucht, in seinem Land zu jagen. Er habe ihnen die Erlaubnis auch erteilt und sich dafür gut bezahlen lassen. Den Führern aber, die er ihnen mitgab, habe er verboten, ihnen die Wasserstellen zu zeigen, um sie zur baldigen Umkehr zu nötigen. Man muß dabei jedoch bedenken, daß alle afrikanischen Herrscher ihre Jagdgründe ängstlich hüteten, nachdem sie gesehen hatten, welche Verwüstungen die Gewehre der europäischen Jäger unter dem Großwild, namentlich unter den Elefanten, anrichteten. Und nach allem, was die Buren und später auch die Engländer ihm angetan hatten, kann man es Setschele nicht verdenken, daß er den Europäern mißtraute und sich ihrer mit List erwehrte.

Man sagte ihm nach, er sei nach Livingstones Weggang zwar Christ geblieben und habe sich auch weiterhin mit nur einer Frau begnügt; um seine Häuptlingsstellung nicht zu gefährden, habe er jedoch nebenher manchen der alten »heidnischen« Bräuche wiederaufgenommen, vor allem den Regenzauber. Sicherlich verbarg sich hinter der Freundlichkeit, mit der er Livingstone in seinem Hause aufnahm, die Hoffnung, in der Person des Missionars eine Art Sicherheitspfand gegen seine Feinde, die Buren, zu besitzen. Aber die Opfer, die ihm seine Bekehrung zum Christentum auferlegte, beweisen doch wohl, daß dieser Schritt mehr war als ein diplomatischer Schachzug.

Den Reisenden Holub empfing der Bakwenafürst in einem weitläufigen, europäisch eingerichteten Gebäude seiner Residenz. Gastgeber und Gäste saßen in einem tapezierten Zimmer auf Polsterstühlen an einer weißgedeckten Tafel; Kaffee und Tee wurden in silbernem Geschirr serviert. Der Fürst und seine Frau waren völlig europäisch gekleidet.

Setschele hat es verstanden, während seiner mehr als vierzigjährigen Regierungszeit seinem Land die Selbständigkeit zu erhalten. Erst als sich die Deutschen im südwestlichen Afrika festsetzten, beeilte sich Großbritannien, Bechuanaland zu einem britischen »Schutzgebiet« zu erklären (1884), um sich eine Landbrücke zwischen Süd- und Zentralafrika zu schaffen und eine deutsche Expansion in das südwestafrikanische Hinterland zu unterbinden. »Europäischer Handel, europäische Gesittung, Industrie und Eisenbahnen zogen ein, wo früher der Strauß um den Viehkraal der Eingeborenen schweifte, und die vormals freien Naturkinder sanken herab – oder soll man sagen, stiegen empor zu Lohnsklaven des englischen Landmannes, Viehzüchters oder Minenunternehmers.« (Berdrow)

Löwen, Elefanten, Büffel, Nashörner... Seine erste Entdeckungsreise schildert Livingstone viel ausführlicher als seine früheren Fahrten, auf denen die Missionsarbeit den Vorrang hatte. Von Religion ist nur noch selten die Rede, obwohl er nach wie vor predigt und Gottesdienst hält. Um so gewissenhafter teilt er jetzt seine Beobachtungen des Tier- und Pflanzenlebens mit, erzählt von Löwen, Elefanten, Büffeln, Nashörnern, von Vögeln, Fischen, Insekten. Er schreibt über den geologischen Aufbau der Landschaft, über die Fruchtbarkeit der Böden und das System der Wasserläufe. Am meisten interessieren ihn die Menschen. Aus eigener Anschauung beschreibt er die Beschneidungsriten der Tswana und erwähnt, daß diese Zeremonien vor Fremden sonst geheimgehalten werden. Er berichtet über die Arbeitsteilung zwischen den Geschlechtern, über die Feldbestellung, die nur mit der Hacke geschieht, über Haartrachten, Schmuck, Krankheiten. Dabei bleibt er streng sachlich, niemals verfällt er in Effekthascherei, nicht einmal bei der Schilderung von Jagderlebnissen, obwohl er und seine Begleiter manches lebensgefährliche Abenteuer mit afrikanischem Großwild zu bestehen hatten.

Damals gab es die Jagd mit der Kamera noch nicht, und die Illustratoren afrikanischer Reisebeschreibungen taten ihrer Phantasie keinen Zwang an, besonders wenn sie den König der Tiere zeichneten. Wie nüchtern wirkt daneben Livingstones Schilderung des Löwen: »Begegnet man bei Tage einem Löwen – was hier einem Reisenden gar nicht selten widerfährt –, so wird man, wenn man nicht aus vorgefaßter Meinung etwas ›Edles‹ oder ›Majestätisches‹ erwartet, eben nur ein Tier sehen, das etwas größer ist als der größte Hund, den man je getroffen hat ... In der Regel hat man nicht im mindesten zu fürchten, daß Löwen, wenn man sie in Ruhe läßt, bei Tage oder auch in hellen Mondnächten Menschen anfallen, außer in der Brunstzeit, denn dann trotzen sie jeder Gefahr ... Man läuft in den Straßen Londons weit mehr Gefahr überfahren, als in Afrika von Löwen zerrissen zu werden, wenn man sich nicht gerade mit der Jagd dieses Tieres befaßt.«

In Kolobeng waren oft Nashörner und Büffel an Livingstones Haus vorübergelaufen, zweimal schoß er Büffel von seiner Haustür aus.

Botswana war damals unglaublich wildreich. Zwei englische Jäger erlegten auf einer Jagdexpedition allein achtundsiebzig Nashörner. »Jetzt aber« – schreibt Livingstone schon in den fünfziger Jahren des vorigen Jahrhunderts – »würden Jagdliebhaber nicht mehr soviel Wild vorfinden, denn seitdem die Stämme über Schießgewehre verfügen, schmilzt der Großwildbestand zusammen wie Schnee im Frühling.«

Am gefährlichsten ist die Elefantenjagd, sowohl zu Pferde wie zu Fuß. Auch der berittene Jäger ist vor einem wütenden Elefanten nicht sicher: Ein Pferd, das an diese Jagd nicht gewöhnt ist, wird bei dem schrecklichen Trompeten des Urwaldriesen vor Schreck zitternd stehenbleiben oder stürzen, so daß der Reiter zu Brei getreten wird. Mancher Jäger hat schon beim ersten Angriff eines Elefanten sein Leben eingebüßt, und Livingstone gibt angehenden Nimroden den Rat, sich dadurch zu üben, das sie zwischen den Schienen eines Eisenbahngleises so lange stehenbleiben, bis die sich nähernde Lokomotive nur noch wenige Schritt entfernt ist.

Am 15. Januar 1853 verläßt Livingstone mit seinem Wagenzug die Stadt der Bakwena und zieht nordwärts weiter. Jenseits der schwarzen Basaltketten der Bamangwatoberge muß auch diese Expedition die östliche Kalahari bezwingen. Wochenlang geht es durch fast wasserlose Wüste. Fünf Tage kann man die Zugochsen nicht tränken, und die Hälfte von ihnen verdurstet. Nachmittags wird es so heiß, daß man die Hand nicht auf den Erdboden legen kann und daß selbst die Afrikaner ihre verhornten Fußsohlen durch Ledersandalen schützen. Die Reisenden graben mehrere Brunnen, aber es dauert jedesmal lange, bis sich darin genügend Wasser angesammelt hat. An jedem Brunnen müssen sie ein paar Tage rasten, um die Tiere trinken und ausruhen zu lassen. Das Reisetempo verlangsamt sich bedenklich. In der Nähe der wenigen natürlichen Wasserstellen stehen tagelang Herden von Zebras, Gnus und Büffeln, die sehnsüchtig nach den Brunnen blicken und auf den Abzug der Eindringlinge warten.

Als später Griqua und andere Jäger in diese Gegenden kamen, so berichtet Livingstone, schossen sie diese Herden zusammen – aus reiner Mordlust, ohne die Absicht, Fleisch, Häute oder Hörner zu verwerten.

Nach und nach erkranken alle Expeditionsteilnehmer außer Livingstone und einem Bakwenajungen an einem unerklärlichen Fieber. Der Vormarsch stockt nun gänzlich. Der Junge muß die Ochsen allein versorgen, Livingstone pflegt die Kranken. Dann und wann geht er mit San auf die Jagd und schießt für sie ein Zebra oder einen Büffel. Indem er sie mit Fleisch versieht, will er sie veranlassen, in dieser kritischen Zeit in der Nähe der Expedition zu bleiben – vielleicht braucht er sie noch. Der ungewollte Aufenthalt ermöglicht es ihm, die geographische Breite und Länge des Ortes zu bestimmen. Auch später nützt er solche Wartezeiten stets zur astronomischen Bestimmung der Lage markanter Orte, wenn ihn nicht eine Wolkendecke daran hindert.

Noch bevor die Kranken genesen sind, hält er das Warten nicht länger aus. Mit Hilfe der gesündesten Leute und der San richtet er auf den Wagen Betten für die Schwächsten her; dann geht die Fahrt langsam weiter.

Ende Februar betritt die Expedition eine durch Regengüsse

verwandelte Gegend: Saftiges Gras grünt überall, die Bäume blühen, dazwischen blinken volle Wassertümpel, Vögel zwitschern lustig. Allmählich treten die Bäume dichter zusammen. Unaufhörlich wird die Axt geschwungen, um den Ochsengespannen einen Weg zu bahnen. Es regnet häufig und heftig. »Ich mußte den ganzen Tag Bäume fällen, und bei jedem Axthieb fiel ein dichter Regenschauer auf meinen Rücken, aber das erfrischte mich nur bei der schweren Arbeit.« Mitunter erblickt man den mächtigen Stamm eines uralten Baobab, auch Affenbrotbaum genannt. Ob diese Bäume wohl noch aus der Zeit vor Noah und der Sintflut stammen? Doktor Livingstone stellt diese Frage in allem Ernst und erwägt sorgfältig das Für und Wider – er nimmt die Mythen des Alten Testaments wörtlich. Schwer verständlich, aber für ihn charakteristisch ist dieses Nebeneinandergehen von scharfer Naturbeobachtung und kindlich frommem Glauben!

Das Land wird hügelig und auf weite Strecken offen. Livingstone malt in Worten eine Landschaft, die alten Bildern vom Paradiesgarten gleicht: »Durch die von verschiedenfarbigen Waldbäumen umgebene Lichtung schlängelt sich ein Flüßchen. Eine Herde roter Pallah-Antilopen stand an der einen Seite, nahe bei einem großen Baobab; sie schauten nach uns und wollten den Hügel hinaneilen, während Gnus, Kuhantilopen und Zebras uns Eindringlinge bestürzt anstaunten. Einige weideten sorglos, andere drückten ein gewisses Mißvergnügen aus, was diese Tiere oft tun, ehe sie fliehen. Ein großes weißes Nashorn schritt langsam durch das Tal, ohne von uns Notiz zu nehmen; es schien ein Schlammbad zu suchen. Mehrere Büffel mit dunklen Köpfen standen unter den Bäumen den Pallahs gegenüber. Es war Sonntag und ganz still... Das Wild ist hier sehr zahm. Kudus und Giraffen staunten mich wie eine seltsame Erscheinung an, wenn ich mit den Buschmännern vorüberzog. Einmal kam bei Tagesanbruch ein Löwe und ging um die Ochsen herum. Er brüllte sehr laut; da sich aber die Ochsen nicht fürchteten, trottete er verdrießlich davon und ließ seine Stimme noch lange aus der Ferne hören.«

Viele Altwässer, Reste von Überschwemmungen, zeigen die Nähe eines großen Flusses an, des Tschobe, der von rechts in den Sambesi mündet. Am Tschobe hatte Livingstone auf seiner Reise zu Sebituane vor fast drei Jahren die ersten Makololo angetroffen. Schließlich gelangt die Expedition an einen Fluß, der wahrscheinlich ein südlicher Seitenarm des Tschobe ist, und müht sich an mehreren Stellen, ihn zu durchqueren, jedoch vergeblich. Die San, die bis hierher mitgekommen sind, scheint das Hin und Her zu langweilen – eines Morgens sind sie verschwunden.

Livingstone entschließt sich, den schwerfälligen Wagenzug einstweilen hier warten zu lassen und mit nur einem Begleiter auf Erkundung zu gehen. Er wählt den stärksten und gesündesten unter seinen afrikanischen Gefährten aus. Sie nehmen nur Lebensmittel und jeder eine Decke mit. In einem kleinen Ponton, den Livingstone für solche Fälle auf einem Wagen mitführt, überqueren sie den Fluß. Dann dringen sie zu Fuß etwa zwanzig Meilen westwärts vor, in der Hoffnung, den Tschobe zu finden und dort Makololo anzutreffen. »Nach Norden war er uns viel näher, doch das wußten wir nicht. Auf der Ebene, die wir den ganzen ersten Tag durchwanderten, ging uns das Wasser bis an die Knöchel; sie war mit dichtem, kniehohem Gras bedeckt. Am Abend erreichten wir eine Schilfwand von sechs bis sieben Fuß Höhe, die zu durchdringen unmöglich war. Wir versuchten es zwar, aber das Wasser war so tief, daß wir aufgeben mußten.«

Die beiden Männer gehen auf ein paar hohe Bäume zu, die anscheinend auf einer Insel stehen; dort wollen sie übernachten. Livingstone schießt eine Antilope und kocht am Lagerfeuer Tee. Dann wickeln sich die Männer in ihre Decken und verbringen eine ruhige Nacht.

»Als wir am nächsten Morgen die höchsten Bäume erkletterten, sahen wir eine große, von einem undurchdringlichen Schilfgürtel gesäumte Wasserfläche: den Tschobe. Zwei mit Bäumen bestandene Inseln vor uns schienen dem offenen Wasser viel näher zu sein als das Ufer, auf dem wir uns befanden; daher versuchten wir sie zu erreichen. Wir hatten uns nicht bloß durch Schilfrohr hindurchzuarbeiten. Unter das Schilf mischte sich eine sägeartig gezähnte Grasart, die wie ein Rasiermesser in die Hände schnitt. Eine Winde, so dick wie ein Bindfaden, hielt die Masse zusammen. Wir kamen uns wie Zwerge darin vor und konnten oft nicht anders weiterkommen, als indem wir uns beide fest gegen das Schilfrohr stemmten und es niederbeugten, um daraufzutreten. Wir troffen von Schweiß. Als die Sonne hoch stand und kein Lüftchen das Röhricht bewegte, wurde die Hitze geradezu erstickend, und das Wasser, das uns bis an die Knie ging, erfrischte uns sehr. Nach mehrstündiger Arbeit erreichten wir eine der Inseln. Meine festen Moleskinhosen waren an den Knien durchgewetzt, die Lederhosen meines Begleiters zerrissen, unsere Beine bluteten. Ich riß mein Taschentuch entzwei und band mir die Fetzen ums Knie. Da zeigte sich eine neue Schwierigkeit. Als wir noch etwa vierzig bis fünfzig Ellen vom offenen Wasser entfernt waren, stießen wir auf Massen von Papyruspflanzen. Sie sahen wie kleine Palmen aus, waren acht bis zehn Fuß hoch und durch Windenranken so fest miteinander verschlungen, daß wir sie auch mit vereinten Kräften nicht ins Wasser hinabdrücken konnten. Zuletzt fanden wir einen Pfad, den ein Flußpferd gebahnt hatte. Endlich am Wasser angelangt, untersuchte ich es sogleich: Es reichte mir bis an den Hals.«

In einer verlassenen Hütte, die auf einem alten Termitenhügel steht, übernachten die Männer ohne anderes Feuerungsmaterial als dürres Gras. Immerhin schützt die Hütte gegen die Moskitoschwärme und den kalten Tau, der im Freien fällt. In der Nacht wird es im Schilf lebendig. »Wir hörten die verschiedenartigsten menschenähnlichen Stimmen und unheimlichsten Töne. Einmal rauschte in unserer Nähe etwas wie ein Kahn oder ein Flußpferd. Wir dachten, es wären Makololo, standen auf, horchten und riefen, schossen auch mehrmals, aber der Lärm dauerte eine volle Stunde ununterbrochen fort.«

Nach der feuchtkalten Nacht setzten Livingstone und sein Gefährte ihre Erkundung mit dem Ponton fort. Den ganzen folgenden Tag rudern sie den Tschobe hinab. An den Ufern sehen sie nur endlose Schilfwände. Schon glauben sie, die nächste Nacht ohne Abendessen im Kahn zubringen zu müssen, da erblicken sie im abendlichen Zwielicht ein Makololodorf. »Die Leute sahen uns an, als wären wir Gespenster, und in ihren Gesichtern las man gleichsam ihre Gedanken: ›Er ist aus den Wolken gefallen und auf einem Flußpferd zu uns geritten! Wir glaubten, niemand könnte ohne unser Wissen über den Tschobe gelangen, aber er ist plötzlich wie ein Vogel unter uns!‹«

Am nächsten Tag kehren Livingstone und sein Begleiter durch das überschwemmte Gebiet ins Lager zurück. »Während unserer Abwesenheit hatten die Leute das Vieh in ein Gehölz gehen lassen, wo die Tsetse regierte. Diese Unvorsichtigkeit kostete mich zehn prächtige Ochsen. Nach ein paar Rasttagen kamen einige Makololohäuptlinge aus Linjanti mit einer Schar Barotse, um uns über den Fluß zu bringen. Sie taten das mit bewundernswertem Geschick; sie schwammen und tauchten zwischen den Ochsen, mehr Krokodilen als Menschen ähnlich, nahmen die Wagen auseinander und schafften sie auf zusammengebundenen Kähnen hinüber. Jetzt waren wir unter Freunden.«

Am 23. Mai 1853 erreicht Livingstone Linjanti, die Hauptstadt der Makololo.

Bei den Makololo zu Gast. Die ganze Bevölkerung von Linjanti, das damals sechs- bis siebentausend Einwohner zählte, kommt der Expedition entgegen, um die Fremden und ihre Ochsenwagen anzustaunen. Das vorige Mal war Livingstone bei Nacht angekommen, und die Leute von Linjanti hatten diese Sensation versäumt.

Oberster Häuptling ist nicht mehr Sebituanes Tochter. Die Häuptlingswürde vertrug sich nicht mit der Stellung der Frau bei den Makololo: Bei ihnen war der Mann Herr über seine Frau oder seine Frauen. Außerdem setzten die anderen Frauen des Stammes der jungen Herrscherin mit Gespött und Sticheleien so zu, daß sie schließlich zugunsten ihres Bruders Sekeletu abdankte.

Der neue Oberhäuptling oder König der Makololo, Sekeletu, ist ein sehr großer, schlanker junger Mann. Seine Haut hat jene hellbraune Farbe, auf welche die Makololo stolz sind, weil sie sich dadurch von den dunkelhäutigen Stämmen unterscheiden, die ihnen Tribut zahlen müssen. Er begegnet Livingstone mit der gleichen Freundlichkeit wie sein Vater und läßt zum Empfang der Gäste eine große Anzahl Krüge voll Bier bringen. Die Frauen, die diese Krüge herbeitragen und niedersetzen, trinken nach der Landessitte erst selber einen kräftigen Schluck daraus, um zu beweisen, daß das Getränk nicht vergiftet ist.

Solange sich Livingstone mit seiner Expedition in Linjanti aufhält, sorgt Sekeletu großzügig für den Unterhalt der Gäste. Jeden Morgen und Abend werden für sie zwei Kühe gemolken und jede Woche ein oder zwei Ochsen geschlachtet. Als Livingstone vor Jahren Sekeletus Vater besuchte, legte er mit Hilfe der Makololo einen Garten für sich an und pflanzte Mais. Den haben später die Einheimischen geerntet und aufbewahrt, und jetzt zerstoßen ihn die Frauen zu feinem Mehl. Dazu spendiert der junge Häuptling noch große Krüge Honig. Und als die unterworfenen Stämme ihren Tribut nach Linjanti bringen, kommt noch ein reichlicher Vorrat Erdnüsse hinzu.

Für solche Gastfreundschaft findet man sich mit einem Geschenk ab. Doch nie wird ein Geschenk *verlangt*. In der Nähe der Küste haben die Europäer diese schönen alten Sitten durch falsches Verhalten weitgehend zerstört: »Kaum angekommen, wollen sie Nahrungsmittel kaufen, und statt zu warten, bis man ihnen am Abend ein Mahl bereitet, kochen sie selbst und weigern sich oft noch, an dem Essen teilzunehmen, das eigens für sie zubereitet worden ist. Auch gibt man den Eingeborenen oft Geschenke, bevor sie irgend etwas, wofür sie ein Geschenk erwarten könnten, getan haben.«

Eine Woche nach seiner Ankunft in Linjanti wird Livingstone vom Fieber gepackt. Um zu erfahren, was seine einheimischen Kollegen dagegen anwenden, läßt er einen von Sekeletus Ärzten kommen. Der verordnet einen Kräuterabsud, heiße Dämpfe und Rauch. Von einer Heilwirkung merkt Livingstone nichts. »Nachdem mich ihre Schwitzbäder fast umgebracht hatten und ich beinahe geräuchert war, kam ich zu der Einsicht, daß ich mich selbst schneller kurieren könnte ... Sehr wichtig ist, daß man nicht fortwährend an die Krankheit denkt. Wer mutlos ist

und bei jedem Fieberanfall verzweifeln will, wird viel eher sterben als ein anderer.«

Wie überall, wo er längere Zeit weilt, hält er auch in Linjanti auf der großen Kotla Gottesdienst ab. Mehr als fünfhundert Menschen finden sich gewöhnlich dazu ein. Sehr feierlich geht es dabei nicht her. Viele Mütter haben ihre kleinen Kinder mit, und wenn zuletzt alle Anwesenden zum Gebet niederknien, fangen die Kleinen an zu schreien, die ganze Gemeinde beginnt zu kichern, und sobald das Amen gesprochen ist, bricht sie in lautes Lachen aus. Doch so ernst Livingstone seinen Missionsauftrag nimmt, ein Fanatiker ist er nicht: »Man kann solchen Übelständen nicht so streng entgegentreten, wenn man bei den Eingeborenen nicht einen schulmeisterlichen und anmaßenden Eindruck erwecken will.«

Als Sekeletu ihn eines Tages fragt, womit er ihm einen besonderen Gefallen tun könne, antwortet Livingstone: »Ich möchte dich und dein Volk gern zu Christen machen.« Aber gerade diesen Wunsch will Sekeletu ihm nicht erfüllen. Anfangs sträubt er sich sogar dagegen, lesen zu lernen. Er fürchtet, das geheimnisvolle Buch könnte sein Herz ändern und ihn dahin bringen, sich wie Setschele mit nur einer Frau zu begnügen; er will aber mindestens fünf behalten. Schließlich gibt Livingstone den Bekehrungsversuch auf. Doch er grollt dem jungen Häuptling nicht: »Sekeletus Offenheit gefiel mir, denn nichts ist ermüdender, als mit Leuten zu sprechen, die zu allem nur ja sagen.« Ein erstaunliches Wort aus dem Munde eines Missionars! Es ist die Frucht vieler Enttäuschungen, die in ihm nicht Verbitterung hervorgerufen haben, sondern eine Duldsamkeit und Langmut, die er früher nicht besaß. Er hat erkannt, wie schwer es für den einzelnen Afrikaner ist, sich aus den althergebrachten, durch die Wirtschaftsform bedingten Bindungen zu lösen. Er ist in seinen Ansprüchen an die Menschen und in seiner Hoffnung, sie umwandeln zu können, bescheidener geworden. Als sich nach einiger Zeit ein paar ältere Makololo dennoch an das Buch heranwagen, entschließt sich auch Sekeletu mit etlichen seiner jungen Gefährten zu einem Versuch. In wenigen Tagen haben sie das Alphabet erlernt, aber bevor sie weitere Fortschritte machen können, bricht Livingstone zur Weiterreise auf.

Auch unter den Makololo wirkt er als Arzt, und wie schon in Tschonuane und Kolobeng tut er es mit Vorsicht und Zurückhaltung. »Ich behandelte nur solche Krankheiten, für die das Können der einheimischen Ärzte nicht ausreichte. Nie besuchte ich einen Kranken, wenn nicht sein Arzt es wünschte oder ihn bereits aufgegeben hatte. Deshalb bekam ich nur die schwereren Fälle in die Hand; aber die Ärzte konnten sich nicht beklagen, daß ich ihnen die Praxis wegnehme. Wenn ich selbst am Fieber erkrankte und erfahren wollte, wie sie es behandelten, durfte ich mich ihnen getrost anvertrauen, denn sie hegten gegen mich nur freundliche Gefühle. Wenn man sich zu den Eingeborenen bei ihren körperlichen Leiden gütig und teilnehmend verhält, kann man ihrer Freundschaft sicher sein.« Für ihn sind die Afrikaner jüngere Geschwister der Europäer, Kinder desselben Vaters, und er als der ältere Bruder hat die Pflicht, sie zu belehren und zum Guten anzuleiten. So hat er von Anfang an seine Aufgabe als Missionar verstanden. Und er hat diese Haltung bis an sein Ende bewahrt, wenn er nicht durch offene Feindseligkeit zur Notwehr gezwungen wurde, was selten geschah.

Einen vollen Monat verbringt Livingstone in Linjanti unter den Makololo. Und da sie auf seinen nächsten Reisen jahrelang seine Gefährten waren und er sie, trotz ihrer Eigenheiten, als ehrliche, treue und tapfere Menschen schätzen und lieben lernte, berichtet er über ihren Charakter, ihre Lebensweise, ihre Gesellschaftsordnung und ihre Vergangenheit besonders ausführlich.

Von dem Stamm, den einst Sebituane nach Norden geführt hatte, war nur noch ein kleiner Rest übrig. Die meisten hatte das Fieber dahingerafft. Da sie aus einem sehr gesunden Klima kamen, waren sie für die in den Flußtälern herrschenden Fieberkrankheiten anfälliger als die dort ansässige schwarzhäutige Bevölkerung.

Auch die »echten« Makololo haben sich bereits mit Angehörigen anderer Stämme vermischt, denn Sebituane hatte die jungen Männer der von ihm unterworfenen Tswanastämme in seinen eigenen Stamm aufgenommen, um die durch das Fieber und die fortwährenden Kämpfe gelichteten Reihen seiner Krieger aufzufüllen.

Die »echten« Makololo leben über das ganze Land verstreut. Ein, zwei Familien nur sitzen in jedem Dorf als herrschende Oberschicht. »Sie haben sich viele andere Stämme dienstbar gemacht, die man in ihrer Gesamtheit Makalaka nennt. Diese müssen zwangsweise allerlei Arbeiten verrichten, vor allem bei der

Feldbestellung; doch hat jeder einzelne ein eigenes Stück Land und ist im übrigen unabhängig. Sie hören es gern, wenn man auch sie Makololo nennt.« Von Jugend auf daran gewöhnt, den Makalaka gegenüber als die Herren aufzutreten, nahmen die jüngeren Makololo keine Hacke mehr in die Hand, sondern ließen alle Feldarbeiten von den Unterworfenen verrichten. Ihre Entwöhnung von körperlicher Arbeit wurde noch durch die Tributleistungen der Makalaka gefördert, die Korn oder Hirse, Erdnüsse, Honig, Tabak, Speere und hölzerne Gefäße, Kähne und Ruder, zubereitete Häute und Elfenbein nach Linjanti zu liefern hatten. Wenn die Überbringer ankamen, fanden sich auf der großen Kotla zahlreiche Schmarotzer ein, denn der Sitte gemäß verschenkte der Häuptling den größten Teil der Gaben an die Anwesenden und behielt nur einiges, hauptsächlich das Elfenbein, für sich. Dieses verkaufte er, doch den Erlös verteilte er wieder an seine Untertanen. War er nicht freigebig genug, so machte er sich unbeliebt.

Die Makololofrauen haben eine hellbraune Haut und angenehme Gesichtszüge. Sie kleiden sich sehr sauber, tragen einen Schurz aus Rindsleder, das sich infolge einer besonderen Bearbeitung weich wie Tuch anfühlt, und als Mantel ein Fell um die Schultern. Ihr liebster Schmuck sind fingerdicke Ringe aus Messing, Kupfer oder Elfenbein an den Fußknöcheln und den Armen. »Die Ringe sind so schwer, daß oft die Knöchel davon anschwellen; aber es ist so Mode, und man trägt sie so gern wie bei uns enge Schnürbrüste und enge Schuhe. Um den Hals hängt man Perlenschnüre, und da hellgrüne und rote Perlen Mode sind, kann der Händler mit diesen Farben die besten Geschäfte machen.« Den schweren Schmuck können die Makololofrauen nur tragen, weil sie kaum noch körperlich arbeiten. Da sie sich von ihren Mägden bedienen lassen, die auch fast die ganze Arbeit im Haushalt verrichten müssen, bleibt ihnen viel freie Zeit, und sie wissen zuweilen gar nicht, was sie damit anfangen sollen – sie können ja weder schreiben noch lesen, machen keine Näh- oder sonstigen Handarbeiten und haben oft nicht einmal Kinder zu betreuen.

Um jeden Hochmut und Rassendünkel bei seinen Lesern im Keim zu ersticken, beweist ihnen Livingstone an vielen Beispielen, daß der Mensch in Afrika der gleiche ist wie in Europa. Gern führt er europäische Parallelen zu afrikanischen Sitten und Unsitten an, ob es sich nun um Haartrachten oder Schmuckmoden, um finsteren Aberglauben oder zärtliche Mutterliebe handelt. So sagt er einmal von der Lieblingsfrau eines Häuptlings: »Sie trug an den Knöcheln eine Menge Eisenringe, an denen Blechstückchen hingen, so daß es immer klirrte, wenn sie, nach afrikanischer Art kokettierend, sich hin und her bewegte.« Doch sogleich setzt er hinzu: »Unsere Dragoner machen es nicht besser.« Für den grausamen Brauch des Gottesurteils findet er eine noch grausamere Entsprechung in der gar nicht weit zurückliegenden Vergangenheit seiner schottischen Heimat. Glaubt zum Beispiel ein Afrikaner, daß ihn eine seiner Frauen behext habe, so läßt er den Zauberer kommen. Der braut einen Trank zusammen, den alle Verdächtigen trinken müssen. Die den Trank wieder erbrechen, gelten als unschuldig, während diejenigen, bei denen er abführend wirkt, für schuldig erklärt und verbrannt werden. Sogleich erinnert Livingstone an die einst in Schottland gebräuchliche Hexenprobe, die noch unmenschlicher war: Die vermeintlichen Hexen wurden an Händen und Füßen gebunden und in einen Teich geworfen; schwammen sie obenauf, so wurden sie für schuldig befunden und verbrannt; sanken sie unter und ertranken, so waren sie schuldlos! – Aus kleinen, anspruchslosen Erlebnissen wie dem folgenden spricht immer wieder die Menschenliebe des großen Forschers, dem jede Überheblichkeit fremd war: »Als wir eine Nacht außerhalb einer Hütte schliefen, aber nahe genug, um zu hören, was darin vorging, fing eine eifrige Mutter gegen zwei Uhr morgens an, Getreide zu mahlen. ›Ma‹, fragte ein kleines Mädchen, ›warum mahlst du in der Dunkelheit?‹ Mama riet ihrem Liebling zu schlafen: ›Ich mahle Mehl, um von den Fremden ein Kleid zu kaufen, in welchem du wie eine kleine Dame aussehen wirst.‹ Wer diese Urvölker beobachtet, stößt fortwährend auf solch kleine alltägliche Züge der echten Menschennatur.«

Nicht weniger bedenklich als der Müßiggang ist, im Hinblick auf die Zukunft der Makololo als Volk, die herrschende Vielweiberei. Eigentlich soll sie dem Mann zu möglichst vielen Arbeitskräften und dem Stamm zu möglichst zahlreichem Nachwuchs verhelfen. Doch diesen Zweck erfüllt sie bei den Makololo nicht mehr; denn alle hübschen jungen Mädchen werden von wohlhabenden alten Männern, die sich mehrere Frauen leisten können, weggeheiratet, die jungen Männer aber, die kein Vieh haben,

also arm sind, müssen ohne Frau auskommen oder sich mit nur einer – und oft genug einer wenig reizvollen – begnügen. »Ein häßlicher, aber reicher alter Kerl, der so blind war, daß ein Diener ihn führen mußte, wenn er ausging, hatte zwei der schönsten jungen Weiber in der Stadt. Eine von ihnen, die wenigstens ein halbes Jahrhundert jünger war als er, wurde gefragt: ›Lieben Sie ihn?‹ – ›Nein‹, antwortete sie, ›ich hasse ihn, er ist so unangenehm.‹« Mit der Vielweiberei an sich sind die Frauen jedoch einverstanden: »Als mehrere Frauen hörten, daß in England ein Mann nur *eine* Frau heiraten könne, riefen sie aus, in einem solchen Land möchten sie nicht leben.«

Auf einer Reise durch Sekeletus Reich will sich Livingstone nach einem Platz umsehen, der sich für eine dauernde Niederlassung, eine neue Missions- und Handelsstation, eignet. Sekeletu erbietet sich freiwillig, ihn zu begleiten, und nimmt ein Gefolge von hundertsechzig Mann mit. Der Marsch geht zunächst am Tschobe abwärts zum Sambesi, der hier Liambai genannt wird. Je nach der Sprache oder dem Dialekt der Uferbewohner hat der Strom einen anderen Namen: Luambeji, Luambesi, Ambesi, Ojimbesi, Liambai, Sambesi. Alle Namen bedeuten jedoch dasselbe: großer Strom, Hauptstrom des Landes.

Das Land ist eben und nur von riesigen Termitenhügeln über-
ragt, auf denen Bäume wachsen. Rechts ziehen sich die undurchdringlichen Schilfdickichte des Tschobeufers hin. Wenn sich Livingstone umblickt, sieht er die lange Reihe seiner Begleiter sich
wie eine gigantische Schlange auf dem gekrümmten Pfad dahin-
winden. Im Winde nickt oder flattert der phantastische Kopfputz der Makololo: Straußenfedern, die weißen Spitzen von
Ochsenschwänzen oder Kappen aus Löwenmähnen. Manche
Männer tragen rote oder bunte Röcke, die der Häuptling von
dem Händler Fleming, der mit Livingstone reist, gekauft hat.
Die Lasten sind dunkelhäutigen Leuten, Angehörigen unterwor-
fener Stämme, aufgeladen; die vornehmen »echten« Makololo
haben nur einen Stab in der Hand und lassen sich sogar ihren
Schild von einem Diener nachtragen. Sekeletu ist von einer Art
Leibwache, einer Schar junger Männer seines Alters, umgeben;
er reitet auf einem Pferd Livingstones. Seine Gefährten wollen
es ihm nachmachen und setzen sich auf Ochsen. Das gibt viel
Spaß, denn da sie weder Sättel noch Zügel haben, fallen sie fortwährend herunter.

In den Dörfern eilen alle Bewohner herbei, um ihren Häuptling zu begrüßen. »Großer Löwe! Großer Häuptling!« schreit es
von allen Seiten. Er nimmt die Huldigung ruhig und würdig entgegen. In einer Versammlung läßt er sich die Neuigkeiten berichten. Zum Schluß befiehlt der Dorfälteste, der überall ein
»echter« Makololo ist, Bier zu holen. Die aus Flaschenkürbissen
gemachten Trinkschalen werden gefüllt und herumgereicht und
hastig ausgetrunken. Auch große Gefäße voll dicker Milch werden gebracht. Man führt die Milch in der hohlen Hand zum
Mund. Wenn Livingstone eiserne Löffel anbietet, nehmen die
Leute sie, langen damit in den Topf und schütten sich die dicke
Milch in die hohle Hand, um sie so zu essen, wie sie es gewöhnt
sind. Schlachtvieh entnimmt Sekeletu seinen über das ganze
Land verstreuten Herden oder empfängt es als Tribut von den
Ältesten der besuchten Dörfer.

Um zum Unterhalt der großen Reisegesellschaft beizutragen,
geht Livingstone hin und wieder auf die Jagd. In der mit Baumgruppen bestandenen Ebene weiden große Herden von Büffeln,
Zebras und Antilopen, so daß es wenig Mühe macht, Fleisch zu
beschaffen. Trotzdem hat Livingstone keine Freude daran: »Die
Sonnenhitze ist selbst im Winter so groß, daß ich das Vergnügen,

das die Jagd angeblich gewährt, gern jedem anderen abgetreten hätte. Aber die Makololo schossen so schlecht, daß ich, um Pulver zu sparen, es selbst tun mußte.«

Am Sambesi muß Sekeletu erst Kähne besorgen lassen. Als er dreiunddreißig Stück und genügend Ruderer beisammen hat, beginnt die Fahrt den Sambesi aufwärts. Livingstone hat sein Fahrzeug selbst wählen dürfen und nicht das größte, aber das beste genommen; es ist vierunddreißig Fuß lang und mit sechs Ruderern bemannt. Sie stehen im Kahn, und je nach der Tiefe des Flusses rudern oder staken sie. Der Strom ist mit zahlreichen Inseln durchsetzt und stellenweise über eine Meile breit. An den Ufern steht meistens dichter Urwald, von Elefanten und anderem Großwild bevölkert. Hier und da ragen Felsen aus dem Wasser. »Es machte mir großes Vergnügen, Land zu betrachten, das noch kein Europäer gesehen hatte.«

Schließlich biegt das Strombett nach Norden um, der Grund wird felsig, die Strömung stärker. Stromschnellen und mannshohe Wasserfälle behindern die Fahrt. Vor den Gonjefällen, die etwa dreißig Fuß hoch sind, müssen die Kähne aus dem Wasser gehoben und mehr als eine Meile weit getragen werden. Zu dieser Arbeit sind den Makololo die Einwohner eines großen Dorfes verpflichtet, das in der Nähe der Fälle liegt.

Gleich dem Niltal wird das etwa hundert Meilen lange Barotsetal, das der Liambai-Sambesi nun durchfließt, alljährlich überschwemmt. Die Dörfer sind daher auf Hügeln erbaut. Der Boden ist außerordentlich fruchtbar und gibt zwei Ernten im Jahr, doch war er damals kaum zu einem Zehntel bearbeitet. Auf den weiten Grassteppen gediehen riesige Rinderherden, die viel Milch gaben; aber nicht einmal als Viehweide wurde das Land voll ausgenutzt. Leider herrscht in dem fruchtbaren Tal das Sumpffieber. Wenn das Hochwasser abläuft, bleiben massenhaft Schlamm und faulende Pflanzenreste zurück, die unter der glühenden Sonne die »Miasmen« der Malaria ausdünsten – »mala aria« heißt ja nichts anderes als »schlimme Luft«. (Erst 1880 wurde die Malaria als Infektionskrankheit erkannt, und erst 1897 entdeckte man ihre Erreger.) Auch die Einheimischen verschont das Sumpffieber nicht. Livingstone beschließt, das Barotsetal nordwestwärts bis an seine höher gelegene Grenze zu erforschen und dort die endgültige Entscheidung über seine weiteren Reisepläne zu treffen. Es ist immer noch möglich, daß er eine gesunde Gegend findet, in der er eine neue Station gründen und seine Familie ansiedeln kann. Sekeletu bleibt einstweilen in Naliele, der »Hauptstadt« des Barotselandes, und wartet auf ihn.

Das Tal biegt immer weiter nach Norden um. Nach vielen Tagereisen sieht Livingstone in den Liambai von Nordosten her einen gleich großen Fluß einmünden, den die Anwohner Kabompo nennen. Hier endet das Barotsetal und damit auch Sekeletus Reich. Eine gesunde, fieberfreie, für eine Niederlassung von Europäern geeignete Gegend hat sich nicht gefunden. »Ich hätte daher eine schöne Gelegenheit gehabt, umzukehren und daheim zu sagen, das Tor sei verschlossen und die Zeit des Herrn noch nicht gekommen. Aber da ich es für meine Pflicht hielt, einen Teil meines Lebens diesen treuherzigen und anhänglichen Makololo (so erschienen sie mir wenigstens) zu widmen, so beschloß ich, den zweiten Teil meines Planes auszuführen, obwohl mir der erste nicht geglückt war.« Der zweite Teil besteht darin, einen Verbindungsweg zwischen dem Makolololand und der Küste zu erkunden.

Die volle Tragweite dieser Entscheidung hat er wohl auch jetzt noch nicht erkannt. Sie bedeutet den endgültigen Verzicht auf die Gründung einer neuen Missionsstation und damit auch auf eine Wiedervereinigung mit seiner Familie. Seine Kinder werden vaterlos aufwachsen. Das nun verwüstete Haus in Kolobeng ist das einzige Heim gewesen, das er je besaß. Die Trennung von Mary und den Kindern schmerzt ihn; viele zärtliche und sehnsüchtige Briefe werden aus Afrika an sie abgehen. Doch die Sendung, zu der er sich berufen fühlt, läßt ihn keinen Augenblick schwanken. In England hat er von Berufs wegen nichts mehr zu suchen; in Afrika verbietet ihm sein Gewissen, das geruhsame Leben eines seßhaften Missionars zu führen, es verurteilt ihn zur Heimatlosigkeit und Einsamkeit. Es scheint indessen, als habe ihm sein Entdeckerehrgeiz, den er gelegentlich selbst eingesteht, dieses Los nicht unwesentlich erleichtert.

Bevor Livingstone die Reise an die Westküste antritt, kehrt er nach Naliele um und reist mit Sekeletu und dessen Gefolge noch einmal nach Linjanti.

Unterwegs begegnet er zwei Arabern aus Sansibar, die in dieser Gegend dunkle Geschäfte machen wollen, und lädt sie zum Essen ein. Die Araber als Mohammedaner verabscheuen die Schweinefleisch essenden Portugiesen, aber sie hassen auch die

Engländer, die ihnen den Sklavenhandel verwehren. Zu ihrer Meinung über das Schweinefleisch und die Portugiesen schweigt Livingstone. »Aber ich wagte zu sagen, daß auch ich die Ansicht der Engländer teile, es sei besser, die Kinder bei ihren Eltern aufwachsen zu lassen, damit sie diesen im Alter Trost und Hilfe gewährten, als sie wegzufangen und nach Übersee zu verkaufen. Aber sie gaben mir durchaus nicht recht. Sie sagten, daß sie die Sklaven nur brauchten, um das Land zu bebauen, und daß sie sie wie ihre eigenen Kinder behandelten. Es ist immer noch die alte Geschichte: Man rechtfertigt ein abscheuliches Unrecht mit der Ausrede, sich dieser armen Wesen anzunehmen, da diese selbst nicht fähig seien, für sich zu sorgen; man tut Böses, damit daraus Gutes entstehe.«

Er würde gern auf einem anderen Weg an die Westküste reisen als auf dem der Sklavenhändler, doch Kundschafter der Makololo versichern ihm, nur dieser Weg sei frei von der Tsetseplage.

Auf einer Volksversammlung, die Sekeletu einberuft, wird die bevorstehende Reise Livingstones besprochen. Ihr Ziel ist Luanda in der portugiesischen Kolonie Angola. Ein alter Weissager warnt die Makololo, sich daran zu beteiligen. »Dieser weiße Mann wird euch vernichten!« ruft er beschwörend aus. »Eure Kleider riechen schon nach Blut!« Doch er dringt nicht durch, die Mehrheit ist gegen ihn, und Sekeletu lacht ihm ins Gesicht. Siebenundzwanzig Männer werden ausgewählt, Livingstone bis an sein Reiseziel zu begleiten. Das sind keine bezahlten Lastkulis wie gewöhnlich auf den Expeditionen europäischer Forscher oder Jäger. »Sie wurden ausgesandt, um mir zu helfen, meinen Plan auszuführen, der vom Häuptling und vom größeren Teil des Volkes ebenso lebhaft wie von mir selbst betrieben wurde. Sie sehnten sich danach, mit den Weißen ungehinderten und gewinnbringenden Handel zu treiben.«

Die drei Leute aus Kuruman, die Livingstone bisher begleitet haben, wurden so oft vom Fieber befallen, daß er, statt von ihnen bedient zu werden, sie pflegen und bedienen mußte. Darum schickt er sie jetzt mit dem Händler Fleming nach Hause. Die Reise ins Unerforschte macht er allein mit den siebenundzwanzig Sambesiern. Nur zwei von ihnen sind »echte« Makololo, alle anderen gehören unterworfenen Stämmen an.

Auch Livingstone selbst ist vom Fieber geschwächt. Wenn er plötzlich den Kopf hebt und zum Himmel blickt, schwindelt ihm, und er muß sich irgendwo festhalten, um nicht umzufallen. Es ist den Makololo nicht zu verdenken, daß sie ihn fragen: »Wenn du nun stirbst, werden uns dann die Weißen nicht Vorwürfe machen, daß wir dich in ein unbekanntes, ungesundes und feindliches Land ziehen ließen?« Er erwidert, das würden seine Freunde nicht tun, denn er werde bei Sekeletu ein Buch hinterlegen, in dem alles aufgeschrieben sei, was er bisher erlebt habe; falls er nicht wiederkäme, sollten sie es an Moffat senden. Es war sein Reisetagebuch. Da sich Livingstones Wiederkehr sehr verzögerte, übergab Sekeletu es später einem Händler zur Weiterbeförderung nach Kuruman, und dabei ging das unersetzliche Dokument verloren; trotz allem Bemühen konnte Livingstone es später nie wieder auffinden.

In den letzten Briefen an seine Verwandten in der Heimat bittet er sie, sich seiner Kinder anzunehmen. »Denn ich war fest entschlossen, meinen Plan, diesen Teil Afrikas zu erschließen, auszuführen, auch wenn ich dabei umkommen sollte. Die Buren hatten mir all mein Hab und Gut geraubt und mich so der Mühe enthoben, ein Testament zu machen. Mit leichtem Herzen und bereit, ihnen zu vergeben, hielt ich es für besser, zu den Geplünderten zu gehören als zu den Plünderern.«

Seinen Reisewagen und alles entbehrliche Gepäck übergibt er den Makololo zur Aufbewahrung und stattet seine Expedition nur mit dem Allernötigsten aus, um seinen Begleitern keine schweren Lasten zuzumuten. An Feuerwaffen hat er nur drei Musketen für seine Gefährten und zwei Gewehre für sich selbst. Als Proviant nimmt er Zwieback, Tee, Zucker und zwanzig Pfund Kaffee mit. Da er auf seiner Erkundungsreise viel Wild gesehen hat, wird es ihm wohl nicht schwerfallen, für ausreichende Fleischkost zu sorgen. Eine kleine Zinnkiste ist mit Hemden, Hosen und Schuhen gefüllt, die er anziehen will, wenn er zu zivilisierten Menschen kommt; die zum Gebrauch auf der Reise bestimmte Kleidung wird in einen Sack gestopft. Einige Kisten enthalten die Arzneien, die Bücher – einen nautischen Almanach, Logarithmentafeln und die Bibel – sowie die Laterna magica. Die Lichtbildvorführungen mit der »Zauberlaterne« haben bisher stets mehr Eindruck gemacht als die Predigten. Der Sextant, der künstliche Horizont, die Thermometer und Kompasse werden von besonders zuverlässigen Männern getragen. Die Munition wird auf das ganze Gepäck verteilt, damit bei einem etwaigen Unglücksfall wenigstens ein Teil erhalten bleibt. Zum Übernachten nimmt sich Livingstone ein kleines Zelt, eine Pferdedecke zum Unterlegen und ein Schaffell zum Zudecken mit. Als Tauschware werden zwanzig Pfund Glasperlen eingepackt. – Für eine monatelange Reise durch unerforschtes Land war das eine ziemlich dürftige Ausrüstung. »Man wird ein solches Vorhaben vielleicht für unklug halten, aber ich hatte im stillen die Überzeugung, daß, falls mein Unternehmen mißglückte, die Ursache nicht der Mangel an jenen Kleinigkeiten sein würde, die man gewöhnlich als auf Reisen unentbehrlich ansieht, sondern der Mangel an Mut, und daß eine große Menge Gepäck nur die Habgier der Stämme gereizt hätte, durch deren Land wir reisen wollten.«

Durch unerforschtes Land zur Westküste. Es ist schon oft gesagt worden und muß dennoch gelegentlich wiederholt werden: Wir vermögen uns das geographische Weltbild früherer Jahrhunderte nur schwer vorzustellen. Wir sind daran gewöhnt, die Landkarten in unseren Atlanten mit Linien, Punkten und Namen übersät zu finden. Noch ehe wir die Karte von Afrika aufgeschlagen haben, wissen wir ungefähr, wie der Nil, der Kongo, der Sambesi verlaufen und wo die großen Gebirge und Seen liegen. Nur wenn man es fertigbringt, dieses Wissen für eine Weile zu vergessen und sich anstatt der Ströme und Seen den großen weißen Fleck vorzustellen, der bis über die Mitte des 19. Jahrhunderts hinaus wie eine undurchdringliche Wolkendecke das Innere Afrikas verhüllte, nur dann ahnt man etwas von der Verlockung, die von dieser riesigen Wissenslücke der Menschheit ausging.

Als Livingstone zu seiner ersten eigentlichen Forschungsreise aufbrach, war noch keiner der großen ostafrikanischen Seen entdeckt, obwohl sie merkwürdigerweise schon seit Jahrhunderten auf den Karten eingezeichnet waren, wenn auch in wechselnder und unrichtiger Lage, Größe und Gestalt. Die Frage nach den Nilquellen war noch unbeantwortet und der Lauf des Sambesi und des Kongo nur auf einer kurzen Strecke oberhalb der Mündung bekannt. Fast gleichzeitig rückten Livingstone von Süden und Westen, Burton, Speke, Grant und Baker von Osten und Norden her dem großen weißen Fleck zu Leibe. Erst in den fünfziger und sechziger Jahren und durch Stanleys Kongofahrt 1876/ 1877 wurden die uralten Rätsel Afrikas in großen Zügen gelöst.

Ein unermeßliches Land voller Geheimnisse und Gefahren – das bedeutete der weiße Fleck für die kühnen Entdecker. Viele Monate, manchmal Jahre ohne Verbindung mit der Außenwelt, fuhren sie auf Strömen ins Ungewisse, drangen sie durch endlose Urwälder, Savannen und Sümpfe vor, wo Fieber, wilde Tiere und Giftpfeile den Tod bringen konnten.

Auch für Livingstone ist die Reise, die er jetzt antritt, ein Abenteuer, obgleich er keineswegs auf Abenteuer erpicht ist und auch nicht an die gehörnten, geschwänzten oder einäugigen Menschenfresser glaubt, von denen Afrikaner, die aus dem Innern kamen, gern erzählten. Mit seinem Aufbruch aus Linjanti beginnt ein neues Kapitel in seinem Leben.

Am 11. November 1853 verlassen Livingstone und seine siebenundzwanzig Makololo Linjanti und fahren mit Einbäumen den Tschobe hinab. Der breite und tiefe Strom ist stark gewunden; ständig ändert sich die Himmelsrichtung der Fahrt. An den Ufern haben die Makololo Siedlungen als Beobachtungsposten gegen ihre alten Feinde, die Matabele, angelegt. Bei allen Dörfern gehen die Ruderer an Land, um Nahrungsmittel zu holen. Sekeletu hat die Dorfältesten angewiesen, den Reisenden Pro-

viant zu liefern, und diese einmalige Gelegenheit, aus dem vollen zu leben, lassen sich Livingstones Gefährten nicht entgehen. Er muß sich damit abfinden, obwohl ihm die vielen Aufenthalte gar nicht recht sind.

Sonst kann er sich über seine Leute nicht beklagen, sie sind fleißig und geschickt. In den Stromschnellen springen sie unverzüglich ins Wasser, um den Kahn von einem Wirbel oder einem Riff abzuhalten. Jetzt, bei dem niedrigen Wasserstand am Ende der trockenen Jahreszeit, sind diese Stellen besonders gefährlich, und es gehören Kraft und Geistesgegenwart dazu, die Kähne heil hindurchzubringen.

Fast unmerklich ist man aus dem Hauptarm des Tschobe in den Sambesi geglitten, der sich ebenfalls sofort in mehrere Arme teilt. Livingstone ist gar nicht dazu gekommen, den Punkt, wo sich die beiden Ströme vereinigen, genau zu bestimmen. Jetzt kostet die Fahrt mehr Muskelkraft, denn von nun an geht sie stromaufwärts. Das Reisetagebuch füllt sich mit Beobachtungen über die Vogelwelt, die Fische, die Krokodile und die vielen Flußpferde, die an ruhigen Stellen herdenweise unter der Wasseroberfläche liegen und nur zu sehen sind, wenn sie Atem holen.

Die Tage verlaufen ziemlich gleichmäßig: »Kurz vor fünf Uhr morgens stehen wir auf, da bricht der Tag an. Während ich mich anziehe, wird der Kaffee gekocht, und nachdem ich mein Töpfchen gefüllt habe, lasse ich das übrige meinen Gefährten, die begierig nach dem belebenden Trank greifen. Die Diener beladen die Kähne, während die Vornehmeren den Kaffee schlürfen. Danach steigen wir in die Kähne. Die nächsten zwei Stunden sind die angenehmsten des ganzen Tages. Die Leute rudern kräftig. Die Barotse sind dazu wie geschaffen, sie haben starke Brust- und Schultermuskeln, aber kurze Beine. Oft schelten sie einander laut, um sich die Langeweile zu vertreiben. Gegen elf Uhr gehen wir an Land, essen als Mittagsmahlzeit, was vom vorigen Abend übriggeblieben ist, oder Zwieback mit Honig und trinken Wasser.

Nachdem wir eine Stunde geruht haben, steigen wir wieder in die Kähne, und ich setze mich unter einen Sonnenschirm. Die Hitze ist drückend. Die Ruderer sind der Sonne ungedeckt ausgesetzt und triefen von Schweiß. Manchmal erreichen wir zwei Stunden vor Sonnenuntergang einen Platz zum Schlafen, und da wir alle äußerst müde sind, bleiben wir gern über Nacht hier. Am

Abend gibt es abermals Kaffee und Zwieback oder ein Stück schlechtes Brot aus Mais oder Kaffeekorn. Ist es uns geglückt, ein Stück Wild zu schießen, so schneiden wir das Fleisch in lange Streifen und kochen uns einen Topf voll.«

Wenn die Leute abends gelandet sind, schneiden sie sogleich Gras für Livingstones Lagerstatt, stapeln an den Seiten die Kisten und Büchsen auf und spannen das Zelt darüber. Vor dem Zelt wird ein großes Feuer gemacht, um das sich alle niedersetzen. Jeder kennt seinen Platz am Feuer, der von dem Rang abhängt, den er innehat. Um das Feuer wird aus Stangen und Zweigen eine Art Verschlag für die Ochsen errichtet und gegen den Regen mit Gras abgedeckt. Gekocht wird nach der Sitte der Einheimischen. Der Koch bekommt, was im Topf übrigbleibt, daher will jeder gern Koch sein. Sobald sich Livingstone zur Ruhe begeben hat, legt sich der Oberbootsmann am Zelteingang nieder. Die anderen Männer verteilen sich in kleine Gruppen, je nach den Stämmen, denen sie angehören. Das Feuer läßt man ausgehen, und bald breitet sich tiefe Stille über das Lager.

Längst liegt Sescheke hinter den Reisenden. Wieder werden die Kähne auf Stangen an den Gonjefällen vorbei getragen. »Die Leute nehmen sie auf die Schultern und machen sich in heiterer Laune an die Arbeit. Sie sind ein fröhlicher Menschenschlag, beim geringsten Scherz brechen sie in lautes Gelächter aus.«

Unterwegs hört Livingstone, daß ein Trupp Makololo einen Raubzug in Gegenden unternommen hat, in die er selbst noch kommen wird. Die Räuber haben mehrere Dörfer zerstört und eine Anzahl Bewohner als Gefangene fortgeführt. Es gelingt ihm, in einer Volksversammlung den Hauptübeltäter bloßzustellen und von weiteren derartigen Vorhaben abzubringen. Er erreicht auch die Herausgabe der Gefangenen, die er später zu ihrem Häuptling zurückschickt. Der Ruf, der ihm vorauseilt, verschafft ihm die für solche Erfolge nötige Autorität. Besonders die Frauen jubeln ihm überall zu; sie nennen ihn »großer Herr« und »großer Löwe«, obwohl er sie immer wieder bittet, bescheidenere Ausdrücke zu gebrauchen, und wünschen ihm Glück und Erfolg auf seiner Reise. Die Dorfbewohner sind sehr freigebig, sie bringen Reit- und Schlachtochsen, Milch, Butter und andere Lebensmittel – mehr, als die Kähne fassen.

Ein Teil der Expedition bewegt sich mit den Ochsen längs des Ufers vorwärts, der andere Teil fährt in Kähnen stromauf und richtet sich im Tempo nach den Ochsenreitern und Fußgängern. Ihr Weg ist wegen der vielen Buchten des Sambesi länger und beschwerlicher. Mitunter umgehen sie die Buchten, manchmal lassen sie sich von den Kahnfahrern übersetzen. Es gibt massenhaft Krokodile, und seitdem eines Tages ein Mann von einem Krokodil am Schenkel gepackt und in die Tiefe gezogen wurde, sieht Livingstone nur »mit Schauder und Angst« seine Leute über den Fluß schwimmen. Jener Mann kam dank seiner Kaltblütigkeit mit einer Fleischwunde davon: Er stieß dem Tier seinen Speer in den Nacken, so daß es vor Schmerz losließ. Den Krokodilen fielen hier alljährlich zahlreiche Menschen zum Opfer, vor allem Wasser holende Kinder. Allerdings geht die Zahl der Krokodile zurück, weil die Einheimischen die Nester der Eier wegen plündern und dadurch die Vermehrung eindämmen.

Schließlich erreicht die Expedition die Grenze des von den Makololo beherrschten Gebietes. Sie trifft nur noch auf vereinzelte Viehstationen und einsam liegende Weiler. Danach zieht sie durch unbewohntes und unbebautes Land und gelangt endlich in den südwestlichen Teil des Lundareiches, der sich damals zwischen das Gebiet Sekeletus und das von den Portugiesen besetzte Angola schob. Seit die Regenzeit eingesetzt hat, leidet Livingstone wieder öfter an Fieberanfällen. Die Regengüsse erfrischen die Reisenden zwar, aber die Luft bleibt nach wie vor heiß und schwül.

Dank Sekeletus Vorsorge und der Freigebigkeit der Bevölkerung ist die Expedition noch reichlich mit Lebensmitteln versehen. Außerdem ist in den menschenleeren Gegenden genügend Wild vorhanden, vor allem Antilopen. Ohne Not schießt Livingstone jedoch nicht. »Es tat mir leid, die hübschen Tiere zu schießen, sie waren so zahm. Mit einigem Geschick kann man sich auf fünfzig, sechzig Schritt an sie heranschleichen. Da lag ich dann und erfreute mich an den graziösen Formen und Bewegungen der schönen Poku-, Letsche- und anderen Antilopen, bis meine Leute, die sich wunderten, was mit mir los sei, herbeikamen und sie verscheuchten. Wenn wir Hunger gelitten hätten, würde ich allerdings ebensowenig gezögert haben, sie zu töten, als einen Kranken zu amputieren; aber so trug ich Bedenken, und die Tiere kamen gut weg dabei.«

Seine Gefährten hatten vorher nie Feuerwaffen in der Hand gehabt und gingen anfangs ziemlich ungeschickt damit um. Deshalb verlangten sie von ihm »Flintenmedizin«, ein Zaubermittel also, das ihrer Meinung nach das Treffen bewirkte. Livingstone wußte, daß es Europäer gab, die den Einheimischen den Gefallen taten, aber er wollte sie nicht betrügen und lehnte zu ihrer großen Enttäuschung ab; und sie legten seine Weigerung falsch aus – als Geiz und Unfreundlichkeit. Ihm fiel mit seinem »falschen Gelenk«, dem Andenken an den Löwenbiß in Mabotsa, das Zielen schwer, er könnte das Gewehr nicht ruhig halten. Seine Gefährten hätten ihm die Jagd mit Freuden abgenommen, und er hatte ihnen das Gewehr und seine Handhabung auch hinlänglich erklärt; aber hätte er sie gewähren lassen, so würden sie binnen kurzem seine ganze Munition verpulvert haben.

Ende Dezember 1854 erreicht die Expedition die Stelle, wo von Westen her der Liba in den Sambesi mündet. Leider hat sich gezeigt, daß der Sambesi nicht die erhoffte Wasserstraße im Landesinnern werden kann, er ist zu reich an Sandbänken und Stromschnellen; besonders die Gonjefälle sind für Schiffe ein unüberwindliches Hindernis.

Die Expedition verläßt nun den Sambesi und setzt ihre Fahrt auf dem Liba fort, der sich in ruhigem Lauf durch den regennassen Urwald windet. Zwischen den saftiggrünen, dichtbelaubten Bäumen wachsen riesige Farne. Der Urwald wechselt mit weiten Savannen, über die schöne Baumgruppen verstreut sind. Das Gras war am Ende der Trockenzeit abgebrannt und sprießt nun im Regen neu hervor, es ist noch kurz und frischgrün. Die ganze Landschaft wirkt wie ein gepflegter Park.

Gegen Jahresende wird die Regenzeit immer mehr spürbar, jeden Tag gehen schwere Güsse nieder.

Jenseits des Liba soll ein Stück landeinwärts das Dorf der Manenko liegen, des ersten weiblichen Häuptlings auf dieser Reise. Livingstone pflegt stets den Beherrscher eines Landes zu begrüßen und ihm den Zweck seiner Reise mitzuteilen, und so schickt er auch zu Manenko Boten. Er wartet auf Antwort und erhält nach vier Tagen eine Einladung in ihr Dorf. Da aber der Umweg zu weit, der Zeitverlust zu groß wäre, setzt er seine Fahrt den Liba aufwärts fort.

Am 6. Januar des neuen Jahres 1855 gelangt die Expedition abermals in ein Dorf, über das ein weiblicher Häuptling gebietet. Da im Lundareich noch das Mutterrecht besteht, ist der Häuptling oft eine verheiratete Frau, deren Mann die Rolle eines »Prinzgemahls« spielt – wie in England. Die hiesige »Häuptlingin« Njamoana ist die Mutter Manenkos und Schwester des mächtigsten Balundahäuptlings in diesem Teil des Lundareiches; sein Name ist Schinte.

Livingstone stattet Njamoana einen Höflichkeitsbesuch ab, wobei ihn einige seiner Gefährten, darunter ein Dolmetscher, begleiten. Die Herrscherin thront neben ihrem Mann auf einer kleinen Bodenerhebung, über deren Scheitel Felle gebreitet sind. Ein wenig abseits sitzen etwa hundert Frauen und Männer. Alle Männer, auch der »Prinzgemahl«, sind mit Speer und Schwert, viele außerdem mit Pfeil und Bogen bewaffnet.

Njamoana ist alt, häßlich und, wie sich bald zeigt, schlau. Livingstone und seine Begleiter legen die Waffen nieder, er begrüßt Njamoanas Mann, indem er nach Landessitte in die Hände klatscht. Der »Prinzgemahl« weist jedoch auf seine Frau: ihr gebührt zuerst die Ehre; und so begrüßt Livingstone sie auf dieselbe Weise. Danach setzt er sich den beiden gegenüber auf eine für ihn geholte Matte. Die Unterredung verläuft der Etikette gemäß und daher sehr umständlich: Livingstone spricht zu seinem Dolmetscher, dieser übersetzt das Gesagte dem Balundadolmetscher, der teilt es Njamoanas Mann mit, und dieser wiederholt es endlich der Häuptlingin selbst. Die Antwort geht denselben Weg, nur umgekehrt. »Ich legte ihnen meine wirklichen Absichten dar, ohne sie zu mystifizieren oder mich in einem falschen Licht zu zeigen; denn ich habe stets die Erfahrung gemacht, daß man mit den unzivilisierten Völkern am besten aufrichtig und wahrhaftig verkehrt.«

Livingstone will eigentlich weiter den Liba aufwärts fahren, solange der Fluß die günstige Richtung beibehält. Doch Njamoana bittet ihn eindringlich, ihren Bruder, den mächtigen Schinte, zu besuchen. Da Schinte nicht in der Nähe des Flusses wohnt, lehnt Livingstone ab. Aber Njamoana läßt nicht locker. Weiter stromauf, so warnt sie, komme man an einen Wasserfall; dort wohnten die kriegerischen Balobale, die gewiß über die Fremden herfallen und sie töten würden. Livingstone entgegnet, er sei oft in Lebensgefahr gewesen und fürchte eher, jemanden töten zu müssen, als selbst getötet zu werden. Schlau erwidert Njamoana, ihn selbst würden die Balobale vielleicht nicht töten, ganz sicher aber seine Gefährten. Das stimmt den Dolmetscher und die übrigen Begleiter Livingstones bedenklich, und sie unterstützen Njamoanas Bitte.

Da entsteht plötzlich Unruhe im Dorf: Manenko ist mit ihrem Mann und etlichen Untertanen gekommen. Sie ist eine große, kräftig gebaute junge Frau. Ihr Körper ist mit einem Gemisch von Fett und Ocker eingeschmiert und mit allerlei Zaubermitteln und Zierat behängt, im übrigen geht sie, wie die meisten Balundafrauen, völlig nackt, jedoch nicht etwa aus Armut – als Häuptling könnte sie sich mindestens ebenso gut kleiden wie manche ihrer Untertanen, aber sie hält es für eleganter, unbekleidet zu gehen. Sie mischt sich sogleich in die Verhandlung ein, und da auch sie Livingstone rät, Schinte zu besuchen, gibt er schließlich nach.

Im weiteren Verlauf der Unterredung empfiehlt er Njamoana, mit den Makololo Freundschaft zu schließen. Sie geht gern darauf ein und schlägt vor, der fremde Dolmetscher möge sich zur Festigung des Bündnisses ein Weib aus ihrem Stamm wählen. Auf diese Weise hofft die kluge Frau einen Mittelsmann zu gewinnen, bei dem sie jederzeit Erkundigungen über die Absichten der Makololo einholen kann, denn er käme ja oft seine Frau besuchen, und außerdem würden die Makololo ein Dorf, in dem eine nahe Verwandtschaft lebte, wohl nicht überfallen. Der Dolmetscher ist einverstanden; er verließ später die Expedition, um hier zu heiraten. Livingstone aber hat die Genugtuung, wieder ein Werk des Friedens vollbracht zu haben.

Die Lebensmittelvorräte der Expedition sind aufgezehrt, sie ist jetzt auf die Gastfreundschaft der Balunda angewiesen. Njamoana und Manenko versorgen sie zwar mit Maniokwurzeln, doch das ist nach den vollen Fleischtöpfen im Makololoreich eine schmale Kost.

Manenko hat unterdessen in ihr Dorf nach Leuten geschickt, die das Gepäck der Expedition zu ihrem Onkel Schinte bringen sollen. Bis sie eintreffen, werden wiederum Tage nutzlos vergehen. Livingstone hat keine Lust, so lange zu warten, und läßt das Gepäck in die Kähne schaffen, um die Reise ohne den Umweg zu Schinte auf dem Liba fortzusetzen.

Da mischt sich plötzlich Manenko ein und befiehlt ihren Leuten, das Gepäck zu nehmen und beiseite zu bringen. Zu Livingstone gewandt, erklärt sie ruhig, sie werde es auch gegen seinen Willen zu Schinte tragen lassen, denn ihr Onkel würde es ihr sehr übelnehmen, wenn sie die Elefantenzähne, die Sekeletu seinem weißen Freund zum Verkauf mitgegeben hat, nicht weiterbefördere. Erstaunt und ärgerlich sieht Livingstone, daß sich seine Leute diesem Weiberregiment widerstandslos fügen. Manenko aber tritt zu ihm, legt ihm freundlich die Hand auf die Schulter und sagt in sanftem Ton:»Nun, lieber Mann, mache es nur wie die anderen.« Da kann er ihr nicht länger böse sein und ergibt sich in sein Schicksal.

Endlich ist alles zum Aufbruch bereit. Leider regnet es ununterbrochen. Manenko wird von ihrem Mann und ihrem Trommler begleitet. Unterwegs schlägt sie einen Schritt an, daß Livingstone auf seinem Reitochsen kaum mitkommt. Auf seine Frage, warum sie nicht einmal bei diesem Wetter etwas anziehe, antwortet sie:»Ein Häuptling darf nicht zimperlich sein, er muß immer jugendlich und stark erscheinen und schlechtes Wetter mit Gleichmut ertragen.« Livingstones Gefährten bewundern sie denn auch und sagen:»Manenko marschiert wie ein Krieger.«

Der Weg führt durch dichten, dunklen Wald mit grasigen, manchmal auch bebauten Lichtungen darin. Nähert sich die Kolonne einem Dorf, so läßt Manenko zum Zeichen, daß große Leute kommen, die Trommeln rühren. Wenn in einem Dorf übernachtet wird, leihen die Bewohner den Fremden flache Kegeldächer von ihren Hütten. Die Dächer werden auf Pfosten gesetzt, und man kann die Nacht darunter im Trocknen verbringen. Obwohl die Dörfer von großen Feldern mit reifem Mais umgeben sind, geben die Bewohner weder dem weißen Mann noch Manenko etwas zu essen, und die Reisenden müssen sich hungrig schlafen legen. Der Hunger und die häufigen Gewitterregen drücken auf die Stimmung. Kleidung und Schuhe schimmeln, das Bettzeug und die verpackten Sachen riechen modrig, die chirurgischen Instrumente und die Gewehre rosten, obgleich sie jeden Tag eingeölt werden.

Livingstones kleines Zelt wird allmählich morsch und löcherig, so daß bei jedem Guß ein feiner Sprühregen auf seine Schlafdecke fällt. Nur für kurze Zeit bricht manchmal die Sonne durch. Erst der 14. Januar ist wieder ein sonniger Tag, und man kann alle Sachen trocknen.

Endlich kommen der Expedition Boten von Schinte entgegen und bringen getrocknete Fische und zwei große Körbe Maniok mit. Sie staunen den weißen Mann an, besonders sein glattes blondes Haar. Damit sie es gehörig betrachten können, nimmt er die Mütze ab. »Ist das echtes Haar? Ich dachte, es wäre eine Perücke.« Sie selbst tragen nämlich Perücken aus schwarzgefärbten Pflanzenfasern. »Es ist gar kein Haar, es ist die Mähne des Löwen.« – »Dieser weiße Mann muß einer von denen sein, die im Meer leben.« Sie haben wohl schon von Leuten gehört, die mit Schiffen über dem Ozean aufzutauchen scheinen. Livingstones Gefährten merken sich diese Worte gut und geben ihn künftig als ein echtes Exemplar der Menschen aus, die im Meer leben: »Seht nur sein Haar an, es ist durch das Seewasser ganz bleich und gerade geworden!« Bei späteren Begegnungen mit Einheimischen sagten sie oft zu ihm: »Diese Leute möchten dein Haar sehen.« Da wußte er, daß sie wieder einmal das Märchen vom Meermann erzählt hatten.

Am sechsten Marschtag trifft die Reisegesellschaft in Schintes Dorf ein. Gegenüber ihrem Rastplatz haben bereits zwei afrikanische Händler, die sich jedoch als Portugiesen bezeichnen, ihr Lager aufgeschlagen. Sie haben eine Anzahl junger Sklavinnen bei sich, die durch eine Kette miteinander verbunden sind. Die meisten von Livingstones Gefährten sehen zum erstenmal aneinandergekettete Sklaven und sind empört: »Wer seine Kinder so behandelt, ist kein Mensch!« Die Händler haben die Mädchen in der Umgebung gekauft.

Schinte empfängt seine Gäste mit viel Getrommel und Musik, mit kriegerischen Vorführungen und lautstarken Reden. Den Abschluß bildet ein wildes Geknatter aus sämtlichen Flinten. In der Audienz, die tags darauf stattfindet, fragt ihn Livingstone, ob er schon einmal einen weißen Mann gesehen habe. »Niemals«, antwortet Schinte, »du bist der erste Mensch mit weißer Haut und glattem Haar, den ich sehe. Auch eine Kleidung, wie du sie trägst, sah ich nie zuvor.« Also haben noch nie Europäer diese Gegend bereist.

Eines Tages kommt eine Frau, die mit ihrem Mann und zwei Kindern in einer etwas abseits stehenden Hütte wohnt, jammernd ins Dorf: Die beiden Kinder, sieben und acht Jahre alt, sind verschwunden. Sie waren in den Wald gegangen, um Holz zu lesen. Die Eltern haben den Wald rundum abgesucht, aber keine Spur von ihnen gefunden. Raubtiere gibt es in der Nähe nicht, und so muß man vermuten, daß jemand die Kinder weggefangen hat und versteckt hält, um sie heimlich zu verkaufen. Solche Kinderdiebstähle kommen hier oft vor. Von ihrem Häuptling haben die Eltern keine Hilfe zu erwarten, das ist Livingstone nach einem Erlebnis, das er kurz vorher gehabt hat, klar.

Eines Nachts wurde er nämlich zu Schinte gerufen, obwohl er dem Häuptling schon mehrmals erklärt hatte, daß er lieber frei und offen und bei Tageslicht verhandle. Als er in die Hütte trat, bot ihm Schinte ein etwa zehnjähriges Mädchen an und sagte, er pflege jedem Besucher ein Kind zu schenken. Livingstone dankte höflich für den Gunstbeweis, fügte aber hinzu, er halte es für eine Schlechtigkeit, Eltern ihre Kinder wegzunehmen; er wünsche sehr, der Häuptling möge diese Gewohnheit aufgeben und lieber mit Vieh und Elfenbein Handel treiben. Schinte begriff anscheinend nicht: »Jeder große Mann hält sich ein Kind, nur du hast keins. Es soll dir Wasser holen.« – »Ich habe selbst vier Kinder und wäre sehr traurig, wenn ein Häuptling mir mein Töchterchen wegnähme, um es zu verschenken. Ich wünsche, daß dieses Kind bei seiner Mutter bleibt und für sie Wasser holt.« Nun schien dem Häuptling ein Licht aufzugehen, er ließ ein größeres Mädchen kommen, denn anscheinend wünschte der weiße Mann noch andere Dienste. Jetzt erklärte ihm Livingstone unumwunden, er und seine Landsleute verabscheuten jede Art von Sklaverei.

Eines Abends lädt er Schinte und dessen Hofstaat zu einer Vorführung mit der Zauberlaterne ein. Meistens zeigt er Bilder aus dem Leben der Erzväter des Alten Testaments, die ja ebenso Viehzüchter waren wie die Afrikaner. Diesmal beginnt er mit Abraham, der auf Gottes Geheiß seinen Sohn Isaak opfern will. Man sieht die Gestalten in Lebensgröße, den Erzvater mit dem Messer in der erhobenen Hand. Livingstone erklärt, dieser Abraham sei der Ahnherr eines Stammes, dem Gott sein geschriebenes Wort gab, die Bibel, und unter Abrahams Nachkommen sei der Heiland der Welt erschienen. Die Leute hören geduldig zu. Als Livingstone mit dem Bild fertig ist, zieht er es aus dem Apparat. Dabei bewegt sich Abraham, das Messer in der erhobenen Hand, auf die Zuschauer zu. Ein gellender Schrei des Entsetzens! Alles springt auf und hastet fort. Keiner bleibt da mit Ausnahme von Schinte, der seelenruhig auf das Vorführgerät zugeht und es sich erklären läßt.

In Schintes Dorf lassen endlich die Regenfälle nach, und die Expedition macht sich zum Weitermarsch fertig. Am letzten Tag besucht Schinte seinen Gast in dem winzigen Zelt und betrachtet aufmerksam den Spiegel, die Haarbürste, die Bücher, die Uhr. Dann holt er eine Schnur Perlen und eine kegelförmige Muschel hervor und hängt den Schmuck Livingstone um den Hals, als Beweis seiner Freundschaft. Die Muschel ist wertvoll: Für zwei Stück bekommt man einen Sklaven, für fünf einen stattlichen Elefantenstoßzahn.

Als Livingstone aufbricht, gibt ihm der Häuptling Führer mit, die ihn bis ans Meer geleiten sollen, und verspricht ihm seine Unterstützung auf dem Weg dahin. Livingstone weiß, daß diese Worte nur Höflichkeitsfloskeln sind. In Wirklichkeit sollen die Führer umkehren, sobald die Expedition bei dem nächsten größeren Häuptling ankommt; und weiter reicht auch Schintes Macht gar nicht.

Schinte versieht seine Gäste noch einmal reichlich mit Lebensmitteln und gibt ihnen ein Stück das Geleit. »Wir schieden mit dem Wunsch, daß Gott ihn segnen möge« – ihn, den Sklavenhalter Schinte! Wieder sieht sich Livingstone in jenem Zwiespalt, den er aus eigener Kraft nicht zu überwinden vermag: Schinte ist zwar ein »Heide« und Sklavenhalter, aber kein schlechter Mensch. Man kann ihn doch nicht dafür verurteilen, daß Gott ihn in der »Finsternis« aufwachsen ließ. Aber Livingstone quält sich nicht lange mit diesem Widerspruch, er überläßt die Lösung Gott.

Durch offenen Wald und zwischen grünen Hügeln geht die Reise weiter. Das Land ist dicht besiedelt, jedes Tal birgt ein Dorf von zwanzig, dreißig Hütten. Die Bewohner bauen Maniok, Bohnen und Erdnüsse an und verarbeiten Eisen, nach dem sie in den Hügeln graben.

Die Ufer des Liba stehen noch weithin unter Wasser. Zwar ist es so seicht, daß man es unter dem dichten Gras kaum sieht, aber ständig plätschern die Hufe der Ochsen darin, und die Spritzer halten die Füße Livingstones und der beiden vornehmen Makololo, die auf Ochsen reiten, naß. Die zu Fuß gehenden Leute klagen, die Nässe weiche ihnen die schwieligen Fußsohlen auf. Das Nachtlager wird auf Inseln oder in den Dörfern aufgeschlagen, und auch da muß man Erde aufschütten und einen Graben ziehen, um eine trockene Liegestatt zu haben.

In nordwestlicher Richtung werden viele Flüsse und Bäche

durchquert. Den ganzen Tag sind die Männer naß bis auf die Haut. Manche Flüsse sind so tief, daß die Ochsen nur den Kopf über Wasser haben und die als Sattel dienende Decke durchweicht wird. »Die Achselhöhle war der einzige Ort, wo die Uhr vor dem Regen von oben und dem Wasser von unten sicher war. Die Leute überschritten diese Flüsse, indem sie ihre Lasten hoch über den Kopf hielten.«

Die Dörfer hier unterstehen bereits einem anderen Oberhäuptling. Der Empfang in seiner Stadt, die eigentlich nur aus mehreren Dörfern besteht, spielt sich ähnlich ab wie in Schintes Residenz, und wieder genießen Livingstone und seine Begleiter großzügige Gastfreundschaft.

Etliche Nebenflüsse des Liba kommen aus dem Dilolosee, der nur sechs bis acht Meilen lang und höchstens zwei Meilen breit ist. Auf der Weiterreise zeigt sich, daß er auch Abflüsse nach Nordwesten hat und sein Wasser teils an den Liba und somit an den Sambesi, teils an den Kasai, einen Nebenfluß des Kongo, abgibt; es fließt also teils dem Atlantischen, teils dem Indischen Ozean zu. Mit anderen Worten: der an sich unbedeutende Dilolosee und seine überschwemmte Umgebung erweisen sich zu Livingstones Überraschung als Wasserscheide zwischen den

Stromsystemen des Sambesi und des Kongo. Damit ist ihm eine wichtige Entdeckung geglückt, die zur Kenntnis der Orographie Innerafrikas wesentlich beiträgt.

Leider ändert sich jenseits des Dilolosees nicht nur die Richtung der Flüsse, sondern auch das Verhalten der Einheimischen. Die Gastfreundschaft hört auf, die Leute schenken nicht mehr, sie wollen verkaufen, und zwar zu gepfefferten Preisen. Für alles, was sie geben, verlangen sie Schießpulver, das hier einen hohen Wert hat, oder wenigstens englischen Kaliko und Perlen. Geld und Gold sind unbekannt. Aber Livingstone hat weder Schießpulver noch sonst etwas zu verkaufen. Da bleibt nichts übrig, als den Riemen enger zu schnallen; denn auch Wild gibt es in diesem Lande nicht. Einer der einheimischen Führer fängt sich zum Abendessen einen Maulwurf und zwei Mäuse, und auch in den Dörfern sieht man Kinder nach solchen Tieren graben. Livingstone muß seine letzten Perlen gegen Mehl und Maniok tauschen.

Während die Expedition mit zwei geliehenen Kähnen über einen Fluß setzt, wird ihr ein übler Streich gespielt. Ein Teil der Männer wartet noch auf die Überfahrt, der andere ist schon am jenseitigen Ufer. Plötzlich kommt schreiend und gestikulierend ein Einheimischer zu Livingstone und behauptet, ihm sei ein Messer gestohlen worden. Livingstone ist der Ehrlichkeit seiner Leute sicher, und sogleich tritt auch einer von ihnen vor und sagt, er habe im Gras ein Messer gefunden und aufgehoben. Es wird geholt und dem Eigentümer gegeben. Doch der verlangt außerdem eine Buße, und zwar eine Muschel, wie sie Livingstone von Schinte geschenkt bekommen hat. Der Finder trägt einen solchen kostbaren Schmuck, und obwohl die ganze Sache eine Gaunerei ist, muß Livingstone ihn hergeben. Er ärgert sich, kann aber nichts machen. Es ist nämlich Sitte, daß beim Überqueren eines Flusses der Anführer, in diesem Fall er selbst, als letzter übergesetzt wird. Lehnt er die Forderung des Gauners ab, so braucht dieser, wenn er sich ungefährdet rächen will, nur zu warten, bis Livingstones Gefährten sämtlich am anderen Ufer sind und ihrem Anführer nicht helfen können. »Das ist nur ein Beispiel für die vielen unehrenhaften Taten, welche von den Stämmen verübt werden, die in der Nähe zivilisierter Niederlassungen wohnen.« Bald kommt es noch schlimmer.

Am letzten Februartag wird Livingstone durch Boten in ein

Dorf geholt. Der Häuptling, der sich selbst nicht blicken läßt, verlangt durch einen Unterhändler für die Erlaubnis, durch sein Gebiet zu reisen, einen Mann oder einen Elefantenzahn, dazu Perlen, Kupferringe und eine von den kostbaren Muscheln. Livingstone erklärt ruhig, diesen Preis könne er nicht zahlen. Darauf läßt ihm der Häuptling sagen, er werde ihn am nächsten Tag abermals holen lassen. »Ich mußte über die Frechheit dieses Häuptlings herzlich lachen und ging so heiter wie möglich in dem strömenden Regen ins Lager zurück. Meine Leute aber ärgerten sich sehr über diesen Mangel an Gastfreundschaft.« Um dem Häuptling seinen guten Willen zu beweisen, sucht er sein ältestes Hemd aus dem Gepäck heraus und schickt es ihm, und siehe da, das Geschenk wird angenommen und sogar mit einer kleinen Sendung Lebensmittel erwidert.

An einer Brücke, die über ein Flüßchen führt, steht ein Neger und behauptet, die Brücke gehöre ihm; wenn die Fremden keinen Zoll bezahlten, dürften sie nicht hinüber. Während Livingstone, auf diese Dreistigkeit nicht gefaßt, noch überlegt, holt einer seiner Leute kupferne Armreifen aus dem Gepäck und zahlt damit.

Einmal setzen sich Livingstones Führer an einer dreifachen Wegegabel nieder und verlangen ein Stück Kattun über ihren Lohn hinaus, sonst würden sie umkehren; die Fremden könnten dann ihren Weg selbst wählen. Da Livingstone die Richtung weiß, möchte er am liebsten ohne Führer weitermarschieren. Doch seine Leute fürchten sich zu verirren und bitten ihn, ein Kleidungsstück hergeben zu dürfen. – Wahrscheinlich sind die Bewohner dieser Gegend gewöhnt, daß die Händler aus Angola, die zu ihnen kommen, aus Furcht auf ihre unverschämten Forderungen eingehen, anders kann sich Livingstone ihr Auftreten nicht erklären.

Je mehr sich die Expedition ihrem Ziel nähert, um so schwieriger und gefährlicher wird die Reise. Mehrmals müssen überflutete Täler durchquert werden, durch die das Hochwasser dahinrauscht. Den Fußgängern reicht es mitunter bis ans Kinn, und manchmal müssen sie schwimmen; dabei halten sie sich gern an den Schwänzen der gleichfalls schwimmenden Ochsen fest. Einmal springt Livingstone im tiefen Wasser von seinem Reitochsen ab, bekommt ihn aber infolge der starken Strömung nicht mehr zu fassen und schwimmt ohne ihn dem jenseitigen

Ufer zu, von Kleidung und Schuhen unangenehm behindert. Sowie seine Leute sehen, daß er abgetrieben wird, stürzen sich wohl zwanzig Mann ins Wasser, ihn zu retten. Als er ohne ihren Beistand das Ufer erreicht hat, umringen sie ihn freudestrahlend, einige bringen Sachen von ihm herbei, die sie aus den Fluten gefischt haben, und er dankt ihnen gerührt für ihre Hilfsbereitschaft. Am abendlichen Lagerfeuer wollen ihnen Bewohner eines nahen Dorfes Angst vor den tiefen Flüssen machen, an die sie noch kommen werden. Aber die Warnung erregt nur Gelächter: »Wir können alle schwimmen; auch der weiße Mann hat ganz allein einen tiefen Fluß durchschwommen.« Mit den halb ernst gemeinten, halb selbstironischen Worten »Ich war wirklich stolz auf ihr Lob« schließt Livingstones Bericht über diesen Tag.

Im März betritt die Expedition das Gebiet der Tschiboque. Die zahlreichen Dörfer leiden keinen Mangel, und die Bewohner bieten Eßwaren aller Art an, doch sie wollen Baumwollstoffe dafür haben, die Livingstone nicht mehr besitzt, und so ziehen sie enttäuscht ab.

Im Dorf des Tschiboquehäuptlings Njambi läßt Livingstone, da alle Vorräte aufgezehrt sind, den schwächsten Reitochsen schlachten. Ein paar große Fleischstücke schickt er dem Häuptling. Njambi dankt und verspricht, Lebensmittel zu senden. Am Morgen überbringen Boten diese Sendung, die jedoch beleidigend schäbig ist, sowie die Aufforderung, dem Häuptling entweder einen Mann, einen Ochsen oder eine Flinte nebst Schießpulver auszuliefern. Weigere sich der weiße Mann zu zahlen, so dürfe er nicht weiterziehen. Livingstone läßt dem Häuptling ausrichten, kein schwarzer Mann habe das Recht, einen Tribut von Leuten zu verlangen, die keine Sklavenhändler seien. Als die Boten gehen, sagt einer: »Sie haben nur fünf Gewehre.«

Gegen Mittag sieht man, daß die Tschiboque sich sammeln und dann das Lager der Expedition umzingeln. Livingstones Gefährten greifen zu ihren Speeren. Die Tschiboquekrieger fangen an, mit ihren Schwertern wild herumzufuchteln; einige richten ihre Flinten auf Livingstone, um ihm Angst zu machen. Es ist klar, daß sie vorhaben, die Fremden auszuplündern.

Livingstone setzt sich ruhig auf seinen Feldstuhl, legt sein Gewehr über die Knie und ruft Njambi zu, sich ebenfalls zu setzen. Der Häuptling, durch die Kaltblütigkeit des Forschers unsicher geworden, setzt sich mit seinen Ratgebern ihm gegenüber auf die

Erde. Damit ist schon viel gewonnen. Auf die Frage, warum die Tschiboque bewaffnet kommen, weist Njambi auf einen von Livingstones Leuten und behauptet, dieser Mann habe beim Ausspucken einen Tschiboque mit seinem Speichel getroffen; diese Schuld müsse gesühnt werden, mindestens durch Auslieferung eines Mannes, eines Ochsen oder einer Flinte. Der Beschuldigte gibt die Sache ohne weiteres zu, stellt sie jedoch als reinen Zufall hin, und das kann man ihm glauben, denn kurz vorher hatte er dem Tschiboque ein Stück Ochsenfleisch geschenkt; auch hat er ihm den Speichel sofort abgewischt. Der Häuptling hat also diese ganz belanglose und längst erledigte Angelegenheit nur als Vorwand für seine Forderung benützt. Livingstone entgegnet ihm: »Ihr wollt einen Mann von uns haben? Wir werden lieber alle sterben, als einen von uns in die Sklaverei geben. Wir stehen einer für den andern, denn wir sind alle freie Männer.« – »Dann gib mir wenigstens die Flinte, mit der ihr den Ochsen erschossen habt.« – Auch das schlägt ihm Livingstone ab, denn eine Flinte mehr im Besitz der Tschiboque würde nur ihre Angriffslust stärken. Njambi beharrt auf seiner Forderung, Livingstone auf seiner Weigerung. Seine Begleiter bitten ihn schließlich, um des Friedens willen irgend etwas zu geben, und er gibt wieder ein Hemd. Doch die Tschiboque sind damit unzufrieden und schwingen schreiend ihre Schwerter. Livingstone legt noch Perlen und ein Tuch dazu – es ist zuwenig. Das Gebaren der Tschiboque wird immer drohender. »Ein junger Mann zielte nach meinem Kopf, aber ich hielt ihm schnell den Lauf meines Gewehrs vor den Mund, und er wich zurück. Ich machte den Häuptling auf ihn aufmerksam, und dieser befahl ihm, sich zu entfernen. Ich wollte um jeden Preis Blutvergießen vermeiden. Zwar war ich überzeugt, daß ich mit meinen Makololo, die Sebituane eingeübt hatte, eine doppelt so große Zahl von Angreifern zurückgetrieben haben würde, obwohl es auch jetzt schon eine ganze Menge waren, mit Speeren, Schwertern, Bogen und Flinten bewaffnet; dennoch suchte ich einen Zusammenstoß zu verhindern. Meine Leute waren auf diesen Fall gar nicht vorbereitet, blieben aber sehr ruhig. Als der Häuptling und seine Ratgeber meine Aufforderung, sich zu setzen, befolgt hatten, waren sie in eine Falle gegangen, denn inzwischen hatten meine Leute sie in aller Ruhe umringt und gaben ihnen zu verstehen, daß sie ihren Speeren nicht entrinnen könnten. Hierauf sagte ich den

Tschiboque, da sie mit nichts zufrieden seien, so sei es klar, daß sie den Kampf wollten, während wir nur friedlich durch ihr Land zu ziehen beabsichtigten. Sie müßten jedoch beginnen und vor Gott die Schuld auf sich nehmen; wir würden nicht eher kämpfen, als bis sie den ersten Streich geführt hätten. Dann blieb ich eine Weile ruhig sitzen und betrachtete mir die Tschiboque... Der Häuptling und seine Ratgeber sahen, daß sie jetzt in größerer Gefahr waren als ich. Sie hatten keine Lust, den ersten Streich zu führen, und vielleicht machte auch der ruhige Ernst, den meine Leute bewahrten, Eindruck auf sie.

Schließlich lenkten sie ein und erklärten: ›Ihr kommt auf eine ganz neue Art und Weise zu uns und sagt, ihr seiet Freunde. Wie können wir das wissen, wenn ihr uns nicht von eurer Speise gebt? Gebt ihr uns einen Ochsen, so geben wir euch alles, was ihr wünscht. Und dann sind wir Freunde.‹« Auf Bitten seiner Gefährten gibt Livingstone ihnen einen Ochsen. Am Abend sendet ihm Njambi ein Körbchen voll Eßwaren und zwei oder drei Pfund von dem geschenkten Ochsen mit der Entschuldigung, Geflügel habe er nicht und andere Lebensmittel nicht viel. »Es war unmöglich, über solchen Edelmut nicht zu lachen. Trotzdem dankte ich Gott, weil wir es so weit gebracht hatten, ohne Menschenblut zu vergießen, obschon wir fest entschlossen waren, lieber zu sterben, als einen von uns in die Sklaverei gehen zu lassen.«

Die einheimischen Führer behaupten, die zwischen den Tschiboque und der Küste wohnenden Stämme würden von Sklavenhändlern besucht; Livingstone aber werde man unterwegs so viele seiner Begleiter abverlangen, daß er ganz allein an der Küste ankommen werde. Er entschließt sich daraufhin zu einem Umweg und wendet sich zunächst nach Norden.

Doch es gelingt ihm nicht, den Erpressungen der Tschiboque zu entgehen. Gerade in dieser schwierigen Zeit packt ihn das Fieber besonders heftig. Er ist oft zu matt, sein Zelt zu verlassen und seinen geographischen Standort zu bestimmen. Zum Überfluß werden auch noch die eigenen Leute widerspenstig. Eines Tages hört er einige von ihnen draußen vorm Zelt schimpfen. Er rafft sich mühsam auf und tritt hinaus. Etliche Männer fühlen sich benachteiligt; es geht um einen Ochsen, den er zum Schlachten freigegeben hat. Er beruhigt die Unzufriedenen, legt sich wieder hin und verfällt für lange Zeit in eine Art Betäubung. Als er am nächsten Tag daraus erwacht, hört er draußen wieder Lärmen und Streiten. Er bittet um Ruhe, weil ihm der Lärm Schmerz verursache – aber die Aufsässigen lachen ihm frech ins Gesicht.

»Ich wußte, daß es mit der Disziplin vorbei war, wenn ich diese Meuterei nicht unterdrückte, und daß von der Wahrung meiner Autorität unser aller Leben abhing. Daher ergriff ich eine doppelläufige Pistole, trat hinaus vor mein Zelt und sah die Leute so grimmig an, daß einige schleunigst davonliefen. Denen, die stehenblieben, sagte ich, ich müsse die Disziplin aufrechterhalten, und wäre es auf Kosten eines Menschenlebens; solange wir zusammen reisten, dürften sie aber nicht vergessen, daß ich der Herr sei. Da lenkten sie sofort ein und gaben mir keinen Anlaß mehr zur Unruhe.«

Das Fieber hält noch mehrere Tage an, und der Vormarsch stockt. Livingstone magert fast bis zum Skelett ab und liegt zeitweilig in einem todähnlichen Schlaf. Als er einmal sein Zelt verlassen muß, sieht er mit Staunen, daß um das Lager ein Pfahlzaun gezogen ist, an dem Männer mit dem Speer in der Hand Wache halten. Eine Abteilung Tschiboque hat die Expedition umzingelt und belagert sie. Vorher hatten sie den üblichen Tribut gefordert: einen Mann, einen Ochsen, ein Gewehr oder einen Elefantenzahn. Die Makololo rechnen mit einem nächtlichen Überfall.

Am nächsten Morgen rafft sich Livingstone auf, geht hinaus zu den Tschiboque und gibt ihnen seine Absicht kund, das Land, auch zu ihrem Nutzen, dem Handel zu erschließen. Die Belagerer antworten zwar höflich, gehen aber nicht von ihrer Forderung ab. Wieder bleibt Livingstone nur die Wahl, zu kämpfen oder die Forderung zu erfüllen, und so gibt er einen abgetriebenen Reitochsen her. Mit dieser Beute ziehen die Tschiboque endlich ab.

Tags darauf erscheinen sie wieder, aber nicht mit neuen Forderungen. Sie bringen ungefähr dreißig Ellen englischen Kaliko und geben die kupfernen Armreifen zurück, die Livingstones Gefährten am Vortag zusätzlich geopfert hatten. Ihr Häuptling, so sagen sie, sei ein so großer Mann, daß er den Schmuck der Fremden nicht brauche. Den Kaliko verteilt Livingstone unter seine Leute.

Noch mehrmals wird er von feindlichen Scharen aufgehalten und erpreßt, doch jedesmal gelingt es ihm, durch Furchtlosigkeit und diplomatisches Geschick Blutvergießen zu vermeiden. Er weiß: Das unverschämte und habgierige Auftreten der Einheimischen ist nur auf den Sklavenhandel zurückzuführen. Die Sklavenhändler müssen sich bei den Häuptlingen einschmeicheln, denn diesen wäre es ein leichtes, ihnen ihre menschliche Ware wegzunehmen, wenn sie damit aus dem Landesinnern zurückkommen. »Die unabhängigen Häuptlinge, die gar nicht begreifen, warum man so eifrig ihre Gunst sucht, werden immer stolzer und anmaßender in ihren Forderungen und betrachten die Weißen mit tiefster Verachtung. Die Bangala – ein Stamm, in dessen Nähe wir uns jetzt befanden – hatten sich vor wenigen Jahren von den portugiesischen Händlern sogar Wasser, Holz und Gras bezahlen lassen und alle möglichen Vergehen ersonnen, für die sie den Portugiesen Buße auferlegten. Und solange der Sklavenhandel blühte, zahlten diese auch geduldig. Ohne es geahnt zu haben, waren wir mit einem System in Berührung gekommen, das in der Heimat meiner Leute ganz unbekannt war ...

Meine Leute wurden zum Teil so mutlos, daß sie umzukehren wünschten. Die Aussicht, sozusagen an der Schwelle der portugiesischen Niederlassungen umkehren zu müssen, betrübte mich außerordentlich. Nachdem ich alle Überredungskunst aufgewandt hatte, erklärte ich ihnen, wenn sie umkehrten, ginge ich allein weiter. Danach begab ich mich in mein Zelt.« Nach einer Weile steckt ein Makololo den Kopf herein und sagt: »Wir werden dich nie verlassen. Verliere den Mut nicht! Wohin du uns auch führst, wir folgen dir.« Andere schließen sich an und versichern Livingstone »in der treuherzigsten und schlichtesten Weise«, sie seien alle seine Kinder und würden, wenn es sein müßte, für ihn in den Tod gehen.

Von allen Expeditionsteilnehmern fordert der letzte Teil der Reise das Äußerste an Kraft, Selbstbeherrschung und Geduld. Bis zum Überdruß wiederholen sich die Schwierigkeiten, vor allem die Habgier der Einheimischen. Für Lebensmittel und kleine Dienstleistungen verlangen sie Preise, die Livingstone, völlig verarmt, nicht zahlen kann; für den bloßen Durchzug durch das Land wird regelmäßig ein Mann, ein Ochse, ein Gewehr oder ein Stoßzahn gefordert. Das wenige, das Livingstone zu bieten hat, weisen die Dorfvorsteher verächtlich zurück. Der Mangel an Nahrung, vor allem an Fleisch, macht seine Leute mürrisch. Auch er selbst wird allmählich reizbar und ungeduldig: Die

Menschen sehen doch, daß er nichts hat und folglich nichts geben kann; was haben sie davon, wenn sie ihn bedrohen und zur Umkehr zwingen wollen, weil er ihre Forderungen nicht erfüllt! Er macht sich darauf gefaßt, sich den Weg zur Küste am Ende doch noch mit Gewalt bahnen zu müssen. Die Menschen hier haben die Zivilisation bisher nur in Gestalt einheimischer Händler kennengelernt, aber sie sind schon davon verdorben worden; sie halten seine Leute für Sklaven, denn daß man einem weißen Mann freiwillig folgt, können sie nicht begreifen. Solchen Händlern begegnet die Expedition jetzt öfter. Man begrüßt sich, Livingstone gibt für etwas Salz ein Stück Ochsenhaut, dann scheidet man mit den besten Wünschen voneinander.

In den Dörfern am Wege ist Livingstone immer noch unter Menschen, die nie zuvor einen Europäer gesehen haben und seine helle Haut, sein glattes helles Haar und seine geheimnisvollen Instrumente teils erstaunt, teils mit abergläubischer Furcht anstarren. »Der Anblick des Weißen löst bei der schwarzen Bevölkerung stets Schrecken aus. Bei einer Begegnung waren sie immer sehr froh, wenn ich vorübergegangen war, ohne ihnen an den Hals gesprungen zu sein.« Die größeren Kinder laufen manchmal meilenweit neben der Kolonne her oder klettern auf Bäume, um sich den weißen Mann genau anzusehen. Die Fieberanfälle wiederholen sich. Vor Entkräftung bleibt Livingstone soviel wie möglich »zu Ochs«. Aber Ende März kommt man in eine Gegend voll tiefer, enger Täler und so steiler Wege, daß er lieber absteigt und zu Fuß geht, obwohl er so schwach ist, daß er gestützt werden muß. »Diese Hilflosigkeit war mir im höchsten Grade zuwider, denn es berührt mich selbst stets unangenehm, wenn ich einen Mann, sei er krank oder gesund, weibischer Schwäche nachgeben sehe.«

Die Welt ist zu Ende! Am 4. April treffen die Reisenden an einem Fluß einen jungen portugiesischen Soldaten, einen Mischling. Er nennt sich Cypriano, wohnt mit ein paar Untergebenen am jenseitigen Ufer und ist über den Fluß gekommen, um Bienenwachs zu holen. Er lädt die Reisenden zu sich ein.

Der diesseits des Flusses regierende Häuptling verlangt jedoch für die Erlaubnis zur Überfahrt auf geliehenen Kähnen einen Mann, einen Ochsen oder ein Gewehr. Cypriano rät, ein paar

Meilen weiterzugehen und woanders Kähne zu mieten. Als Livingstone mit seinen Gefährten abzieht, schicken ihnen die enttäuschten Einheimischen etliche Kugeln nach, treffen aber niemanden.

Das jenseitige Flußufer gehört bereits zum portugiesischen Herrschaftsbereich, und als die Expedition übergesetzt ist, hat sie die Scherereien mit den Grenzstämmen glücklich überstanden, ohne einen Mann eingebüßt zu haben.

Die Soldaten des Vorpostens, den Cypriano befehligt, sind sämtlich Mischlinge. Sie stehen vor ihren hübschen, sauberen Häuschen und grüßen. Die Behörden von Angola hatten sie ausgesandt, einen Stamm zu unterwerfen, der den Händlern viel zu schaffen machte. Jetzt wohnen sie unter den Unterworfenen und nähren sich von Handel und Feldbau, denn Sold zahlt ihnen ihre Regierung nicht.

Vor Cyprianos Haus schlägt Livingstone sein schäbiges, zerrissenes Zelt auf. Der Portugiese plündert seinen Garten, um die Fremden zu bewirten, er schlachtet sogar einen Ochsen und will von Bezahlung nichts wissen. Livingstone selbst lädt er zum Essen ein; zum Frühstück gibt es Erdnüsse, gerösteten Mais, gekochte Maniokwurzeln und als Nachtisch Guajava und Honig, zu Mittag gebratenes Geflügel. Vor und nach dem Essen gießt eine Sklavin den Herren Waschwasser auf die Hände. An diese Bedienung muß sich Livingstone in Angola gewöhnen; jeder Portugiese hält hier Sklaven.

Nach drei Tagemärschen trifft die Expedition in Chassengue ein, der am weitesten landeinwärts gelegenen portugiesischen Ansiedlung in Westafrika. Die Häuser sind aus Flechtwerk und Lehm gebaut und von Gemüsegärten und Pflanzungen umgeben. In Chassengue wohnen ungefähr vierzig portugiesische Händler – oder soll man sagen: Offiziere? Denn sie sind beides. Einige schicken einheimische Agenten mit Waren ins Landesinnere und sind dadurch reich geworden.

Wieder ist Livingstone von der Gastfreundlichkeit der Portugiesen sehr angetan. Der Ortskommandant lädt ihn sogleich zum Abendessen ein, beherbergt ihn die Nacht über in seinem Hause und steckt ihn am nächsten Morgen in anständige Kleidung. Auch für die hungrigen Makololo sorgt er, ohne dafür Bezahlung zu verlangen. Die anderen Bewohner von Chassengue verhalten sich gleichfalls äußerst gastfreundlich, obwohl sie Livingstone für einen englischen Agenten halten, der ihr Land zum Zweck der Bekämpfung des Sklavenhandels bereist. Er gibt sich stets als das aus, was er ist oder noch immer zu sein glaubt: als Missionar. Die Portugiesen lächeln verstehend – wie kommt ein Missionar dazu, geographische Längen- und Breitenbestimmungen durchzuführen? »Sind Sie Doktor der Medizin und zugleich der Mathematik? Sie müssen mehr sein als ein Missionar, denn Sie wissen, wie man die Länge berechnet. Sagen Sie uns doch, welchen Rang Sie in der englischen Armee bekleiden!« Sehr merkwürdig kommt es ihnen als Katholiken auch vor, daß er ein Priester sein will und doch Frau und Kinder hat.

»Portugiesische Frauen gibt es hier nicht. Die Männer kommen nach Afrika nur, um Geld zu machen, und kehren dann nach Lissabon zurück. Daher bringen sie selten ihre Frauen mit und werden folglich nie richtige Kolonisten. Gewöhnlich leben sie mit eingeborenen Frauen zusammen.« Da sie das Land nicht als neue Heimat betrachten, bebauen sie es auch nicht und züchten kein Vieh. Sie treiben nur Handel mit Naturprodukten – Wachs und Elfenbein – und beziehen viele Lebens- und Genußmittel aus Portugal, Amerika und England.

Bis vor einigen Jahren kauften die Händler im Landesinnern nicht nur Elfenbein und Bienenwachs, sondern auf jeder Reise auch zwei- bis dreihundert Sklaven, die diese Waren an die Küste zu tragen hatten. Dort wurde dann die Ware samt den Trägern exportiert. Seitdem vor der Küste von Angola britische Kreuzer patrouillierten, deren Aufgabe es war, die Ausfuhr von Sklaven zu verhindern, wurde ein anderes Transportsystem angewandt: Die Dorfvorsteher mußten auf Befehl des Gouverneurs den Händlern Träger stellen, die der Händler zu entlohnen hatte; außerdem zahlte er der Regierung eine Abgabe.

Als Livingstone zur Weiterreise aufbricht, versehen ihn die Kaufleute von Chassengue mit Empfehlungsschreiben an ihre Freunde in Luanda und bitten diese, ihn in ihren Häusern aufzunehmen – Hotels gibt es dort nicht. Ein Stück begleiten sie ihn in Hängematten, die von Sklaven getragen werden. So sehr er die Sklaverei verabscheut, von den Sklavenhaltern scheidet er »mit dem Gefühl unvergeßlicher Dankbarkeit für ihre Güte«.

Bis zur Küste sind es immer noch dreihundert Meilen. Von einer portugiesischen Station zur andern reisend, nähert sich Livingstone ihr allmählich, häufig vom Fieber geplagt, geschwächt und aufgehalten. Im Hause eines Ortskommandanten trinkt er zur Stärkung das erste Glas Wein seit seiner Ankunft in Afrika; sonst lebt er in bezug auf Alkohol und Tabak völlig enthaltsam. Das Fieber schwächt ihn auch geistig: »Obwohl ich wiederholt Beobachtungen anstellte, fand ich mich doch in Zeit und Entfernung nicht zurecht. Ich konnte das Instrument nicht festhalten und die einfachsten Berechnungen nicht ausführen; daher mußte ich die Bestimmung mehrerer Ortslagen bis zu meiner Rückkehr von Luanda aufschieben. Oft, wenn ich morgens aufstand, war meine Kleidung so von Schweiß durchnäßt, als wenn man mich in Wasser getaucht hätte. Vergeblich bemühte ich mich, den Dialekt von Angola zu erlernen oder neue Wörter zu sammeln. Ich vergaß die Wochentage und die Namen meiner Gefährten, und wäre ich nach meinem eigenen Namen gefragt worden, ich hätte ihn nicht nennen können.«

Ende Mai 1854 erblicken Livingstones schwarze Begleiter zum erstenmal in ihrem Leben das Meer. Lange Zeit stehen sie stumm vor Staunen. Später erzählten sie Livingstone, welche Gedanken ihnen bei diesem Anblick gekommen waren: »Wir glaubten wie unsere Vorfahren, die Welt habe kein Ende. Aber auf einmal sagte die Welt zu uns: Nun bin ich zu Ende, hier höre ich auf.«

Livingstone blickt auf das Meer mit einem Gefühl tiefer Befriedigung: Er hat den ersten Teil seines Forschungsplanes durchgeführt, ohne einen Mann verloren und einen Tropfen Blut vergossen zu haben, obwohl sich die Stämme, durch deren Gebiet er gezogen ist, oft feindselig verhielten. Und die Reise hat auch ihren Zweck erfüllt: Sie hat bewiesen, daß man aus dem Innern Afrikas zur Westküste gelangen kann, wenn die Reise vorläufig auch noch schwierig und gefährlich ist.

Die Portugiesen hatten sich an der Westküste Afrikas bereits im späten fünfzehnten Jahrhundert festgesetzt, auf ihrer Suche nach einem Seeweg um Afrika herum zu den Reichtümern Indiens. Diesen Seeweg suchten sie, um den Handel mit Asien, den fast ausschließlich die Araber betrieben, und die riesigen Gewinne, die dieser Handel abwarf, in die Hand zu bekommen. Anfangs nisteten sie sich vor allem an der Guineaküste und nahe der Kongomündung ein. Etliche einheimische Machthaber nahmen das Christentum an, das ihnen die portugiesischen Missionare

aufdrängten. Der Hauptbeweggrund, sich taufen zu lassen, war bei diesen Herrschern stets der Wunsch, in den mit Feuerwaffen ausgerüsteten Portugiesen starke Bundesgenossen im Kampf gegen feindliche Nachbarn zu gewinnen. Die Portugiesen leisteten die gewünschte Hilfe gern, denn dadurch festigten sie ihren Einfluß und ihre Herrschaft im Lande.

Im sechzehnten Jahrhundert ging die Macht des Königreichs Portugal zurück, und die Westafrikaner versuchten, durch Aufstände die Fremdherrschaft abzuschütteln. Schließlich mußten die Portugiesen das Kongogebiet aufgeben. Sie konzentrierten ihr Interesse auf Angola. Auch hier saßen sie schon seit 1490, und knapp hundert Jahre danach hatte ein vom König beauftragter Eroberer und Gouverneur die Stadt Luanda gegründet, die später das Verwaltungszentrum der Kolonie wurde. Wie früher an der Guineaküste beschränkten sich auch in Angola die Portugiesen darauf, den Küstenstreifen zu besetzen und zu besiedeln. Zwar schickten sie wiederholt Expeditionen landeinwärts, weil sie gern eine Verbindung mit ihrer an der Ostküste gelegenen Kolonie Moçambique hergestellt hätten, doch diese Versuche mißlangen. Die Portugiesen verzichteten darauf, das Landesinnere zu erobern und zu erforschen. Was sie darüber wußten, hatten ihnen die Pombeiros mitgeteilt – einheimische Händler, die sie mit einer aus der Küstenbevölkerung genommenen Begleitmannschaft ins Innere schickten und deren Hauptaufgabe darin bestand, Menschen einzufangen oder zu kaufen. Die lebende Ware wurde in den portugiesischen Faktoreien an der Küste zusammengepfercht, auf Schiffe verfrachtet und in die entvölkerten amerikanischen Kolonien der europäischen Mächte transportiert. Jahrhundertelang wurden auf diese Weise die mangelhaft organisierten Stämme im Innern des Erdteils geschwächt und demoralisiert.

Erst im neunzehnten Jahrhundert gerieten die portugiesischen Sklavenhändler in Bedrängnis. Im Jahre 1833 wurde in den britischen Kolonien die Sklaverei durch ein Gesetz aufgehoben. Natürlich wurden die Sklavenbesitzer nicht einfach enteignet – sie gehörten ja zur herrschenden Klasse –, sondern die Regierung kaufte für eine Summe von zwanzig Millionen Pfund Sterling die Sklaven los. Deren Lage besserte sich freilich kaum, denn da sie kein Land besaßen, mußten sie sich gegen einen Hungerlohn auf den Plantagen verdingen.

Bis ins neunzehnte Jahrhundert hinein hatte auch im britischen Kolonialreich, dem größten der Welt, die Sklavenarbeit der einheimischen Bevölkerung die Grundlage der Ausbeutung gebildet und der herrschenden Klasse Großbritanniens märchenhafte Reichtümer eingebracht. Ende des achtzehnten und Anfang des neunzehnten Jahrhunderts ereigneten sich jedoch wiederholt Aufstände der Sklaven gegen die Plantagenbesitzer. Im Zuge der Entwicklung erwies sich Lohnarbeit als ökonomisch vorteilhafter. So kam es zum Verbot der Sklaverei. Selbstverständlich versäumte die britische Regierung nicht, der Welt gegenüber diese Maßnahme als eine Tat edler Menschenliebe hinzustellen, und David Livingstone, arglos wie immer, glaubte ihr aufs Wort.

Es lag im Interesse der britischen Industrie- und Handelsherren, dafür zu sorgen, daß auch andere europäische Mächte für ihre Kolonien keine afrikanischen Sklaven mehr bekamen. Vor allem galt es, den Menschenexport nach Amerika zu unterbinden. Zwar hatten die anderen Kolonialmächte nicht umhingekonnt, sich dem britischen Verbot des Sklavenhandels anzuschließen, wenn sich auch Frankreich eine Sonderstellung ausbedang – aber in der Praxis blühte dieses einträgliche Geschäft zunächst weiter. Besonders die portugiesische Regierung drückte beide Augen zu, während sie dem Vorgehen ihres mächtigen Verbündeten mit heuchlerischen Phrasen zustimmte. Erst als vor der Küste von Angola britische Kreuzer erschienen, um dem Willen Großbritanniens Nachdruck zu verleihen, wurde die Lage der portugiesischen Menschenhändler schwierig. Es war die Zeit, als Livingstone in Angola eintraf. In der Form des Schmuggels zog sich der Sklavenhandel noch bis ans Ende des neunzehnten Jahrhunderts hin.

Fast drei Viertel von den zwölftausend Einwohnern der Hauptstadt Luanda sind Afrikaner, davon fünftausend Sklaven; ein Fünftel machen die Mischlinge aus; der Rest, ungefähr ein Fünfzehntel, sind Portugiesen. Nur sie wohnen in Steinhäusern, alle anderen in Lehmkaten.

Ein einziger Engländer, Gabriel, wohnt als britischer Regierungsbeauftragter zur Unterdrückung des Sklavenhandels in Luanda. Er nimmt den kranken Forscher mit offenen Armen auf und stellt ihm sogar ein richtiges Bett zur Verfügung.»Nie werde ich das wonnige Vergnügen vergessen, das ich empfand, als ich wieder auf einem englischen Lager schlief, nachdem ich sechs Monate lang mit der bloßen Erde vorliebnehmen mußte.«

Trotz der Ruhe und Pflege, die Livingstone im Hause Gabriels genießt, wird er von Tag zu Tag schwächer. Bald nach seiner Ankunft laufen britische Kreuzer in den Hafen von Luanda ein. Natürlich besuchen die Marineoffiziere ihren Landsmann, der als erster Europäer aus dem unerforschten Innern des Erdteils nach Luanda gekommen ist. Sie erbieten sich, ihn bei der nächsten Gelegenheit nach England zu bringen.

Ein verlockender Gedanke: jetzt in die Heimat fahren, nach so langer Trennung Mary und die Kinder wiedersehen, sich erholen und ausruhen... Die Versuchung ist groß, aber er darf ihr nicht nachgeben. Er hat ja bisher nur den ersten Teil seines Forschungsplanes erfüllt, nun muß er den zweiten durchführen: den Vorstoß aus dem Innern des Kontinents zur Ostküste. Außerdem fühlt er sich verpflichtet, seine Gefährten in ihre Heimat zurückzubegleiten; denn durch den Ring fremdenfeindlicher Stämme, der das portugiesische Herrschaftsgebiet umgibt, kann er sie unmöglich allein heimschicken.

Gabriels unermüdliche Betreuung und die Hilfe des englischen Schiffsarztes stellen seine Gesundheit schließlich wieder her. Seine erste Sorge gilt seinen Gefährten. Gabriel hat ihnen Anzüge aus Baumwollstoff und rote Mützen geschenkt. Livingstone besichtigt mit ihnen die Stadt. Staunend betrachten sie die Steinhäuser der Portugiesen. Sie haben sich nie vorstellen können, daß Menschen in mehreren Stockwerken übereinander wohnen. Jetzt sehen sie die »Berge mit mehreren Höhlen«.

Die englischen Kapitäne laden sie ein, ihre Kriegsschiffe zu besuchen. An Bord zeigt Livingstone auf die Matrosen: »Das sind meine Landsleute. Die Königin hat sie hergeschickt, um den Handel mit schwarzen Menschen zu unterdrücken.« Allmählich schwindet die anfängliche Furcht der Makololo, sie mischen sich unter die Matrosen und lassen sich von ihnen mit Brot und Rindfleisch bewirten. Der Kommandant erlaubt ihnen sogar, eine Kanone abzuschießen – das kann den Respekt der schwarzen Burschen vor den Engländern nur erhöhen!

Es entgeht ihnen nicht, mit welcher Achtung die Besatzung Livingstone begegnet. »Ich stieg außerordentlich in ihrer Achtung, denn was immer sie vorher gedacht haben mochten, jetzt sahen sie, daß ich bei meinen Landsleuten angesehen war, und seitdem behandelten sie mich stets mit der größten Hochachtung.«

Anfang August erleidet Livingstone einen schweren Rückfall. Als er sich nach Wochen wieder erholt, erfährt er, daß seine Leute sich unterdessen Arbeit gesucht haben. Sie sammeln in der Umgebung Brennholz und verkaufen es in der Stadt. Als ein Schiff mit Kohle für die Kreuzer eintrifft, helfen sie beim Löschen der Ladung. Von ihrem Arbeitslohn kaufen sie Kleidung und Waren, die sie in ihre Heimat mitnehmen wollen.

Bis vor kurzem war Luanda der Umschlagplatz für den Sklavenhandel. Hier wurde das »schwarze Elfenbein« auf die am Hafen wartenden Schiffe verladen. Die Abgaben, die die Sklavenhändler zu entrichten hatten, waren die Haupteinnahmen Portugals in dieser Kolonie. Seit britische Kreuzer vor der Küste patrouillieren, ist der Sklavenhandel zwar stark zurückgegangen; seine völlige Ausrottung kann jedoch bei den in Angola herrschenden Zuständen nicht gelingen. Das Gehalt der Beamten ist so niedrig, daß sie genötigt sind, Handel zu treiben, und da der Sklavenhandel das meiste abwirft, verlegen sie sich darauf. Infolge der allgemeinen Korruption finden sich genügend Wege, das von der Regierung erlassene Verbot und die nachlässig ausgeübte Kontrolle zu umgehen.

Livingstone merkt bald, daß Angola von Portugal als eine Art Strafkolonie benützt wird; die Soldaten, Offiziere und Beamten sind strafweise hierher versetzt. Das Wohl des Landes und seiner Bewohner interessiert sie nicht im geringsten. Sie wollen nur in möglichst kurzer Zeit reich werden, um später in Portugal bequem leben zu können.

Der Bischof, der zur Zeit auch die Amtsgeschäfte des Gouverneurs besorgt, und die Kaufleute in Luanda sind mit Livingstones Absicht, das Hinterland der Kolonie friedlichem Handel zu erschließen, durchaus einverstanden. Darum spenden sie, als er sich zur Rückreise rüstet, Geschenke für Sekeletu: ein Pferd, eine Oberstenuniform, zwei Esel – weil diese Tierart gegen den Stich der Tsetsefliege immun ist – und Proben aller portugiesischen Handelsartikel. Nur das Pferd erreichte das Ziel nicht, es starb unterwegs. Außer den Geschenken nimmt Livingstone einen Vorrat Baumwollstoff, Munition und Perlen als Tauschwaren mit und stattet jeden seiner Leute mit einer Flinte aus – um den fremdenfeindlichen Stämmen Respekt einzuflößen. Zum Transport der Waren stellt ihm der Bischof zwanzig Träger zu Verfügung.

IV

Als erster Europäer
quer durch Afrika

Die Heimkehr der Makololo. Am 20. September 1854 bricht Livingstone mit seinen siebenundzwanzig Gefährten zur Rückreise nach Linjanti auf. Für ihn selbst ist dieser Aufbruch zugleich der Start zur Verwirklichung des zweiten Teiles seines Forschungsprogramms, den er durch einen Marsch von der Westküste Afrikas zur Ostküste erfüllen will. Kommt er glücklich drüben an, so wird er der erste Europäer sein, der Afrika durchquerte.

Wieweit es ihm auf diesen Ruhm ankam und wieweit auf die Erschließung eines Verbindungs- und Handelsweges zu Wasser oder zu Lande zwischen dem Innern und der Küste, wird wohl nicht einmal er selber genau gewußt haben. Daß er sehr ehrgeizig war, hat er schon früher, zum Beispiel am Ngamisee, und noch mehr in seinem späteren Forscherleben gezeigt. Er hat sich genau erkundigt, ob etwa schon Portugiesen den Marsch von einer ihrer afrikanischen Kolonien zur anderen, von Angola nach Moçambique oder umgekehrt, vollbracht haben. Wie er zuverlässig festgestellt hat und ausdrücklich bemerkt, ist diese Reise bisher nur zwei einheimischen Sklavenhändlern gelungen, die von portugiesischen Kaufleuten in Angola nach Osten geschickt wurden und im Jahre 1815 mit Briefen vom Gouverneur von Moçambique nach Angola zurückkamen. Stärker als der Ehrgeiz aber trieb ihn das Bewußtsein der Pflicht, seine treuen Gefährten persönlich wieder in ihre Heimat zu bringen.

Um das Land besser kennenzulernen, weicht er mehrmals von der Route ab, auf der er gekommen ist. Gleich zu Anfang fährt die Expedition an der Küste entlang bis zur Mündung des Bengo. Dann geht es flußaufwärts weiter.

Der Boden des Landes ist überall außerordentlich fruchtbar, wird aber nirgends voll genutzt. Nie hat man versucht, ihn künstlich zu bewässern, nie den Pflug angewandt; das einzige Ackergerät ist die Hacke in der Hand des Sklaven. Die portugiesischen Ansiedlungen blühen und wachsen nicht; im Vergleich mit der Zeit, da hier die Jesuiten wirkten, sind sie eher zurückgegangen. Die von den Jesuiten und anderen Ordensmissionen erbauten Kirchen, Klöster und Hospitäler sind verfallen oder stehen leer; die Möbel und Betten, den Hausrat und die Bücher hat man nach Luanda geschafft. Die Geschütze in den kleinen Forts sind alt und wahrscheinlich schon unbrauchbar, flößen aber den Einheimischen immer noch Furcht ein und erfüllen damit ihren Zweck, die Fortdauer der portugiesischen Herrschaft über Angola zu sichern.

In Pungo Andongo, das an der Südgrenze des portugiesischen Machtbereiches liegt, genießt Livingstone wochenlang die Gastfreundschaft des Colonels und Kaufmanns Pires in dessen bequem eingerichtetem Haus. Und obwohl er doch die Sklaverei verabscheut und aus eigener Erfahrung wissen müßte, daß Redlichkeit und Fleiß allein weder in Angola noch sonstwo in der ihn umgebenden Welt genügen, um reich zu werden, vergilt er die Freundlichkeit seines Gastgebers mit einer geradezu kindlich harmlosen Bemerkung über ihn: »Colonel Pires ist ein Beispiel dafür, was ein redlicher und strebsamer Mann in diesem Land werden kann. Er kam als Schiffsjunge hierher und ist durch fortgesetzte Mühe und Arbeit der reichste Kaufmann von Angola geworden. Er besitzt einige tausend Stück Vieh und kann im Notfall mit mehreren hundert bewaffneten Sklaven ins Feld rükken.« Ihn zu fragen, gegen wen er denn mit seinem Sklavenheer ins Feld rücken könnte, hat Livingstone anscheinend vergessen. Dieser scharfe Beobachter läßt sich bei der Beurteilung von Menschen leicht täuschen; er braucht lange, um hinter einer Maske von Liebenswürdigkeit das wahre Gesicht zu erkennen. Was ich nicht denk und nicht tu, trau ich auch andern nicht zu, könnte man von ihm sagen. Gewiß ist er im Recht, wenn er die barbarische und korrupte Gesellschaftsordnung der Kolonie nicht dem einzelnen Portugiesen zur Last legt, aber ohne Zweifel war ein Mann wie Colonel Pires eine Stütze dieser Gesellschaft. Livingstones Tagebuch enthält Worte des Lobes und der Bewunderung auch über andere portugiesische Händler, die sich im Gespräch mit ihm als Gegner des Sklavenhandels ausgaben und die aufgeklärtesten Ansichten über das Wohl Afrikas äußerten. Erst später hat er neben diese Stellen Fragezeichen gesetzt. Seine Schwäche, ein gewinnendes Lächeln und glatte Worte für bare Münze zu nehmen, wird sein Urteil noch oft trüben. Sie hindert ihn auch, die wahren Beweggründe des scheinbar so menschenfreundlichen Vorgehens seiner Landsleute in Afrika zu erkennen.

Während er bei Pires weilt, erhält er die Nachricht, daß alles, was er dem britischen Postdampfer anvertraut hat – seine Depeschen und Karten und sein Tagebuch –, verlorengegangen ist: das Schiff ist bei Madeira gesunken. Sofort macht er sich daran, alles noch einmal zu schreiben und zu zeichnen. Diese Arbeit wird ihn auch unterwegs noch monatelang beschäftigen.

Am 1. Januar 1855 verläßt er mit seinen Gefährten Pungo Andongo, nachdem ihn Colonel Pires mit einem Vorrat an Butter
und Käse versorgt hat. Einige Tage danach erreicht er die Route
wieder, die er auf der Herreise eingeschlagen hat, und folgt ihr,
ohne sie nochmals zu verlassen – manchmal fiebernd, manchmal
von Ameisen angefallen und am ganzen Körper gebissen, aber
ständig Menschen und Tiere in ihren Lebensgewohnheiten be-
obachtend, Tagebuch führend, Karten zeichnend, Länge und
Breite bestimmend.

Durch das Land der erpresserischen Tschiboque reist er diesmal in Gesellschaft mehrerer einheimischer Handelsagenten,
Pombeiros genannt, die dem sagenumwobenen Beherrscher des
Lundareiches Geschenke und Waren der portugiesischen Kaufleute überbringen sollen. Gern würde er die Pombeiros bis in die
Hauptstadt des Herrschers begleiten, doch sie liegt viele Tagereisen landeinwärts, abseits von seiner Route, und die Waren,
die er zur Bestreitung der Reisekosten mitgenommen hat,
schmelzen bei dem langsamen Reisetempo rasch zusammen, so
daß er auf den Abstecher schließlich verzichtet. Die Verzögerun-
gen und Aufenthalte entstehen vor allem durch Fieberanfälle
und durch die Beschaffung von Lebensmitteln.

Während Livingstone den Tschiboque die geforderten Durch-
reisezölle verweigert und die Häuptlinge mit kleinen Geschenken
abfindet, zahlen die Pombeiros mit großen Mengen Schießpulver, Kaliko und Branntwein. Sie entschuldigen sich damit, daß
ihre Leute Sklaven seien; wenn sie sich nicht das Wohlwollen der
Häuptlinge sicherten, so würden ihnen auf dem Marsch durch
die Urwälder viele Sklaven samt der Traglast gestohlen. Daß die
Häuptlinge angesichts dieser Zwangslage der Pombeiros immer
unverschämter auftreten, ist nicht verwunderlich.

Livingstones Leute unterscheiden sich sehr von denen der
Pombeiros. »Während die meinigen ein Interesse an allem hatten, was uns gemeinsam gehörte, freuten sich jene, wenn die
Ochsen nicht folgen wollten; denn da diese in solchen Fällen geschlachtet wurden, war der Verlust, den der Herr erlitt, für seine
Leute ein willkommenes Fest.« Ständig werden die Pombeiros
von ihren Sklaven bestohlen, aber sie wagen nicht, die Diebe offen zu beschuldigen, damit diese nicht davonlaufen.

Einer der Pombeiros führt an einer Kette acht hübsche junge
Frauen mit sich, die er im Lundareich verkaufen will. »Sie

schämten sich immer, wenn ich in ihre Nähe kam«, schreibt Livingstone, »und schienen ihre unglückliche und entwürdigende Lage bitter zu fühlen.« Seine Gefährten entrüsten sich über die Sklavenhändler: »Die haben kein Herz.« Aber sie verstehen auch die Sklaven nicht: »Warum lassen sie es sich denn gefallen?« – Das klingt, meint Livingstone, »als dächten sie, die Sklaven hätten ein natürliches Recht, die Welt von solch herzlosen Wesen zu befreien, und müßten es tun«.

Als sich die Expedition der Grenze des Tschiboquelandes nähert, gießt es tagelang in Strömen. Die Ebene steht unter Wasser. Nachts muß man grabähnliche Erdhügel aufwerfen und mit Gras bedecken, um sich niederlegen zu können. Morgens sind die Wassertropfen, die am hohen Grase hängen, so kalt, daß es die Leute vor Frost schüttelt.

Gerade hier wird Livingstone vom Fieber so schwer befallen wie nie zuvor. Stöhnend wirft er sich auf seinem Lager hin und her. Als er sich endlich etwas besser fühlt und weitermarschieren will, machen seine Leute nicht mit, sie halten ihn noch für zu schwach. Jetzt erst erfährt er, daß er zweiundzwanzig Tage gelegen hat und daß seine Gefährten mit den Bewohnern des nahen Dorfes zerstritten sind: Ein Einheimischer ist beim Handel um ein Stück Fleisch ins Gesicht geschlagen worden. Zwar hat er ein Stück Stoff und eine Flinte als Buße erhalten, doch das genügt ihm und seinen Dorfgenossen nicht, und so hat der Häuptling die umliegenden Dörfer aufgefordert, ihm zu helfen, die erlittene Beleidigung zu rächen.

Livingstone hält es für das beste, sich gegen die Forderungen der Dorfbewohner taub zu stellen und einfach weiterzumarschieren. Das geschieht denn auch. Doch mitten im Wald springen plötzlich Bewaffnete aus dem Dickicht und halten die Kolonne auf. Livingstone hört hinter sich Schüsse fallen und sieht, wie einigen seiner Männer die Traglasten heruntergerissen werden. Mit etlichen Makololo eilt er den Pfad zurück und entsichert seinen Revolver. Da steht der rachsüchtige Dorfhäuptling vor ihm, das Gewehr in der Hand. Mit grimmiger Miene geht er auf den Häuptling zu und hebt den Revolver. Der Anblick des zornigen Europäers und seiner Waffe, in der sicherlich ein furchtbarer Zauber steckt, kühlt den Mut des Mannes jäh ab, er ruft: »Ich bin nur gekommen, um mit dir zu sprechen, ich wünsche Frieden!« Ein Makololo nimmt ihm die Flinte aus der Hand und untersucht sie. Der »friedliebende« Mann hat sie soeben abgeschossen.

Unterdessen haben sich seine Krieger um ihn und die Makololo um Livingstone versammelt und überschütten sich gegenseitig mit Anschuldigungen, bis Livingstone den Streit mit der Aufforderung unterbricht, sich zu setzen. Das ist ein alter Trick von ihm: Wer sitzt, wird eher zuhören und reden als zuschlagen und schießen. Dann wendet er sich an den Häuptling: »Wenn du in friedlicher Absicht gekommen bist, so geh jetzt heim in dein Dorf.« – »Ich fürchte mich. Du wirst mich in den Rücken schießen.« – »Wenn ich dich töten wollte, könnte ich dir ebensogut ins Gesicht schießen.« Ein Makololo ruft Livingstone warnend zu: »Das ist eine List von ihm. Wende ihm ja nicht den Rücken zu!« Das ist ein guter Rat, nur muß man das Gegenteil tun. »Er wird gleich sehen, daß ich mich nicht vor ihm fürchte«, antwortet Livingstone gelassen, erhebt sich, steigt auf seinen Ochsen und reitet langsam davon. Seine Leute folgen ihm. Als sich die Einheimischen von ihrer Verblüffung erholt haben, schicken sie den Fremden ein paar Kugeln nach, die jedoch von den dichtstehenden Bäumen aufgefangen werden. Livingstones Gefährten bedauern, daß es nicht zum Kampf gekommen ist, und malen sich lauthals aus, wie sie mit den Räubern umgesprungen wären. Er aber ist über den friedlichen Ausgang froh.

Das Reisetempo ist ungemein langsam. Nur an zehn Tagen im Monat wird marschiert, an den übrigen Tagen gerastet – krankheitshalber oder um Lebensmittel einzukaufen. Auch an den Marschtagen schafft man nicht viel. Durchschnittlich dreieinhalb Stunden beträgt die tägliche Marschzeit, und dabei wird eine Strecke von rund sieben Meilen zurückgelegt, mehr nicht, denn die Urwälder sind voller Schlingpflanzen, so daß der vorangehende Mann mit dem Beil einen Pfad hauen muß. Trotzdem bleiben die Träger oft mit ihren Lasten hängen. Da sich der Pfad wie eine Schlange windet, ist die zurückgelegte Strecke in der Luftlinie viel kürzer als der gegangene Weg. Die Luft im Urwald ist heiß und schwül. Ringsum brütet tiefe Stille. Wild und Vögel sind durch Jäger ausgerottet; sogar an Fliegen und Moskitos ist der Urwald arm. Seine unumschränkten Herren sind die Ameisen.

Kaum hat die Expedition das Gebiet der Tschiboque und die

Straße der Sklavenhändler verlassen, so ändert sich das Verhalten der Einheimischen. Sie sind wieder freundlich, bringen Lebensmittel und bieten sich von selbst als Führer an.

Die von den Tschiboque verübten Erpressungen scheinen sich indessen weit herumgesprochen zu haben, denn am Oberlauf des Kasai, der dem Kongo zuströmt, stellt sich der Expedition noch einmal ein Häuptling in den Weg und erklärt, er gebiete über den Fluß und werde die Fremden nicht hinüberlassen, wenn er nicht eine Flinte, Schießpulver und einen Anzug sowie einen Ochsen oder einen Mann bekomme. Er ruft seine Leute zu den Waffen, und mit Bogen, Pfeilen und Speeren kommen sie der Expedition entgegen. Diesmal scheint der Kampf unvermeidlich. Dennoch versucht Livingstone, den Gegner ohne einen Waffengang aus dem Feld zu schlagen. Er befiehlt seinen Leuten, mit schußbereiten Gewehren vorwärts zu gehen, aber nicht eher zu feuern, als bis die Einheimischen ihre Waffen gebrauchen. Er selbst reitet, wie gewöhnlich, voran und erwartet, daß ihm alle folgen werden. Aber viele bleiben stehen; es gefällt ihnen nicht, daß sie den Vorteil ihrer Feuerwaffen nicht ausnützen sollen. Da springt Livingstone von seinem Ochsen ab und geht mit erhobenem Revolver auf die Angreifer zu. Sie weichen zurück, fliehen jedoch nicht. Noch einmal befiehlt er seinen Leuten, ihr Gepäck aufzunehmen und weiterzumarschieren. Bis auf einen Mann, der durchaus auf den Häuptling schießen will, gehorchen sie. Rasch versetzt Livingstone dem Widerspenstigen, der durch sein Verhalten alle, Freund und Feind, gefährdet, einen Schlag mit dem Revolver an den Kopf; das bringt den Mann zur Vernunft: »Hier merkte ich wieder, daß man um jeden Preis die Disziplin aufrechterhalten muß.«

Häufig kehrt Livingstone nun bei guten Bekannten ein, überreicht die seinerzeit versprochenen Geschenke und wird samt seinen Gefährten freigebig bewirtet. Auch zu dem alten Häuptling Schinte kommen die Reisenden wieder, werden aufs freundlichste begrüßt und reichlich mit Lebensmitteln versorgt. Außerdem schickt Schinte Boten an seine Schwester Njamoana, damit sie ihnen Kähne leiht, in denen sie den Liba und den Liambai hinabfahren können.

Am 27. Juli zieht Livingstone mit seinen siebenundzwanzig Gefährten in Libonta ein, der ersten zum Makololoreich gehörenden Ortschaft. »Wir wurden mit so großer Freude wie nie zuvor aufgenommen. Die Weiber kamen uns mit eigenartigen Tänzen und lautem Jauchzen entgegen. Einige trugen Matten und Stöcke, was Schild und Speer vorstellen sollte. Andere eilten herbei und küßten Hände und Backen derjenigen meiner Leute, die sie kannten. Sie wirbelten so viel Staub auf, daß es geradezu eine Erholung war, als die Männer sich versammelten und wir uns anständig auf der Kotla niedersetzten. Man betrachtete uns wie vom Tode Auferstandene, denn ihre geschicktesten Wahrsager hatten uns längst totgesagt. Nachdem die ersten Freudenbezeigungen vorüber waren, stand ich auf, dankte ihnen und erklärte ihnen, warum wir uns so verspätet hatten. Den Reisebericht ließ ich indessen von ihren eigenen Landsleuten geben. Früher war ich der Hauptsprecher gewesen, jetzt überließ ich es ihnen. Pitsane sprach hierauf länger als eine Stunde und gab ein sehr schmeichelhaftes Bild von der ganzen Reise ... Er schloß mit den Worten, ich hätte mehr getan, als sie erwartet hatten, und ihnen nicht nur den Weg zu anderen Weißen geöffnet, sondern auch freundschaftliche Beziehungen zu allen Häuptlingen unterwegs hergestellt ...

Meine Leute putzten sich aufs schönste heraus, und obwohl sie ihre Waren während der Reise verbraucht hatten, besaßen sie

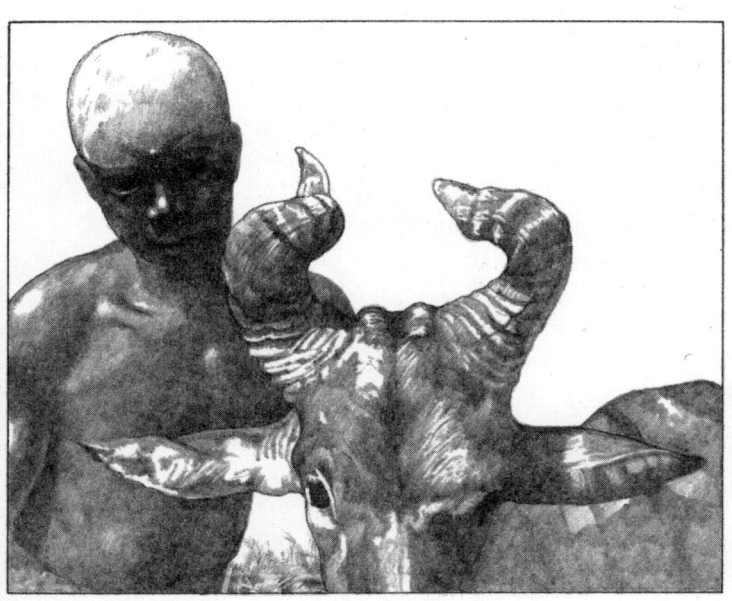

außer ihren roten Mützen doch auch noch weiße europäische Anzüge, so daß sie überall auffielen. Sie versuchten so einherzustolzieren wie die Soldaten, die sie in Luanda gesehen hatten, und nannten sich selbst meine Tapferen. Während des Gottesdienstes saßen sie mit umgehängtem Gewehr da und erregten bei den Frauen und Kindern die höchste Bewunderung ... Die Männer gaben uns zwei schöne Schlachtochsen, die Frauen Milch, Mehl und Butter in Menge. Alles dies waren Geschenke für uns, und ich bedauerte, daß ich ihnen nichts dafür bieten konnte. Meine Leute erklärten ihnen, daß alle unsere Mittel erschöpft seien, und die Libontesen antworteten höflich: ›Das tut nichts. Ihr habt uns einen Weg geöffnet, und wir werden Frieden haben.‹ Scharenweise kamen Fremde von weither und selten mit leeren Händen. Ihre Geschenke verteilte ich unter meine Leute.

Ebenso ging es uns auf unserem Zug durch das Barotsetal. Jedes Dorf brachte uns einen Ochsen, manchmal zwei. Die Leute waren überaus nett. Ich fühlte und fühle mich noch ihnen zu großem Dank verpflichtet ... Denn wir waren zwar mit einer großen Menge Waren aus Luanda fortgegangen und hatten gehofft, unseren Weg durch das Land der habgierigen Tschiboque bezahlen und außerdem den freundlichen Balunda und noch mehr den edelmütigen Makololo Geschenke machen zu können. Aber infolge der vielen, durch Krankheit verursachten Aufenthalte hatten wir alle Vorräte verbraucht, sowohl meine eigenen wie auch das, was sich meine Leute in Luanda verdient hatten, so daß wir zu den Makololo so arm zurückkehrten, wie wir gegangen waren. Doch zeigten sie kein Mißtrauen, und meine Armut tat meinem Einfluß keinen Abbruch.«

Am letzten Julitag verabschieden sich Livingstone und seine Gefährten von ihren Freunden in Libonta und setzen ihre Reise fort.

»22. August. – Der Winter geht zu Ende. Die Bäume längs des Ufers fangen an auszuschlagen und zu blühen, und man bemerkt schon die Wirkung des frischen Saftes, der bald Knospen treiben wird, die das alte Laub abstoßen und eine glänzend orangengelbe Farbe annehmen. Dieses Orangengelb ist so leuchtend, daß ich Massen gelber Blüten zu sehen glaubte. Man sieht alle möglichen Farbtöne am Laub: gelb, purpurn, kupferfarbig, lederbraun und sogar schwarz wie Tinte.

Nachdem wir von Mpololo andere Kähne geliehen und drei Ochsen als Vorrat auf den Weg bekommen hatten, so daß wir nun mit den im Barotsetal geschenkt erhaltenen dreizehn Stück besaßen, fuhren wir flußabwärts nach Sescheke und freuten uns wie früher über den majestätischen Strom. Das ganze Landschaftsbild ist lieblich, obwohl infolge der Winternebel die Atmosphäre getrübt ist.«

Die Ufer und Inseln belebt eine erstaunlich reiche Vogelwelt. »Manche Sandbänke sind am Tage ganz weiß von Pelikanen, deren ich einmal dreihundert zählte; andere Sandbänke sind braun von Enten; ich erlegte auf einen Schuß vierzehn... Möwen und andere Vögel schweben in Menge über dem Wasserspiegel.«

Endlich zieht die Expedition in die am Tschobe gelegene Hauptstadt des Makololoreiches, Linjanti, ein, wo Livingstone seinen Reisewagen und alles, was er sonst noch im November 1853 zurückgelassen hat, unversehrt wiederfindet.

Auf einer großen Volksversammlung übergibt er Sekeletu die Gegenstände, die ihm der Gouverneur und die Kaufleute in Luanda mitgegeben haben, und seine Begleiter erstatten Bericht über die Reise. Sie finden auch kritische Zuhörer. Wie schon bei früheren Gelegenheiten erzählen sie, sie seien bis ans Ende der Welt gelangt und erst da umgekehrt, wo kein Land mehr war. »Schließlich fragte ein schlauer alter Mann: ›Da seid ihr wohl bis zu Ma-Robert (Livingstones Frau) gekommen?‹ Nun mußten sie doch eingestehen, sie wohne noch ein Stück über das Ende der Welt hinaus. Die Geschenke wurden mit großer Befriedigung und Freude aufgenommen. Und als am Sonntag Sekeletu in seiner Uniform zum Gottesdienst erschien, zog diese die Aufmerksamkeit mehr auf sich als die Predigt. Was über meine Person gesagt wurde, war so schmeichelhaft, daß ich am liebsten die Augen zugemacht hätte. Ihre wahre Meinung muß mit dem, was sie öffentlich aussprachen, übereingestimmt haben, denn gar bald erboten sich Freiwillige, mich nach der Ostküste zu begleiten. Sie sagten, sie möchten auch gern so wunderbare Dinge erzählen können wie meine Reisegefährten. Sekeletu traf sogleich mit dem Araber Ben Habib eine Übereinkunft, wonach dieser es übernahm, einen neuen Trupp Makololo mit einer Ladung Elfenbein nach Luanda zu führen. Die Makololo sollten mitgehen, um den Handel zu erlernen, und beim Verkauf des Elfenbeins nichts weiter tun als gut zuhören und aufpassen. Meine Begleiter

sollten dableiben und ausruhen und erst dann, wenn jene zurückkämen, wieder nach Luanda gehen.« Auf diese Weise scheint tatsächlich ein Handel, wie ihn Livingstone anzubahnen wünscht, in Gang zu kommen.

Leider sind die Makololo während Livingstones Abwesenheit in ihre alte Gewohnheit verfallen und zweimal auf Raub ausgezogen, wobei sie große Viehherden erbeutet haben. Einen dieser Raubzüge hat Sekeletu angeblich unternommen, um Letschulatebe zu »bestrafen«, der, seit er Feuerwaffen besitzt, zu übermütig geworden sei. Für den anderen Raubzug gibt es überhaupt keine Rechtfertigung. Livingstone macht dem jungen Häuptling heftige Vorwürfe, beachtet aber weislich den Rat, den ihm ein Verwandter Sekeletus gegeben hat: »Schilt ihn derb aus, aber laß es nicht andere hören.«

Wie früher ist seine Zeit in Linjanti mit der Behandlung Kranker und dem Empfang von Besuchern ausgefüllt, und wie früher lenkt er das Gespräch stets auf den christlichen Glauben. Aber er hat keine Freude daran, denn auf die meisten macht seine Lehre keinen Eindruck, sie nehmen sie mit einer Gleichgültigkeit auf, die ihn fast zur Verzweiflung bringt, und sagen zuletzt: »Das verstehen wir nicht.« Manche schützen schlechtes Gedächtnis vor:

»Wenn wir von anderen Dingen sprechen hören, so merken wir es uns. Aber wenn du von Dingen redest, die viel wunderbarer sind als alles, was wir je gehört haben, so begreifen wir nicht, was du meinst, und die Gedanken laufen uns davon.«

Dennoch schreibt er im Bemühen, ihnen gerecht zu werden: »Die freundliche und ehrerbietige Behandlung, die mir von diesen und vielen anderen heidnischen Stämmen in Zentralafrika stets zuteil wurde, und die aufmerksamen Beobachtungen vieler Jahre haben mich zu der Ansicht gebracht, daß jemand, der sich zu ihrem Besten abmüht, nie schlecht von ihnen behandelt wird. Man mag vielleicht seiner Lehre feind sein, aber niemals dem, der die Lehre bringt.«

Allerdings muß man sich diese Freundlichkeit und Ehrerbietung erst verdienen: »Obwohl die Makololo so zutraulich waren, darf der Leser doch nicht denken, daß sie gegen jeden anderen Besucher sich ebenso verhalten würden. Meinen Einfluß verdankte ich zum großen Teil meinem guten Ruf, der von den Bakwena ausging und den ich mir durch ein anhaltend gutes Benehmen sicherte. Niemand gewinnt hierzulande Einfluß, wenn er nicht rein und aufrichtig ist. Das Verhalten Fremder wird von jung und alt scharf kritisiert, und selbst Heiden fällen selten ein ungerechtes und liebloses Urteil. Ich habe Frauen mit Bewunderung von einem Weißen reden hören, weil er rein war und sich nichts Unmoralisches zuschulden kommen ließ. Wäre dies der Fall gewesen, so hätten sie es erfahren und ihn verachtet. Geheime Laster werden unter dem ganzen Stamm bekannt. Mag einer, der mit der Sprache nicht vertraut ist, vielleicht glauben, seine kleinen Sünden blieben verborgen, so werden diese doch ebenso schnell ruchbar, als wenn man in London ein Plakat auf dem Rücken trüge.«

Von Arabern aus Sansibar, die Livingstone unterwegs traf, hat er gehört, sie seien auf ihren Reisen von der Ostküste ins Landesinnere durch friedliche Gebiete gekommen, wo ihn die Häuptlinge sicherlich ungehindert durchlassen würden. Sie erzählen auch von einem großen See Tanganjenka oder Tanganjika, dessen Südende man auf dem Weg zur Küste mit Kähnen überqueren müsse. Livingstone vermutet in diesem See die Wasserscheide zwischen den Stromgebieten des Sambesi und des Nil, so wie er den Dilolosee als Wasserscheide zwischen Sambesi und

Kongo erkannt hat. In seinem Reisebericht erörtert er diese Frage wiederholt und legt seitenlang seine Beobachtungen und Schlußfolgerungen dar. Immer mehr beschäftigt ihn das rätselvolle, schwer entwirrbare Flußsystem Zentralafrikas.

Trotz allem zögert er, für die Weiterreise den Landweg nach Sansibar zu wählen; er würde lieber einen Wasserweg erschließen und den Liambai oder Sambesi abwärts fahren. Die Makololo, die den Sambesi stromab bis an die Einmündung des Kafue kennen, weil sie früher dort gewohnt haben, raten ihm zu dem Wasserweg. Allerdings sind dabei zwei große Hindernisse zu überwinden: zu Wasser die gewaltigen Fälle des Sambesi, von denen Livingstone schon oft gehört hat, und am Ufer die Tsetsefliege, die die Südseite an vielen Stellen für die Ochsen unpassierbar macht; am Nordufer kann man überhaupt nicht reisen, weil es felsig und zerklüftet ist. Livingstone sieht noch eine dritte Schwierigkeit: Fährt er den Sambesi hinunter, so kommt er durch das Gebiet der Batoka, die in seinen Makololo alte Feinde sehen werden. Dennoch entscheidet er sich schließlich für die Kahnfahrt, weil ihm der Wasserweg für die Zukunft mehr zu versprechen scheint.

Sekeletu hat die ganze Zeit für seinen weißen Freund ebenso großzügig gesorgt wie einst sein Vater Sebituane. Er hat täglich einige Kühe für ihn und seine Gefährten melken lassen, und wenn er auf die Jagd ging und tagelang wegblieb, ließ er Ochsen für sie schlachten. Jetzt bestimmt er zwei Makololo, Sekwebu und Kanjatta, zu Anführern der Männer, die Livingstone an die Ostküste begleiten sollen. Sekwebu war als kleiner Junge von den Matabele gefangengenommen worden und mit ihnen gewandert. Er kennt beide Ufer des Sambesi bis hinunter nach Tete und auch die Dialekte, die in diesen Gegenden gesprochen werden. Livingstone nennt ihn »einen klugen Mann von gesundem Urteil«.

Mosi oa tunja – Donnernder Rauch. Am 3. November 1855 verläßt Livingstone mit seinen neuen Gefährten Linjanti. Zweieinhalb Wochen geleitet Sekeletu mit etwa zweihundert Mann die Expedition, die in dieser Zeit völlig auf seine Kosten reist. Überall weiden Rinderherden, die ihm gehören und aus denen er nach Bedarf Schlachtvieh nimmt.

Zwischen Linjanti am Tschobe und Sescheke am Sambesi erstreckt sich ein von der Tsetse verseuchtes Gebiet. Darum geht der größere Teil der Gesellschaft am Tag zu Fuß voraus, um das Nachtlager zu bereiten. Sekeletu und Livingstone warten mit ungefähr vierzig Mann, bis es völlig dunkel geworden ist, und reiten dann der Vorhut nach. Schwere Regengüsse rauschen herab, die grellen Blitze eines Tropengewitters blenden die Reiter, ohrenbetäubend krachen die Donnerschläge. Zwischen den Blitzen ist es stockfinster. »Nach dem ungemein heißen Tag froren wir bald heftig und ritten endlich auf ein Feuer zu, das wir in der Ferne sahen. Unsere Leute hatten es angezündet... Da meine Kleider vorausgeschickt worden waren, lag ich auf dem kalten Erdboden und erwartete eine elende Nacht, aber Sekeletu deckte mich freundlich mit seiner eigenen Decke zu und blieb selbst ungeschützt liegen. Diese Güte rührte mich ungemein...

In Sescheke versah mich Sekeletu mit zwölf Ochsen – drei davon waren Reittiere – sowie mit Hacken und Perlen, für die ich mir einen Kahn kaufen konnte, wenn wir jenseits der Fälle an den Sambesi kämen. Er gab uns auch reichlich gute, frische Butter und Honig mit und tat überhaupt alles, was in seiner Macht stand, um mich für die Reise gut zu versorgen. Ich war ganz und gar von seinem Edelmut abhängig, denn die Waren, die ich ursprünglich vom Kap mitgenommen hatte, waren auf der Reise von Linjanti nach der Westküste alle verbraucht worden. Dort hatte ich zwar siebzig Pfund Sterling von meinem Gehalt genommen, hatte damit meine Leute bezahlt und Waren für die Rückreise nach Linjanti gekauft, aber auch diese Waren hatte ich verbraucht, und so statteten mich die Makololo wiederum aus und sandten mich nach der Ostküste. Ich war also bei meinen Reisen von Linjanti erst nach der West- und dann nach der Ostküste gänzlich auf ihre und anderer Afrikaner Großmut angewiesen und bin ihnen sehr dankbar für alles, was sie für mich taten. Geld wäre wertlos gewesen, denn Gold und Silber sind hier ganz unbekannt.« Er reist ja noch nicht im Auftrag und auf Kosten seiner Regierung, wie auf seiner nächsten Expedition, sondern aus eigenem Antrieb und eigenen Mitteln, wenn auch mit einer gewissen Rückendeckung durch die Königliche Geographische Gesellschaft, die er über seine Forschungen auf dem laufenden hält, soweit das unterwegs möglich ist.

Schon von Sebituane hatte er die Frage gehört: »Habt ihr auch tosenden Rauch in eurem Land?« Erst nach und nach hatte er verstanden, daß der Häuptling damit Wasserfälle von gewaltigen Ausmaßen meinte, die der Sambesi unterhalb der Tschobemündung bildet. Die Makololo wagten sich nicht an sie heran und nannten sie nach dem, was sie davon hörten und sahen, »mosi oa tunja«, das heißt Tosender Rauch oder Donnernder Rauch.

Eigentlich wollte Sekeletu mit zu den Fällen fahren; da aber statt der bestellten zwei Kähne nur einer gebracht worden ist, verzichtet er und wartet auf einer Insel Livingstones Rückkehr ab, der zunächst den tiefen und breiten Sambesi abwärts fährt. »Nach zwanzig Minuten Fahrt erblickten wir zum erstenmal die Rauchsäulen, die in einer Entfernung von fünf bis sechs Meilen aufstiegen, gerade als würden dort große Grasflächen abbrennen. Es erhoben sich fünf Säulen, die sich oben mit den Wolken zu vermischen schienen. Unten waren sie weiß, weiter oben aber wurden sie so dunkel, daß sie fast wie Rauch aussahen. Die ganze Landschaft war außerordentlich schön. Die Ufer und die über den Fluß verstreuten Inseln sind mit Waldbäumen der verschiedensten Farbe und Gestalt geschmückt. Mehrere Baumarten blühten.«

Eine halbe Meile vor den Fällen steigt Livingstone in einen leichteren Kahn um, den Leute rudern, die mit den Fällen genau bekannt sind. Bisher ist die Wasserfläche glatt gewesen und der Einbaum ruhig auf der klaren Flut dahingeglitten. Die Ruderer halten sich in der Mitte des Stromes und steuern eine unmittelbar an der Fallkante gelegene Insel an. Es ist ein unheimliches Gefühl, sich schnell und immer schneller dem donnernden Abgrund zu nähern, denn je mehr sich die Entfernung verkürzt, um so eiliger und ungestümer drängen die Fluten vorwärts. Das Wasser beginnt zu wallen und um herausstarrende Felsen und angetriebene Baumstämme zu wirbeln. Der vorderste Ruderer ruft dem Steuermann zu, damit dieser den Hindernissen rechtzeitig ausweicht. Das geringste Versehen würde den Kahn zum Kentern und den Insassen den sicheren Tod bringen. Bei Hochwasser könnte man die Fahrt überhaupt nicht wagen; dann sind zwar die Stromschnellen überflutet, aber die Strömung ist so übermächtig, daß man die Insel, wenn man sie schon erreichen würde, vor dem nächsten Niedrigwasser nicht mehr verlassen könnte. Auch jetzt besteht die Gefahr, von der Strömung beiderseits der Insel in den tosenden Abgrund mitgerissen zu werden. Doch die Ruderer legen an, und Livingstone steigt an Land. Hier ist er nur wenige Schritte von der Felskante entfernt, über die die Wassermassen in gewaltiger Breite, jedoch durch Felsvorsprünge geteilt, in die Tiefe stürzen. Er kann nicht sehen, wohin sie eigentlich fallen; sie scheinen sich in einer Felsspalte zu verlieren, deren gegenüberliegender Rand nach seiner Schätzung nur etwa achtzig Fuß entfernt ist. Um das Rätsel zu lösen, kriecht er bis an das äußerste Ende der Insel und erblickt nun unter sich eine langgestreckte Felsspalte, in die das Wasser an die hundert Fuß tief – so schätzt er – hinabstürzt. (Der Sambesi fällt, mehrfach geteilt, in einer Gesamtbreite von 1808 Metern 119 m tief in eine nur vierzig bis hundért Meter breite Spalte im Basalt, die sich noch fünfzig Kilometer landeinwärts fortsetzt.) Mit dem Auge kann man den schmalen, tiefen Felsenriß noch einige Meilen weit verfolgen, bis er scharf seitwärts abbiegt. Auf seinem Boden, zwischen den senkrechten Wänden, tost und kocht der mächtige, hier in einen engen Graben gezwängte Strom.

»Es war der herrlichste Anblick, den ich je in Afrika gehabt habe. Schaut man rechts von der Insel in den Spalt hinunter, so sieht man nichts als eine dichte weiße Wolke, auf der sich, als wir dort waren, zwei leuchtende Regenbogen zeigten. Aus dieser Wolke hob sich eine zwei- bis dreihundert Fuß hohe Dunstsäule, die oben die Farbe von dunklem Rauch annahm und als ein dichter Regen herunterfiel, der uns bald bis auf die Haut durchnäßte.« Links von der Insel sieht man das Wasser in der Tiefe schäumen – eine weiße Gischtmasse, die nach links in die Verlängerung des Felsenspaltes abströmt.

Als Entdecker dieses gewaltigen Naturwunders gibt Livingstone ihm den Namen der englischen Königin Victoria.

Nach der Insel zurückgekehrt, wo Sekeletu und seine Mannschaft auf ihn warten, erzählt er von dem großartigen Anblick. Nun möchte auch der Häuptling den Donnernden Rauch sehen, und am nächsten Tag fahren sie doch noch gemeinsam hin. Der immer feuchte, grasbewachsene Boden der Insel am Abgrund bringt Livingstone auf den Gedanken, hier Obstbäume zu pflanzen, und er steckt ungefähr hundert Pfirsich- und Aprikosenkerne und eine Anzahl Kaffeebohnen. Leider entdeckt er in der Nähe Flußpferdspuren, so daß die Hoffnung auf ein Gedeihen gering ist.

»Nachdem ich mit den Vorbereitungen zum Garten fertig war, schnitt ich die Anfangsbuchstaben meines Namens und die Jahreszahl 1855 in einen Baumstamm. Es war das einzige Mal, daß ich einer solchen Eitelkeit nachgab.«
Unweit der Stelle, wo Livingstone einst den Donnernden Rauch bewunderte, steht heute sein Denkmal, eine schlichte Bronzestatue. Im Jahre 1905 wurde in der Nähe eine Stadt gegründet, die Livingstones Namen erhielt; bis 1935 war sie die Hauptstadt von Nordrhodesien (heute Sambia).

Von den Victoriafällen zum Indischen Ozean. Am 20. November verabschiedet sich Sekeletu von Livingstone und gibt ihm noch hundertvierzehn Männer mit, die Elfenbein bis an die Küste befördern sollen. Dort will Livingstone es verkaufen und vom Erlös Waren für den Häuptling einkaufen. Die Träger gehören unterworfenen Stämmen an. Die Verpflegung der großen Reisegesellschaft ist, solange sie durch das Makololoreich zieht, gesichert: Auf Sekeletus Befehl haben seine Untertanen den Tribut an Mais und Erdnüssen, den sie sonst nach Linjanti bringen müßten, der Expedition zu liefern.

Diese umgeht die Victoriafälle und die Stromschnellen des Sambesi und kommt Ende November aus den Wäldern in ein sanft gewelltes, sehr schönes, aber unbewohntes Grasland. Es bildet den Grenzstreifen zwischen dem jetzigen Herrschaftsgebiet der Makololo und ihren früheren Wohnsitzen. Das menschenleere Land ist ein Großwildparadies geworden. Von Zeit zu Zeit kommt man an den Ruinen großer Ansiedlungen vorüber, wo Mahlsteine und als Stößel dienende Quarzkugeln umherliegen – ein Zeichen, daß Krieg die Entvölkerung bewirkt hat, andernfalls hätten die Bewohner diese Kugeln mitgenommen.

Vor dem ersten bewohnten Dorf läßt Livingstone halten. Er befürchtet, daß die einheimischen Batoka seine Makololo als Feinde betrachten und behandeln werden, und schickt daher zwei Männer voraus. »Sie sollten sagen, wer wir seien und daß wir in friedlicher Absicht kämen. Der Ortsvorsteher erschien und sprach höflich mit uns. Als es aber dunkel wurde, kamen Leute aus einem anderen Dorf und benahmen sich ganz anders. Es fing damit an, daß sie einen Mann von uns, der Wasser holen gegangen war, mit einem Speer zu töten versuchten. Dann näherten sie sich uns, und einer von ihnen brüllte laut auf schrecklichste Weise; seine Augen traten aus den Höhlen, sein Mund bedeckte sich mit Schaum, und er zitterte am ganzen Leibe. Er trat nahe an mich heran, eine kleine Streitaxt in der Hand. Meine Leute fürchteten, er wolle mir Gewalt antun; aber sie mochten nicht ungehorsam sein, sonst hätten sie ihn gewiß zu Boden gestreckt. Auch ich wurde etwas ängstlich, wollte es aber meinen Leuten und dem Angreifer nicht zeigen und richtete meinen Blick scharf auf die Streitaxt. Der Mann schien in einem Zustand von Ekstase oder prophetischem Wahnsinn zu sein. Es wäre traurig gewesen, so aus der Welt zu scheiden, den Kopf von einem tollen Wilden gespalten ... Sekwebu ergriff einen Speer und tat, als wollte er damit ein Stück Leder durchbohren, in Wahrheit aber beabsichtigte er den Mann zu töten, falls er mir etwas zuleide täte. Nachdem ich meinen Mut genügend bewiesen hatte, nickte ich dem höflichen Ortsvorsteher zu, er möge den tollen Kerl fortschaffen. Er tat es auch und schleppte ihn beiseite. Ich hätte dem Mann gern den Puls gefühlt, um festzustellen, ob das heftige Zittern nicht Verstellung war, ich mochte indessen seiner Axt nicht wieder zu nahe kommen ... Die Zuletztgekommenen äußerten ohne Scheu ihre Verachtung für uns; triumphierend riefen sie einander zu: ›Das ist ja ein gefundenes Fressen für uns! Sie sind verloren, sie gehen ihrer Vernichtung entgegen, denn was können sie ohne Schilde gegen eine solche Übermacht ausrichten?‹ Man hielt uns für unbewaffnet und betrachtete uns als leichte Beute.

Um gegen einen Nachtangriff gewappnet zu sein, luden wir unsere Flinten. Wir wurden zwar nicht belästigt, doch versuchten einige der Feinde, uns zu einem Stamm zu führen, der dem Vernehmen nach der wildeste in der ganzen Gegend war. Da wir aber die Marschrichtung zum Kafue und zum Sambesi kannten, lehnten wir ihre Hilfe ab, und nur der höfliche Ortsvorsteher vom Abend vorher begleitete uns. Im Wald umschwärmten uns Scharen von Eingeborenen, er aber ging uns voraus und sprach mit ihnen, so daß wir nicht behelligt wurden.«

Als die Expedition die Grenzdörfer hinter sich gelassen hat, gelangt sie in friedliche Gegenden, wo ihr die Dorfbewohner in Menge entgegenkommen und Mais als Geschenk mitbringen. Die Botschaft, die der weiße Mann verkündet – »Friede auf Erden und den Menschen ein Wohlgefallen« –, hören die Batoka, die von den Makololo und den Matabele ausgeplündert und vertrieben worden sind, gern. Sie beziehen sie auf die gegenwärtigen Zustände in ihrem Land! Die Raubzüge fremder Stämme sollen also nun aufhören! Dann laßt uns fleißig unser Land bebauen, denn wir werden in Frieden essen und schlafen. Sie verstehen und billigen Livingstones Absicht, dem Handel einen Weg zu öffnen, damit sie europäische Waren für Elfenbein bekommen und nicht mehr ihre Kinder zu verkaufen brauchen.

Wenn man seine Schilderung der Durchquerung Afrikas liest, scheint es einem manchmal, als habe er seinen Missionsauftrag vergessen, denn Landschaftseindrücke und zoologische, botanische, geologische, völkerkundliche Beobachtungen nehmen immer mehr Raum ein. Ausführlich werden Lebensformen und Jagdbräuche, Haartrachten und Schmuck der verschiedenen Völkerschaften und Stämme beschrieben. Nur hin und wieder erinnert eine kurze Bemerkung daran, daß Livingstone noch immer den Sonntag heiligt und den Afrikanern in Predigt und Gespräch das Evangelium zu verkünden trachtet. Der Mißerfolg seiner Bekehrungsversuche in Kolobeng und Linjanti hat ihn zu einer neuen Auffassung von der Missionsarbeit geführt. Er sieht nicht mehr die Bekehrung einzelner als vordringlich an, sondern die möglichst weite Verbreitung einer besseren, humanen Gesinnung und die Unterbindung der ewigen Stammesfehden und Raubzüge, vor allem aber die Ausrottung des Menschenraubs und Sklavenhandels. Erst müssen die Afrikaner menschenwürdig und in Frieden leben, dann kann man sie zu Christen machen.

Allerdings scheint er zu befürchten, daß seine Missionsgesellschaft sich dieser Ansicht nicht ohne weiteres anschließen wird; darum legt er den Direktoren in einem langen Schreiben, das er noch während seines Aufenthalts in Linjanti aufgesetzt hat, seinen Standpunkt dar und begründet ihn ausführlich.

Schon in Kolobeng hat er sich an der Nacktheit der Einheimischen gestoßen. Auch bei den Batoka ärgert ihn, daß die Frauen nur spärlich bekleidet und die Männer ganz nackt gehen, und zwar »ohne das mindeste Schamgefühl; sie scheinen selbst die Tradition vom Feigenblatt verloren zu haben. Ich fragte einen schön gebauten alten Mann, ob es nicht besser sei, sich zu bekleiden. Er sah mich mitleidig an und lachte überrascht darüber, daß ich ihn für unanständig hielt; er glaubte sich über solche Schwächen erhaben. Ich sagte ihm, wenn ich wiederkäme, würde ich meine Familie mitbringen; dann dürfe niemand in sol-

chem Zustand erscheinen. – ›Was sollen wir denn anziehen? Wir haben keine Kleider!‹ – Sie hielten es für lächerlich, als ich ihnen sagte, wenn sie nichts anderes hätten, sollten sie ein Grasbüschel nehmen.« Hat er erwartet, daß diese naturverbundenen Menschen seinen Vorschlag ernst nehmen? Ein andermal verzichtet er darauf, sich umzukleiden, nur weil er merkt, daß sich ein paar Frauen versteckt haben, um ihn dabei zu beobachten. In seinen Anstandsbegriffen, seiner Prüderie ist er ganz Kind seiner Zeit, in der bereits der Anblick einer bestrumpften Damenwade einem gesitteten Europäer Herzklopfen verursachte.

Der Kafue, ein nördlicher breiter Nebenfluß des mittleren Sambesi, wird in Kähnen überquert. Am linken Ufer geht die Reise weiter, dem Sambesi zu. Zwischen den Hügeln, die das Flußtal begleiten, liegen zahlreiche kleine Dörfer versteckt, von Feldern und Gärten umgeben. Dennoch lebt die Expedition überwiegend vom Fleisch erlegter Flußpferde, Büffel und Elefanten, denn: »Die Ebene unter uns, links vom Kafue, war reicher an Großwild als irgendein Teil Afrikas, den ich bisher gesehen hatte. Hunderte von Büffeln und Zebras grasten auf den Lichtungen, und majestätische Elefanten weideten hier, scheinbar nur den Rüssel bewegend. Ich wünschte, ich hätte eine Gegend, wie man sie so selten sieht und die von der Erde verschwinden wird, je mehr Flinten ins Land kommen, fotografisch aufnehmen können.« Die Elefanten bleiben ohne Furcht nahe am Wege stehen und fächeln sorglos mit ihren großen Ohren. »Als wir uns dem Sambesi näherten. war das Land mit dichtstehenden, breitblättrigen Büschen bedeckt, und wir mußten mehrmals Lärm machen, damit die Elefanten aus dem Wege gingen. An einer offenen Stelle kam eine Herde Büffel angetrabt, um unsere Ochsen zu sehen, und sie zogen erst ab, als ich einen geschossen hatte.«

Die Einheimischen, die auf den Hügeln wohnen, haben keine Flinten, sie stören das Wild nur selten. Aber wenn Livingstone mit dem Gewehr oder seine Leute mit ihren Wurfspeeren einen Elefanten erlegt haben, dann eilen die Bewohner der umliegenden Dörfer in Menge herbei, um an dem Schmaus teilzunehmen.

Bei einer Elefantenjagd mit Speeren geht es barbarisch zu. Wenn jeder der siebzig, achtzig Jäger mehrere Speere geworfen hat, sieht der Getroffene wie ein riesiges Stachelschwein aus; und doch reichen oft all die blutenden Wunden nicht aus, ihn zu töten. Dann rufen die Männer doch noch nach Livingstone, da-

mit er dem Tier den Fangschuß gibt. Noch barbarischer sieht es aus, wenn sie dann die Beute ausweiden und zerlegen. Bluttriefend, fettbeschmiert steigen sie auf dem gewaltigen Fleischberg herum, manche ernst und stumm, andere lachend, schreiend, streitend, aber jeder bestrebt, sich möglichst viel davon abzusäbeln. Wenn Livingstone sie so sieht, sind sie ihm sehr fremd, und er wird sich schmerzlich der Einsamkeit bewußt, die ihn auf dieser Reise umgibt, obwohl er immer unter Menschen ist. Die Gedanken an seine Lieben und an seine Freunde in der Heimat kann er nur in langen Briefen äußern, die eines fernen Tages ihren Weg übers Meer nehmen sollen. An Büchern hat er nur einen nautischen Almanach und die Bibel bei sich. »Letztere war ja meine hauptsächliche Hilfsquelle; aber ich empfinde das Fehlen anderer geistiger Nahrung sehr.« Solche Geständnisse enthält nur das handgeschriebene Reisetagebuch, in dem gedruckten, für die Öffentlichkeit bestimmten Reisewerk fehlen sie.

Livingstones Reisetechnik hat sich durch Erfahrung vervollkommnet. Auf dem Marsch zur Westküste hatte er dem Regen getrotzt und war ständig durchweicht. Jetzt läßt er jedesmal haltmachen, wenn ein Unwetter naht. Die Leute machen sich schnell ein Dach aus Gras, und er setzt sich auf seinen Feldstuhl und spannt den Regenschirm auf. Außerdem werden beizeiten große Feuer angezündet, an denen man sich wärmt, wenn das Unwetter vorüber ist. Infolge dieser Maßnahmen und der gleichmäßigeren Kost kommen jetzt weit weniger Krankheitsfälle vor als damals. »Als wir nach Luanda gingen, nahm ich fast keine europäische Verpflegung mit, um meine Leute nicht zu sehr zu belasten und ihnen dadurch den Mut zu nehmen; ich verließ mich ganz auf die Ausbeute meines Gewehrs und die Freigebigkeit der Balunda. Auf der jetzigen Reise dagegen hatte ich etwas Mehl mit und buk mein Brot unterwegs in einem behelfsmäßigen Backofen, der aus einem umgestürzten Topf bestand. Bei dieser Vorsicht, zu der noch das gesündere Klima kam, befand ich mich außerordentlich wohl.«

Die vielen Wasservögel, die man jetzt bemerkt, lassen erkennen, daß es bis zum Sambesi nicht mehr weit ist. Endlich erglänzt vor den Männern die herrlich breite, schnell dahinströmende, mit Inseln durchsetzte Wasserfläche. Einen Weg unmittelbar am Ufer gibt es nicht; die Kolonne kann in dem üppig wuchernden Gebüsch nur den Trampelpfaden des Wildes folgen.

In den Dörfern wohnen friedliche Bauern und Gärtner. Überall werden der Expedition bereitwillig Leute mitgegeben, die sie auf den gangbarsten Pfaden bis ins nächste Dorf bringen. Die Ortsvorsteher sind freundlich und freigebig, sie bringen stets von selbst Korn und andere Lebensmittel. Einer gibt eine Schüssel voll Reis, den er »das Korn des weißen Mannes« nennt. Es ist der erste Reis, den Livingstone in diesem Lande sieht, und er möchte gern mehr davon haben. Die Antwort auf seinen Wunsch läßt ihn aufhorchen: Der Mann verlangt einen Sklaven dafür. Dieses erste Anzeichen des Sklavenhandels im Ostteil Südafrikas ist sehr unerfreulich, denn vermutlich wird man bald das gleiche erleben wie auf dem Marsch zur Westküste: daß der Sklavenhandel die friedfertigen und gastfreundlichen Einheimischen verdorben hat.

Eines Tages zieht die Expedition in ein Dorf ein, das fast ausgestorben scheint; alle Frauen und Mädchen sind geflohen, und die wenigen Männer, die dageblieben sind, verhalten sich furchtsam. Bald trifft eine Schar bewaffneter Krieger eines Nachbarstammes ein. Was hat das alles zu bedeuten?

Allmählich erfährt Livingstone, daß vor einiger Zeit ein Europäer – ein Italiener, wie sich später herausstellt – mit zwanzig bewaffneten Sklaven den Sambesi aufwärts gefahren ist und von mehreren bewohnten Inseln Gefangene und Elfenbein fortgeschleppt hat. Als er ein zweites Mal kam, verbündeten sich die Häuptlinge gegen ihn, jagten mit ihren Leuten seine Bande auseinander und töteten ihn selbst, als er zu Fuß flüchtete. Vor kurzem war nun in dem Dorf bekannt geworden, daß abermals ein Europäer mit zahlreichen afrikanischen Begleitern nahe, und natürlich trafen die Dorfbewohner schleunigst Vorsichtsmaßnahmen. Durch einen Boten riefen sie aus der Nachbarschaft Verstärkung herbei.

Der Anführer der Hilfstruppe trägt eine Flinte; es ist die erste, die Livingstone auf der Reise zur Ostküste bei einem Einheimischen sieht. Er erklärt den Leuten seine Absichten. Sie können beruhigt wieder nach Hause gehen. Als er später in ihrem Dorf anlangt, wird er zwar mit Mehl und Getreide beschenkt, doch bleiben die Bewohner mißtrauisch: Sie besuchen die Expedition nur in größeren Trupps und in voller Bewaffnung.

In den Dörfern begegnet man noch mehrmals befreiten Gefangenen des getöteten italienischen Sklavenhändlers. Sekwebu erkennt sie als Matabele. Er benimmt sich in dieser Gegend sehr vorsichtig, denn er hat, wenn auch vor langer Zeit, an Raubzü-

gen Sebituanes teilgenommen, die dem Vieh der Einheimischen galten. Wenn er Livingstone davon erzählt, spricht er leise, damit die beiden Führer es nicht hören sollen. Trotzdem trauen diese den Fremden nicht und halten sie für Portugiesen, die sich nur verstellen. Zueinander sagen sie: »Sie haben Worte des Friedens, sehr schöne Worte, aber es sind nur Lügen, denn die Bazunga sind große Lügner.« Bazunga werden die Portugiesen genannt. Die Führer sprechen ganz ungehemmt, weil sie glauben, die Fremden verstünden ihre Sprache nicht, doch dem klugen Makololo entgeht kein Wort, und gelegentlich versichert er ihnen, Livingstone sei wirklich kein Bazunga, sondern ein Makoa, das heißt Engländer.

Ohne Zwischenfälle erreicht die Expedition die Einmündung des Luangwa in den Sambesi. Das ist wieder eine gefährliche Stelle, denn hier muß übergesetzt werden, und um das Lager der Expedition versammeln sich bewaffnete Einheimische in großer Zahl. Frauen und Kinder, die sich aus Neugier nähern, werden von den Kriegern fortgeschickt. Obwohl drei Kähne am Ufer angebunden liegen, bekommt Livingstone nur einen geliehen. Der Fluß ist wohl eine halbe Meile breit. Eine höchst ungemütliche Lage! Der Forscher läßt zuerst das Expeditionsgut hinüberschaffen, dann das noch übrige Vieh, danach fahren seine Leute über. Er selbst wartet bis zuletzt, von bewaffneten Männern umringt. Um sie zu beschäftigen, zeigt er ihnen seine Uhr, die Lupe und andere Dinge, die ihnen neu sind. Als die Reihe endlich an ihn kommt, dankt er ihnen für ihre Freundlichkeit und wünscht ihnen Frieden. Wahrscheinlich hatten sie gar keine Angriffsabsichten, sondern »wollten nur bereit sein für den Fall, daß ich ihnen einen üblen Streich zu spielen unternähme; denn sie haben allen Grund, den Weißen nicht zu trauen«.

Die Einheimischen behaupten, unterhalb der Luangwamündung hätten früher Bazunga gewohnt, und in der Tat erblickt man an den Ufern des Sambesi mitunter Ruinen steinerner Gebäude, die bereits von Bäumen und Gestrüpp überwuchert sind.

Im allgemeinen verhalten sich die Anwohner des Sambesi hier friedlich und gastfreundlich, nicht so wie auf der Reise nach Westen die habgierigen Tschiboque. Nur noch einmal stellt sich der Expedition ein sehr selbstbewußter Häuptling namens Mpende in den Weg. Schon vor der Begegnung mit ihm haben Einheimische Livingstone geraten, auf das südliche Sambesiufer überzusetzen, da Mpende, der das Nordufer beherrscht, keinem Weißen Durchzug gewähre. Aber aus Furcht vor Mpendes Zorn wagt niemand, den Fremden Kähne zur Überfahrt zu leihen; um welche zu kaufen, hat Livingstone keine Mittel mehr; und so ist er trotz allem gezwungen, dem gefürchteten Häuptling die Stirn zu bieten.

Mpende ist natürlich durch Späher längst vom Herannahen der Expedition unterrichtet. Die Boten, die Livingstone in sein Dorf schickt, werden verhöhnt; statt ihnen Getreide oder Mehl zu geben, worum sie gebeten haben, schüttet man ihnen Spreu vor. Das Lager der Expedition umschwärmen ständig Mpendes Krieger.

Was soll Livingstone tun? Weitermarschieren – das könnte als Angriff ausgelegt werden; zurückweichen – das sähe nach Furcht aus. Er beschließt abzuwarten und macht sich vorsichtshalber auf einen Angriff gefaßt. Seine Gefährten freuen sich auf ein Scharmützel; sie hoffen, Gefangene zu machen, die ihnen dann das Elfenbein tragen müßten; auch Korn und neue Kleidung könnte man erbeuten. Ihnen hängt die Kleidung in Fetzen am Leibe; es kränkt sie, daß sie von den Anwohnern des Sambesi mit verächtlichen Blicken betrachtet werden. Und schließlich geben sie Livingstone zu verstehen, daß er ihnen Mpendes Frauen überlassen müsse. Die Rauf- und Raublust ist in ihnen erwacht. Livingstone läßt einen Ochsen schlachten. Das gefällt ihnen, denn genauso pflegte es Sebituane vor einem Kampf zu machen. Schnell wird das Fleisch gebraten. Die Männer sind in bester Stimmung.

Dann und wann tauchen Kundschafter Mpendes auf. Man ruft sie an, doch sie antworten nicht. Endlich gelingt es Livingstone dennoch, durch zwei von ihnen dem Häuptling ein Stück von dem geschlachteten Ochsen zu schicken. Und mit zwei alten Männern kommt er sogar ins Gespräch. Er sucht ihnen klarzumachen, daß er nicht zu den Bazunga, den Portugiesen, sondern zu den Makoa, den Engländern, gehöre. Von einem »weißen Stamm, der es gut mit den schwarzen Menschen meint«, haben die beiden schon vernommen. Nun, und diesem »befreundeten Stamm« gehöre auch er an, versichert Livingstone. So treibt er, natürlich ohne sich dessen im geringsten bewußt zu sein, britische Kolonialpropaganda!

Später erfährt Livingstone, daß die zwei Alten bei Mpende für

ihn eingetreten sind und daß der Häuptling ihn daraufhin ungehindert weiterziehen lassen will. Er bedauert sogar, den weißen
Mann so unfreundlich empfangen zu haben, und ist ihm behilf-
lich, soweit es in seiner Macht steht. Der Abmarsch aus seinem
Dorf spielt sich ganz anders ab als die Ankunft. Zum Dank
schickt Livingstone dem neugewonnenen Freund einen seiner
zwei letzten Löffel und ein Hemd – mehr hat er nicht zu verschenken. Es wird Zeit, daß er ans Ziel kommt, denn es ist ihm
peinlich, so schäbige Geschenke zu machen, besonders wenn die
Beschenkten ihm gegenüber freigebig waren. »Die Höflichkeit,
mit der fast alle Stämme im Innern, wo sie noch keine Berührung
mit Europäern haben, Lebensmittel geben, erleichtert einem die
Annahme des Geschenkes. Immer und immer wieder entschul-
digten sie sich, daß ihre Gabe so unbedeutend sei, und bedauer-
ten, daß sie meine Ankunft nicht zeitig genug erfahren hätten,
um Korn zu mahlen. Mit unserer Erklärung, wir könnten ihnen
nichts dafür geben, waren sie zufrieden; sie wüßten ja, sagten sie,
daß die Waren des weißen Mannes nicht im Landesinnern zu
finden seien. Wenn ich konnte, gab ich ihnen stets etwas Nützli-
ches. Schinte und anderen machte ich Geschenke, von denen
mich jedes zwei Pfund Sterling kostete. Wie Reisende drei
Knöpfe oder eine andere Lumperei geben können, während sie
Überfluß an besseren Dingen haben, kann ich nicht begreifen.
Wenn sie dies auch noch in ihren Büchern erwähnen, so müssen
sie gar nicht wissen, daß sie damit die englische Ehre kompromit-
tieren. Die Afrikaner schämen sich fast, eine solche Gabe anzunehmen. Man sieht, wie Frauen sie schnell ihren Begleitern geben und dann fortgehen und lachen, bis ihnen die Tränen in den
Augen stehen. ›Ist das ein weißer Mann?‹ sagen sie. ›Solche
Knicker gibt es also unter ihnen? Manche von ihnen haben gar
kein Herz.‹ Ein weißer Händler, der einem Häuptling eine uralte
Flinte geschenkt hatte, gab Anlaß zur Entstehung der Redens-
art: ›Der weiße Mann, der eine Flinte schenkte, die neu war, als
sein Großvater an seiner Urgroßmutter saugte.‹ Wenn eine derartige Schäbigkeit sich wiederholt, glauben die Eingeborenen,
solche unverständigen Menschen an ihre Anstandspflicht erin-
nern zu müssen; sie sagen ihnen daher, was sie geben sollen – und
dann klagen die Reisenden über schamloses Betteln!«

Daß Mpende seine Einstellung geändert hat, ist von großem
Vorteil. Da er weithin bekannt und sehr angesehen ist, werden

sich die nächsten Dorfvorsteher und Häuptlinge in ihrem Verhalten nach ihm richten. Die Makololo sind zwar enttäuscht, daß sie nun leer ausgehen; doch Livingstone merkt, daß er in ihrer Achtung noch gestiegen ist.

Die Ufer des unteren Sambesi sind so dicht bevölkert, daß es schwer ist, trockenes Holz für das Lagerfeuer zu finden. Auch mit der Jagd steht es schlecht, sie ist hier nicht mehr frei, sondern durch verwickelte und strenge Gesetze geregelt. In den Pflanzungen richten die Elefanten viel Schaden an, und mehrfach wird Livingstone von Dorfbewohnern gebeten, die Tiere abzuschießen. Er ist immer froh, wenn die Elefanten von selbst das Feld räumen, dadurch kommt er wenigstens nicht mit den Jagdgesetzen in Konflikt.

Der Sambesi ist jetzt schwierig zu befahren, er führt Hochwasser, und auf der Flut treiben entwurzelte Bäume. Livingstone entschließt sich daher, den Strom zu verlassen und sich landeinwärts zu wenden. Er wird diesen Entschluß später bereuen, denn als er in Tete, der ersten portugiesischen Niederlassung, wieder an den Sambesi kommt, hört er von den Kebrabasa-Stromschnellen, die sich gerade in der Flußstrecke befinden, die er nicht befahren hat und deshalb hinsichtlich der Schiffbarkeit nicht beurteilen kann.

Wochenlang geht es nun in kurzen Tagesmärschen über Land weiter. Infolge der Hitze kann man nicht mehr als zehn bis zwölf Meilen täglich zurücklegen. Der Weg verlängert sich noch beträchtlich, weil Livingstone die Dörfer nach Möglichkeit umgeht, um das gegenseitige Beschenken zu vermeiden – er hat nichts mehr zu geben – und um sich nicht Erpressungen auszusetzen.

Endlich nähert man sich Tete, und die Männer gratulieren sich schon. Da sehen sie sich eines Morgens von einem Trupp Einheimischer verfolgt, die ihnen drohen, es dem Häuptling zu melden, daß Fremde ohne Erlaubnis durch das Land ziehen. Gerade dieser Häuptling ist dafür bekannt, daß er alle Durchreisenden, die ihm in die Hände fallen, gehörig rupft. Um nicht noch in letzter Stunde alles, vor allem Sekeletus Elfenbein, aufs Spiel zu setzen und um die Leute zu bewegen, keine Meldung zu erstatten, gibt er ihnen zwei kleine Elefantenzähne.

Am 3. März wird er schon gegen zwei Uhr morgens geweckt.

Zwei portugiesische Offiziere sind mit einem Trupp Soldaten gekommen, um ihn die letzten acht Meilen bis Tete zu geleiten. Sie haben ein »zivilisiertes« Frühstück mitgebracht. »Das Vergnügen, welches mir das Frühstück gewährte, ist nur mit dem Genuß zu vergleichen, den ich nach meiner Ankunft in Luanda in dem Bett bei Gabriel empfand.«

Tete macht den Eindruck eines großen Dorfes, obwohl es gegen viereinhalbtausend Einwohner haben mag, darunter kaum zwanzig Portugiesen. An die dreißig Häuser sind aus Stein erbaut und mit Schilfrohr und Gras gedeckt. Den als Mörtel für die Mauern verwendeten Schlamm hat der Regen herausgewaschen, und die Häuser sehen rauh und vernachlässigt aus. Die Hütten der Afrikaner bestehen aus Zweigen und Lehm. Auf den Uferfelsen des Sambesi erhebt sich ein kleines Fort mit wenigen Geschützen. Die Soldaten bekommen nur einen sehr geringen Sold, sie leben hauptsächlich vom Ertrag der Gärten ihrer einheimischen Frauen. Die Offiziere erhalten nur selten Löhnung ausgezahlt, sie heiraten gern die Töchter oder Witwen reicher Kaufleute, werden dadurch Sklavenbesitzer und treiben nun selber Handel.

Der Kommandant von Tete, ein Major Sicard, ist von Livingstones Plan, Afrika zu durchqueren, bereits durch eine Depesche des britischen Außenministers in Kenntnis gesetzt. Er empfängt den Forscher aufs freundlichste, schenkt dessen Leuten einen reichen Vorrat Hirse und quartiert sie, bis sie sich selbst Hütten gebaut haben, in einem seiner Häuser ein. Livingstone möchte bald nach der Hafenstadt Kilimane weiterreisen, doch Sicard überredet ihn, sich erst ein paar Wochen bei ihm zu erholen, in Kilimane sei in dieser Jahreszeit das Klima höchst ungesund.

Livingstone nimmt die Einladung an und verbringt sieben Wochen in Tete mit Empfängen und Besuchen und mit Ausflügen in die Umgebung – zu den verlassenen Kaffeeplantagen und Goldwäschereien, zu den den Portugiesen zwar bekannten, aber von ihnen nicht genutzten Kohleflözen und heißen Quellen, zu den Überresten einstiger Jesuitenniederlassungen.

Kurz nachdem die Portugiesen sich in Angola festgesetzt hatten, etwa um das Jahr 1500, erschienen sie auch an der Ostküste Tropisch-Afrikas, die unter arabischer Herrschaft stand. Sie eroberten mit der Zeit viele Städte der Araber und hatten sich bis zum Ende des siebzehnten Jahrhunderts fast das ganze Küstengebiet unterworfen. Als aber die Macht des Königreichs Portugal dahinschwand, erhoben sich die Araber mehrmals gegen die europäischen Herren, und nach einer Reihe von Kriegen waren die Portugiesen um 1730 aus den meisten Küstenstädten vertrieben. Nur am unteren Rovuma und Sambesi, in Moçambique also, vermochten sie sich zu halten. Damals waren die Jesuiten eifrige Vorkämpfer der portugiesischen Kolonialherrschaft. Sie drangen ziemlich weit ins Innere vor, predigten und tauften und mischten sich in die inneren Angelegenheiten der einheimischen Stämme ein, um diese zu beherrschen. Sie trieben auch eifrig Handel und beteiligten sich sogar am Sklavengeschäft. Dadurch daß sie sich mehr für Gold und Elfenbein interessierten als für das Seelenheil der »armen Heiden«, machten sie sich bei ihren weltlichen Landsleuten unbeliebt; und als 1759 die Regierung in Lissabon die Jesuiten gewaltsam aus Portugal vertrieb, wurden sie auch in Moçambique von Militär gefangengesetzt und an die Küste transportiert. Die Reichtümer, die sie angesammelt hatten, beschlagnahmte der Staat.

Die militärische Eroberung des Landesinnern mißlang den Portugiesen; ihre Soldaten wurden in großer Zahl von Tropenkrankheiten dahingerafft; viele erlagen, vom Fieber geschwächt, den Waffen einheimischer Krieger.

In Moçambique blüht noch der Sklavenhandel. Obwohl auch hier gesetzlich verboten, wird er in aller Offenheit betrieben, denn vor der Küste von Moçambique patrouillieren keine britischen Kreuzer, die den Export von Sklaven verhindern könnten. Der Sklavenhandel ist aber auch die Ursache des Verfalls, den Livingstone allenthalben bemerkt. Durch die Ausfuhr von Sklaven, die einst in den Goldwäschereien und auf den Pflanzungen arbeiteten, nach Brasilien, wurden die Unternehmer schneller reich als durch das mühsame Goldwaschen und den Anbau von Kaffee und Zuckerrohr. Wenn die Sklaven verkauft waren, verließen die Besitzer die Plantagen und Goldwäschen. Infolgedessen ist die Herrschaft der Portugiesen in Moçambique zurückgegangen, sie beschränkt sich auf einige Orte am unteren Sambesi und an der Küste. Für Reisen ins Landesinnere müssen sich die afrikanischen Handelsagenten der portugiesischen Kaufleute, die Pombeiros, von den Häuptlingen der Grenzstämme durch »Geschenke« eine Erlaubnis erwirken.

Vor Livingstones Reise war das Innere Afrikas so unbekannt

wie der Nordpol, und die Geographen machten sich ganz falsche Vorstellungen davon. Sie wußten, daß große Flüsse wie der Liambai im Westen und der Luapula nördlich davon sonderbarerweise nicht der Küste, sondern dem Landesinnern zustrebten, und nahmen an, daß sie sich dort in riesigen Sandwüsten, der Sahara ähnlich, verlören. Daß der Liambai der Oberlauf des Sambesi ist und daß es in Zentralafrika keine Sandwüsten gibt, erfuhr die Welt erst durch Livingstone. Das Rätsel des Luapula aber vermochte auch er nicht zu lösen, obwohl er später seine letzten Lebensjahre daransetzte.

Die Portugiesen, mit denen er zusammenkommt, haben keine Ahnung, wie das Hinterland ihrer Kolonie beschaffen ist; sie können weder über den mittleren und oberen Sambesi noch gar über seine Quellen Auskunft geben. Sie erzählen indessen von einem riesigen See, Njanja genannt und fünfundvierzig Tagereisen nordnordwestlich von Tete gelegen. Aus diesem See komme der Schire, der sich unterhalb von Senna in den Sambesi ergießt. Übrigens bedeutet Njanja nichts weiter als »großes Wasser«.

Da die meisten von Livingstones Leuten in Tete bleiben sollen, bis er aus Europa zurückkommt, weist ihnen Major Sicard ein Stück Land an, wo sie Korn anbauen können, und versorgt sie vorläufig mit den nötigsten Lebensmitteln. Außerdem erlaubt er ihnen, mit seinen eigenen Dienern auf Elefantenjagd zu gehen. Für das erbeutete Elfenbein und das getrocknete Fleisch sollen sie sich Waren eintauschen dürfen. »Die Leute freuten sich über seine Freigebigkeit, und sechzig bis siebzig machten sich alsbald auf. Zur Zeit war in Tete kein Kaliko zu haben. Aber der Kommandant versah meine Leute mit Kleidung. Ich selbst hatte nichts zu geben, und obwohl ich in ihn drang, von uns Elfenbein als Bezahlung anzunehmen, schlug er doch alles aus. Ich werde seiner Güte immer mit Dankbarkeit gedenken.«

Für die Weiterfahrt auf dem Sambesi wählt Livingstone sechzehn Männer aus, die gut mit Einbäumen umzugehen verstehen. Der Kommandant gibt ihm einen Trupp Soldaten unter Befehl eines Leutnants mit, der dafür zu sorgen hat, daß die Expedition unterwegs kostenlos verpflegt und beherbergt wird. Außerdem schickt Sicard an seine Freunde in Kilimane Boten mit Empfehlungen für Livingstone. So scharf dieser das portugiesische Kolonialsystem verurteilt, über die Portugiesen selbst kann er, wie schon in Angola, bisher nur sagen: »Jeder dieser Herren bewies

mir die uneigennützigste Güte, und ich werde die portugiesische Gastfreundschaft jederzeit zu preisen wissen.« Das spätere Verhalten des Majors Sicard erweckte in ihm freilich starke Zweifel an dessen vermeintlicher »uneigennützigster Güte«.

Mit drei großen Kähnen setzt Livingstone am 22. April die Reise fort. Er sitzt in einer Art Verschlag, gegen die Sonne geschützt. Mit der Strömung kommt man auf dem mehr als zwei Meilen breiten, inselreichen Sambesi flott vorwärts. Eine Karte für eine etwaige Schiffahrt zu skizzieren wäre jedoch sinnlos: Jedes Jahr schwemmt das Hochwasser Inseln fort und bildet dafür an anderen Stellen neue.

Sogar hier, in der eigentlichen Kolonie Moçambique, steht die portugiesische Herrschaft auf schwachen Füßen. Als die Reisegesellschaft gelandet ist und frühstückt, ertönt in der Ferne dumpfes Getrommel. Der Leutnant springt auf und fragt Einheimische, die die Neugier hergetrieben hat, was das Trommeln zu bedeuten habe. Sie antworten ausweichend. Mit der Trommel rufen die Dorfbewohner meistens Verstärkung aus der Nachbarschaft herbei, meint der Leutnant, der mit den Sitten des Landes vertraut zu sein scheint. Er befiehlt seinen Leuten, sich gefechtsbereit zu machen; und vielleicht hat seine Wachsamkeit einen Überfall verhütet. Auf dem Südufer des Sambesi werden die Zulu, nicht die Portugiesen als die Herren anerkannt.

Nach fünf Tagen trifft die Expedition in Senna ein. »Ich hielt Tete schon für ein ganz erbärmliches Nest, aber Senna war noch zehnmal schlechter. In Tete herrscht noch etwas Leben; hier ist alles in Stockung und Verfall. Das Fort ist aus Backstein, der an der Sonne getrocknet wurde, erbaut; auf den stellenweise mit Pfahlwerk ausgebesserten Mauern wächst Gras. Zu gewissen Zeiten besuchen die Zulu das Dorf und erhalten von den Einwohnern Abgaben, denn sie sehen die Portugiesen als einen unterjochten Stamm an.« Zwar hat der Kommandant diese Tributzahlungen verboten, dennoch kaufen sich besonders die Mischlinge schleunigst frei, sobald sich die Zulu sehen lassen.

Am 11. Mai fährt Livingstone mit seinen sechzehn Mann weiter, vom Kommandanten reichlich mit Lebensmitteln versehen.

Etwa dreißig Meilen stromabwärts sieht man den breiten Schire in den Sambesi münden. Noch unterhalb der Schiremündung wird das Land mehr von den Zulu als von den Portugiesen beherrscht; Livingstone trifft jedoch nicht mit ihnen zusammen.

Endlich erreicht er den Anfang des Mündungsdeltas, einer ausgedehnten, mit Schilf und Gras bedeckten Tiefebene. Gern hätte er den Hauptarm des Sambesi weiterverfolgt und die Stelle gesehen, wo die gewaltige Wassermasse ins Meer strömt; doch er hört, daß bereits der englische Kapitän Parker diesen Arm aufwärts gefahren ist und seinen Lauf erkundet und beschrieben hat. Darum biegt Livingstone in einen nördlichen Arm des Sambesi ab, der sich mit mehreren Zuflüssen zum Kilimane vereinigt, an dessen Mündung in den Indischen Ozean die gleichnamige Hafenstadt liegt. Unterwegs stellt ihm ein Portugiese aus Kilimane ein großes Segelboot mit einer Kajüte am Heck zur Verfügung, und er nimmt die Gefälligkeit dankbar an, denn im Delta ist die Moskitoplage am Ufer fürchterlich, während man mitten auf dem Strom, wo das große Boot ankern kann, davon verschont bleibt.

Am 20. Mai 1856 trifft er mit seiner kleinen Schar in Kilimane ein, das sich nur als ein großes Dorf erweist. Es liegt auf einer breiten Schlammbank inmitten von Sümpfen und Reisfeldern. Die Flußufer sind ein Dschungel von Mangroven, deren Wurzelgeflecht die Ebbe jedesmal entblößt. »Kilimane muß lediglich des Sklavenhandels wegen gebaut worden sein, denn es würde nie jemandem auch nur im Traume einfallen, an einem so tief liegenden, schlammigen, vom Fieber heimgesuchten, von Moskitos wimmelnden Platz ein Dorf anzulegen, wenn es nicht um der Vorteile willen geschehen wäre, die er dem Sklavenhandel gewährt.«

Die erste Heimkehr nach sechzehn Jahren. Drei Jahre lang hat Livingstone nichts von seiner Familie gehört. In Luanda an der Westküste war zu seiner tiefen Enttäuschung nicht ein einziger Brief für ihn angekommen, obwohl Angehörige und Freunde oft an ihn geschrieben hatten. Erst in Kilimane merkt er, daß man in der Heimat und auch in der Kapkolonie sein Schicksal mit Spannung und Anteilnahme verfolgt. Briefe und Zeitungen erwarten ihn und vergrößern sein Verlangen, endlich seine Lieben wiederzusehen und nach sechzehnjähriger Abwesenheit wieder in seinem Vaterland zu weilen. Aber er denkt sich den Aufenthalt in England nur als einen erholsamen kurzen Urlaub im Kreise seiner Lieben, als ein Ausruhen und tiefes Atemholen vor neuen Anstrengungen.

Einer der Briefe aus London macht ihm Sorge; es ist ein Schreiben der Londoner Missionsgesellschaft, die vor Jahren seine Absicht, der Missionsarbeit in Innerafrika Neuland zu erschließen, gebilligt hat, die aber seine jetzige Auffassung von dieser Arbeit nicht mehr teilt.

Er selbst darf mit der vollbrachten Leistung zufrieden sein. Nachdem er einen Weg aus dem Landesinnern zur Westküste gefunden hat, ist ihm nun der gleiche Versuch auch in Richtung auf die Ostküste gelungen. Dabei hat er als erster Europäer Afrika durchquert, und zwar – darüber freut er sich besonders – trotz vieler Gefahren ohne Menschenverluste. »Was mich betrifft, so sehe ich in der Eröffnung des Landesinnern ein Ereignis, zu dem wir uns Glück wünschen dürfen, insofern es uns die Aussicht auf die Hebung der Eingeborenen gibt. Wie ich schon an anderer Stelle bemerkte, sehe ich in der Vollendung der geographischen Tat erst den Anfang der Missionsunternehmungen. Diesen Ausdruck fasse ich in seinem weitesten Sinn auf und verstehe darunter jede Anstrengung, die man zur Verbesserung des Menschengeschlechtes macht.« Er meint damit sowohl jedes Bemühen in

Wissenschaft und Technik, Seefahrt und Handel, soweit es dem Wohl der Menschen dienen soll, als auch jede Anstrengung zur Verbreitung des christlichen Glaubens. Er selbst »missioniert« ja schon lange in diesem Sinn.

Seine Befürchtung, der Londoner Missionsgesellschaft werde diese Auffassung von der Missionsarbeit allzu weitherzig erscheinen, ist eingetroffen. Das Direktorium teilt ihm mit, daß die Gesellschaft außerstande sei, Pläne zu unterstützen, die mit der Ausbreitung des Evangeliums nur in entfernter Verbindung ständen, und daß »die finanziellen Verhältnisse der Gesellschaft nicht derartig seien, daß sie hoffen dürfte, innerhalb einer bestimmten Zeit in der Lage zu sein, sich ohne weiteres auf ein entferntes und schwieriges Arbeitsfeld zu wagen«.

Falls er seine Pläne nicht aufgibt – und daran denkt er keinen Augenblick –, bedeuten diese geschraubten Worte die zwar verhüllte, aber dennoch unmißverständliche Kündigung von seiten der Gesellschaft. Mit der Bindung an sie fiele natürlich auch sein schmales Missionarsgehalt weg; aber für die Durchführung seiner Pläne für die nächste Zukunft würde es sowieso nicht reichen. Vielleicht bieten sich in England für sein Projekt Chancen.

Seit langem nimmt die Geographische Gesellschaft lebhaften Anteil an seinen Forschungen, und am 2. Oktober 1855 hat der Geograph Sir Roderick Murchison ihm einen Brief geschrieben; darin spricht er von der Bewunderung und vom »herzlichen Dank aller britischen Geographen für Ihre unvergleichlichen Anstrengungen und Ihre erfolgreiche Ausführung des größten Triumphes geographischer Forschung, der in unserer Zeit erzielt worden ist«. »Es gereicht mir zur Freude«, so heißt es in diesem Brief weiter, »daß ich im Rat der Britischen Geographischen Gesellschaft den Vorschlag machen durfte, Ihnen unsere erste goldene Medaille der verflossenen Sitzung zuzuerkennen, und ich brauche kaum zu sagen, daß die Zuerkennung einmütig und herzlich erfolgte.«

Livingstone kommt es jedoch nicht allein auf den Dank der Geographen an. Wenn sein Afrikaprojekt gelingen soll, müssen sich auch Industrielle und Kaufleute dafür interessieren. Dieses Projekt steht völlig im Einklang mit der damaligen britischen Kolonialpolitik, der es bei ihrem wachsenden Expansionsdrang vor allem auf die Erschließung neuer Absatzmärkte und Rohstoffquellen für die hochentwickelte britische Industrie ankam.

Livingstones Projekt sieht vor, im afrikanischen Binnenland Handelsstationen anzulegen, wo die Landesprodukte zwecks Ausfuhr gesammelt werden und von wo aus man eingeführte Industriewaren über das Land verteilen kann. Beide Partner dieses Tauschgeschäftes, die britischen Industriellen und die Afrikaner, sollen dabei profitieren. Sich nur auf die Frömmigkeit und Menschenfreundlichkeit der englischen Kapitalisten zu verlassen, wagt nicht einmal der sonst so gut- und leichtgläubige Livingstone. Aber wenn für sie ein Gewinn dabei herausspringt, warum sollen sie dann nicht »den Heiden eine wirksamere und dauerndere Wohltat erweisen«, als es zur Zeit die Missionare vermögen? Eine Kette von Handelsstationen in den klimatisch günstigen Regionen am mittleren Sambesi müßte über die am unteren Sambesi gelegenen portugiesischen Niederlassungen ständig mit der Küste in Verbindung stehen, um den Warenhandel in Gang zu halten; der Sklavenhandel würde dann sehr bald von selbst aufhören. Dieses neue System wird »für Afrika und England ein wahrer Segen sein«, hofft Livingstone und fühlt sich als Bahnbrecher einer besseren Zeit, in der der Afrikaner, vom Arm des hilfreichen englischen Bruders emporgezogen, auf der Höhe der Zivilisation stehen wird. Aus diesem leuchtenden Ziel, an dem er sich begeistert, erwächst ihm ständig neue Kraft. Er glaubt fest und ehrlich daran, daß seine Landsleute zu dieser Mission berufen sind, man muß es ihnen nur sage . – Nun, er hat sechzehn Jahre fern der Heimat gelebt; Erinnerung und Sehnsucht vergolden das Bild, das er von England und den Engländern im Herzen trägt; Bild und Wunschbild fließen ineinander. Wird er nüchterner sehen, wenn er wieder unter seinen Landsleuten leben wird?

Sechs Wochen muß er in dem ungesunden, vom Fieber heimgesuchten Kilimane auf ein englisches Schiff warten, mit dem er die Heimfahrt antreten kann. Im Hause eines portugiesischen Obersten hat er ebenso gastliche Aufnahme gefunden wie in Angola bei Colonel Pires und in Tete bei Major Sicard.

In der Wartezeit sorgt er selbstverständlich für seine Reisegefährten. Er kann sie nicht einfach entlassen und heimschicken, denn ihr Weg führt durch Landstriche, in denen feindlich gesinnte Stämme wohnen. Da er fest entschlossen ist wiederzukommen, wird er selbst sie zurückbringen. Sie haben ihm schon in

Tete von sich aus versprochen, in dieser Gegend auf ihn zu warten. Den Männern, die ihn bis Kilimane begleitet haben, rät er, nach seiner Abreise wieder nach Tete zu gehen und mit den anderen seine Rückkehr abzuwarten, denn in Kilimane sind die Lebensmittel knapp und teuer.

Um alle seine Gefährten mit Kaliko und anderen Waren auszustatten, hat er zehn kleinere Elefantenzähne verkauft. Die zwanzig großen Zähne, die Sekeletu gehören, übergibt er dem Obersten, bei dem er wohnt, zur Aufbewahrung. Er will in England für sein eigenes Geld Waren für Sekeletu kaufen und später, wenn er wiederkommt, das Elfenbein verkaufen und vom Erlös seine Auslagen decken. Stirbt er aber auf der Reise oder in England, so soll der Oberst das Elfenbein zugunsten der wartenden Makololo verkaufen. Natürlich wäre es einfacher, die Zähne gleich jetzt zu verkaufen und das Geld mit nach England zu nehmen. Aber wenn ihn nun der Tod oder eine andere höhere Gewalt an der Wiederkehr hindert? Dann könnten die in Afrika Wartenden denken, er hätte sich mit dem Geld davongemacht und Sekeletu betrogen. Stets ist er darauf bedacht, daß auf seinen Namen und den seiner Nation auch nicht der leiseste Schatten falle. Alle seine Maßnahmen und Beweggründe erklärt er seinen Leuten ausführlich, und sie verstehen ihn auch, billigen alles, was er tut.

Endlich erfährt man in Kilimane, daß schon seit zehn Tagen eine englische Brigg sieben Meilen entfernt an einer Barre draußen vor Anker liegt, weil das Wetter zu stürmisch ist, als daß sie sich dem Hafen nähern könnte. Sie wird den Forscher an Bord nehmen; sie bringt ihm auch Geld und Ausstattung für die Heimreise mit.

Der Makololo Sekwebu will mit nach England fahren. »Sekwebu hatte mir die besten Dienste geleistet; ohne seinen gesunden Verstand, seinen Takt und seine Sprachkenntnisse hätten wir wahrscheinlich die Küste nicht erreicht. Ich war ihm dafür dankbar. Sein Häuptling wünschte, daß alle meine Gefährten mit mir nach England gehen sollten, und würde es gewiß übel genommen haben, wenn keiner mitgegangen wäre. Ich glaubte, es würde für Sekwebu eine Wohltat sein, wenn er die zivilisierte Welt kennenlernen und seinen Landsleuten darüber berichten könnte; außerdem wollte ich ihm seine wertvollen Dienste vergelten. Andere hatten auch gebeten, mitgehen zu dürfen; ich sprach von den Gefahren, die der Wechsel des Klimas und der Nahrung mit sich bringt, konnte sie jedoch nur mit Mühe zurückhalten.« Er erwähnt nicht, daß er es sich finanziell gar nicht leisten kann, sie als seine Gäste in England einzukleiden, zu beköstigen und zu beherbergen. Er tröstet sie mit der Versicherung, nur der Tod könne ihn davon abhalten, zu ihnen zurückzukehren.

Als er mit Sekwebu am 12. Juli 1856 Kilimane verläßt, weht immer noch eine kräftige Brise. Das Boot, das die beiden Männer zum Schiff bringt, arbeitet sich bei hohem Seegang mühsam vorwärts, und Livingstone muß seinem Gefährten, der ein bedenkliches Gesicht macht, Mut zusprechen. Am Schiffsbord angelangt, werden sie wegen des schweren Wellenschlags auf einem heruntergelassenen Stuhl an Deck gehievt.

Am 12. August erreichen sie die Insel Mauritius. Sekwebu hat bereits ein paar Brocken Englisch gelernt und ist der Liebling der Mannschaften und Offiziere. Aber er gewöhnt sich nur langsam an die neue Umgebung: »Was für ein sonderbares Land – nichts als Wasser!«

Als ein kleiner Dampfer die Brigg in den Hafen von Mauritius schleppt, wird der Makololo unter dem ständigen Ansturm neuer und überwältigender Eindrücke wahnsinnig; er läuft vor Livingstone davon und will sich ins Wasser stürzen. »Wir fahren doch jetzt zu Ma-Robert, Sekwebu!« ruft ihm Livingstone zu. Da scheint er sich zu beruhigen.

»Die Offiziere schlugen vor, ihn in Ketten zu legen, aber da er in seinem Lande ein vornehmer Mann war, wollte ich das nicht tun. Ich wußte, daß Wahnsinnige oft eine Erinnerung an schlechte Behandlung behalten, und man sollte mir in Sekeletus Land nicht nachsagen, ich hätte einen seiner Vornehmen wie einen Sklaven in Ketten gelegt. Ich versuchte, ihn an Land zu schaffen, doch er weigerte sich. Am Abend bekam er einen neuen Anfall. Erst ging er auf einen Matrosen mit dem Speer los, dann sprang er über Bord. Er konnte gut schwimmen, aber er zog sich, Hand unter Hand, an der Ankerkette in die Tiefe. Wir fanden den Leichnam des armen Sekwebu nicht.«

Auf Einladung des Kommandanten von Mauritius verweilt Livingstone auf der Insel, um sich in dem guten Klima und den Annehmlichkeiten der Zivilisation von den Nachwirkungen des Sumpffiebers zu erholen. Erst im November durchfährt er das

Rote Meer. In Kairo erhält er die Nachricht, daß sein Vater gestorben ist. Sie trifft ihn schwer. Oft hat er sich ausgemalt, wie er dem Vater, mit dem er sich zuletzt so gut verstand, am Kaminfeuer von seinen Erlebnissen erzählen würde; und er wußte auch, wie sehnlich der alte Mann sich gewünscht hatte, ihn wiederzusehen.

Am 9. Dezember 1856, fünf Monate nach seiner Abreise aus Kilimane, trifft David Livingstone in England ein.

V
Ein berühmter Mann

Niemand erwartet den Heimkehrenden mit solcher Ungeduld wie Mary, seine Frau. Das feuchte, kühle England ist ja nicht ihre Heimat. Außer ihren Kindern und den Livingstones hat sie hier keine nahen Verwandten und Freunde, und sie hat auch kein richtiges Heim. Die ganzen Jahre ist sie in diesem Land eine Fremde geblieben, oft lange Zeit ohne Nachricht von ihrem Mann und in ständiger Angst und Sorge um ihn. Auch die Lebensweise ist ihr ungewohnt; ihre Fähigkeiten können sich hier nicht entfalten. In Südafrika, auf ihrem Ochsenwagen und im einfachen Haushalt des armen Missionars, da konnte sie zeigen, was in ihr stak. Da war sie voller Leben und Tatkraft, eine tüchtige, sparsame Hausfrau, die sich, stets munter und fröhlich, außer um die eigene Familie auch noch um die Frauen und Kinder der Tswana kümmerte und obendrein häufig europäische Gäste betreuen mußte.

In Southampton sehen sich die Gatten wieder. Gemeinsam fahren sie nach London. Im stillen hat sich Frau Mary längst geschworen, künftig an der Seite ihres Mannes zu bleiben, was immer er sich auch vornehmen möge.

Schon sechs Tage nachdem er den Boden England wiederbetreten hat, veranstaltet die Königliche Geographische Gesellschaft unter dem Vorsitz Sir Roderick Murchisons eine besondere Versammlung, um ihn zu begrüßen, seine Verdienste zu würdigen und ihm die verliehene Goldmedaille zu überreichen. Und sehr bald wird ihm klar, daß es mit dem ruhigen Urlaub im Kreise der Familie nichts ist. An die erste Versammlung reihen sich in nicht abreißender Folge Meetings, Frühstück, Diners, Ehrungen aller Art.

Sobald er sich freimachen kann, besucht er seine alte Mutter und seine Schwestern. In der ersten Zeit wohnt er bei Freunden, die ihn samt seiner Familie eingeladen haben; später bezieht er mit Mary und den Kindern eine eigene Wohnung in Chelsea, einem Stadtteil von London.

Ursprünglich hatte er vor, drei oder vier Monate zu bleiben und dann an den Sambesi zurückzukehren, wo seine Makololo darauf warten, daß er sein Versprechen einlöst. Aber er sieht ein, daß er erst sein Reisebuch schreiben muß, denn schon finden sich geschäftstüchtige Verleger und Bücherschreiber, die ohne seine Einwilligung Berichte über seine Reisen veröffentlichen wollen, um aus seinem Ruhm Geld zu machen. Auf Drängen

Murchisons, den wiederum ein großer Verlag drängt, der sich das Geschäft sichern will, beginnt er im Januar 1857 mit der Niederschrift. Die erste Hälfte jenes Jahres verbringt er größtenteils am Schreibtisch. An Stoff fehlt es ihm nicht, wohl aber an der nötigen Zeit und Geduld, ihn zu sichten und zu ordnen, Wichtiges gegen Unwichtiges abzuwägen, am sprachlichen Ausdruck zu feilen, kurz: ein Buch zu gestalten. Livingstone pflegte damals zu sagen, lieber wolle er noch einmal Afrika durchqueren als ein zweites Buch schreiben.

Er kann ja auch nicht ruhig und ungestört über der Arbeit bleiben. Da kommen Besucher, erwünschte und noch öfter unerwünschte, und täglich bringt die Post Stöße von Briefen mit Glückwünschen, Huldigungen, Anfragen. Anfangs bemüht er sich, sie alle zu beantworten, aber nach ein paar Wochen gibt er es auf, weil er sonst den Tag nur damit zubringen müßte. Da wandert er doch lieber mit seiner Familie ins Freie, genießt den Frühling und den Sommer draußen in Wiese und Wald und spielt mit seinen Kindern im hohen Farnkraut Verstecken.

Hin und wieder legt er die Feder aus der Hand, um einer mehr oder weniger angenehmen Verpflichtung nachzukommen. Der Prinzgemahl gewährt ihm eine Audienz; mehrere Städte ernennen ihn zum Ehrenbürger, und er muß dahin reisen, die Urkunde in Empfang nehmen und an Festtafeln Ansprachen anhören und halten.

Als er im Herbst 1857 sein Buchmanuskript dem Verleger übergeben hat, häufen sich die Einladungen zu Vorträgen in allen möglichen Städten und vor den verschiedensten Zuhörerkreisen. Vor allem in Schottland, seiner eigentlichen Heimat, will man ihn überall sehen und hören. In Glasgow ehren ihn die Bürgerschaft, die Universität im allgemeinen und die medizinisch-chirurgische Fakultät im besonderen, die unierten Presbyterianer und der Verein der Fabrikarbeiter und Baumwollspinner Schottlands. Und überall muß er reden, danksagen, Trinksprüche entgegennehmen und erwidern, sich gerade halten und lächeln, auch wenn er noch so müde und erschöpft ist. Er bringt es nicht fertig, öffentliche Einladungen abzulehnen, weil er nicht unfreundlich und undankbar erscheinen möchte.

Zu seinem eigenen Programm gehören die Vorträge, die er in den Industrie- und Handelszentren hält: in Leeds, Liverpool, Birmingham, vor der Handelskammer in Manchester. Geschickt schneidet er seinen Vortrag auf den Hörerkreis zu, den er für sein Projekt gewinnen will. Er erzählt von Ölen und Färbemitteln der Afrikaner, von Fasern und Hölzern, von Honig, Zuckerrohr, Weizen, Hirse, Baumwolle, Eisen – von allem, woran das Land am Sambesi reich ist. Fünfundzwanzig Fruchtarten hat er mitgebracht; diesen Zuhörern zeigt er sie.

Mit Staunen vernimmt nach den Geographen nun auch die Industrie- und Handelswelt, daß dort, wo man weite, leere Sandwüsten vermutet hat, ein fruchtbares und volkreiches Land liegt. Auch von den Bewohnern erhält man ein ganz neues Bild. Die Berichte über die »Kaffernkriege« und die Schilderungen mancher Großwildjäger hatten die schauerlichsten Vorstellungen von der Wildheit und Grausamkeit der Afrikaner erzeugt. Und nun hat ein Brite jahrelang mit diesen »Wilden« freundschaftlich verkehrt und spricht mit Achtung und Wärme von ihnen. Sogar das Klima ist keineswegs überall unerträglich und mörderisch.

»Ich habe vor, auf meiner nächsten Expedition den Sambesi zu besuchen, die verschiedenen Häuptlinge an seinen Ufern miteinander auszusöhnen und sie zu veranlassen, Baumwolle anzubauen und den Sklavenhandel aufzugeben. Sie treiben bereits Handel mit Elfenbein und Goldstaub und wünschen ihren Handelsverkehr auszudehnen. Es besteht also die Aussicht, ihre Interessen mit den unsrigen zu verbinden, und das Ergebnis wird die Hebung Afrikas sein.«

Die Industrie- und Handelsherren begreifen sehr gut, warum der schlichte Mann da vorn ihnen das alles erzählt. Sie nehmen einmütig eine Entschließung an, in der sie den Wunsch aussprechen, die Regierung Ihrer Majestät möge gemeinsam mit der von Portugal Dr. Livingstone bei seinen weiteren Entdeckungsreisen im Innern Afrikas und namentlich im Gebiet des Sambesi und seiner Nebenflüsse unterstützen, da sich dieses Gebiet als Basis für Handels- und Missionsniederlassungen eigne.

Viel lag Livingstone daran, sein Verhältnis zur Londoner Missionsgesellschaft zu bereinigen. Der begeisterte Empfang, den ganz England ihm bereitet, scheint die Direktoren zu veranlassen, die kühle Ablehnung seiner Zukunftspläne und die versteckte Kündigung, die ihr Brief enthielt, zurückzunehmen. Im persönlichen Gespräch bezeigen sie ihm auf einmal volles Verständis; sie würden ihn gern nach seiner Weise weiterarbeiten lassen. Doch nun ist er es, der nicht mehr will. »Die alte Liebe zur Unabhängigkeit, wie ich sie genoß, ehe ich mit der Missionsgesellschaft in Verbindung trat, war von neuem in mir erwacht.« Was ihn zur Trennung von der Gesellschaft veranlaßt, ist nicht nur Empfindlichkeit, obwohl er es den Direktoren nicht vergessen und auch nicht ganz verzeihen kann, daß sie ihn bereits fallengelassen hatten und sich erst umstellten, nachdem er berühmt geworden war. Er selbst gibt als Grund das viel zu niedrige, völlig ungenügende Missionarsgehalt an: »Ich habe etwas für die Heiden getan, aber für meine alte Mutter, die einen heiligeren Anspruch darauf hat, habe ich noch nichts tun können, und eine Fortsetzung jener Verbindung würde mich auch weiter hindern, für sie in ihrem hohen Alter zu sorgen... Da sich mir ohne mein Zutun eine neue Einnahmequelle eröffnete, zögerte ich nicht, ein Angebot anzunehmen, das es mir ermöglichen wird, meine Pflicht gegen meine alte Mutter ebensowohl wie gegen die Heiden zu erfüllen.«

Besonnene Freunde raten ihm davon ab, seinen Vertrag mit der Missionsgesellschaft zu lösen; sie meinen, die Öffentlichkeit könnte diesen Schritt falsch deuten. Aber was er sich einmal in den Kopf gesetzt hat, das läßt er sich nicht leicht wieder ausreden. Er antwortet auf die Warnung, es sei ihm ganz unmöglich, das Gehalt eines Missionars anzunehmen, während er doch hauptsächlich wissenschaftliche Forschungen betreibe.

Nicht nur sein Ausscheiden aus dem Missionsdienst, auch sein Buch erregt bei besonders frommen Leuten Anstoß: Es mache nicht den Eindruck, als sei es von einem Missionar geschrieben; allzuviel Raum nähmen darin geographische, naturkundliche und andere weltliche Dinge ein. Er entgegnet darauf: »Meine Anschauung von den Pflichten eines Missionars ist nicht so beschränkt wie die jener Leute, deren Ideal ein sauer dreinblickender Mann mit einer Bibel unterm Arm ist. Ich habe mit Ziegeln und Mörtel, mit dem Blasebalg und der Zimmermannsbank ebensogut wie mit Predigten und ärztlicher Praxis gearbeitet... Ich diene Christo auch, wenn ich eine astronomische Beobachtung anstelle oder für meine Leute einen Büffel erlege.«

Die »alte Liebe zur Unabhängigkeit«, die ihm die Trennung von der Missionsgesellschaft erleichterte, hindert ihn merkwürdigerweise nicht, eine neue und viel bedenklichere Bindung einzugehen. Die britische Regierung, die von verschiedenen Seiten gebeten worden ist, ihn zu unterstützen, erfüllt diese Bitte und ernennt ihn im Februar 1858 zum Konsul in Kilimane für die Ostküste und die unabhängigen Gebiete im Innern Afrikas sowie zum Chef einer Forschungsexpedition in Ost- und Zentralafrika. Und er nimmt diese Ernennung an und trägt von nun an bei jeder Gelegenheit und mit einem gewissen Stolz die Schirmmütze mit der Goldborte als Abzeichen seiner neuen Würde. Er wird sie sogar in Afrika auf seinen Reisen tragen, denn er legt großes Gewicht auf seine amtliche Stellung, von der er sich noch mehr Ansehen bei den Einheimischen und den Portugiesen und mehr Autorität über die Mitglieder seiner Expedition verspricht.

Fünfhundert Pfund Sterling bringt ihm sein Konsulamt jährlich ein; da kann er gut und gern auf das kleine Missionarsgehalt verzichten. Dennoch ist es weder dieses Geld noch die goldbetreßte Mütze, was ihn den abermaligen Verlust der geliebten Unabhängigkeit verschmerzen läßt, es sind vielmehr die erheblich weitergespannten Möglichkeiten zur Verwirklichung seiner Pläne. Er persönlich ist auf kein Gehalt mehr angewiesen. Gleich in der ersten Zeit seines Aufenthaltes in England wurde ein Ehrengeschenk von zweitausend Pfund, also vierzigtausend Goldmark, gesammelt und ihm überreicht. Und als sein Buch erscheint, wird es ein großer Erfolg und bringt ihm ein kleines Vermögen ein. Einen bedeutenden Teil seiner Einkünfte verwendet er für Expeditionszwecke und behält nur so viel, wie er zu einem bescheidenen Leben, zur Unterstützung seiner Mutter und zur Sicherstellung der Ausbildung seiner Kinder braucht. Er kann es sich sogar leisten, auf die Honorare für seine Vorträge zu verzichten oder das Geld für gemeinnützige Zwecke zu stiften.

Die letzten Monate seines Aufenthaltes widmet Livingstone hauptsächlich der Vorbereitung seiner nächsten Forschungsreise. Lord Clarendon, der Erste Staatssekretär für Auswärtige Angelegenheiten, kümmert sich persönlich sehr um die neue Expedition: »Kommen Sie nur hierher und sagen Sie, was Sie brauchen; ich will es Ihnen geben.« Livingstone ist von seinem Wohlwollen ebenso angetan wie einst in Angola vom Edelmut des Colonel Pires und in Tete von der Freigebigkeit des Majors Sicard. Der »ungemein gütige« und auffallend rührige Lord beauftragt einen Kapitän von der Admiralität, die Expedition in großem Maßstab zu organisieren, ohne Rücksicht auf die Kosten. Außer Livingstone als Chef und einem Assistenten sollen ihr noch zahlreiche Offiziere und Wissenschaftler angehören.

Jetzt wird Livingstone unruhig. Er ist bisher stets allein oder in loser Kameradschaft mit anderen Europäern – Missionaren, Großwildjägern – gereist. Je mehr Europäer und noch dazu landes- und sprachunkundige Neulinge mitgehen, um so schwerer wird es sein, den Überblick zu behalten und ein einheitliches Benehmen aller Teilnehmer den Einheimischen gegenüber zu wahren; um so eher werden Fehler, Taktlosigkeiten, Mißgriffe vorkommen, die das Gelingen seiner Pläne gefährden, ja vereiteln können. Er ist es nicht gewöhnt, solchen Männern, wie sie ihm jetzt unterstellt werden sollen, zu befehlen. Er weiß auch, wie reizbar Europäer unter der Einwirkung des Tropenklimas, des Fiebers, der Insektenplage, der kleinen und großen Entbehrungen werden können. Vielleicht befürchtet er im stillen sogar, daß durch die Teilnahme von Offizieren die Führung ihm entgleiten und die Expedition einen anderen, unerwünschten Charakter annehmen könnte. Jedenfalls beunruhigt ihn der Übereifer des Außenministeriums sehr, und er gibt sich alle Mühe, den beauftragten Kapitän zu bremsen. Er braucht lediglich ein kleines Dampfboot, um die Flüsse befahren zu können, und einen kleinen Stab von Wissenschaftlern, und schließlich setzt er seinen Willen auch durch.

Als Assistent und Sekretär wird ihn sein Bruder Charles begleiten, der längere Zeit in Nordamerika gelebt hat, als Arzt und Botaniker ein Dr. John Kirk, der fast zwanzig Jahre jünger ist als Dr. Livingstone; dann reisen noch der Schiffsingenieur Rae, der Künstler und Proviantmeister Baines, ein Marineoffizier und ein Geologe mit. Diese sechs Briten müssen sich in ihrem Anstellungsvertrag zum Gehorsam gegen den Expeditionsleiter verpflichten. Zum Befahren der Flüsse wird ein kleiner, zerlegbarer Raddampfer angeschafft.

Der »liebenswürdige« Lord Clarendon gibt dem Forscher Briefe an »unseren geschätzten Freund Sekeletu, Häuptling der Makololo«, und an andere Häuptlinge mit. Diese Briefe sind sicherlich mit Livingstones Rat und Beistand aufgesetzt. »Wir kaufen Baumwolle und machen Tuch daraus«, heißt es darin, »und wenn Du Baumwolle und anderes anbauen willst, kaufen wir es gern. Ganz gleich, wieviel Du erntest, unser Volk wird alles kaufen. Laß es unter Deinem Volke und den umwohnenden

Stämmen bekannt werden, daß die Engländer Freunde und För-
derer jedes gesetzlichen Verkehrs, aber Feinde des Sklavenhandels und Sklavenraubes sind ... Wir hoffen, daß die Diener und
das Volk Unserer Majestät in der Lage sein werden, Dich von
Zeit zu Zeit zu besuchen, um unsere Freundschaft zu festigen ...«

Livingstone kennt die Verhältnisse in Moçambique und weiß
genau, daß die beste Ausrüstung und die freundlichste Unterstützung durch die englische Regierung der Expedition nichts
nützen, wenn ihr nicht auch die portugiesischen Behörden in der
Kolonie wohlwollen. Darum plant er eine Reise nach Lissabon,
um persönlich von der Regierung oder vom König entspre-
chende Befehle an die Gouverneure in Moçambique zu erwirken.
Aus verschiedenen Ursachen zerschlägt sich jedoch dieser Plan,
und Lord Clarendon verhandelt über die Angelegenheit mit dem
portugiesischen Gesandten. Der kennt Livingstone, behandelt
ihn stets mit Achtung und ist sofort bereit, ihm in jeder Weise be-
hilflich zu sein. Unter anderem will er ihm durchaus eine Anzahl
portugiesischer Begleiter mitgeben. Diese Art »Hilfe« ist nun
freilich weder im Sinne Livingstones noch des Foreign Office,
und mit einiger Mühe bringt man den Gesandten davon ab. Erfreulich ist jedoch, daß die portugiesische Regierung den Gou-
verneuren den Auftrag erteilen will, Livingstone jeden nötigen
Beistand zu leisten, und daß sie ihn außerdem mit Empfehlungsschreiben an die Adresse dieser Gouverneure versieht.

Er ist fest davon überzeugt, daß er seine Absicht erreicht hat,
die Industrie- und Handelsmagnaten und sogar die Regierung
seines Landes für sein Projekt zu gewinnen. Nie kommt ihm der
Gedanke, ob es nicht umgekehrt sein könnte: daß nämlich die
Machthaber sich seiner als Werkzeug zur Verwirklichung *ihrer*
Absichten bedienen. Der »Befreier der Sklaven«, der »Freund
der Schwarzen«, dem die Afrikaner vertrauen, weil er sie nie enttäuscht hat, weil bei ihm Wort und Tat übereinstimmen; dieser
Mann, der aus tiefster, innerster Überzeugung verkündet: »Ich
glaube, England ist sich seiner Pflicht bewußt, Zivilisation und
Christentum unter den Heiden zu verbreiten« – er kommt den
britischen Politikern, denen die Errichtung eines weltumspan-
nenden Kolonialreiches vorschwebt, wie gerufen. Weil er das,
was er sagt, auch selbst glaubt und sich dafür begeistert, ist er als
Propagandist von unschätzbarem Wert. Daß seine Ansichten
von der Gründung englischer Kolonien in Zentralafrika einfältig

und utopisch sind, stört die Politiker nicht im geringsten; er soll ja nur den Weg bahnen, den sie benützen werden. Er kann gar nicht berühmt und populär genug sein, dieser Mann; der ganzen Welt muß man ihn zeigen: »Seht her, so sind wir Engländer!«

Vielleicht haben die weitblickenden unter den Freunden, die ihn vor einer Trennung von der Missionsgesellschaft warnten, vorausgeahnt, daß die neue Abhängigkeit, in die er sich begibt, auf einen Mißbrauch seiner Person hinausläuft; aber er ist viel zu arglos, um die Warnung in diesem Sinne zu verstehen oder sie gar zu beherzigen.

Die Industriellen haben bald begriffen, daß man den ehemaligen Fabrikarbeiter auch im eigenen Land großartig verwenden kann. So wird er eines Tages eingeladen, in seinem Heimatort Blantyre zu sprechen. Einer der Fabrikbesitzer führt in der Versammlung den Vorsitz. Lassen wir Livingstones Biographen Blaikie berichten, was der ehemalige Baumwollspinner seinen Landsleuten erzählt: »Er erzählte ihnen von seinen Reisen und auf speziellen Wunsch auch von seinem Abenteuer mit dem Löwen zu Mabotsa. Er machte die Ansicht der Frau Beecher-Stowe – der Verfasserin von ›Onkel Toms Hütte‹ –, daß die Fabrikarbeiter Sklaven seien, lächerlich. Er riet ihnen eindringlich, mehr, als es bei den Arbeitern gewöhnlich der Fall ist, den ehrlichen guten Absichten ihrer Herren zu vertrauen … Wenn man den Herren mehr Vertrauen schenkte, so würden diese auch mehr Gutes tun.« Der Rat, den er den Arbeitern gibt, gefällt den »Herren« viel besser als die Losung, die zehn Jahre vorher das Kommunistische Manifest den Proletariern aller Länder zugerufen hatte. Durch ihr Mißtrauen gegen die »Herren« sind die Arbeiter also selber schuld an ihrer elenden Lage! Was in Afrika Livingstones Stärke war, verwandelt sich im kapitalistischen England in gefährliche Schwäche: die Einfalt wird zur Beschränktheit, zur Unfähigkeit, die Verhältnisse zu begreifen, die Güte zur Sanftmut am falschen Platz, die Friedfertigkeit zur Beschwichtigung der Unterdrückten mit falschen Argumenten. Die »Herren« lassen ihn natürlich gern gewähren, seine Vertrauensseligkeit ihnen gegenüber kann ihnen nur recht sein.

Die Universitäten Glasgow und Oxford verleihen Dr. Livingstone die Würde eines Ehrendoktors der Rechte. Die Universität Cambridge lädt ihn ein, mehrere Vorträge zu halten.

»Er kam zu uns ohne lange Vorbereitung«, erzählt ein Cambridger Professor, »und ohne uns durch ein Schaugepränge von Beredsamkeit zu bezaubern und zu fesseln. Er stand vor uns als ein einfacher, von jahrelanger Arbeit etwas mitgenommener Mann, mit einem von der Sonne Afrikas gebräunten Gesicht.«

Er sprach vor allem über die Notwendigkeit der Mission und beklagte, daß eine große englische Missionsgesellschaft genötigt sei, Deutschland um Missionare zu bitten. Dieser Fleck müsse ausgetilgt werden. »Erlauben Sie mir, Ihre Aufmerksamkeit auf Afrika zu lenken. Ich weiß, daß ich in jenem Land, das jetzt offen liegt, in einigen Jahren hinweggenommen werde. Lassen Sie es nicht wieder sich schließen! Ich gehe nach Afrika zurück, um zu versuchen, eine Straße für den Handel und das Christentum zu bahnen. Führen Sie das Werk, das ich begonnen habe, zu Ende! Ich hinterlasse es Ihnen!«

Diese Aufforderung sollte ein unvorhergesehenes, aber ihm sehr willkommenes Ergebnis haben. Die Schlichtheit und Aufrichtigkeit des Redners machte einen tiefen Eindruck auf die Zuhörer, seine Begeisterung übertrug sich auf die akademische Jugend. »An den englischen Universitäten begannen begabte und vielversprechende junge Männer den Zweck des Lebens in einem neuen Licht zu sehen und wunderten sich, nicht früher daran gedacht zu haben, sich zu einem so edlen Werke anzubieten.« (Blaikie). In Schottland entschließt sich der Geistliche James Stewart, eine Missionsstation im Sambesigebiet zu gründen. In Oxford und Cambridge entsteht der Plan eines großangelegten Missionsunternehmens, der sogenannten Universitätenmission, die ebenfalls im Stromgebiet des Sambesi wirken soll.

In der ersten Zeit war es Livingstone sehr lästig, ja geradezu peinlich, berühmt zu sein und überall erkannt, angestarrt und angeredet zu werden. »Dr. Livingstone war sehr einfach und anspruchslos«, erzählt einer der Freunde, bei denen er damals eine Zeitlang wohnte. »Er fühlte sich unbehaglich, wenn man eine Berühmtheit aus ihm machte. Einmal besuchte ihn ein bekannter Herr, um von ihm Material für einen Vortrag zu bekommen, den er am folgenden Tag halten wollte. Der Doktor saß ruhig da, und ohne grob zu sein, traktierte er den Herrn mit einsilbigen Antworten. Er verstand es recht gut, sich Leute vom Leibe zu halten, die aus ihm Kapital schlagen wollten ...

Er ging nicht gern auf die Straße, aus Furcht, von der Menge erkannt zu werden. Dies widerfuhr ihm einst in Regent Street, und er wußte nicht, wie er entrinnen sollte, bis er eine Droschke sah und sich hineinflüchtete. Aus demselben Grund war es ihm peinlich, zur Kirche zu gehen. Einmal ging er mit uns, nachdem ihn mein Vater überzeugt hatte, daß er nicht gesehen werden könne, weil sich unser Kirchenstuhl gerade unter der Empore befand. Sobald er eingetreten war, senkte er den Kopf und bedeckte die ganze Zeit das Gesicht mit den Händen. Aber der Prediger erkannte ihn und gedachte seiner im Schlußgebet. Das machte die Leute darauf aufmerksam, daß er in der Kirche war, und nach dem Gottesdienst kamen sie sogar über die Sitze hinweg auf ihn zugeströmt, um ihn zu sehen und ihm die Hand zu schütteln.

Ein später Höhepunkt seines Aufenthaltes in England ist die Audienz, die ihm im Februar 1858 die Königin Victoria gewährt. In schwarzem Rock und blauen Hosen, in der Hand die Konsulmütze mit der Goldborte, wird er ohne besonderes Zeremoniell der kleinen dicken Majestät vorgestellt, die sich eine halbe Stunde lang mit ihm über seine Reisen unterhält. Jetzt könne er doch endlich den Eingeborenen sagen, er habe seinen »Häuptling« gesehen, meint er zu Victoria; die Afrikaner hätten sich immer gewundert, daß das nicht schon früher der Fall gewesen sei.

In den letzten Monaten werden seine Reisevorbereitungen ständig durch Abschiedsdiners, Empfänge, Bankette unterbrochen. Er liebt diesen Aufwand nicht, aber er entzieht sich ihm auch nicht. Er muß sich jedesmal von neuem überwinden, zu einem Galaessen mit Reden und Trinksprüchen zu gehen, aber er geht hin. Fast täglich kommt der ehemalige Fabrikarbeiter mit Ministern, Gesandten, Admiralen, mit Herzögen, Bischöfen, Lords und Ladys und allen möglichen anderen Prominenten des öffentlichen Lebens und der Wissenschaft zusammen. Wie rührt es sie alle, daß er seinen Schwarzen das Versprechen, zu ihnen zurückzukehren, tatsächlich halten will! Wie schön hat er den Wilden in Afrika gezeigt, was ein englischer Christ ist! Wie geht es auf einem der letzten Bankette den Anwesenden zu Herzen, als Sir Roderick Murchison von ihm sagt, »daß er trotz der achtzehn Monate voller Lobpreisung, die ihm mit vollem Recht von allen Klassen seines Landes zuteil wurde, und trotz aller Ehrenbezeigungen, mit denen ihn die Universitäten und die Städte unseres

Landes überhäuften, noch derselbe biedere, treuherzige David Livingstone ist, als der er aus den Wildnissen Afrikas hervorging«!

All diese liebenswürdigen und wohlmeinenden Herren, diese vornehmen, reichen und mildtätigen Damen bestärken Livingstone noch im Glauben an seine Landsleute und ihre edle Berufung in der Welt. Er hat kein Auge für den Unterschied zwischen dem, wofür die Herrschenden sich halten oder wenigstens gehalten werden möchten, und dem, was sie wirklich sind. Natürlich sind sie nicht alle Heuchler und Zyniker. Nicht wenige von ihnen sind fast ebenso einfältig wie der, den sie feiern. Aufrichtigen Herzens danken sie ihrem Gott für die Vorzugsstellung, mit der er sie auf Erden begnadet hat. Sie glauben wirklich, daß man für die armen Heiden mehr tun müsse als bisher, und sie sind diesem biederen Mann dankbar, daß er es an ihrer Stelle, in ihrem Namen und von ihren Gebeten begleitet tun will. Die anderen aber, die wissen, was gespielt wird, weil sie das Spiel machen, hüten sich, dem treuherzigen Mann und seinen gläubigen Verehrern die Illusion zu rauben und sie in die harten Spielregeln einzuweihen: Sie sitzen ja doch alle miteinander, die Einfältigen und die Wissenden, in ein und demselben Wagen, den nicht die Treuherzigen lenken; und ihren Reichtum genießen sie alle, die Frommen wie die Scheinheiligen, ohne sich daran zu stoßen, daß er nichts anderes ist als geraubter, erpreßter und unterschlagener Arbeitslohn der vielen Millionen, die Gott nicht begnadet hat.

VI
Im Kampf
gegen den Sklavenhandel

Stromschnellen zwingen zur Umkehr. Am 10. März 1858 verläßt die Expedition, der sich auch Mary Livingstone mit ihrem jüngsten Söhnchen Oswell angeschlossen hat, auf dem Kolonialdampfer »Pearl« England. Das Schiff hat einen in seine Teile zerlegten Raddampfer an Bord, der für die Erforschung des Sambesi und seiner Nebenflüsse bestimmt ist. Unterwegs, in Sierra Leone, wird für diesen Dampfer eine Bemannung von zwölf Kru angeworben und einstweilen auf der »Pearl« untergebracht. Die Krumänner sind als tüchtige Seeleute bekannt, sie werden auch für europäische Schiffe gern angeheuert.

In Kapstadt trennt sich Frau Livingstone, die ihr fünftes Kind erwartet, von der Expedition. Sie will für einige Zeit zu ihren Eltern nach Kuruman ziehen und erst im übernächsten Jahr, 1860, mit ihrem Mann am Sambesi wieder zusammentreffen. Von seinem Schwiegervater, der Mary in Kapstadt abholt, erfährt Livingstone, daß seine Makololo noch immer in Tete auf ihn warten.

Livingstone, sein Bruder Charles und die übrigen Expeditionsmitglieder setzen die Reise fort, und im Mai kommt die »Pearl« vor der niedrigen, mit sumpfigem Mangrovenwald bedeckten Küste des Sambesideltas an. Sie fährt zunächst in den südlichsten Mündungsarm des Stromes, den Luawe, ein. Hier werden mit Hilfe der zwölf Kru die Teile des Raddampfers an Land gebracht und zusammengeschraubt. Das fertige Dampfboot tauft Livingstone auf den Namen »Ma-Robert« – »Roberts Mutter«; so, nach ihrem ältesten Sohn, hatten die Tswana ihrer Sitte gemäß Frau Mary genannt.

Die »Ma-Robert« fährt dann allein den Luawe aufwärts, findet aber keine Durchfahrt zum Hauptarm des Sambesi. Undurchdringliche, mit Schilf überwucherte Sümpfe zwingen sie zur Umkehr.

Nach längerem Suchen stellt man fest, daß unter den anderen Mündungsarmen der Kongone am besten passierbar ist, und ihm folgen die beiden Schiffe nun aufwärts.

Noch an Bord der »Pearl« hat Dr. Livingstone in Gegenwart aller Expeditionsmitglieder die Instruktionen des Auswärtigen Amtes verlesen lassen. Später ergänzt er sie durch Spezialinstruktionen, in denen die besondere Aufgabe jedes einzelnen genau angegeben und die Verpflichtung zu einem guten Einvernehmen untereinander – als Beispiel für die Afrikaner – und zu einem moralisch einwandfreien. Verhalten im Verkehr mit den Afrikanern betont wird. Die Waffen sollen nur zur Beschaffung von Fleischnahrung und zum Erlegen von Tieren für wissenschaftliche Zwecke verwendet werden; im übrigen ist das Leben der Tiere zu schonen.

»Es steht zu hoffen, daß wir unsere Waffen niemals zur Verteidigung gegen die Eingeborenen benötigen werden; die beste Sicherheit vor Angriffen besteht in einem aufrichtigen Benehmen und darin, daß die Eingeborenen sehen, wir sind gegen einen Angriff gerüstet...

Es ist wohl unnötig, daß ich Sie zur strengsten Gerechtigkeit gegen die Eingeborenen auffordere. Hierzu werden Sie gewiß durch Ihre eigenen Grundsätze geführt. Aber während Sie selbst so handeln, ist es auch unbedingt notwendig, jeden Anschein einer Überlistung oder Beleidigung durch das Benehmen Ihrer Untergebenen sorgsam zu vermeiden...

Wir sind die Bekenner einer milden, heiligen Religion und können durch ein dieser entsprechendes Verhalten und durch weise, geduldige Bemühungen für eine bisher stets beunruhigte und niedergetretene Rasse die Vorboten des Friedens werden...«

Als Missionar und Forscher ist er selbst von Anfang an darauf bedacht gewesen, nach diesen Grundsätzen zu leben, und sie haben sich immer wieder bewährt. Jetzt ist er bemüht, den Expeditionsteilnehmern durch Selbstbeherrschung und Höflichkeit ein Beispiel zu geben und seine Autorität in den Hintergrund treten zu lassen und gleichzeitig zu wahren.

Der Expedition ist die Aufgabe gestellt, den Sambesi samt seinen Mündungen und Nebenflüssen zu erforschen, und zwar im Hinblick auf ihre Verwendbarkeit als Straßen für den Handel und die Ausbreitung des Christentums nach dem Innern Afrikas. Der weitere Zweck »bestand darin, die bereits erworbene Kenntnis von der Geographie und den Bodenschätzen und landwirtschaftlichen Hilfsquellen Ost- und Zentralafrikas zu vermehren, unsere Bekanntschaft mit den Eingeborenen zu erweitern und diese zur fleißigen Bebauung ihres Landes anzuhalten mit der Absicht, Rohstoffe zur Ausfuhr nach England gegen britische Industriewaren zu produzieren. Wenn man die Eingeborenen ermunterte, die Hilfsquellen ihres Landes zu entwickeln, war zu hoffen, daß dies wesentlich zur Unterdrückung des Sklavenhandels beitragen würde, da sie bald einsehen müßten, daß ersteres wohl eine sicherere Erwerbsquelle werden könnte als letzterer.«

»Der Sklavenhandel ist das größte Hindernis der Zivilisation und der Ausbreitung des Güterhandels; und da die Engländer das philanthropischste Volk der Welt sind und wahrscheinlich jederzeit in kommerzieller Hinsicht auf dem afrikanischen Kontinent das meiste aufs Spiel setzen werden, so zeugen die Maßnahmen zur Unterdrückung des Sklavenhandels von tiefer Weisheit und Voraussicht.« Mit den »Maßnahmen« meint Livingstone ebenso die Entsendung britischer Kreuzer zur Verhinderung der Sklavenausfuhr von Angola nach Amerika wie seine jetzige Expedition. Er hat offenbar keine Ahnung davon, daß gerade zu der Zeit, als er diese Expedition antrat, das »philanthropischste Volk der Welt« den Sepoy-Aufstand in Indien mit unmenschlicher Grausamkeit niederwarf. Auch darin »tiefe Weisheit und Voraussicht« zu erblicken, wäre wohl selbst ihm in seiner unbegrenzten Gutgläubigkeit schwergefallen.

Die Ufer des Kongone rahmt Urwald mit Mangroven, riesigen Farnen und Palmen ein. Auf grasigen Lichtungen weiden Büffel, Warzenschweine, Antilopen. In wenigen Stunden schießen die Besatzungen der beiden Schiffe genug Wild für mehrere Tage. Portugiesen trifft man nirgends an, und die wenigen Uferbewohner, denen man begegnet, flüchten mit ihren Einbäumen schleunigst in die Mangrovendickichte; wahrscheinlich sind es entlaufene Sklaven der Portugiesen.

Übrigens wissen die Portugiesen über die Sambesimündungen nicht Bescheid. Livingstone erfuhr später, daß sogar der Generalgouverneur nichts vom Kongone wußte, sondern den Mündungstrichter des Kilimaneflusses für die Hauptmündung des Sambesi hielt.

Allmählich bleibt der Urwald zurück. Es folgen weite, mit übermannshohem Gras bewachsene Ebenen.

Schließlich biegen die Schiffe in den Hauptstrom ein, der zwar sehr breit, aber von zahllosen, unter Wasser liegenden Sandbänken durchzogen ist, zwischen denen in vielen Windungen das Flußbett verläuft. Für ein solches Fahrwasser hat die »Pearl« einen zu großen Tiefgang. Das Gepäck und die Vorräte der Expedition werden aus den Laderäumen der »Pearl« auf eine Insel geschafft, damit das Schiff umkehren kann.

Während des Ausladens kommt es zu einem Zerwürfnis zwischen Dr. Livingstone und dem Marineoffizier, der die »Ma-Robert« befehligen soll. Der Offizier reicht seine Entlassung ein. Anfangs weigert sich Livingstone, sie anzunehmen, und versucht, die Meinungsverschiedenheit gütlich beizulegen. Doch der Offizier gibt nicht nach, und Livingstone muß die Entlassung schließlich bewilligen, obwohl er sich über diesen unschönen Auftakt der Reise sehr ärgert. Falls sich allerdings der Ausgeschiedene für unersetzlich gehalten haben sollte, so hat er sich geirrt: Nach seinem Abgang übernimmt Dr. Livingstone selbst den Befehl über das Schiff. Er hat sich auf drei großen Seereisen mit der Führung von Dampfern genügend vertraut gemacht. In einem Brief schreibt er: »Man bildete sich ein, wir wüßten uns nicht zu helfen, aber ich selbst übernahm das Schiff und habe es über sechzehnhundert Meilen geführt, obschon ich ebensogern eine Droschke in den Novembernebeln Londons fahren möchte wie unter dieser heißen Sonne Schiffer sein.« Er bedauert nur sehr, daß er durch sein neues Amt weniger an Land kommt.

Ein Teil der Expeditionsmannschaft bleibt vorläufig bei dem Depot auf der Insel. Sie werden sich die Zeit mit botanischen und magnetischen Forschungen und mit Wetterbeobachtungen vertreiben. Am Ufer gegenüber der Insel grasen Büffel und Zebras, also können sie sich mit Fleisch versorgen.

Die anderen fahren mit der »Ma-Robert« und einer Pinasse stromaufwärts nach Schupanga und Senna. Sie geraten mitten in einen Krieg hinein, den die Portugiesen gegen einen berüchtigten Sklavenjäger, den Mischling Mariano, führen. Er hat sich weiter oben, nahe der Einmündung des Schire in den Sambesi, eine Palisadenfestung gebaut. Darin hält er sich eine mit Musketen bewaffnete Truppe, welche er zu den Stämmen im Nordosten, die keine Feuerwaffen besitzen, auf Menschenraub ausschickt. Die Opfer werden in Ketten nach Kilimane (auch Quelimane) gebracht und von dort als »freie Auswanderer« zu Schiff nach französischen Kolonien transportiert.

Solange Mariano in entfernten Gegenden plünderte und mordete, mischten sich die portugiesischen Behörden nicht ein. Aber mit der Zeit überfielen seine Leute auch Dörfer in der Nähe der portugiesischen Niederlassungen. Sogar bis nach Senna hatten sie sich gewagt, ohne die Geschütze und die Garnison des Forts zu fürchten. – Der Gouverneur mußte schließlich Soldaten entsenden, die den Friedensstörer gefangennehmen sollten. Mariano glaubte anscheinend, daß die Portugiesen es nicht so ernst meinten, denn nachdem er eine Zeitlang Widerstand geleistet hatte, begab er sich freiwillig nach Kilimane, um sich mit dem Gouverneur gütlich zu einigen. Der steckte ihn jedoch ins Gefängnis und ließ ihn dann, angeblich zur Aburteilung, nach der Haupt- und Hafenstadt Moçambique bringen. Marianos Leute aber kämpften und raubten unter seinem Bruder Bonga weiter.

Als die »Ma-Robert« im Juni 1858 erstmals den Sambesi hinauffährt, dauert der Krieg schon ein halbes Jahr. Selbstverständlich hütet sich Livingstone, Partei zu ergreifen; er wird sich bemühen, seine Expedition aus den Wirren möglichst herauszuhalten.

Als der Dampfer wieder einmal ankert, erscheint unter den Bäumen am Ufer plötzlich ein Haufen abenteuerlich gekleideter und mit Flinten bewaffneter Gestalten. Das können nur Leute Marianos sein. Livingstone läßt ihnen sofort erklären, daß sie es mit Engländern zu tun haben. Da kommen einige sogleich an Bord und rufen ihren Kameraden am Ufer zu, sie sollen ihre Waffen ablegen. »Als wir zu ihnen an Land gingen, sahen wir, daß manche die eingebrannten Sklavenzeichen auf der Brust trugen. Sie kannten die Haltung unseres Volkes in der Sklavenfrage sehr gut und billigten lebhaft unser Vorhaben. Das Jauchzen bei unserer Abfahrt bildete einen starken Gegensatz zu den argwöhnischen Fragen bei unserer Ankunft. Von nun an sahen uns beide Parteien als Freunde an.« Das ist für das Gelingen der Expedition unerläßlich. Livingstone ist ein guter Diplomat, wenn es darauf ankommt.

Im August holt die »Ma-Robert« die auf der Insel oberhalb des Deltas wartende Teilnehmergruppe ab, und die gesamte Expedition fährt nun nach Tete, wo Livingstone die vor mehr als zwei Jahren zurückgelassenen Makololo an Bord nehmen will, um sie endlich in ihre Heimat zurückzubringen. Die Fahrt auf dem breiten unteren Sambesi, der voller Inseln und Sandbänke ist, geht sehr langsam und mit vielen Zwischenfällen vonstatten. Oft verfehlt der Steuermann das windungsreiche Flußbett und fährt das Schiff auf Grund; dann müssen es die Krumänner in harter Arbeit wieder flottmachen.

Sehr bald hat sich herausgestellt, daß die Dampfmaschine schlecht konstruiert ist: Sie verschlingt unglaubliche Mengen Holz und leistet dafür viel zuwenig. Anderthalben Tag lang sind alle verfügbaren Hände beschäftigt, das Brennholz zu hauen, das sie an einem Tag verbraucht. Schwerbeladene Einbäume halten fast gleiches Tempo mit dem Schiff, leichtere überholen es sogar, und die Ruderer schauen verwundert und mitleidig auf den langsamen, keuchenden »Asthmatiker«, wie die europäischen Expeditionsteilnehmer den Dampfer nennen. Livingstone ärgert sich ungemein, daß er beim Ankauf des Schiffes einem Gauner in die Hände gefallen ist; er hatte damals geglaubt, ein gutes Geschäft abgeschlossen zu haben, weil der vorige Eigentümer – angeblich »aus Liebe zur Sache« – keinen hohen Preis verlangte. Für den weiteren Verlauf der Fahrten ahnt er Unheil. Schon jetzt bringt der Zeitverlust, den das fortwährende Landen und Holzfällen verursacht, den ganzen Plan durcheinander. Es kommt auch vor, daß der Holzvorrat zu Ende geht und schilfüberwucherte Sümpfe auf vielen Meilen keine Landung zulassen oder baumlose Steppe den Fluß säumt, so weit das Auge reicht. Mehrmals hat Livingstone in der höchsten Not das Glück, am Ufer Überreste eines erlegten Elefanten zu erspähen. Dann läßt er die Knochen an Bord holen und verheizen. Weht der Wind günstig, werden Segel gesetzt.

Am 8. September ankert die »Ma-Robert« vor Tete. Livingstone fährt im Ruderboot an Land, sehr neugierig, in welchem Zustand er seine Makololo vorfinden wird. Er weiß, daß der König von Portugal den Kolonialbehörden befohlen hat, für den Unterhalt dieser Männer zu sorgen, und er hat dem König für diese Großmut im Vorwort seines Reisewerkes öffentlich gedankt.

Viele seiner einstigen Gefährten eilen ihm entgegen. Ihre Freude, ihn wiederzusehen, ist nicht geheuchelt. Manche wollen ihn umarmen, werden aber von anderen zurückgehalten: »Rührt ihn nicht an, ihr verderbt ihm sonst seinen neuen Anzug!«

Er erzählt ihnen sogleich von dem schlimmen Ende des armen Sekwebu, und sie berichten, daß dreißig von ihnen an den Blattern gestorben sind, mit denen die Einwohner von Tete sie behext hätten; sechs andere seien von einem Häuptling irgendwo in der Umgebung ergriffen und getötet worden. Wie steht es denn mit der vom König von Portugal befohlenen Unterstützung auf Staatskosten? Die Makololo haben von einem solchen Befehl nie etwas gehört und von den hiesigen Portugiesen nie etwas bekommen. Auch die Behörden zu Tete, bei denen sich Livingstone erkundigt, wissen nichts von einem solchen Befehl. Im übrigen, so sagen sie, sei die Regierung in Lissabon mit der Besoldung der

Beamten in der Kolonie mehrere Jahre im Rückstand und könne von ihnen nicht verlangen, daß sie hundert fremde Leute aus ihrer eigenen Tasche ernährten. Um sich ihren Unterhalt zu verdienen, haben die Makololo draußen im Urwald Holz gehauen und es im Dorf feilgeboten. Nur Major Sicard half ihnen, indem er ihnen Land anwies und Hacken gab, damit sie für ihren Bedarf etwas anbauen konnten.

Bei seinem jetzigen Aufenthalt in Tete lernt Livingstone wieder neue und sonderbare Züge der portugiesischen Sklavenhaltung kennen. Die verhältnismäßig humane Art, mit der die Sklaven im allgemeinen behandelt werden, entspringt nicht so sehr »natürlicher Herzensgüte« als vielmehr der Furcht, die Sklaven könnten andernfalls entlaufen. Und wenn die Portugiesen einen erwachsenen Mann zusammen mit seiner ganzen Familie kaufen, so tun sie es nicht, um diesen Menschen den Trennungsschmerz zu ersparen, sondern um den Mann so fest an seine neue Heimat zu binden, daß er an Flucht gar nicht denkt. Liefe er allein fort, so würde er alles verlieren, woran sein Herz hängt, und außerdem Gefahr laufen, daß er im ersten besten Dorf vom Häuptling aufgegriffen und erneut verkauft wird, dann aber ohne seine Lieben. Und würde er mit ihnen fliehen, so könnte es geschehen, daß sie zwar gemeinsam eingefangen, aber getrennt verkauft würden. Die Sklavenhalter handeln also nur scheinbar human, in Wirklichkeit aber aus Berechnung.

Ein freier Mann kann sich auch freiwillig in die Sklaverei begeben, er braucht dazu nur vor seinem künftigen Herrn, den er sich natürlich aussuchen kann, eine Lanze zu zerbrechen. Ein portugiesischer Offizier hatte einen der Makololo, den er gern besitzen wollte, zu dieser symbolischen Handlung zu überreden versucht; der Mann war jedoch klug genug gewesen, sich zu weigern.

Einen freien jungen Afrikaner, der eine Zeitlang auf der »Ma-Robert« Lotsendienst verrichtet und sich als intelligent und tüchtig erwiesen hatte, traf Livingstone nach Jahren als Sklaven wieder. Der junge Mann hatte sich freiwillig verkauft.

»Warum hast du das getan?« fragte ihn Livingstone erstaunt.

»Ich stehe ganz allein in der Welt, habe weder Vater noch Mutter, noch sonst jemanden, der für mich sorgt, wenn ich hungrig oder krank bin. Darum habe ich mich an Major Sicard verkauft. Seine Sklaven haben wenig zu tun und bekommen viel zu essen.«

Für den Preis, den ihm der Major gezahlt hatte – neunzig Ellen Kattun –, hatte er sich nunmehr selber Sklaven gekauft, die er mit Gewinn für sich arbeiten ließ.

»Nach zwei Jahren besaß ich so viele, daß ich einen großen Einbaum bemannen konnte.«

Sein Herr, der Major, verwendete ihn, um Elfenbein nach Kilimane zu befördern, und gab ihm Kattun, damit er eine Kahnbemannung anheuern und entlohnen könnte. Aber er bemannte den Kahn mit seinen eigenen Sklaven, so daß ihm der erhaltene Kattun als Reingewinn verblieb. Und noch einen anderen Vorteil hatte ihm sein Selbstverkauf eingebracht: Würde er jemals krank, so müßte sein Herr, der Major, ihn erhalten.

Menschen, die sich selbst verkaufen; Sklaven, die sich Sklaven halten – jedes Gefühl für Menschenwürde war verlorengegangen. Moralische Zersetzung und übelste Korruption, das war das Ergebnis jahrhundertelanger europäischer Kolonialtätigkeit!

Auf seiner Reise von der West- zur Ostküste Afrikas hatte Livingstone es unterlassen, den unteren Sambesi zu befahren und zu erkunden. Zu spät hörte er von den Kebrabasa-Stromschnellen. Diesmal will er das Versäumte nachholen. Die Gelegenheit ist günstig, denn der Strom hat gerade einen ungewöhnlich niedrigen Wasserstand, und die Felsschwellen im Flußbett sollen jetzt teilweise bloßliegen.

Der Sambesi strömt an der Kebrabasa meilenweit durch eine enge, in Felsen eingeschnittene Rinne, die stellenweise nur etwa fünfzig Yard breit ist und mehrere scharfe Krümmungen und kleine Wasserfälle hat. Die Felswände zu beiden Seiten sind glattgeschliffen und waagerecht gerieft, denn bei Hochwasser steigt der Spiegel des Sambesi in der Rinne um mehr als achtzig Fuß, und die Felsschwellen und Wasserfälle verschwinden darunter. Allerdings nimmt dann die Strömungsgeschwindigkeit gewaltig zu, und nur ein sehr starker Dampfer könnte mit Erfolg dagegen ankämpfen. Die »Ma-Robert« wäre dazu völlig ungeeignet.

Sieben oder acht Meilen müht sie sich durch den Engpaß stromauf, dann kehrt sie um. Livingstone läßt sie im Strom ankern und steigt mit Dr. Kirk und einer kleinen Schar Makololo an den Felshängen und -wänden entlang talaufwärts, um die Kebrabasa bis an ihr oberes Ende zu erforschen. Der Felsboden ist

so heiß, daß die Makololo an ihren nackten Fußsohlen Blasen bekommen. Endlich weigern sich die Führer, weiter mitzugehen, und auch die Makololo fangen an zu murren: »Wir haben immer gedacht, du hättest ein Herz«, sagen sie zu Livingstone, »aber du hast keins!« Er will jedoch unbedingt die Frage nach der Schiffbarkeit der Kebrabasa zweifelsfrei beantworten – freilich nicht so, wie man es einem hochgestellten Portugiesen nachsagte. Dieser Mann hatte angeblich zwei Sklaven in einem Einbaum festbinden und diesen oberhalb der Stromschnellen in den Sambesi setzen lassen. »Da weder die Sklaven noch der Kahn am unteren Ende wieder herauskamen, schloß Seine Exzellenz, daß die Kebrabasa nicht schiffbar sei.«

Erst an einem Wasserfall, der nach Aussage der einheimischen Führer das obere Ende der Stromschnellen bildet, gibt sich Livingstone zufrieden und kehrt mit dem Ergebnis um, daß die Kebrabasa bei niedrigem Wasserstand für jede Schiffahrt ein unüberwindliches Hindernis sei. Er berichtet darüber an die britische Regierung und bittet bei dieser Gelegenheit unter Hinweis auf die Mängel der »Ma-Robert« um ein taugliches Schiff. Zugleich ersucht er brieflich einen Freund, für den Fall, daß die Regierung seine Bitte nicht erfülle, ein neues Schiff auf seine eigenen

Kosten zu beschaffen, und erteilt ihm Vollmacht, zu diesem Zweck zweitausend Pfund von Livingstones eigenem Geld zu verwenden. Bevor er die Makololo heimbegleitet, will er erst die Antwort auf sein Gesuch an die Regierung abwarten.

Unterhalb von Senna mündet von Norden ein wasserreicher Nebenfluß, der Schire, in den Sambesi. Die Portugiesen können über ihn keine Auskunft geben. Sie wissen nicht, woher er kommt. Vor Jahren soll eine portugiesische Expedition stromauf zu fahren versucht haben, aber wegen undurchdringlicher Massen von Wasserpflanzen wieder umgekehrt sein. Andere behaupten, die mit Widerhaken versehenen und vergifteten Pfeile der Uferbewohner hätten den Portugiesen schwere Verluste zugefügt und sie zurückgetrieben. Sogar Marianos Sklavenjäger mieden diese Gegenden. Es gab keinen Verkehr auf dem Schire und keinen Handel mit jenen fremdenfeindlichen Stämmen. Ein Kaufmann in Senna erzählt, er habe einmal Händler den Schire aufwärts geschickt; sie seien beraubt worden und nur knapp mit dem Leben davongekommen. Und als die portugiesischen Beamten merken, daß Livingstone sich für den gefährlichen Fluß interessiert, jammern sie: »Unsere Regierung befiehlt uns, Ihnen zu helfen und Sie zu schützen. Aber wie können wir Sie schützen, wenn Sie in Gegenden gehen, in die wir Ihnen nicht zu folgen wagen!«

Im Januar 1859 fährt die »Ma-Robert« zum erstenmal den Schire hinauf. In den ersten Tagen treiben zwar massenhaft Wasserpflanzen den Fluß hinab, doch können sie weder den Dampfer noch einen Einbaum ernstlich behindern. Im Vergleich mit dem Sambesi ist der Schire verhältnismäßig leicht befahrbar, er ist wesentlich tiefer und hat auch keine Sandbänke.

Wenn der Dampfer anlegt, um Brennholz zu übernehmen, gehen Charles Livingstone und Dr. Kirk jedesmal auf Exkursion. Sie sammeln Pflanzen, Proben der verschiedenen Edelhölzer, Insekten und Vogelbälge sowie Kleidungsstücke, Schmuck und Geräte der Einheimischen. Außerdem stellen sie magnetische und meteorologische Beobachtungen an, und Dr. Kirk betätigt sich in den Dörfern als Arzt. Charles Livingstones Hauptaufgabe ist es, sich für die im Lande angebaute Baumwolle zu interessieren und Proben davon für die Textilfabrikanten von Manchester zu sammeln.

Mit der Zeit ändert sich das Verhalten der Landesbewohner.

Wenn sich das Schiff einem Dorf nähert, dröhnen die Trommeln, und die mit Pfeil und Bogen bewaffneten Männer versammeln sich. Manche verstecken sich hinter Bäumen und zielen probeweise. Frauen sind nicht zu sehen. »Wir mußten äußerst vorsichtig sein, damit die Volkshaufen, die uns ständig bewachten, nichts von dem, was wir taten, falsch auslegten.« In einem großen Dorf zählt Livingstone mindestens fünfhundert versammelte Krieger. Sie befehlen ihm anzuhalten. Er läßt sich an Land rudern und wird vor den Häuptling geführt, einen großen, grauhaarigen Mann, den die Ankunft des rauchenden Ungetüms auf dem Fluß sichtlich aufgeregt hat. Wie gewöhnlich erklärt Livingstone zuerst, er und seine weißen Begleiter seien keine Portugiesen, sondern Engländer, und sie kämen nicht ins Land, um zu kämpfen oder Sklaven mitzunehmen, sondern um dem friedlichen Handel mit allerlei Waren außer Sklaven einen Weg zu bahnen. Das Gesicht des Häuptlings hellt sich auf. Er ist es, der bisher den Händlern der Portugiesen den Weg ins Landesinnere verwehrt hat. Doch auf Livingstones Bitte ruft er seine Krieger zusammen, damit auch sie erfahren, was diese Weißen hergeführt hat. Die Männer haben gegen die Absichten der Fremden nichts einzuwenden, die »Ma-Robert« darf unbelästigt weiterfahren. Die Landesbewohner bleiben jedoch mißtrauisch, sie beobachten das Schiff und stellen an den Ufern Wachen auf.

Dreißig Meilen oberhalb jenes Dorfes dehnt sich östlich des Schire ein Sumpfgebiet aus, in dem sich riesige Elefantenherden aufhalten; rund achthundert Tiere zählt Livingstone einmal. In diesen Sümpfen sind sie vor Jägern sicher.

Nach einer Fahrt von zweihundert Meilen starren aus dem Schire Felsklippen empor, zwischen denen Wasserfälle schäumen – eine Stromschnelle riegelt den Fluß ab. Damit ist auch auf dem Schire die Fahrt zu Ende.

Zu Land weiter vorzudringen, hält Livingstone angesichts der argwöhnischen Haltung der Einheimischen für zu gewagt. Er sendet einigen Häuptlingen Botschaften und Geschenke, um den Boden für spätere Forschungen zu ebnen, und steuert dann das Schiff nach Tete zurück. Mit der Strömung kommt es schnell vorwärts. Die Flußpferde gehen ihm aus dem Weg, die Krokodile stürzen ihm entgegen, wahrscheinlich halten sie den Schiffsrumpf für ein riesiges Beutetier; erst wenige Yards davon entfernt merken sie ihren Irrtum und schießen in die Tiefe.

Mitte März fährt die Expedition ein zweitesmal den Schire aufwärts. Bei einem Dorf, dessen Bewohner zugänglicher sind und bereitwillig Geflügel und Getreide verkaufen, legt sich die »Ma-Robert« vor Anker, und wieder bricht Livingstone mit Dr. Kirk und einigen Makololo zu Fuß auf, um nun auch die Stromschnellen des Schire bis an ihr oberes Ende zu erkunden. Es stellt sich heraus, daß dem zuerst entdeckten Wasserfall stromaufwärts noch fünf andere folgen. Livingstone benennt sie nach dem Präsidenten der Geographischen Gesellschaft: Murchisonkatarakte.

Auf einem Abstecher nach Osten entdeckt er den Schirwasee, der den Portugiesen bis zu diesem Zeitpunkt völlig unbekannt geblieben war, und kehrt anschließend zu seinem Schiff zurück, das nunmehr den Kongone bis zu seiner Mündung in den Indischen Ozean abwärts fährt.

Die erste Phase der Expedition ist damit abgeschlossen. Sie hat keine aufsehenerregenden Entdeckungen erbracht, sondern hauptsächlich Lücken geschlossen, die bei der Durchquerung Afrikas offengeblieben waren.

An der Kongonemündung wird die Expedition von einer englischen Brigg neu mit Proviant versorgt. Livingstone läßt die »Ma-Robert« an Land ziehen, um sich ihren stählernen Rumpf von unten und außen zu besehen. Sie hat ihm in der letzten Zeit nur Ärger bereitet. Ihr Boden leckte; jeden Morgen stand fußhoch Wasser im Schiffsraum, und manchmal war sogar die Kajüte überschwemmt. Das Wasser drang irgendwie durch den Boden ein. Von oben tropft der Regen durch die Decke der Kajüte, so daß die Insassen einen Regenschirm aufspannen müssen, wenn sie schreiben wollen. Die Proviantkisten, die als Stühle und Betten dienen, ziehen Wasser. Die mit vieler Mühe gesammelten und getrockneten Pflanzen des Herbariums verderben, und es müssen neue gepreßt werden. Das Fieber, unter dem die Männer hier wieder mehr zu leiden haben, wird durch das Schlafen auf durchnäßten Kissen begünstigt.

Bei der Untersuchung der dünnen Platten des Schiffsrumpfes, die aus einer neuen, vorher nicht ausprobierten Stahlsorte bestehen, entdeckt man überall feine Risse und Poren, durch die das Wasser ständig einsickert. Beheben läßt sich dieser Fehler nicht. Bis ein besseres Fahrzeug eintrifft, muß sich Livingstone mit der »Ma-Robert« behelfen, so gut es eben geht.

Für die zweite Phase der Expedition stehen wochenlange Fuß-
märsche bevor. Da die Kru, die bisher das Schiff bedient haben,
nicht gut zu Fuß sind, werden sie entlassen. Die Makololo haben
ihnen die an Bord zu verrichtenden Arbeiten abgeguckt; sie sind
fleißige Holzfäller und geübte Wanderer, und künftig werden sie
auch den Dienst auf dem Schiff versehen.

Die Entdeckung des Njassasees. Mit der Auffindung eines Sees, des
Ngami, erntete Livingstone einst den ersten Entdeckerruhm.
Auch auf der jetzigen Expedition lockt ihn ein See, der dort liegen
soll, wo der Schire herkommt. Nördlich des Schirwasees, so hat
man ihm versichert, befinde sich ein riesiges Gewässer, der Njassasee (auch Malawisee); kein Europäer hat ihn bisher gesehen,
und auch die Anwohner des Schire haben nur von ihm gehört.

Mitte August dampft die »Ma-Robert« abermals den Schire
aufwärts. Eigentlich soll sie imstande sein, zehn bis zwölf Tonnen Fracht und ungefähr sechsunddreißig Mann zu tragen; aber
diese Last drückt sie so tief ins Wasser, daß sie beinahe sinkt.
Darum werden etliche Männer in den Booten untergebracht und
diese ins Schlepptau genommen. Im Dunkeln kentert eines der
Boote; ein Mann, der nicht schwimmen konnte, ertrinkt. Der
Vorfall stimmt Livingstone traurig und erregt von neuem seinen
Groll gegen den, der ihm das klägliche Fahrzeug aufgeschwatzt
und der eigentlich den Ertrunkenen auf dem Gewissen hat.

Vor den Murchisonfällen verläßt er das Schiff, um den langen
Fußmarsch zu dem unbekannten See im Norden anzutreten.
Zweiundvierzig Mann stark ist die Expedition: vier Europäer,
sechsunddreißig Makololo, zwei einheimische Führer. Es sind
mehr Leute, als wirklich gebraucht werden; aber da Livingstone
nicht weiß, wie ihn die Landesbewohner empfangen werden, will
er stark erscheinen: »Denn die menschliche Natur ist überall dieselbe, Schwarze suchen ebensogern wie Weiße den Schwachen
auszubeuten und sind gegen den Starken auch ebenso höflich
und ehrerbietig.« Zu demselben Zweck, die Bevölkerung von
Übergriffen abzuschrecken, bekommen alle Expeditionsteilnehm-
mer Gewehre, »wenn es auch zu unserer Stärke nicht viel beitrug, da die meisten noch nie mit einem Gewehr geschossen
hatten und bei einem Zusammenstoß wahrscheinlich für uns gefährlicher gewesen wären als für den Feind«.

Auf den Höhenzügen, die den Schire begleiten, ist es morgens angenehm kühl. Hier gibt es keine Moskitos, und man kann im Freien schlafen. Die Landschaft ist herrlich: fruchtbare Ebenen, grüne Hügel, dahinter majestätische Berge.

Oberhalb der Murchisonfälle steigt die Expedition wieder ins Schiretal hinab, das sehr fruchtbar und dicht besiedelt ist. Die Dörfer der hier ansässigen Manganja stehen im Schutz von undurchdringlichen Hecken giftiger Euphorbien.

Die Manganja sind ein fleißiges und geschicktes Volk. Sie bauen Baumwolle an, und in den Dörfern sieht man sie spinnen und weben. Aus ihren Hügeln graben sie Eisenerz, schmelzen es und verarbeiten es zu Äxten, Hacken, Speer- und Pfeilspitzen, Nadeln, Arm- und Knöchelreifen. Sie töpfern, flechten Körbe, knüpfen aus Pflanzenfasern Fischnetze. Alle sind tätig, Männer, Frauen und Kinder. Und die Erzeugnisse sind brauchbar, fest und dauerhaft. Stets tritt Livingstone dem Gerede von der »sprichwörtlichen Faulheit der Schwarzen« entgegen, das ein Europäer dem andern gedankenlos nachplappert. Auch die besten, tatkräftigsten unter den Portugiesen geben zu: »Auf ihrem eigenen Grund und Boden arbeiten die Eingeborenen gern, vorausgesetzt, daß es sich lohnt. Wenn es zu ihrem Nutzen ist, arbeiten die Schwarzen sehr eifrig.« Daß sich auch Sklaven so anstrengen, kann man freilich nicht erwarten.

»Von den Männern sehen manche geistig begabt aus, haben wohlgestaltete Köpfe, angenehme Gesichter und hohe Stirnen. Wir lernten bald die Hautfarbe vergessen und sahen häufig Gesichter, die denen weißer Menschen ähnelten, die wir in England gekannt hatten.«

Frauen wie Männer schmücken sich in übertriebener Weise mit Ringen an sämtlichen Fingern, mit Hals-, Arm- und Knöchelbändern aus Messing, Kupfer oder Eisen. Die Frauen tragen in der durchbohrten Oberlippe die Pelele – einen großen Ring, der sie nicht nur entstellt, sondern auch sehr beim Essen und Sprechen hindert. Bei den armen ist er aus Bambus, bei den reicheren aus Zinn oder Elfenbein. Außerdem feilen die Manganjafrauen ihre Schneidezähne spitz. Sagt man ihnen, daß die Pelele sie häßlich mache, so antworten sie: »Aber sie ist Mode.« Gegen die Mode ist eben auch in Afrika die Vernunft machtlos.

Die Manganja sind große Bierbrauer und -trinker. Manchmal treffen die Reisenden ein ganzes Dorf in feuchtfröhlicher Stimmung an, beim Trinken, Trommeln und Tanzen. Fast in jedem Dorf werden sie mit Bier bewillkommnet. Es ist ein erfrischendes und sehr nahrhaftes Getränk, und man muß schon große Mengen davon trinken, um berauscht zu werden. Verglichen mit dem heimtückischen Fusel, den die europäischen Händler verkaufen, ist es harmlos.

Nach einem Marsch von zwanzig Tagen erreicht die Expedition am 16. 9. 1859 das südliche Ende des Njassasees.

Lange nach seiner Rückkehr von dieser Expedition erfuhr Livingstone, daß fast gleichzeitig mit ihm der deutsche Reisende Dr. Roscher am Njassasee angekommen war. An welcher Stelle, blieb unbekannt, denn Roscher wurde bald danach ermordet. »Vergleicht man die Daten – 16. September und 19. November –, so waren wir ungefähr zwei Monate vorher dort.« Auf diese Feststellung legt Livingstone Wert. »Die regelmäßige Veröffentlichung unserer Briefe durch die Königliche Geographische Gesellschaft war ein unschätzbares Plus. Sie hielt die Zeit jeder Entdeckung fest und verewigte diese.« Er selbst ist unterwegs bemüht, über seine Entdeckungen schnellstens nach London zu berichten, damit ihm niemand zuvorkommt. Bei aller persönlichen Bescheidenheit ist er als Entdecker stets sehr ehrgeizig.

Als die Expedition an der Stelle rastet, wo der Schire dem Njassasee entströmt, kommt ein halbes Dutzend verwegen aussehender, mit langen Gewehren bewaffneter Männer ins Lager. Es sind Küstenaraber, die mit einem großen Transport Sklaven, Elfenbein und Malachit vom Einkauf im Norden zurückkehren. Sie haben mehrere Kinder mitgebracht, die sie zum Kauf anbieten. Als sie hören, daß sie Engländer vor sich haben, werden sie ängstlich und verabschieden sich schnell. Am nächsten Morgen ist ihr Lagerplatz leer.

Die Expedition hat einen der großen Sklavenwege erreicht, die aus dem Innern zur Küste führen; andere kreuzen den Schire etwas weiter unten, und einige überqueren den See.

Livingstone hätte die Sklaven jener Araber befreien können, und seine Makololo machen ihm Vorwürfe, daß er es nicht getan hat. Aber er hat sich die Sache reiflich überlegt. Was soll er mit den Befreiten anfangen? Behalten kann er sie nicht, und läßt er sie laufen, so werden sie von den Bewohnern der umliegenden Dörfer bald aufgegriffen und erneut verkauft werden.

Schon lange vor dem Eindringen der Portugiesen trieben in Ostafrika die Araber Sklavenhaltung und Sklavenhandel. Sie waren bereits vor dem Auftreten Mohammeds an diesen Küsten erschienen. Aber erst im siebenten Jahrhundert siedelten sich hier ganze arabische Stämme und Sippen an, die in den arabischen Bürgerkriegen vor den Verfolgungen durch fanatische Nachfolger des Propheten aus ihrem Heimatland geflohen waren. Kilwa, im Jahre 975 entstanden, Mombasa und Sansibar waren ihre bedeutendsten Gründungen. Diese Araber brachten den Islam nach Afrika. Allmählich vermischten sie sich mit der »Suaheli« genannten einheimischen Bevölkerung Ostafrikas und übernahmen die Suahelisprache. Daher kommt es, daß Livingstone oft die Bezeichnung »schwarze Araber« gebraucht.

Die Araber umgaben ihre Städte mit Mauern und legten in der Umgebung Plantagen an, auf denen sie Sklaven arbeiten ließen. Außerdem wurden Sklaven zum Bau von Befestigungen und im Haushalt verwendet. Auch der Sklavenexport blühte bereits, bevor die Portugiesen kamen; afrikanische Sklaven wurden nach Arabien, Persien, Indien, Südostasien verkauft. Arabische Händler drangen im Binnenland bis in das Gebiet der großen Seen vor und gründeten 1830 den Stützpunkt Tabora (Unjanjembe). Von hier führen Karawanenwege westwärts nach Ud-

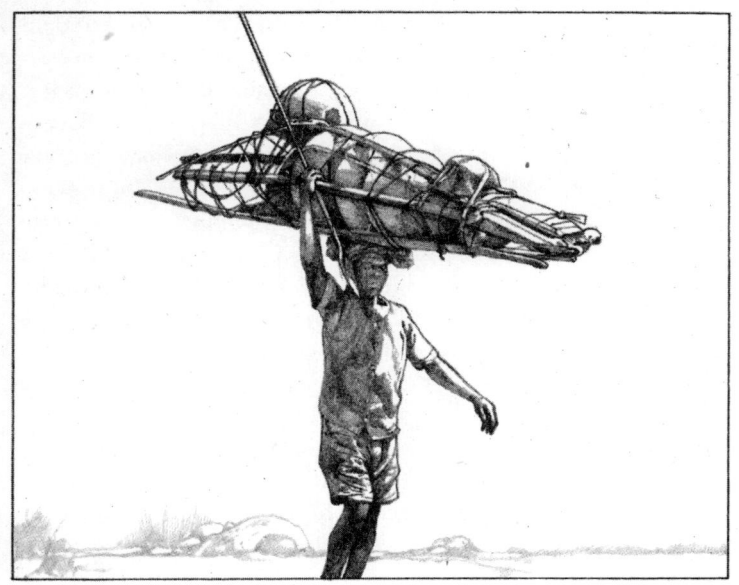

schidschi am Tanganjikasee und nordwärts in den Buganda-
staat.

Mit dem Verbot des Sklavenhandels, das sich auch auf Tropisch-Ostafrika erstreckt, wollen die Engländer den gesamten
arabischen Handel dort unterbinden. Doch zu Livingstones Zeit
steht die arabische Sklavenhalterei in Ostafrika noch in voller
Blüte, genau wie die portugiesische in Moçambique. Die Araber
dringen sogar immer tiefer ins Landesinnere ein und dehnen ihre
Beutezüge immer weiter aus. Es zeigt sich, daß nun auch das
ganze Land um den Njassasee ein Zentrum des Sklavenhandels
geworden ist.

»Die Manganjahäuptlinge verkaufen ihre eigenen Untertanen, denn in mehreren Dörfern begegneten wir Ajawa und Sklavenhändlern, die sicherlich ermuntert worden waren, nach Sklaven herzukommen. Die Häuptlinge schienen sich stets dieses
Handels zu schämen und suchten sich zu entschuldigen: ›Wir
verkaufen nicht viele und nur solche, die Verbrechen begangen
haben.‹ ... Außer Verbrechern werden aber wahrscheinlich auch
andere verkauft, zum Beispiel auf die Anklage der Hexerei hin.
Auch Waisen verschwinden bisweilen plötzlich, und niemand
fragt danach, was aus ihnen geworden ist. Ganz besonders auf

dem Hochland sind die Häuptlinge in Versuchung, ihre Untertanen zu verkaufen, weil es hier nur wenig Elfenbein gibt und sie nichts als Menschen haben, um dafür ausländische Waren einzuhandeln. Die Ajawa bieten Kattun, Messingringe, Töpferwaren und manchmal hübsche junge Frauen an und machen sich gern die Mühe, bei Nacht diejenigen Dorfbewohner fortzuschaffen, die der Häuptling ihnen bezeichnet. Für einen Mann geben sie vier Yard Kattun, für eine Frau drei und für ein Kind zwei Yard. Die so Gekauften bringen sie zu den Portugiesen in Moçambique, Ibo und Kilimane.« Die Angehörigen der Versklavten flüchten oft, irren umher und beginnen, durch die Not enthemmt, schließlich selbst zu plündern und Menschen zu rauben, um sie zu verkaufen.

Wo der Menschenhandel im Schwunge ist, sind die Manganja mißtrauisch und ungastlich. In manche Dörfer werden die Reisenden gar nicht eingelassen, und Lebensmittel bekommen sie nicht einmal zu kaufen, geschweige denn geschenkt.

Auf dem Hochland westlich des Njassasees herrscht ein gesundes Klima, in dem sich europäische Ansiedler wohlfühlen würden. Und mit den fleißigen Manganja ließe sich leicht ein für beide Seiten vorteilhafter Tauschhandel in Gang bringen. Mit diesem Ergebnis kehrt Livingstone befriedigt zum Schiff zurück. Dieser erste kurze Besuch verfolgt ja vor allem den Zweck, der einheimischen Bevölkerung, die sonst nur Sklavenhändler kennenlernt, zu zeigen, daß es auch Fremde gibt, die mit guten Absichten kommen.

Livingstone will nicht zu lange von seinem Schiff fortbleiben, er ist in Sorge um das Verhalten seiner dort zurückgelassenen Leute: Jede Unvorsichtigkeit von ihrer Seite würde den guten Ruf der Expedition gefährden; von diesem guten Ruf aber hängt das Gelingen des Planes ab, den Livingstone für die nächste Zukunft entworfen hat und der so aussieht:

Nach den Beobachtungen der Engländer in Sansibar und den Küstenorten kommen fast alle Sklaven, die in den portugiesischen Häfen und dem arabischen Hafen Kilwa auf Schiffe verladen werden, aus dem Njassagebiet. Wenn nun auf dem See ein kleiner Dampfer verkehren würde, der alles am oberen Schire und im Njassagebiet anfallende Elfenbein aufkaufte, so könnte man dem Sklavenhandel den Boden entziehen, denn dann wäre er nicht mehr rentabel: Nur das Elfenbein, das die Sklaven trans portieren, bewirkt nämlich, daß diese nicht den ganzen Gewinn, den die Reise bringt, unterwegs aufzehren. »Nur dadurch, daß wir die Zugangswege im Innern abschneiden, können wir den Sklavenhandel an der Küste vernichten.«

Auch die britischen Marineoffiziere, mit denen Livingstone nach seiner Rückkehr an die Küste über seinen Plan spricht, sind der Meinung, daß so ein kleiner Fluß- und Seedampfer zur Unterdrückung des Sklavenhandels bessere Dienste leisten würde als ein halbes Dutzend Kriegsschiffe auf dem Ozean. Außerdem wären die Kosten weit geringer.

Die »Ma-Robert« ist kaum noch verwendbar. Als die Expedition nach der Entdeckung des Njassasees wieder den Kongone hinunterfuhr, mußte das Schiff jede Nacht auf eine Sandbank gesetzt werden, weil es so stark leckte, daß es in tiefem Wasser gesunken wäre; und tagsüber wurde ununterbrochen die Pumpe betätigt. An der Kongonemündung zieht man es ein zweites Mal zu notdürftiger Ausbesserung ans Ufer.

Bei seinen wiederholten Aufenthalten in Tete und Schupanga gewinnt Livingstone immer tiefere Einblicke in das portugiesische Kolonialwesen. Noch mehr als früher fällt ihm die allgemeine Trägheit und Interesselosigkeit auf. In und um Tete wachsen Indigo und Baumwolle wild und gedeihen prächtig, doch niemand denkt daran, sie zu kultivieren. Zuckerrohr müßte im Sambesidelta leicht anzubauen sein, doch die Portugiesen verkaufen lieber die dazu nötigen Arbeitskräfte nach Übersee. In der Umgebung von Tete befinden sich abbauwürdige Steinkohlelager; Livingstone hat Proben davon auf der »Ma-Robert« verheizen lassen, und die Kohle gab guten Dampf. An vielen Flüssen und Bächen bei Tete könnte man Gold waschen. Aber Kohle und Gold bleiben ungenutzt liegen – der Gewinn aus dem Sklavenhandel kostet weniger Mühe.

Sogar seinen Freund Sicard, dessen Großmut Livingstone so gepriesen hat, lernt er allmählich auch von einer anderen Seite kennen. Kaum hat nämlich der edle Major von seinem Njassaplan gehört und die Versicherung erhalten, an den Kongone kämen ganz bestimmt keine Sklavenräuber, da erwirbt er dort ein großes Stück Land und schickt Sklaven hin, um einen Garten anzulegen und ein Haus zu bauen. Und bald danach trifft Livingstone ihn mit einer Schar Sklaven, die mit Hacken, Schaufeln und Faschinen nach dem Kongone unterwegs sind, um dort ein

Fort und ein Zollhaus zu errichten – über den Kongone wird ja künftig der englische Handel nach dem Innern gehen. Der Major aber trifft schon Maßnahmen, um den englischen Kaufleuten den erzielten Handelsgewinn durch Zölle wieder abzunehmen. Livingstone ist von dieser »kurzsichtigen und selbstsüchtigen Politik« seines »Freundes« schmerzlich enttäuscht.

Nachdem einer der schlimmsten Sklavenjäger bei einem nächtlichen Handstreich gefangengenommen und nach Senna gebracht worden war, kam seine Schwester dorthin und fragte den Gouverneur ganz offen, wieviel Geld er für die Freilassung ihres Bruders verlange. »Seine Exzellenz war natürlich über ihre Dreistigkeit empört und erteilte ihr einen Verweis. Aber merkwürdig: wenige Tage danach entwich der Gefangene aus der Haft und kehrte nach seiner Insel zurück, wo er seitdem ungestört blieb.«

Am Schire hatten ein Häuptling und seine Frau geklagt, ihre kleine Tochter sei gestohlen und verkauft worden und lebe jetzt als Sklavin bei dem katholischen Pater zu Tete. Bei seinem nächsten Aufenthalt in Tete wollte Livingstone das Mädchen loskaufen, um es den Eltern wiederzugeben. Er bot das Doppelte des üblichen Preises, und der Pater schien auch willens, das Kind herzugeben, doch es war nicht zu finden; wahrscheinlich war es bereits weiterverkauft worden, der »ehrwürdige« Pater entsann sich dessen leider nicht mehr. Livingstone mußte den Eltern mitteilen, daß sie ihr Kind nie wiedersehen würden.

Livingstone hält sein Versprechen. Vier Jahre ist es nun her, seit Livingstone mit den Makololo aus deren Heimat nach Tete kam. Jetzt trifft er Vorbereitungen, um die Überlebenden endlich heimzugeleiten.

Der lange Aufenthalt in Tete und Umgebung hat die Männer in ihrem Wesen sehr verändert. Manche haben sich ihren Lebensunterhalt als Ruderer oder als Elefantenjäger verdient und von ihrem Lohn etwas zurückgelegt, um dafür Waren mit in die Heimat zu nehmen. Aber dann kamen Notzeiten, und sie gaben ihre Ersparnisse aus, um für sich und ihre hungernden Landsleute Lebensmittel zu kaufen. Einige sind leichtsinnig geworden, sie haben sich das Bier- und Schnapstrinken angewöhnt, und dabei ist ihr Erspartes rasch zerronnen. Andere haben sich in Sklavinnen verliebt und mit ihnen Kinder gezeugt, haben ihnen geholfen, den Garten zu hacken und zu jäten und den Ertrag zu verzehren. Aber sie können weder die Frauen noch die Kinder in ihre Heimat mitnehmen – es sind ja Sklavinnen und Sklavenkinder, deren Herren natürlich gar nicht daran denken, auf ihr Eigentum zu verzichten. Zwar sind nach portugiesischem Recht die getauften Kinder von Sklaven frei; aber wenn man die Offiziere und Beamten daran erinnert, erwidern sie lachend: »Ja, ja, diese Lissabonner Gesetze sind sehr streng, aber hier verlieren sie merkwürdigerweise ihre Kraft, vielleicht infolge des Klimas.«

Mehrere Makololo erklären offen, sie möchten nicht wieder in ihre Heimat zurück, sondern lieber bei ihren Frauen und Kindern bleiben. Andere zögern, wissen nicht, wie sie sich entscheiden sollen. Livingstone stellt es ihnen frei und sagt ihnen, er zwinge niemanden mitzugehen.

Die »Ma-Robert« wird an einer Insel gegenüber Tete festgemacht und der Obhut von zwei englischen Matrosen anvertraut. Für die große Fußreise werden Kattunballen, Glasperlen und Messingdraht in alte Segel eingenäht; jeder Packen wird mit dem Namen seines Trägers versehen.

Am 15. Mai 1860 bricht Livingstone mit seinem Bruder und Dr. Kirk sowie den heimkehrwilligen Makololo auf. Der Weg führt manchmal am Sambesi entlang, manchmal über die Hügel seitlich davon und durch Fluß- und Bachtäler. In der ersten Zeit laufen jede Nacht ein paar von den Leuten zurück. Es nützt nichts, daß Livingstone ihnen erklärt, sie brauchten es ihm nur zu sagen, wenn sie lieber in Tete bleiben wollten, er werde keinen daran hindern. »Die Berührung mit Sklaven hatte ihr Ehrgefühl zerstört, sie wollten nicht im Tageslicht gehen, sondern stahlen sich im Dunkeln fort ... Als wir die Kebrabasahügel erreichten, waren dreißig Mann, fast ein Drittel der Reisegesellschaft umgekehrt. Wenn uns noch mehr verließen, konnten wir die Waren, die ich für Sekeletu besorgt hatte, nicht bis ans Ziel bringen.« Doch an den Kebrabasafällen hören die nächtlichen Abgänge plötzlich auf.

Oberhalb der Stromschnellen kommt man durch fruchtbare Ebenen, die einst eine zahlreiche Bevölkerung ernährt haben, jetzt aber durch Krieg und Sklavenraub verödet sind. In den Gärten der zerstörten Dörfer wächst zwischen wucherndem Unkraut noch immer Baumwolle.

Die Tage verlaufen in einem gut eingespielten Gleichmaß. Wenn abends das Lager aufgeschlagen wird, nehmen alle – nach einer von den Makololo selbst bestimmten Ordnung – ihre Plätze ein: Die Engländer kommen in die Mitte, um sie her lagern sich, nach Stämmen versammelt, die Afrikaner. Die Plätze für ihre Feuer wählen sie so, daß der Rauch den Engländern nicht ins Gesicht zieht. Einige schneiden dürres Gras als Bettstatt für die Europäer, andere breiten die Wolldecken und Ledermäntel darüber und legen am Kopfende die Reisetasche, Gewehre und Revolver nieder. Am Fußende wird ein Feuer angemacht. »Wir haben kein Zelt noch sonst ein Dach über uns, ausgenommen die Äste des Baumes, unter dem wir vielleicht zufällig liegen, und es ist ein hübscher Anblick, wenn man emporschaut und jeden hervorstehenden Ast, jeden Zweig, jedes Blatt vor dem klaren, von Sternen flimmernden und vom Mond erleuchteten Himmel sich abzeichnen sieht.«

Die Makololo haben Schlafsäcke, die aus zwei übereinandergenähten, aus Palmblättern gefertigten Matten bestehen. Wenn die Männer gekocht und gegessen haben, sitzen sie noch lange plaudernd und singend um die Feuer herum.

»Zuweilen wird lebhaft politisiert. Die dabei entwickelte Beredsamkeit ist erstaunlich. Das ganze Lager gerät in Aufregung. Die Leute schreien von den verschiedenen Feuern her einander zu, und manche, die sonst nie den Mund aufmachen, halten leidenschaftliche Reden. Die schlechte Regierung der Häuptlinge bildet ein unerschöpfliches Thema. ›Wir könnten uns selber besser regieren‹, schreien sie. ›Was nützen denn überhaupt die Häuptlinge? Sie arbeiten ja nicht. Der Häuptling ist dick und fett und hat eine Menge Weiber, während wir, die die harte Arbeit verrichten, Hunger leiden und nur *ein* Weib oder auch gar keins haben. Das muß doch schlecht, ungerecht und verkehrt sein.‹ Alle stimmen mit einem lauten ›ehe!‹ zu, das gleichbedeutend ist mit unserem ›hört, hört!‹. Darauf lassen sich die Vorsteher, Kanjatta und Tuba, hören. Sie äußern sich in loyaler Weise: Der Häuptling ist der Vater des Volkes; kann es ein Volk ohne einen Vater geben, eh? Der Häuptling ist von Gott eingesetzt.‹ So geht der Wortstreit zwischen Demokraten und Monarchisten weiter, bis man zuletzt nur noch Tuba hört, der die lauteste Stimme und den längsten Atem hat.«

Merkwürdigerweise zieht Livingstone hier keinen Vergleich

mit ähnlichen europäischen Erscheinungen, was er doch sonst so gern tut. Er enthält sich jeder Stellungnahme und ergreift weder für die Unzufriedenen noch für ihre Bedrücker, die Häuptlinge, Partei.

»Nachdem wir unser Lager aufgeschlagen haben, gehen einer oder zwei von uns Weißen gewöhnlich auf die Jagd, und zwar mehr aus Notwendigkeit als zum Vergnügen, denn wir brauchen viel Fleisch. Wir nehmen gern einen Mann mit, der das Wild nach Hause trägt.« Es kommt aber auch vor, daß keiner mitgehen will, weil alle zu müde sind. Dann geht Livingstone eben allein. In diesem Fall muß er, wenn er ein größeres Wild geschossen hat, den Weg noch ein zweites Mal machen, um den Leuten, die die Beute holen sollen, zu zeigen, wo sie liegt. Welcher andere Afrikaforscher hätte, nur aus Rücksicht auf seine müden schwarzen Gefährten, sich diesen doppelten Weg gemacht? »Nur fortgesetztes Wohltun, selbst bis zu dem Grad, wo es die Weltklugen Schwachheit nennen, wird die Menschen allenthalben davon überzeugen, daß unsere Beweggründe edel genug sind, uns aufrichtige Hochachtung zu sichern.« Diese Hochachtung, auf die er seine Autorität gründet, hat er sich bereits auf seinem Zug quer durch Afrika erworben. Das zeigt sich jetzt, denn seine Bekannten von damals nehmen ihn gern und als guten Freund wieder auf, und mancher Häuptling, der ihm mißtrauisch ausgewichen ist, wünscht ihn jetzt kennenzulernen und ihm Gastfreundschaft zu erweisen.

»Wir stehen im Morgengrauen auf, ungefähr um fünf Uhr, genießen eine Tasse Tee und ein Stück Zwieback. Die Leute vom Dienst legen die Bettdecken zusammen und stecken sie in die Reisesäcke, die sie tragen. Die übrigen binden ihre Schlafsäcke und Kochtöpfe an die Enden ihres Tragstockes, den sie über die Schulter legen. Der Koch bringt die Schüsseln unter. Bei Sonnenaufgang sind alle auf dem Weg. Findet sich ein passender Platz, so machen wir gegen neun Uhr halt und frühstücken. Um Zeit zu sparen, wird diese Mahlzeit gewöhnlich am Abend vorher gekocht und braucht nur gewärmt zu werden. Nach dem Frühstück marschieren wir weiter, ruhen zu Mittag ein wenig aus und brechen am Nachmittag beizeiten ab ... An einem Tag waren wir selten mehr als fünf bis sechs Stunden auf den Beinen. Das ist in einem heißen Klima gerade genug, wenn man sich nicht übernehmen will; und wir suchten immer aus unserem

Vormarsch mehr ein Vergnügen als eine Strapaze zu machen. Über den Erdboden hinzueilen, seine eingeborenen Gefährten anzutreiben und grimmig anzublicken, nur aus törichter Eitelkeit, nur um sich zu rühmen, wie geschwind man eine Strecke zurückgelegt habe, heißt in ganz abscheulicher Weise Dummheit mit Albernheit verbinden. Dagegen macht freundliche Rücksichtnahme auf die Gefühle auch der Schwarzen, verbunden mit dem Vergnügen, in ruhigem Schritt die Landschaft und alles Neue zu beobachten und endlich mit den Gefährten die köstliche Ruhe zu genießen, das Reisen höchst angenehm.«

An der Einmündung des von Norden kommenden Luangwa in den Sambesi, auf halbem Weg nach Sekeletus Residenz Linjanti, liegen die Trümmer von Zumbo, einer alten Handels- und Missionsstation der Jesuiten. »Die Kapelle, in deren Nähe eine zerbrochene Kirchenglocke liegt, bietet eine herrliche Aussicht auf die beiden mächtigen Flüsse, die grünen Gefilde und den wellenförmig wogenden Wald, auf die anmutigen Hügel und die großartigen Berge in der Ferne. Jetzt ist sie eine völlige Ruine, und ringsum brütet Verwüstung. Der wilde Vogel, aufgestört durch das ungewohnte Geräusch herannahender Schritte, erhebt sich mit rauhem Schrei. Dornbüsche, üppig wucherndes Gras mit stachelbärtigen Samen und schädliches Unkraut überziehen den ganzen Platz. Die Hyäne hat das Heiligtum besudelt, und auf seine zerbröckelnden Mauern hat die Nachteule den unverdauten Rest ihrer Beute ausgespien.« Die Einheimischen wissen nichts mehr von der christlichen Religion, kennen nicht einmal den Namen Jesu. »Ein unerhörter Aberglaube läßt sie diese geweihte Stätte meiden wie die Pest, und sie kommen nie in ihre Nähe. Außer den Trümmern erinnert nichts daran, daß hier einstmals Handelsleute eines christlichen Staates lebten; die heutigen Eingeborenen sind genauso, wie ihre Vorfahren waren, als die Portugiesen zum erstenmal um das Kap der Guten Hoffnung segelten ... Wenn alle Weißen plötzlich das Land verlassen müßten, so würden die Trümmer einiger aus Stein und Lehm gebauter Mauern und jene verderbliche Auswirkung des Sklavenhandels – nämlich der Glaube, daß ein Mensch seinen Mitmenschen verkaufen dürfe – ihr einziges Denkmal sein. Dieser Glaube hat seinen Ursprung nicht in den Eingeborenen, denn man findet ihn nur dort, wo sich die Spur der Portugiesen zeigt.«

Oberhalb von Zumbo kommen die Reisenden durch ein Dorf

von zwanzig großen, aber leerstehenden Hütten. Ein Halbblut-Händler hat mit seinen Leuten das Dorf überfallen, die Männer getötet und die Frauen und Kinder als Sklaven fortgeführt. Auch alle Lebensmittel nahm er mit. Die Wassertöpfe und die Mahlsteine ließ er zerschlagen; die Scherben liegen noch umher. Der Räuber kam gerade von einer anderen heimtückischen Mordtat. Ein ehrgeiziger Dorfvorsteher hatte ihm zehn große Elefantenstoßzähne versprochen, wenn er den Oberhäuptling töten würde; der Dorfvorsteher wollte sich danach selbst zum Oberhäuptling machen. Der Halbportugiese willigte ein. In Begleitung einer ausgewählten Schar bewaffneter Sklaven besuchte er den Oberhäuptling. Dieser empfing ihn mit aller Ehre und Gastfreundschaft, die Fremden höheren Standes gewöhnlich erwiesen wurde, und ließ von seinen Frauen ein Festmahl bereiten. Der Händler nahm gern daran teil, trank Bier und aß nach Herzenslust. Zum Schluß bat er seinen Gastgeber, ihm die Gewehre vorführen zu dürfen. Der Häuptling, begierig, den Knall der Feuerwaffen zu hören, gab gern seine Zustimmung. Die Sklaven standen auf, luden ihre Gewehre und schossen auf die fröhlichen und völlig arglosen Zuschauer aus nächster Nähe eine mörderische Salve ab. Der Häuptling und zwanzig seiner Leute waren sofort tot. Die Überlebenden flohen, kopflos vor Angst. Die Sklaven stürzten sich auf die Frauen und Kinder, um sie fortzuschleppen, und plünderten das Dorf. Der Händler konnte sein Verbrechen, das durchaus kein Einzelfall war, ohne Furcht vor einer Verfolgung und Bestrafung durch die Kolonialbehörden begehen. Wahrscheinlich waren solche Schandtaten schon lange üblich. Manchmal setzten sich die Bedrohten zur Wehr; es kam auch vor, daß die Räuber, wenn sie fürchteten, bei einem bewaffneten Zusammenstoß zu unterliegen, unverrichteterdinge vorher abzogen.

Je weiter die Expedition am Sambesi aufwärts vordringt, um so wildreicher wird das Land. Gejagt werden aber nur Büffel, Zebras und Perlhühner; Antilopenfleisch ist den Männern zu trocken; hier können sie es sich leisten, wählerisch zu sein. Das nächtliche Gebrüll der Löwen sind sie so gewöhnt, daß niemand davon mehr aufwacht.

Der Weg führt bald über Savanne, bald durch Dorngebüsch oder durch Wald. Mitunter sind nur Wildpfade vorhanden, auf denen man sich leicht verirren kann. Bieten sich mehrere Wege an, so gehen die Forscher oft getrennt weiter. Auf einem Wild-

pfad, der sich durch dichtes Dorngestrüpp windet, geht Livingstone eines Tages allein und unbewaffnet der Trägerkolonne voraus. Als er sich bückt, um eine Frucht vom Boden aufzuheben, hört er vor sich ein zorniges Schnauben. Er richtet sich jäh auf: Ein Nashorn stürzt auf ihn los. Einen Augenblick lähmt in der Schreck. Das mächtige Tier ist nur noch wenige Schritte entfernt – da bleibt es plötzlich stehen. So schnell er kann, rennt er den Pfad zurück. Ein Ast reißt ihm die Taschenuhr heraus. Als er sich halb umdreht, nach ihr zu greifen, sieht er das Nashorn noch immer regungslos an derselben Stelle stehen und daneben ein Junges. »Paßt auf! Ein Nashorn!« ruft er seinen Gefährten von weitem zu. Da prescht das Tier laut schnaubend seitwärts durchs Gesträuch davon. Seitdem geht Livingstone nie mehr unbewaffnet.

Am 11. Juli setzen die Reisenden über den Kafue, einen breiten nördlichen Nebenfluß des Sambesi. In der zweiten Julihälfte ziehen sie bereits durch das Batokaland, in dem einige der Leute zu Hause sind. Aus der feuchten, schwülen Sambesiniederung steigt man auf die weiten, kühlen Hochebenen. Am Morgen sind Erdboden und Gras mit Reif bedeckt, die Tümpel mit einer Eishaut. Bevor Sebituane und Moselekatse in dieses Land einfielen, weideten hier große Rinderherden, und fleißige, friedfertige Batoka bebauten den fruchtbaren Boden. Jetzt kommt man nur an Überresten von Dörfern vorbei. Verwilderte Fruchtbäume und abgenutzte Mahlsteine bezeichnen noch die einstigen Siedlungsstätten. Das saftige Gras weiden Zebra- und Antilopenherden ab. Eine ganze Woche lang treffen die Reisenden nicht einen einzigen Menschen.

Doch dann hören sie endlich Hähne krähen, Kinder schreien und die Stößel auf den Mahlsteinen klingen, man nähert sich wieder einem bewohnten Dorf.

Livingstone läßt durch seine Begleiter überall bekanntmachen, die Weißen wünschten, daß die Stämme miteinander in Frieden leben.»Als Friedensstifter wurde uns die größte Gastfreundschaft erwiesen, und vom Kafue bis zu den Wasserfällen ließ man keinen von unserer Reisegesellschaft Hunger leiden. Die Einheimischen schickten in unsere Nachtlager reiche Geschenke feinsten weißen Mehls und, um es schmackhaft zu machen, fette Kapaune, dazu große Töpfe Bier sowie Kürbisse, Bohnen und Tabak, damit wir ›weder hungrig noch durstig schlafen sollten‹.

Als wir vom Kafue nach dem Zungwe reisten, durchzogen wir häufig im Laufe eines Tages mehrere Dörfer. Am Abend kamen Abgesandte der Dörfer, in denen wir nicht über Nacht bleiben konnten, mit freigebigen Geschenken an Lebensmitteln. Wir würden sie gekränkt haben, wenn wir vorbeigezogen wären, ohne ihre Gastfreundschaft zu genießen. Wiederholt wurden wir von Hütten aus begrüßt und gebeten, einen Augenblick zu warten und einen Schluck Bier zu trinken, das mit Freuden gebracht wurde. Unser Marsch glich einem Triumphzug. Wir betraten und verließen jedes Dorf unter den Freudenrufen seiner Bewohner … Wenn wir haltmachten, um zu übernachten, war es nichts Ungewöhnliches, daß die Bewohner ganz aus freien Stücken unser Lager bereiteten. Einige ebneten mit Hacken rasch den Boden für unsere Betten, andere brachten dürres Gras und breiteten es sorgfältig auf dem Platz aus. Manche machten mit Beilen rasch eine buschige Einfriedung, um uns vor dem Wind zu schützen, und wenn das Wasser etwas weit entfernt war, so eilten andere hin und brachten es, nebst Brennholz zum Essenkochen.«

Sind das die blutdürstigen Wilden, gegen die sich andere Erforscher Zentralafrikas angeblich nur mit dem Mut der Verzweiflung und dank ihrer überlegenen Bewaffnung behaupten konnten?

»Die Krieger in den Kanus holen zum Speerwurf aus, und eine Sekunde später knattern unsere Gewehre. Ein Platzen der Explosionskugeln, und schwarze Teile von Kanuholz und Menschenleibern fließen an uns vorbei. Eine kurze Weile sind die Wilden wie erstarrt, aber bald kommen sie zu sich. Sie begreifen, daß Tod und Vernichtung in den Flammenrohren der Fremden lauert, und noch schneller, als sie uns angegriffen haben, suchen sie ihr Heil in der Flucht, und die Verfolgten werden jetzt die Verfolger. Mein Blut kocht, und wilder Haß gegen die scheußlichen menschlichen Aasgeier, die dieses Land bewohnen, übermannt mich. Ich verfolge sie stromaufwärts bis zu ihren Dörfern und treibe sie Hals über Kopf in die Wälder hinein, verwüste ihre Elfenbeintempel und lege in fliegender Hast Feuer an ihre Hütten. Dann versenke ich ihre Kanus in der Mitte des Stromes.«

Diese Schilderung entstammt der Feder des Mannes, der sich als den Testamentsvollstrecker und Erben Livingstones in Afrika bezeichnete und, in kaum verständlicher Selbsttäuschung, auch wirklich fühlte: Henry Morton Stanley. Man fragt sich unwillkürlich: Wenn man die schwarzen Krieger, die sich den fremden, ungebetenen Eindringlingen entgegenstellen, »scheußliche menschliche Aasgeier« nennt, welche Ausdrücke bleiben dann noch für die Fremden mit dem vor wildem Haß kochenden Blut übrig? Der Ruf, den Livingstone und Stanley, jeder auf seine Weise, sich erworben hatten und der ihnen nun vorauseilte, erklärt den unterschiedlichen Empfang, der ihnen bereitet wurde.

Damals war über die Geschichte und Kultur Zentralafrikas noch so gut wie nichts bekannt. Livingstone nahm mit feinem Auge und Ohr bereits Erscheinungen wahr, die fast alle anderen Forscher geringschätzig übersahen und überhörten. »Von Zeit zu Zeit sind unter den Afrikanern, wie unter anderen Teilen des Menschengeschlechts, Männer von bedeutenden Fähigkeiten aufgetaucht. Manche haben durch ihre Weisheit die Aufmerksamkeit weiter Landstriche auf sich gelenkt und Bewunderung erregt ... Aber weil jegliches Schrifttum fehlt, sind alle früheren Leistungen verlorengegangen, und die Weisheit der Weisen ist der Nachwelt nicht überliefert worden. Sie haben auch ihre Minnesänger gehabt, aber die bloße Überlieferung erhielt deren Schöpfungen nicht. Ein solcher Sänger, und zwar offenbar ein echtes Naturtalent, schloß sich unserer Reisegesellschaft mehrere Tage lang an und sang, sooft wir haltmachten, den Dorfbewohnern unseren Preis und Ruhm in fließenden harmonischen Rhythmen vor... Als er zum erstenmal sang, war das Lied kurz, aber er sammelte jeden Tag mehr Nachrichten über uns und fügte sie dem Gedicht hinzu, bis unsere Lobeserhebungen eine Ode von ansehnlicher Länge wurden. Als die weite Wegstrecke, die er sich von seiner Heimat entfernt hatte, ihn zur Umkehr nötigte, sprach er sein Bedauern aus, daß er uns verlassen müsse. Natürlich wurde er für seine nützlichen und angenehmen Schmeicheleien bezahlt.« Auch unter seinen Batoka hat Livingstone einen solchen, allerdings weniger begabten Sänger, der allabendlich, wenn die anderen kochen, schwatzen oder schlafen, seine Stegreiflieder vorträgt und sich dazu auf der Sansa begleitet, einem Instrument mit neun eisernen Tasten, die mit dem Daumen angeschlagen werden und einen Flaschenkürbis als Resonanzboden haben.

Livingstone nähert sich bereits den Victoriafällen, als er eine Entdeckung macht, die ihn tiefer empört als alles, was er bisher an Unrecht und Unmenschlichkeit in den portugiesischen Besitzungen erlebt hat. Seiner Reisegesellschaft folgt auf dem Fuß eine andere, die aus Sklaven jenes Halbblutportugiesen besteht, der bei Zumbo seinen Gastgeber, den Oberhäuptling, samt Gefolge heimtückisch ermordet hatte. Sie kaufen überall Elfenbein zu Spottpreisen auf und haben, um es fortzuschaffen, zehn große Einbäume erworben. Auch eine Anzahl hübscher junger Mädchen haben sie gekauft. Was Livingstones Zorn besonders erregt, ist, daß sich die Banditen überall als seine »Kinder«, das heißt Gefolgsleute, ausgeben. Sie mißbrauchen also seinen guten Ruf für ihre schmutzigen Geschäfte! »Indem wir das Land öffneten, durch welches vorher kein Portugiese zu ziehen wagte, wurden wir gegen unseren Willen zu Werkzeugen der Ausdehnung des Sklavenhandels gemacht... Mit bitterem Kummer sahen wir das Gute, das wir tun wollten, zum Bösen gewendet.«

Gleichzeitig festigt sich in ihm die Überzeugung, daß er nicht nur von den Behörden der Kolonie Moçambique, sondern auch von der Regierung in Lissabon hintergangen wird. Sie hatte zwar den Beamten in der Kolonie offiziell befohlen, ihm und seiner Expedition jeden in ihrer Macht stehenden Beistand zu leisten.

Aber aus vielen Erlebnissen und Beobachtungen wird ihm deutlich, daß zugleich mit diesen offenen Befehlen geheime Instruktionen, ihn zu überwachen und nach Möglichkeit zu behindern, ausgegeben worden sind. Die Behörden in Moçambique legen diese Instruktionen auf ihre Weise aus. »Wo fast jeder, vom Gouverneur bis zum einfachen Soldaten, ein eifriger Sklavenjäger ist, konnten solche Befehle nur bedeuten: Habt ein scharfes Auge darauf, daß euer Sklavenhandel sich an ihre Fersen heftet!«

Am 4. August 1860 erreichen die Reisenden das erste der Sekeletu untertanen Batokadörfer und sehen in weiter Ferne bereits die von den Victoriafällen aufsteigenden Dampfsäulen.

Die Nachrichten, die Livingstones braune Gefährten hier über ihre Angehörigen erhalten, klingen zum Teil recht traurig. Die Frau des einen hat der Ortsvorsteher wegen Hexerei hinrichten lassen; die zwei Frauen eines anderen haben geglaubt, ihr Mann sei gestorben, und sich wieder verheiratet; für einen dritten haben Freunde eine wilde Leichenfeier abgehalten und dafür all seine Ochsen geschlachtet... Auch für Livingstone ist eine betrübliche Nachricht da: Mehrere Missionare, die von Kuruman nach Linjanti gekommen waren, um hier das Christentum zu lehren, sind dem Fieber erlegen, die Überlebenden haben vor einigen Wochen die Rückreise angetreten.

In den nächsten Tagen zeigt Livingstone seinen englischen Gefährten die gewaltigen Wasserfälle. Mit einem Einbaum fahren sie durch die gefährlichen Stromschnellen bis zum oberen Ende der Insel, auf welcher der Garten angelegt worden war, den später die Flußpferde verwüsteten. Charles Livingstone, der den Niagarafall gesehen hat, erklärt die Victoriafälle für noch gewaltiger; dabei hat der Sambesi zur Zeit Niedrigwasser.

Bei seinem ersten Besuch hatte sich Livingstone aus Rücksicht auf Sekeletu und dessen zweihundert Begleiter nur zwei Tage hier aufgehalten. Diesmal verweilt er länger, um auch den merkwürdigen Lauf des Stromes unterhalb der Fälle zu untersuchen, wo die wallenden und tosenden Wassermassen in einer langen, engen und tiefen Schlucht zwischen senkrechten Basaltwänden dahinschießen. So weit das Auge reicht, verläuft diese Schlucht in einem vielfachen Zickzack.

Endlich zieht die Reisegesellschaft in Sescheke ein. Vieles hat sich hier in den letzten Jahren verändert. Das jetzige Sescheke ist eine neue Stadt, dicht neben ihrer Vorgängerin erbaut, die bereits verfallen ist. Die Bewohner haben die alte Stadt verlassen und sich die neue errichtet, nachdem Sekeletu den Ortsvorsteher hatte hinrichten lassen, weil dieser ihn – so glaubt er felsenfest – mit einer schrecklichen Krankheit, dem Aussatz, behext hatte. Der aussätzige Sekeletu wohnt nicht in der Stadt, sondern auf dem jenseitigen Ufer des Sambesi in ein paar Hütten. Er zeigt sich seinem Volk nicht mehr; seine Befehle übermittelt er durch Boten. Diese melden ihm auch die Ankunft der Weißen und seiner heimgekehrten Untertanen.

Zwar wird den Engländern sogleich eine saubere Hütte angewiesen und ein fetter Ochse als Geschenk des Häuptlings übergeben, und auch in der Folgezeit sorgt Sekeletu für seine Gäste ebenso freigebig wie früher, aber was man über ihn hört, ist nicht erfreulich. Seine Krankheit und sein Aberglaube haben sich übel ausgewirkt – für ihn selbst und auch für seine Umgebung und sein Volk. In der Meinung, behext zu sein, hat er eine Anzahl seiner vornehmsten Gefolgsmänner verdächtigt und einige samt ihren Familien hinrichten lassen. Andere sind zu entfernten Stämmen geflohen und leben in der Verbannung. Einer seiner klügsten Ratgeber ist gestorben – für Sekeletu ein Beweis mehr

für die mächtigen Zauberkräfte derer, die ihn und alles, was er liebt, hassen. Manche Unterhäuptlinge in entfernten Gegenden kümmern sich nicht mehr um seine Befehle und machen, was sie wollen. Eine Schar junger Barotse ist von ihm abgefallen und nach Norden ausgewandert, zu einem anderen Häuptling. Das Reich, das Sebituane durch seine Tapferkeit und Klugheit gegründet und zusammengehalten hat, droht zu zerfallen. Sekeletu ist gewiß kein Dummkopf, aber auf die weise Politik seines Vaters versteht er sich nicht. Sebituane behandelte die besiegten Stämme nicht schlechter als seine Makololo; alle Untertanen waren »Kinder« des Häuptlings und in gleicher Weise zu den höchsten Würden wählbar. Sekeletu aber überträgt alle wichtigen Ämter nur »echten« Makololo und macht nur deren Töchter zu seinen Frauen. Er hat sich unter den Stämmen, die sein Vater im Kampf unterworfen, danach aber durch eine kluge und gerechte Regierung für sich gewonnen hatte, unbeliebt gemacht. Seine eigene Schwester, deren Mann er ebenfalls hinrichten ließ, sagt von ihrem Vater, daß er all seine Häuptlinge, Unterhäuptlinge und Ältesten kannte und über alles, was im Lande vorging, Bescheid wußte; und sie fügt hinzu: »Aber Sekeletu weiß nicht, was seine Untergebenen tun, und sie kümmern sich nicht um ihn. Die Macht der Makololo ist ihrem Untergang nahe.«

Vier Jahre später sollte sich diese Ahnung bewahrheiten. Sekeletu starb Anfang 1864. Über seine Nachfolge entstand ein Streit. Ein großer Teil des Makololovolkes zog mit seinem Vieh nach dem Ngamisee und wurde dort von Letschulatebe, der den heimatlosen Flüchtlingen nicht traute, hinterlistig vernichtet.

Das Makololoreich am mittleren Sambesi und am Tschobe brach zusammen. Die unterworfenen Völker erhoben sich gegen ihre Bedrücker und metzelten die einst so gefürchteten, jetzt aber durch Müßiggang verweichlichten Makololomänner nieder. Die Frauen und das Vieh der Getöteten fielen den Siegern anheim. Als Livingstone von dem schrecklichen Schicksal seiner alten Freunde erfuhr, beklagte er es tief: »Denn was man auch den Makololo sonst für Fehler mit Recht aufbürden mag, sie gehören nicht zu denen, die einander verkaufen, was die Stämme, die auf sie gefolgt sind, tun.«

Die einheimischen Ärzte haben Sekeletu aufgegeben, nur eine alte, von weither geholte Doktorin behandelt ihn noch. Sie erlaubt aber niemandem, den Kranken zu sehen, sonst könne sie ihn nicht heilen. Dennoch läßt Sekeletu die Brüder Livingstone und Dr. Kirk zu sich rufen.

Sein Gesicht ist durch Schorf und Schwellungen etwas verunstaltet. An seinen Händen fallen nur die übermäßig langen Fingernägel auf; sie gelten bei den Makololo als vornehm, denn sie zeigen, daß ihr Träger keine körperliche Arbeit verrichtet. Mit seiner tiefen, angenehmen Stimme bittet Sekeletu Livingstone um Heilmittel und ärztliche Behandlung. Seine Ratgeber überreden die alte Doktorin, ihre Behandlung eine Zeitlang auszusetzen, doch besteht Livingstone darauf, daß sie in Sekeletus Nähe bleibt und ihren vollen Lohn weitererhält.

Die Behandlung Sekeletus ist für ihn eine heikle Angelegenheit. Eine Heilung ist so gut wie unmöglich, da er und Dr. Kirk weder irgendwelche Erfahrung in der Behandlung von Aussatz haben noch über spezielle Heilmittel verfügen. Sie versuchen es mit Höllenstein. Zum Glück schlägt die Behandlung an, die Stimmung des Kranken bessert sich.

Vor sieben Jahren hatte Livingstone seinen Reisewagen in Linjanti stehenlassen, wo sich zur Zeit Sekeletus Frauen aufhalten. Jetzt möchte er gern von dem Arzneienvorrat, der sich damals in dem Wagen befand, einiges zur Auffüllung der Apotheke haben. Sekeletu leiht ihm sein Reitpferd und gibt ihm etliche Leute mit, und nach drei Tagen ist Livingstone in Linjanti. Er findet den Wagen fast unversehrt vor, so daß er darin übernachten kann; nur das Verdeck ist ziemlich verwittert, und ein Rad haben Termiten zernagt. Den wertvollsten Inhalt – die Arzneikiste, die Zauberlaterne, Werkzeuge, Bücher und Niederschriften – hat Sekeletu herausgenommen und seinen Frauen zur Aufbewahrung gegeben. Alles ist vollständig und unbeschädigt geblieben. Ohne daß Livingstone die Frauen darum gebeten hat, kochen und backen sie für ihn. Sie machen ihm sanfte Vorwürfe, daß er Ma-Robert – seine Frau – nicht mitgebracht hat, wiederholen manches, was sie von ihren Kindern erzählt hat, und fragen: »Sollen wir nie mehr von ihnen kennenlernen als ihre Namen?«

Seinem Bericht über den herzlichen Empfang in Linjanti fügt Livingstone, der in seiner Beschreibung dieser Reise von sich meist in der dritten Person spricht, die Bemerkung an: »Diese kleinen Züge werden mit dem Gefühl der Dankbarkeit für die reiche und unwandelbare Freundschaft erwähnt, die dem Doktor bei zahlreichen Gelegenheiten viele Jahre lang zuteil geworden ist. Aber man darf sich nicht einbilden, daß das Vertrauen, das aus diesem freundlichen Verhalten spricht, sofort auch einem Neuling geschenkt werde. Man sollte nie vergessen, daß man nur durch beharrliche Güte Einfluß auf die Heiden erlangen kann und daß gute Sitten unter den ›Barbaren‹ ebenso notwendig sind wie unter den Zivilisierten.«

Livingstone erkennt, daß auch die »Barbaren«, die »Wilden«, gültige und anerkannte Anstandsbegriffe haben, und hat volles Verständnis dafür, daß diese sich von denen der Europäer unterscheiden. »Unser Besuch in Sescheke unterbrach die Einförmigkeit ihres täglichen Lebens, und wir hatten häufig Besuch, sowohl von Männern wie von Frauen, besonders zu den Mahlzeiten, denn da hatten sie das doppelte Vergnügen, weiße Männer essen zu sehen und mit ihnen zu essen.« Wenn die Europäer Butter zum Brot essen, entrüsten sich die Frauen: »Seht nur, sie essen wirklich rohe Butter! Hu, wie unanständig!« Manchmal hat eine gutmütige Hausfrau Mitleid mit den schlecht erzogenen Europäern und sagt: »Gebt die Butter her, ich will sie euch schmelzen, dann könnt ihr euer Brot eintauchen, wie sich's gehört.« – »Sie empfanden ebensoviel Ekel, wie wir empfinden würden, wenn wir einen Eskimo rohen Walspeck essen sähen«, meint Livingstone. Die Makololo verwenden Butter hauptsächlich zum Einsalben des Körpers, sie macht die Haut glatt und glänzend. Und wenn sie schon Butter essen, dann nur gekocht oder geschmolzen.

Die »Ma-Robert« sinkt auf den Grund. Als Livingstone und seine Gefährten von Sescheke abreisen, hat sich Sekeletus Zustand bedeutend gebessert. Der Häuptling weigert sich jedoch entschieden, sein Exil zu verlassen und sich öffentlich zu zeigen, bevor er völlig geheilt sei und sein gutes Aussehen wiedererlangt habe. Auch fürchtet er, seine heimlichen Feinde, die er sich nicht ausreden läßt, könnten die Behexung erneuern und die Arznei der weißen Doktoren unwirksam machen.

Livingstone kann nicht länger in Sescheke verweilen, er erwartet im November den bestellten neuen Dampfer auf dem Kongone. Am 17. September 1860 verläßt er mit seinen englischen Gefährten und einem Ehrengeleit von etlichen Makololo die Stadt Sescheke.

Als Marschverpflegung hat ihm Sekeletu sechs Ochsen mitgegeben. Sie werden von einigen Männern am Ufer des Sambesi getrieben, während die Reisegesellschaft bis zu den Victoriafällen in Einbäumen fährt. Die Fälle werden nach zehn Tagen erreicht, und wie früher, umgangen.

In die Kebrabasastromschnellen hingegen fahren die Einbäume zunächst ein, und einige Meilen geht die Sache auch ganz gut. Als die Männer jedoch an den Engpaß kommen, sehen sie, daß durch das Sinken des Wasserstandes in den letzten Monaten eine Menge früher nicht sichtbarer Klippen und Katarakte bloßgelegt sind. Vor einer felsigen Scheidewand gabelt sich der Fluß und bildet einen mächtigen Strudel, der sich bald zu einem tiefen, wirbelnden Schlund öffnet, bald wieder schließt. Zwei Einbäume sind über die gefährliche Stelle mit Glück hinweggeglitten, aber als der dritte heransaust, in dem Dr. Kirk sitzt, öffnet sich der Strudel wieder. Es sieht aus, als müßte der Kahn, obwohl sich die Ruderer aufs äußerste anstrengen, im nächsten Augenblick in die Tiefe gerissen werden. Doch da braust der Strudel jäh auf und schmettert den Kahn an einen Felsvorsprung. Dr. Kirk bekommt eine Felskante zu packen und zieht sich daran hoch. Sein Steuermann hält sich an demselben Felsen fest und rettet sogar den Einbaum. Aber fast der ganze Inhalt ist über Bord gegangen und von der Strömung fortgetragen worden. Leider sind dabei sehr wertvolle Dinge verschwunden: ein Chronometer, ein Barometer und vor allem das Tagebuch Dr. Kirks und seine botanischen Zeichnungen – ein unersetzlicher Verlust.

Wenn das Pferd gestohlen ist, verschließt man die Stalltür: Nach dem bösen Zwischenfall marschiert die Reisegesellschaft zu Fuß weiter. Alle Selbstvorwürfe, daß man sich nicht schon tags zuvor dazu entschlossen habe, nützen nichts. Den Makololo ist der Schreck über die gefährliche Fahrt mächtig in die Glieder gefahren, sie wollen lieber alle Lasten tragen, als sich noch einmal den Tücken der Kebrabasa aussetzen. Aber schon am Abend des ersten Marschtages ist ihre Stimmung umgeschlagen: Die heißen Felsen und der glühende Sand unter den Füßen lassen sie die ausgestandene Angst völlig vergessen. Jetzt bedauern sie, daß sie die Einbäume zurückgelassen haben – man hätte sie an den gefährlichsten Stellen vorbeitragen und dann wieder ins Wasser setzen sollen.

Nicht weit von Tete begegnen die Reisenden zwei großen Sklavenkarawanen, die nach Zumbo unterwegs sind. Sie führen Manganjafrauen mit, die einen Strick um den Hals haben und an ein langes Seil gereiht sind. Die Händler wollen sie gegen Elfenbein tauschen.

Nach einer Abwesenheit von sechs Monaten langt Livingstone wieder in Tete an. Von hier aus will er mit der »Ma-Robert« abermals nach der Kongonemündung fahren.

Der »Asthmatiker« ist während seiner halbjährigen Ruhezeit nicht besser geworden. Die beiden Matrosen, die ihn bewachten, haben zwar an ihm herumgeflickt, so gut sie konnten, und hauptsächlich die zahllosen kleinen Löcher zugeschmiert. Aber als sich das Schiff nun in Bewegung setzt, brechen täglich neue Lecks auf. Die Maschinenpumpe ist nicht mehr dicht, die Schiffsräume sind dauernd überschwemmt. Endlich bleibt der Dampfer auf einer Sandbank sitzen und füllt sich unaufhaltsam mit Wasser. In aller Eile bringen die Insassen von ihrem Hab und Gut soviel wie möglich auf eine Insel. In der folgenden Nacht steigt der Fluß, und am Morgen darauf ragen nur noch die Masten der »Ma-Robert« aus dem Wasser.

Auf der Insel verbringen die Expeditionsteilnehmer das Weihnachtsfest 1860. Unterdessen sind Boten nach Senna unterwegs, um von dort Einbäume zur Weiterfahrt zu holen. Am 27. Dezember kommen die Reisenden in Senna an, und eine Woche später sind sie an der Kongonemündung. Hier ist inzwischen das Zollhaus fertig geworden, und daneben steht eine Hütte für vier Soldaten, Afrikaner in portugiesischer Uniform. Mit Erlaubnis des Unteroffiziers, der die Soldaten befehligt, quartieren sich die Brüder Livingstone und Dr. Kirk in dem Zollhaus ein, um hier auf das angekündigte neue Schiff aus England zu warten.

Endlich haben sie Muße, die englischen Zeitungen und Zeitschriften zu lesen, die man ihnen in Tete übergeben hat und die schon anderthalb Jahr alt sind. Auch der Erforschung der Tier- und Pflanzenwelt können sie sich jetzt widmen. Dennoch sehnen sie die Ankunft des Schiffes herbei, denn den Mangrovensümpfen ringsum entsteigen wahre Wolken von Moskitos, und das Fieber greift um sich. Selbst die einheimischen Begleiter, die aus den Sumpfgegenden am mittleren Sambesi stammen, haben unter Fieberanfällen zu leiden.

Livingstone befreit gefesselte Sklaven. Am letzten Januartag kommt
das neue Expeditionsschiff an; es trägt den verheißungsvollen
Namen »Pionier«.

Gleichzeitig trifft auf zwei britischen Kreuzern eine Gruppe
von Missionaren ein, geführt von einem Bischof namens Mackenzie. Die Mission, von den Universitäten Oxford und Cambridge entsandt, soll sich unter den Stämmen am Schire und am
Njassasee niederlassen. Außer dem Bischof gehören ihr fünf andere Engländer und vier Einheimische aus dem Kapland an. Der
Bischof scheint ein energischer Mann zu sein; er würde am liebsten sofort mit dem »Pionier« den Schire aufwärts fahren, um
ohne Verzug mit der Arbeit zu beginnen. Doch das geht nicht.
Erstens weigert sich die portugiesische Regierung, den Sambesi
für Schiffe anderer Nationen freizugeben, und darum hat der
»Pionier« die Instruktion erhalten, den Rovuma zu erforschen,
der weiter nördlich, bei Kap Delgado, in den Indischen Ozean
mündet. Zweitens käme die Mission gerade am Beginn der unge-
sündesten Jahreszeit in die ohnehin ungesunden Niederungen
am Schire, und zwar ohne jede Erfahrung in der Behandlung des
Fiebers, ohne einen Arzt und ohne Mittel, notfalls an die Küste
zurückzukehren. Livingstone hat noch das unglückliche Schick-

sal der Missionare vor Augen, die von Kuruman nach Linjanti zu den Makololo gereist und dort am Fieber gestorben waren. Bischof Mackenzie muß sich dazu verstehen, seine Missionare vorläufig auf die Komoreninsel Johanna zu bringen und sie dort in die Obhut des britischen Konsuls zu geben. Er selbst wird sich eine Zeitlang der Expedition Livingstones anschließen, um sich am Oberlauf des Rovuma nach einem passenden Platz für seine Missionsstation umzusehen.

Während die Universitätenmission auf einem englischen Kriegsschiff nach Johanna fährt, begibt sich Livingstone mit dem »Pionier« zur Rovumamündung, übernimmt Feuerholz und wartet auf den Bischof, der nach zwölf Tagen eintrifft.

Am 11. März 1861 startet der »Pionier« zu seiner Fahrt den Rovuma aufwärts. Eigentlich ist es dafür schon viel zu spät. Der »Pionier« war bereits mit zwei Monaten Verspätung in Afrika angekommen. Die Regenzeit, in der die Flüsse den günstigsten Wasserstand haben, war schon halb vorüber. Während Livingstone an der Rovumamündung auf den Bischof wartete, ist der Fluß um vier bis fünf Fuß gefallen. Der »Pionier« hat einen Tiefgang von fünf Fuß, und der Rovuma ist bedeutend kleiner als der Sambesi, da zählt jeder Zoll. Stellenweise ist kaum die berühmte Handbreit Wasser unter dem Kiel. Das Wasser fällt aber weiter, ein Ansteigen ist in dieser Jahreszeit nicht mehr zu erwarten, und so besteht die Gefahr, daß das Schiff irgendwo auf Grund gerät und erst in der Regenzeit wieder flott wird. Unter diesen Umständen kann Livingstone eine Fahrt stromaufwärts nicht mehr wagen. Wäre er mit seiner Expedition allein, so würde er jetzt das Schiff verlassen und in Booten oder zu Fuß flußaufwärts vordringen, um den Oberlauf und den Ursprung des Rovuma, der angeblich dem Njassasee entströmt, zu erforschen. Aber er will die unerfahrenen Missionare nicht sich selbst überlassen, obwohl er ihnen gegenüber rein rechtlich keinerlei Verpflichtungen hat. Er beschließt, sie von der Insel Johanna abzuholen und an die Sambesimündung, vielleicht sogar bis auf den Schire zu bringen und dort abzusetzen; anschließend wird er nach dem Njassasee weiterreisen und den Rovuma von dort aus, also von oben her, erforschen.

Da die Schiffsbesatzung an der Rovumamündung vom Fieber gepackt wird, steigt Livingstone selbst auf die Kommandobrücke und steuert das Schiff übers Meer nach Johanna. Das fällt ihm nicht schwer. Auf dem Meer gehe ihm ja niemand nach, der ihm eine Irrfahrt nachweisen könne, meint er mit seinem trockenen schottischen Humor; und wenn man nicht ans Land anrenne, könne man sich für jeden Irrtum mit einer unbekannten Meeresströmung entschuldigen. Auf Johanna nimmt er die Missionare an Bord und erreicht nach weiteren sieben Tagen die Kongonemündung des Sambesi. Ohne Zwischenfälle geht die Fahrt stromauf – aus dem Kongone in den Sambesi, aus diesem in den Schire.

Der »Pionier« erweist sich als ein solid gebautes Schiff, nur hat er für Flußfahrten einen zu großen Tiefgang. Viel kostbare Zeit wird vertan, um ihn von den Sandbänken, auf die er oftmals läuft, loszumachen. Einmal sitzt er vierzehn Tage auf einer Untiefe fest, nur weil er ein paar Zoll zu tief im Wasser liegt. Bischof Mackenzie und die Missionare Scudamore und Horace Waller legen eifrig mit Hand an, wenn das Schiff über seichte Stellen geschleppt werden muß. Livingstone seufzt über den Zeitverlust: zwei Fuß Tiefgang weniger, und man hätte mühelos zu jeder Jahreszeit stromauf und stromab fahren können!

Allen widrigen Umständen zum Trotz dringt der »Pionier« bis zum Dorf des Häuptlings Tschibisa vor, das etwa auf halbem Wege zwischen der Mündung des Schire und seinem Austritt aus dem Njassasee liegt. Überall haben die Engländer das Vertrauen der Bevölkerung gewonnen. Wenn die Universitätenmission auch nur einigermaßen erfolgreich arbeitet, könnte für die Manganja am Schire ein neues Zeitalter anbrechen, denn der Handel mit England und die Annahme des Christentums würde für sie den Beginn der Zivilisation bedeuten – so glaubt jedenfalls Livingstone. Das alte Spottwort auf die Engländer – sie sagten »god« und meinten »cotton« – trifft auf ihn nicht zu. Er will aufrichtigen Herzens beides: Gott und Kattun, die Religion und den Handel.

In Tschibisas Dorf angekommen, hört Livingstone, im Manganjaland sei Krieg. Soeben sind Abgesandte eines anderen Häuptlings eingetroffen, die von Tschibisa Hilfe gegen die Ajawa erbitten sollen. Dieser Waijaostamm streift in großen Trupps plündernd und Menschen raubend durch das Land. Leider hält sich Tschibisa zur Zeit in einem entlegenen Dorf auf.

Sein Stellvertreter erlaubt den Engländern sofort, Leute anzuwerben, die das Gepäck der Universitätenmission auf das Hochland tragen sollen, wo Bischof Mackenzie, auf Livingstones Rat, seine Station gründen will. Gemeinsam brechen die Expedition und die Missionsgruppe dahin auf.

Als sie am zweiten Tag in einem Dorf rasten, erfahren sie, daß sogleich eine Sklavenkarawane auf dem Weg nach Tete hier durchkommen wird. »Wie sollen wir uns verhalten?« Mit dieser Frage wenden sich nicht nur die Expeditionsteilnehmer an Livingstone, sondern auch die Missionare; denn der Bischof ist nicht anwesend, er hat die Rast benützt, in einem nahen Fluß zu baden. »Wollen wir eingreifen?«

Am einfachsten und bequemsten wäre es, die Karawane ungehindert vorüberziehen zu lassen; man könnte sich sogar beiseite begeben und so tun, als sähe und höre man nichts. Ein solches Verhalten würde jedoch die Sklavenhändler und -treiber, denen die Anwesenheit der Engländer natürlich nicht verborgen bleiben wird, ermutigen; außerdem könnten sie es als Feigheit deuten. Greifen die Engländer ein, so verärgern sie die portugiesischen Behörden, die ja selbst ihre Finger im Sklavengeschäft haben. Die Portugiesen könnten Vergeltung üben, indem sie das in Tete aufbewahrte Privateigentum der Engländer beschlagnahmen oder vernichten. Auch Expeditionsgut, also britisches Staatseigentum, ist in Tete eingelagert; geht es durch Livingstones Verschulden verloren, so kann ihm daraus viel Ärger entstehen. Andererseits werden alle Bestrebungen der Expedition und auch der Universitätenmission vereitelt, wenn die Sklavenjäger ihnen auf dem Fuße folgen und sich als »Kinder« der Engländer ausgeben. Diesem Treiben muß unbedingt, ohne Rücksicht auf etwaige nachteilige Folgen, Einhalt geboten werden. Livingstone mischt sich grundsätzlich nie in innere Angelegenheiten der von ihm besuchten Stämme ein, weil seiner Meinung nach kein Europäer einen so tiefen Einblick in die Verhältnisse zu gewinnen vermag, daß er Partei ergreifen dürfte; er erhebt seine Stimme nur, wenn er glaubt, vermitteln und Frieden stiften zu können. Aber hier liegt der Fall anders: Wenn die Engländer wollen, daß man ihren schönen Worten glaubt, dann müssen sie jetzt zeigen, daß sie es mit der Abschaffung des Sklavenhandels ernst meinen. Wenn sich Livingstone also diesmal zum Eingreifen entschließt, dann gibt er nicht etwa einer Aufwallung von Zorn oder Mitleid nach, er hat sich das Für und Wider reiflich überlegt. Er weiß auch, daß seine Tat sich Hunderte von Meilen weit herumsprechen und ihre Wirkung – in jeder Hinsicht – nicht verfehlen wird.

Nur Minuten sind vergangen, seit er vom Herannahen der Sklavenkarawane benachrichtigt wurde, da taucht sie auch schon auf, biegt um einen Hügel herum und zieht in das Tal ein, in dem das Dorf liegt: ein langer Zug gefesselter Männer, Frauen und Kinder, in der Mitte und am Ende die afrikanischen Treiber, stutzerhaft aufgeputzt und mit Musketen bewaffnet, vorneweg Musikanten, die auf langen Hörnern aus Zinn lustige Weisen blasen. Plötzlich brechen sie ab – sie haben die Europäer erblickt. Im nächsten Augenblick stürzen die Treiber Hals über Kopf seitwärts in die Büsche, nur der Anführer bleibt stehen. Ein Makololo springt auf ihn zu und packt ihn am Handgelenk. Sieh da, es ist ein alter Bekannter, ein Sklave des vormaligen Kommandanten von Tete! Als sich Livingstone dort aufhielt, war ihm dieser Bursche als Bedienter zugeteilt. Auf die Frage, wie er zu seinen Gefangenen gekommen sei, antwortet er, er habe sie gekauft. Die Gefangenen selber sagen jedoch aus, sie seien bei einem Überfall ergriffen worden. Während Livingstone sie befragt, entwischt auch der Anführer. Die Gefangenen knien nieder und klatschen in die Hände; so bekunden sie ihren Dank.

Ganz von selbst hat es sich ergeben, daß sie bei den Engländern geblieben sind. Schon säbeln Messer die Stricke durch, mit denen die Frauen und Kinder gebunden sind. Schwieriger ist es, die Männer zu befreien. Jeder steckt mit dem Hals in der Gabel eines dicken, sechs bis sieben Fuß langen Stockes. Vor der Kehle liegt als Riegel ein Eisenstab, der an beiden Enden vernietet ist. Aber schon hat sich im Gepäck des Bischofs eine Säge gefunden, und nun wird einer der Gefangenen nach dem andern freigesägt. Den Frauen sagt Livingstone, sie sollen von dem Mehl, das sie getragen haben, für sich und ihre Kinder eine Mahlzeit kochen. Sie zaudern, sie trauen sich nicht – diese Worte sind zu schön, um wahr zu sein! Der Wechsel kommt zu plötzlich, als daß sie sich sogleich in die neue Lage finden könnten. Aber dann gehen sie munter ans Werk. Die Sklavenstöcke und -fesseln geben ein kräftiges Feuer, über dem bald die Kochtöpfe dampfen. Ein kleiner Junge spricht aus, was alle denken: »Die andern banden uns und ließen uns hungern. Ihr zerschneidet die Stricke und gebt uns zu essen. Was für Leute seid ihr? Woher kommt ihr?«

Tags zuvor haben die Treiber zwei Frauen, die sich loszubinden versuchten, erschossen, um die anderen von Fluchtversuchen abzuschrecken. Ein Mann, der vor Müdigkeit zusammengebrochen war, wurde mit der Axt erschlagen.

Vierundachtzig Menschen, überwiegend Frauen und Kinder, sind befreit worden. Was soll mit ihnen geschehen? Livingstone stellt ihnen frei zu gehen, wohin es ihnen beliebt, oder bei den Engländern zu bleiben. Sie wollen alle bei ihren Befreiern bleiben. Schutzlos frei zu sein wäre zu gefährlich – sie würden sich der Freiheit wahrscheinlich nicht lange erfreuen. Als der Bischof vom Baden kommt, billigt er Livingstones Entscheidung und reiht die Befreiten in seine Mission ein, um sie in deren Nähe anzusiedeln und christlich zu erziehen. Damit ist zugleich ein Anfangshindernis aus dem Weg geräumt: Gewöhnlich dauert es Jahre, bis die Einheimischen genügend Vertrauen zu den Fremden gefaßt haben, um sich von ihnen belehren zu lassen.

Am nächsten Morgen zieht die Gesellschaft weiter. Die befreiten Männer tragen mit Freuden das Missionsgepäck. Unterwegs werden zwei Sklavenhändler festgenommen und eine Nacht lang gefangengehalten, damit sie eine weitere Karawane nicht warnen können. Sie teilen aus freien Stücken mit, daß die Aufseher jener Karawane Bedienstete des Gouverneurs seien. »Sie erboten sich zwar, uns zu Seiner Exzellenz eigenen Agenten zu führen, aber wir wollten uns nicht gern von ihnen führen lassen.«

Am folgenden Tag werden noch fünfzig Sklaven befreit. Sie sind sämtlich splitternackt, aber die Engländer haben genug Kattun, um sie einzukleiden. Der Anführer dieser Karawane, in dem Livingstone den Agenten eines der ersten Kaufleute von Tete erkennt, beteuert, sie hätten zu allem, was sie tun, die Erlaubnis des Gouverneurs. »Davon waren wir schon, bevor er es sagte, völlig überzeugt. Es ist ganz unmöglich, dort irgend etwas ohne die Kenntnis und das Einverständnis des Gouverneurs zu unternehmen.«

Wie werden die portugiesischen Behörden und Kaufleute die Störung ihrer Geschäfte aufnehmen? Als die Expedition später wieder nach Tete kam, erwartete Livingstone, daß die Geschädigten ihrem Ärger wenigstens in Worten Luft machen würden. Doch das geschah nicht, niemand beschwerte oder beklagte sich. Vielleicht schämten sich die Herren, ihre Beteiligung am Menschenhandel offen einzugestehen. Nur einer bemerkte im Laufe eines Gespräches lächelnd: »Sie nahmen die Sklaven des Gouverneurs weg, nicht wahr?« Ob die Gefangenen dem Gouverneur »gehörten«, wußte Livingstone nicht, er konnte nur antworten: »Wir befreiten mehrere Trupps, denen wir im Manganjaland begegneten.«

Ein Teil der Gefangenen ist gewöhnlich für den Binnenmarkt bestimmt. Vor allem Frauen werden in großen Einbäumen den Sambesi aufwärts befördert und zu festen Preisen gegen Elfenbein getauscht. Die Männer und Knaben verwendet man als Träger beim Transport des Elfenbeins aus dem Innern nach Tete und an die Küste. Dort gebraucht man sie zur Feldarbeit, bis ein Sklavenschiff abgeht, das sie nach den in französischem Besitz befindlichen Inseln schafft.

Als Dr. Kirk und Charles Livingstone ein Jahr später in Tete weilten, um eingelagertes Expeditionsgut zu holen, kamen sie wiederholt mit dem Gouverneur zusammen, dessen Sklaven sie hatten befreien helfen. Er behandelte sie wider Erwarten freundlich. Nur einmal spielte er auf jenes Vorkommnis an: Er habe von seinem Bruder, dem Generalgouverneur, den Bescheid erhalten, daß die bewaffnete Begleitmannschaft einer Sklavenkarawane, wenn sie außerhalb des portugiesischen Hoheitsgebietes angegriffen werde, sich künftig der Gewalt mit Gewalt widersetzen

müsse. Mit anderen Worten, sollten die Engländer nochmals versuchen, geraubte Manganja zu befreien, so müßten sie sich auf ein Feuergefecht gefaßt machen. Mit diesen Worten enthüllte der Gouverneur von Tete selbst das wahre Gesicht des höchsten Beamten der Kolonie Moçambique, der den Offizieren der englischen Kreuzer in fließendem Englisch zu versichern pflegte, er hege den innigen Wunsch, den Sklavenhandel zu unterdrücken.

Der Häuptling, der über den Teil des Landes gebietet, in welchem der Bischof den Platz für seine Missionsstation wählen will, wohnt in Magomero. Er lädt den Bischof ein, zu ihm zu kommen und sich in Magomero niederzulassen. Dieses unverhoffte Entgegenkommen freut den Bischof, er sagt zu. Natürlich hat der Häuptling sein Angebot nicht aus Herzensgüte gemacht; er hofft, daß die Anwesenheit der Missionare ihm Ruhe vor den Ajawa verschaffen wird. Livingstone und Mackenzie haben in dieser Richtung noch mehr vor: Um zu verhindern, daß das Land gänzlich entvölkert wird, wollen sie den Ajawahäuptling besuchen und ihn überreden, den Menschenraub nun endlich aufzugeben und sich mit seinem Volk einer friedlichen Tätigkeit zuzuwenden.

Eines Morgens erhält Livingstone die Nachricht, ein Trupp Ajawa stecke gerade ein nahes Dorf in Brand. Sofort macht er sich mit seinen englischen Gefährten und den Missionaren auf, um eine Zusammenkunft mit den Mordbrennern zu suchen. Unterwegs kommen ihnen flüchtende Manganja entgegen, die nur noch das besitzen, was sie auf dem Kopfe forttragen. Die Europäer marschieren durch verlassene Dörfer; von einer Ansiedlung stehen nur noch die verkohlten Pfosten. Die Getreidevorräte liegen ausgeschüttet umher, weil weder die Räuber noch die Überfallenen sie mitnehmen konnten. Dann sieht man den Rauch brennender Hütten aufsteigen und hört Triumphgeschrei, vermischt mit jammernden Frauenstimmen.

Schließlich sehen die Engländer ein Ajawadorf vor sich, in das gerade ein langer Zug Krieger mit Gefangenen heimkehrt, von den Frauen mit Freudenrufen begrüßt. Als der Ortshäuptling die Fremden gewahrt, steigt er auf einen Termitenhügel, um zu sehen, wie viele es sind. Livingstone ruft ihm zu, daß er mit ihm sprechen möchte. Doch etliche Manganja, die den Engländern gefolgt sind, fühlen sich in deren Beisein stark und schleudern dem Häuptling Drohungen entgegen. Das hat zur Folge, daß die Ajawa »Krieg! Krieg!« schreien und ins Dorf rennen. Ihre Gefangenen nützen die Verwirrung und flüchten. Doch schon kommen aus dem Dorf zahlreiche Krieger herausgerannt und umzingeln die Engländer, wobei sie sich geschickt hinter Felsblöcken und im hohen Gras verbergen. Vergebens ruft ihnen Livingstone zu, er sei nicht gekommen, um zu kämpfen, sondern um mit ihnen zu reden. Sie antworten darauf mit vergifteten Pfeilen. Der leichte Sieg über mehrere Manganjadörfer und die Gewißheit, nur eine Handvoll Gegner vor sich zu haben, steigert ihre Kampflust. Die Engländer ziehen sich auf eine Anhöhe zurück, um ihre Position zu verbessern. Die Ajawa deuten diese Bewegung als beginnende Flucht, sie rücken nach und wagen sich näher heran. Einige von ihnen haben Musketen und feuern sie ab. Um sich zu verteidigen, müssen die Engländer das Feuer erwidern. Als die Ajawa das Mündungsfeuer der Gewehre sehen und die Kugeln pfeifen hören, stutzen sie und laufen davon. »Aber manche schrien uns von den Hügeln aus die tröstende Nachricht zu, daß sie uns verfolgen und im Schlaf umbringen würden.« Hungrig, müde und unzufrieden kehren die Engländer in das Manganjadorf zurück.

Livingstone ist niedergeschlagen. Er kann sich und seinen Gefährten keinen Vorwurf machen, sie alle haben in Notwehr gehandelt. Es ist das erstemal, daß er von Afrikanern angegriffen wurde. Schon mehrmals war er in Lagen, wo ein Gefecht unvermeidlich schien, und er hat es trotzdem zu vermeiden verstanden. Aber gerade diesmal war er nicht darauf gefaßt, er hatte nicht einmal einen Revolver bei sich. »Hätten wir die Wirkung, welche Sklaverei und Mord auf den Charakter dieser blutdürstigen Plünderer ausgeübt hatten, besser gekannt, so würden wir, ehe wir uns ihnen näherten, es erst mit Botschaften und Geschenken versucht haben.«

Noch unter dem frischen Eindruck des Angriffs, der sein Leben und das seiner Gefährten bedrohte, sucht er die Ursache bei sich selbst: Hätten wir die Wirkung besser gekannt ...! Selbst die überstandene Gefahr vermag nicht seinen Blick dafür zu trüben, daß ja erst der Sklavenhandel die Ajawa zu dem gemacht hat, was sie gegenwärtig sind.

Am nächsten Tag kommt ein alter Häuptling zu dem Bischof und bittet ihn, sich bei ihm und nicht in Magomero anzusiedeln. Er sagt ganz offen, daß er sich davon einen Schutz gegen die Ajawa erwartet; mehr noch: Er bittet die Engländer, die Ajawa aus dem Lande zu treiben, damit Frieden werde. Plötzlich kommen ein paar von seinen Leuten gerannt und melden atemlos, die Ajawa seien ganz in der Nähe. Livingstone durchschaut die List, die der Alte sich ausgedacht hat, um die Wirkung seiner Bitte zu erhöhen. Ehe der Bischof, der die Landessprache nicht versteht, sich dazu äußern kann, lehnt Livingstone sowohl die Einladung wie die Bitte des Alten ab: Er und seine Landsleute kämpften nur, wenn sie angegriffen würden; sie seien im Gegenteil gekommen, um den Frieden zu fördern. Zornig geht der alte Häuptling seiner Wege.

Der Bischof ist diesmal mit der Entscheidung des Forschers nicht einverstanden. Er fühlt sich schon als guter Hirt der Manganja. Soll er tagaus, tagein tatenlos zusehen, wie das ihm anvertraute Volk von Menschenräubern weggeschleppt wird? Hat der alte Häuptling nicht recht? Muß man nicht die Ajawa, da sie nicht mit sich reden lassen, aus dem Lande jagen, um Ruhe zu bekommen? Alle anderen stimmen dem Bischof lebhaft zu, er hat ihnen aus dem Herzen gesprochen. Nur Livingstone schweigt eine Weile. Dann sagt er: »Die Ajawa werden offenbar von portugiesischen Agenten in Tete angestachelt. Auf die Manganja aber kann man sich nicht stützen. Sie sind unter sich verfehdet und sehen es mit Freuden, wenn ihre nächsten Nachbarn ein Unglück trifft. Infolge ihrer Uneinigkeit können sie von jedem Feind leicht überwunden werden. Man muß trotz allem versuchen, die Ajawa zu etwas Besserem zu überreden. Allerdings haben sie sich schon lange daran gewöhnt, für den Markt von Kilimane Sklaven zu liefern, und die Aussicht, sie davon abzubringen, ist nicht sehr groß.«

»Was soll ich Ihrer Meinung nach tun, falls mich die Manganja nochmals um Hilfe gegen die Ajawa bitten«, fragt der Bischof. »Ist es nicht meine Pflicht, ihre Bitte zu erfüllen?«

»Nein«, erwidert Livingstone entschieden. »Die Manganja werden Sie mit solchen Bitten überhäufen. Aber mischen Sie sich nicht in die Streitigkeiten der Eingeborenen.«

Den Manganja aber rät er, sich gegen ihre gemeinsamen Feinde zu vereinigen, und sagt ihnen zugleich, daß die Engländer sich aus ihren Kriegen heraushalten werden.

Leider handelte der Bischof später nicht nach Livingstones Rat, was für ihn und die ganze Universitätenmission die schlimmsten Folgen haben sollte.

Der Platz für die Missionsstation wird auf einer Anhöhe über dem Magomeroflüßchen gewählt. Er ist schön gelegen und von hohen, schattigen Bäumen umgeben. Das Wetter ist jetzt, im Juli, mild – so wie im englischen Sommer. Lebensmittel strömen aus der Umgebung überreichlich herbei und sind billig. Der Bischof und die Missionare fangen sogleich mit großem Eifer an zu bauen und die Manganjasprache zu erlernen. Alle sind voller Zuversicht.

Auch Livingstone hofft, daß die Missionsstation Magomero rasch aufblühen und bald eine segensreiche Tätigkeit entfalten werde. Er kehrt mit seinen Gefährten zum »Pionier« zurück, um sich auf die Reise nach dem Njassasee vorzubereiten.

Die Menschenjäger am Njassasee. Wenige Tage nach ihrer Rückkehr von Magomero brechen die Brüder Livingstone mit Dr. Kirk, einem englischen Matrosen und zwanzig Afrikanern nach dem Njassasee auf. Die Engländer und einige der Afrikaner fahren in einem vierrudrigen Boot, das an den Murchisonkatarakten vorbei getragen wird. Eine Abteilung Makololo marschiert am rechten Ufer des Schire aufwärts. Sie kommt an zahllosen Hütten vorbei, in denen Tausende von Manganja leben, die von den Ajawa aus ihren jenseits des Flusses gelegenen Dörfern vertrieben worden sind. Ihre Nahrungsmittelvorräte haben ihnen die Sklavenjäger geraubt oder verbrannt, und die ausbrechende Hungersnot wird bald weitere Opfer fordern.

Vier Wochen nach ihrer Abreise vom »Pionier« segelt die Expedition in den Njassasee ein, über dem kühle, erfrischende Luft lagert. Man steuert an der Westküste entlang. Das Ufergelände ist stellenweise sumpfig. Die zahlreichen Buchten haben einen offenen Sand- und Kiesstrand und sind durch felsige Kaps voneinander getrennt.

Die Ufer sind dicht besiedelt. Am Südende des Sees zieht sich eine fast ununterbrochene Kette von Dörfern hin. In den Buchten stehen Menschengruppen und starren zu dem seltsamen Fahrzeug hinüber – sie haben noch nie ein Segelboot gesehen. Wo die Insassen landen, werden sie im Nu von Hunderten Einheimischer umringt und angestaunt. Am schlimmsten ist es zu den Mahlzeiten; da drängt sich die Menge Kopf an Kopf und Körper an Körper um die Essenden und verfolgt jede Bewegung. Aber keiner übertritt den Strich, den die Engländer um ihren Platz herum in den Sand geritzt haben, um wenigstens essen zu können – abergläubische Scheu hält die Neugierigen zurück. »Zweimal gingen sie so weit, den Saum unseres Segels aufzuheben, das wir als Zelt benützten – wie Kinder in der Heimat es mit den Vorhängen wandernder Menagerien machen. Sie nannten uns auch wirklich Tschirombo, womit sie sonst die eßbaren wilden Tiere bezeichnen; aber sie hatten keine Ahnung, daß wir sie verstanden.«

Ein oberflächlicher Beobachter könnte die Anwohner des Njassasees leicht für große Faulpelze halten, denn sie liegen tagsüber unter schattigen Bäumen am Ufer in tiefem Schlaf. Aber dieser Eindruck trügt. Schon nachmittags beginnen sie sich zu rühren. Sie untersuchen ihre Fischnetze, bessern sie aus und schaffen sie in die Kähne. Am Abend rudern sie zu den Fangplätzen, und nachts schleppen sie ihre Netze durchs Wasser.

Bis hierher sind die Sklavenjäger noch nicht vorgedrungen, und so haben sich die Einheimischen ihre Gastfreundschaft und Freigebigkeit bewahrt. Geht einer der Reisenden zu den heimkehrenden Fischern, um sich den Fang anzusehen, so wird ihm stets ein Fisch angeboten. Als die Expedition eines Nachmittags in ein kleines Dorf am Strand kommt, fahren die Fischer mit zwei Einbäumen hinaus, schleppen ihre Netze und schenken den Engländern den ganzen Fang. Anderswo bewirtet man sie unaufgefordert mit Essen und Bier und schafft Lebensmittel für sie herbei.

»Aber überall, wo der Sklavenhandel betrieben wird, sind die Bewohner unehrlich und unhöflich; er hinterläßt auf seinem Pfad unweigerlich einen Gifthauch und einen Fluch.« Das merkt man an den Überfahrtsstellen der arabischen Sklavenhändler. Dort fragen die Anwohner sofort: »Kommt ihr, um Sklaven zu kaufen?« Und wenn sie hören, sie hätten es mit Engländern zu tun, die niemals Sklaven kauften, setzen sie eine verächtliche Miene auf und weigern sich bisweilen sogar, Lebensmittel zu verkaufen. Wahrscheinlich sind sie von den arabischen Händlern aufgehetzt.

»Der Sklavenhandel am See ging in einem entsetzlichen Maße vonstatten. Zwei unternehmende Araber hatten eine Dhau gebaut und ließen diese, mit Sklaven überfüllt, regelmäßig über den See fahren. Man sagte uns, als wir ihr Hauptquartier er-

reichten, sie sei den Tag zuvor abgefahren.« Die Sklaven werden an die Küste gebracht und dort auf Seeschiffe verladen. Wieder drängt sich Livingstone der Gedanke auf, daß man diesen ganzen Handel mit einem kleinen Dampfer lahmlegen könnte, der auf dem See patrouillieren und außerdem Industriewaren im Austausch gegen Elfenbein und andere Landesprodukte liefern müßte. Er nimmt sich fest vor, baldigst einen solchen Kontroll- und Handelsdienst einzurichten.

Während am südwestlichen Ufer des Njassasees noch Ruhe und Frieden herrschen, ist seine nördliche Umgebung den Raub- überfällen der Mazitu ausgesetzt, eines Zulustammes, der auf dem Hochland wohnt. Verbrannte Dörfer und verwesende Lei- chen bezeichnen den Weg der Räuber. Die zu Land vorrücken- den Makololo wollen nicht ohne den Schutz eines Europäers weitergehen, weil noch immer starke Mazitubanden das Land durchstreifen. Daher verläßt Dr. Livingstone das Boot und mar- schiert mit ihnen. Sein Vorhaben, die Verbindung zwischen den beiden Gruppen aufrechtzuerhalten, wird durch das bergige Ufergelände, das zu Umwegen nötigt, sehr erschwert; für meh- rere Tage verliert er das Boot aus den Augen.

Eines Tages – die Makololo haben soeben eine von den vier Ziegen geschlachtet, die sie als lebenden Proviant mitführen – er- scheinen sieben Mazitu, mit Speeren, Keulen und Schilden be- waffnet, die Köpfe phantastisch mit Federn geschmückt. Living- stone steht auf und geht ihnen mit einem Makololo, der Zulu spricht, unbewaffnet entgegen. Er will mit den gefährlich ausse- henden Kerlen unbedingt friedlich auskommen, zumal er sie für den Spähtrupp einer stärkeren Schar hält. Während er auf sie zu- geht, verbieten sie ihm, sich ihnen zu nähern; er soll sich hinset- zen, und zwar in die Sonne – sie selber setzen sich in den Schat- ten. »Nein«, erwidert er durch seinen Dolmetscher, »wenn ihr im Schatten sitzt, wollen wir es auch.« Da rasseln sie mit ihren Keu- len auf den Schilden, um dem Fremden Furcht einzuflößen. Aber der Makololo sagt gelassen: »Es ist nicht das erstemal, daß wir Schilde rasseln hören.« Die Kaltblütigkeit scheint Eindruck zu machen. Die Mazitu verlangen ein Geschenk für ihren Häupt- ling. Livingstone hat nichts Geeignetes bei sich und leert zum Be- weis dafür seine Taschen aus. Unter anderem bringt er ein Notiz- buch hervor. Da springen die Mazitu auf und verlangen, er solle es wieder einstecken. Sie halten das Heftchen wohl für ein Zaubermittel. Nun fordern sie eine Ziege. Doch die kann Livingstone nicht entbehren, die Ziegen sind sein einziger Proviant. Die Mazitu beharren auf ihrer Forderung, er bleibt bei seiner Weigerung. Er wagt es, weil er merkt, daß sie sich vor ihm ebenso fürchten wie seine Leute vor ihnen. Und er behält wirklich die Oberhand: Die Mazitu stehen plötzlich auf und entfernen sich.

Das verödete Land muß einstmals dicht bevölkert gewesen sein, denn überall erblickt man verwilderte Bananenstauden und Äcker, zerstörte Dörfer, zerbrochene Geräte und menschliche Skelette. Die Zulu erschlagen bei ihren Überfällen alle erwachsenen Männer und nehmen nur die Frauen und Kinder mit, um sie ihrem eigenen Stamm einzuverleiben, den sie auf diese Weise verstärken. Nie sollen sie ihre Gefangenen verkaufen; man kann also ihre Art, Menschen zu rauben, weder mit der der Portugiesen noch mit der der Araber auf eine Stufe stellen.

Jeden Tag hält Livingstone besorgt nach dem Boot Ausschau. Erst am vierten Tag sieht er es von Norden zurückkommen. Die Bootsfahrer sind ungefähr doppelt so weit vorgedrungen wie er und dann umgekehrt. Sie haben noch gefährlichere Abenteuer bestanden: Eine Seeräuberflotte von schnellen Einbäumen hat sie angegriffen und gejagt; nur dadurch, daß sie einen günstigen Wind ausnutzen und das Segel setzen konnten, sind sie einem Gefecht entgangen.

Livingstone versucht bei jeder Gelegenheit, von den Einheimischen Auskunft über den nördlichen Teil und die Ostküste des Njassa zu erhalten, doch das ist nahezu unmöglich:

»Manche sind gegen Fremde so mißtrauisch, daß sie nur äußerst vorsichtig antworten, andere lassen ihrer Phantasie die Zügel schießen und erzählen Wunder, die den romanhaften Geschichten der Reisenden alter Zeiten gleichen, oder sie sagen das, was der Fragende ihrer Meinung nach am liebsten hören möchte.

›Wie weit ist es bis zum Ende des Sees?‹ fragten wir einen intelligent aussehenden Mann am südlichen Teil. ›Das andere Ende des Sees?‹ rief er in echtem oder gut gespieltem Erstaunen aus. ›Wer hat je davon gehört! Wenn einer sich als Kind aufmachte, um bis zum anderen Ende des Sees zu wandern, so würde er, ehe er dort ankäme, ein alter Graukopf sein. Ich habe nie gehört, daß jemand so etwas versucht hätte.‹ Am Rovuma hatte man uns gesagt, dieser Fluß entströme dem Njassa; und auch am Südteil des Sees versicherte man uns, man könne mit dem Einbaum aus dem Njassa in den Rovuma fahren. Aber weiter im Norden lautete die Auskunft verschieden: Die einen sagten, der Rovuma fließe in der Nähe des Sees, komme aber nicht aus ihm; andere behaupteten mit gleicher Bestimmtheit, der Fluß sei mehrere Tagereisen vom Njassa entfernt.«

Mit eigenen Augen kann sich Livingstone nicht Gewißheit verschaffen; dazu müßte er nach der Ostküste hinüberfahren, und das kann er der häufigen, jäh losbrechenden Stürme wegen mit dem leichten Boot nicht wagen.

Eines Morgens wird das Boot von einem solchen Sturm überfallen. Die Insassen werfen den Anker aus und halten den anstürmenden Wellen sechs Stunden lang stand. Hätten sie zu landen versucht, so wäre das Boot unweigerlich in der Brandung zerschellt. Die zu Land marschierende Abteilung und herbeigeeilte Dorfbewohner stehen unterdessen auf den hohen Uferklippen und sehen voller Angst zu, wie der tobende See fast das Boot verschlingt.

Die Erforschung des Njassasees hat diesmal acht Wochen gedauert, vom 2. September bis zum 27. Oktober 1861. Die Exkursion hat ihren Zweck erfüllt, soweit das mit dem Ruderboot möglich war, und so kehrt Livingstone mit seinen Begleitern abermals zum »Pionier« zurück.

Das Unglücksjahr 1862. Eine Woche nach Livingstones Ankunft auf dem Schiff kommt Bischof Mackenzie aus Magomero zu Besuch. Er äußert sich über die Zukunftsaussichten der Missionsstation sehr optimistisch. Während Livingstone den Njassasee erforschte, sind die Ajawa geschlagen und vertrieben worden; jetzt wünschen sie mit den Engländern in Frieden zu leben. Um Magomero herum haben sich unter dem Schutz der Mission viele Manganja angesiedelt, und Mackenzie glaubt, daß auf den Hochlanden der Sklavenhandel bald aufhören wird. In absehbarer Zeit wird sich die Missionsstation selbst mit Lebensmitteln versorgen können, denn man betreibt fleißig Acker- und Gartenbau. Im Januar, also in etwa zwei Monaten, werden die Schwester des Bischofs und die Frau des Missionars Burrup aus England erwartet. Bischof Mackenzie verabschiedet sich in bester, zuversichtlicher Stimmung – doch Livingstone und seine Gefährten sehen ihn nie wieder.

Die Expedition fährt mit dem »Pionier« den Schire und den Sambesi hinab, erreicht aber diesmal die Küste auf einem anderen Mündungsarm, an dem leichter Brennholz zu bekommen ist als am Kongone.

Am 30. Januar kommt der erwartete Dampfer, die »Gorgon«, aus England an. Er schleppt eine Brigg nach, die nicht nur die Schwester des Bischofs Mackenzie und Frau Burrup, sondern auch Frau Mary Livingstone an Bord hat, die ihren Mann künftig wieder begleiten will.

Die Brigg bringt die Teile eines zerlegbaren eisernen Dampfers mit, den ein Freund in England auf Livingstones Wunsch und Kosten besorgt hat und der auf dem Njassasee eingesetzt werden soll. Livingstone hatte für den Ankauf zweitausend Pfund veranschlagt; die Kosten beliefen sich jedoch auf mehr als sechstausend Pfund und verschlangen den größten Teil des Ertrags, den ihm sein Reisebuch gebracht hatte. Das kleine Schiff soll den Namen »Lady Njassa« erhalten. Der »Pionier« übernimmt davon soviel Teile, wie er auf einer Fahrt zu transportieren vermag; weitere Teile werden auf die beiden Boote der »Gorgon« verladen. Dann dampfen die drei Fahrzeuge stromauf. Kapitän Wilson sowie etliche Offiziere und Mannschaften der »Gorgon« fahren mit, um beim Ausladen zu helfen.

Das neue Jahr läßt sich gut an: Livingstone hat endlich seine Frau wieder bei sich, er hat den gewünschten Dampfer für den See bekommen und freut sich, daß es in Magomero vorwärtsgeht. Nichts deutet darauf hin, daß 1862 für ihn und für die Universitätenmission ein schwarzes Jahr werden wird.

Die Fahrt stromauf geht sehr langsam vonstatten, nicht nur weil der Sambesi jetzt Hochwasser und daher eine starke Strömung hat, es zeigt sich auch, daß die Maschinen des »Pionier« dringend einer Überholung bedürfen. Livingstone entschließt sich, bei Schupanga – also auf halbem Weg zwischen dem Delta und Senna – die Fahrt zu unterbrechen, die Teile der »Lady Njassa« an Land zu schaffen, den Rumpf zusammenzubauen und ihn bis an die Murchisonfälle des Schire zu schleppen. Das hält freilich die Expedition gewaltig auf: Für eine Strecke, die Livingstone ursprünglich in sechs Tagen zurückzulegen hoffte, wird er nun sechs Monate brauchen.

Einige Tage bevor der »Pionier« Schupanga erreicht, fahren Kapitän Wilson und Dr. Kirk mit zwei Schiffsbooten voraus, um Fräulein Mackenzie und Frau Burrup nach Magomero zu bringen, denn wozu sollen sich die beiden Frauen so lange in Schupanga aufhalten – auf der Missionsstation werden sie gewiß sehnlich erwartet.

Der »Pionier« legt vor Schupanga an. Livingstone und seine Frau ziehen in das steinerne Haus, das während des Feldzugs gegen Mariano das Hauptquartier des portugiesischen Gouverneurs war. Sofort wird damit begonnen, den Rumpf der »Lady Njassa« zusammenzusetzen.

Schon nach wenigen Wochen kommen die beiden Schiffsboote mit Kapitän Wilson und Dr. Kirk zurück. Sie bringen auch die zwei Frauen wieder mit, die gar nicht bis Magomero gelangt sind, denn schon am oberen Schire erhielten sie die Nachricht, daß Bischof Mackenzie und Missionar Burrup tot seien.

Diese beiden hatten sich aufgemacht, um den Frauen entgegenzureisen, obwohl Regenzeit war und der Schire Hochwasser führte. Infolge der alles durchdringenden Nässe erkrankten sie, setzten jedoch die Reise fort. Als sich die Manganja wegen des Hochwassers weigerten, sie den Fluß hinunterzufahren, erboten sich drei Makololo dazu, und sie setzten sich in einen Einbaum. Am Abend wollten sie am Ufer ihr Nachtlager aufschlagen, doch die Moskitos plagten sie dermaßen, daß sie wieder in den Kahn stiegen und weiterfuhren. Im Dunkeln kenterte der Einbaum in einem Strudel. Die Insassen retteten zwar ihr Leben und den Kahn, aber der ganze Inhalt – Kleidung, Proviant und Reiseapotheke – ging verloren. Durchnäßt, müde und von den Moskitos gemartert, verbrachten sie die Nacht in dem ans Ufer gezogenen Einbaum. Am Morgen fuhren sie weiter, aber noch am selben Tag warf den Bischof ein schwerer Fieberanfall nieder. Im Dorf eines mißtrauischen, unfreundlichen Häuptlings wurde Mackenzie in eine Hütte gebracht und auf eine Matte gelegt. So lag er, ohne Heilmittel und fast ohne Nahrung, drei Wochen lang, bis er starb. Burrup, der die Ruhr hatte und sich kaum aufrecht halten konnte, ließ ihn am Ufer des Schire begraben. Dann ruderten die Makololo den Missionar wieder stromaufwärts. Als er vor Schwäche schließlich nicht mehr gehen konnte, machten sie aus Ästen und Zweigen eine Trage und trugen ihn bis nach Magomero hinauf. Dort starb er bald nach seiner Ankunft.

Einige Tage nachdem Kapitän Wilson, Dr. Kirk und die beiden Frauen zurückgekehrt sind, kommen mit mehreren Einbäumen der Missionar Waller und andere Leute aus Magomero an. Um die Missionsstation steht es nicht gut, dort herrscht Hungersnot, sowohl unter den Missionsmitgliedern wie unter den rundum wohnenden Manganja. Die Missionare und auch der verstorbene Bischof sind daran nicht schuldlos. Trotz Livingstones Rat, sich nicht in die Streitigkeiten der Einheimischen zu mischen, haben sie die sklavenraubenden Ajawa bekriegt, ein Dorf strafweise niedergebrannt und sogar Schafe und Ziegen genommen. Aus Rache dafür haben die Ajawa, von den Portugiesen durch Lieferung von Munition und Kattun unterstützt, die reiche Ernte der Manganja vernichtet. Danach ist obendrein eine Dürre gekommen. Um den Hunger zu bekämpfen, hat Waller Einbäume gemietet und ist damit stromab gefahren, Lebensmittel zu holen.

Später erfuhr Livingstone, daß Waller seine Fracht zwar den Sambesi und den Schire aufwärts beförderte, aber schon vor den Murchisonfällen die Nachricht erhielt, daß seine Kollegen Magomero verlassen und aufgegeben hatten und nach dem unteren Schire geflüchtet waren. In den heißen Niederungen waren noch zwei Missionare gestorben.

Livingstone kann aus Schupanga nicht fort, solange der »Pionier« noch Schiffszubehör der »Lady Njassa« von der Sambesimündung holen muß. Dabei möchte er dem ungesunden Ort, an dem das Fieber nicht aufhört, lieber heute als morgen den Rükken kehren. Mitte April wird auch Frau Livingstone fieberkrank. Trotz aller ärztlichen Hilfe und liebevollen Pflege verschlimmert sich ihr Zustand rasch, weil sie das Chinin erbricht, so daß es nicht zur Wirkung kommen kann. Die Kranke wird bewußtlos, und am 27. April bei Sonnenuntergang verläßt Mary Livingstone ihren Mann und ihre fernen Kinder für immer.

Vergeblich sucht man in Livingstones zweitem Reisewerk Äußerungen des Schmerzes und des Gefühls der Vereinsamung, in die der von Natur fröhliche und gesellige Mann immer tiefer versinkt. Nur ahnen kann man, was sein karger und gefaßter Bericht verbirgt: »In der Nacht wurde ein Sarg gemacht, am nächsten Tag unter den Zweigen des großen Baobabbaumes ein Grab gegraben, und mitfühlend stand die kleine Schar Landsleute dem beraubten Gatten bei der Bestattung seiner Toten bei. Auf

seine Bitte verlas der Reverend James Stewart das Begräbnis-
gebet, und die Seeleute waren so freundlich, an dem Grab einige
Nächte hindurch freiwillig Wache zu stehen.«

Stewart war in Schottland Geistlicher gewesen und durch Livingstones Vorträge für den Missionsdienst begeistert worden.
Die schottische Kirche hat ihn entsandt, das Gebiet am oberen
Schire auf seine Eignung zur Gründung einer neuen Missionsstation hin zu untersuchen. Er weilte in Marys Todesstunde an der
Seite Livingstones und erinnert sich: »Er saß neben dem rohen,
aus Kisten gefügten, aber mit einer weichen Matratze bedeckten
Bett, auf dem seine sterbende Frau lag. Sie war jetzt völlig bewußtlos ... Der starre Gesichtsausdruck und das mühsame,
schwere Atmen machten es nur zu deutlich, daß das Ende nahe
war. Und der Mann, der so oft dem Tod ins Antlitz geschaut und
so vielen Gefahren getrotzt hatte, war gänzlich gebrochen und
weinte wie ein Kind.«

Nach dem schweren Schlag, der Livingstone getroffen hat –
dem schwersten, der ihn überhaupt treffen konnte –, geht die Arbeit in Schupanga weiter, wenn auch durch Fieber und Ruhr verzögert und mehrmals unterbrochen. Im Juni bringt der »Pionier« die letzten Teile der »Lady Njassa«. Das Ufer des Sambesi
wird geebnet, Palmstämme werden zu Stapelblöcken behauen,
und am 23. Juni findet endlich der Stapellauf der »Lady Njassa«
statt. Bis aber das gesamte Expeditionsgut an Bord ist, hat die
trockene Jahreszeit den Wasserstand des Sambesi und des Schire
so verringert, daß man das neue Schiff nicht mehr, wie geplant,
bis an die Murchisonfälle bringen kann. Außerdem verlangen
die Portugiesen neuerdings einen Zoll für die Befahrung des
Sambesi und stellen eine Flußpolizei auf.

Angesichts dieser Hindernisse entschließt sich Livingstone,
wieder nach dem Rovuma zu fahren, auf den die Portugiesen keinen Anspruch erheben. Zuvor müssen jedoch an der Kongonemündung die Maschinen und das Steuer des »Pionier« ausge-
bessert werden. Erst Anfang September kann Livingstone zur
Kongonemündung starten.

Die unvorhergesehenen Mängel der Schiffe, der wechselnde
Wasserstand, die Stromschnellen und Untiefen der Flüsse haben
der Expedition schon viele Monate Aufenthalt und Wartezeit
verursacht. Im Vergleich mit der Durchquerung Afrikas vor Jahren hat sie bisher wenig neue Erkenntnisse eingebracht. Dabei

stehen Livingstone diesmal viel mehr Geld und Transportmittel zur Verfügung als damals; aber eben dadurch ist er von vielen Faktoren abhängig, auf die er bei aller Energie und Entschlußkraft keinen Einfluß hat.

Den Rovuma kann er mit dem zu tief im Wasser liegenden »Pionier« noch weniger bewältigen als vor zwei Jahren. Das hat er vorausgesehen; er wird den Fluß nur mit den zwei Schiffsbooten aufwärts fahren. Sogar das ist schwierig, weil der Rovuma bei dem jetzigen Niedrigwasser voller Sandbänke ist. Außerdem erschweren an vielen Stellen vom Hochwasser angeschwemmte und gestaute Baumstämme das Vorwärtskommen.

Livingstone will aber nun endlich die Frage lösen, ob der obere Rovuma mit dem Njassasee in Verbindung steht oder nicht und, wenn ja, ob man ihn bei Hochwasser wenigstens eine Zeitlang als Schiffsweg vom Ozean nach dem Njassa benützen kann. Ist das der Fall, so wäre für die englischen Kaufleute und Missionare ein von den Portugiesen nicht kontrollierter Zugang zum Njassasee gefunden.

In den ersten Wochen begegnet man fast keinem Menschen. Die Dörfer liegen zum Schutz vor Sklavenräubern und Plünderern im dichten Dschungel versteckt. Auch in der nächsten Woche sind die Bewohner der besuchten Dörfer so scheu, daß Livingstone keine Lebensmittel zu kaufen bekommt, bis eine Frau, kühner als die anderen, ihm ein Huhn verkauft. Damit ist der Bann gebrochen, jetzt bieten die Leute auf einmal mehr Hühner und Mehl an, als die Expedition braucht.

In der fruchtbaren Ebene am linken Ufer des Rovuma sind die Dörfer verlassen. Die Einwohner hausen in zeitweiligen Hütten an den niedrigen Flußufern. Den größten Teil ihres Eigentums und ihrer Lebensmittelvorräte lassen sie in den Dörfern zurück, ohne Rücksicht darauf, daß ihnen die Sachen gestohlen werden können – sie haben viel mehr Angst, selbst gestohlen zu werden. Eine große Sklavenstraße vom Njassa nach dem arabischen Hafen Kilwa führt durch diese Gegend, und in der Jahreszeit, wo die Menschenhändler unterwegs sind, ist es gefährlich, in den Dörfern zu bleiben.

Eines Tages bemerkt man in den Booten, daß der Expedition eine große Schar mit Bogen und Flinten bewaffneter Krieger am Ufer folgt. Sie beabsichtigen offenbar einen Überfall, denn an

einer Flußkrümmung überholen sie die beiden Boote, und plötzlich schwirrt ein Pfeil herüber.

Livingstone befiehlt, so weit wie möglich von dem Ufer, auf dem sich die Angreifer befinden, abzustoßen, und läßt einen seiner afrikanischen Gefährten durch das seichte Wasser zu ihnen hinüberwaten und ihnen, wie gewöhnlich, erklären, die Fremden seien nicht gekommen, um zu kämpfen, sondern um sich den Fluß anzusehen und einen Handel mit Baumwolle und Elfenbein in Gang zu bringen.

Während der Mann redet, springen etliche der Angreifer hinter den Booten ins Wasser und zielen mit gespanntem Bogen auf die Insassen. Auch die am Ufer Stehenden halten ihre Flinten und Bogen schußbereit. Das Dickicht hinter ihnen bietet eine vorzügliche Deckung: Sie könnten nach jedem Schuß zurückspringen und ungesehen neu laden oder einen neuen Pfeil aus dem Köcher ziehen. Da der Mut der Angreifer stets wächst, wenn sie den Gegner schlecht bewaffnet wähnen, läßt Livingstone ihnen sagen, daß er und seine Gefährten besser bewaffnet seien als sie und genügend Munition besäßen, »daß wir aber nicht wünschten, das Blut der Kinder desselben großen Vaters zu vergießen, dem auch wir angehörten, und daß, wenn wir kämpfen müßten, alle Schuld auf sie fallen würde«. Diese letzte Warnung ist auch in den Kriegen, die die Einheimischen untereinander führen, üblich. Nach langen Reden legen endlich der Anführer und andere ihre Waffen nieder und waten zu den Booten. »Dieser Fluß gehört uns«, behauptet der Anführer, »wir erlauben weißen Männern nicht, ihn zu befahren. Wenn wir euch vorbeilassen sollen, müßt ihr Zoll entrichten.«

»Es war demütigend, dies zu tun, aber es hieß: bezahlen oder kämpfen, und ehe wir kämpften, unterwarfen wir uns lieber der Demütigung, ihre Freundschaft zu bezahlen, und gaben ihnen dreißig Yard Kattun. Sie versprachen, für immer unsere Freunde zu sein und, wenn wir zurückkehrten, Essen für uns zu kochen. Dann zogen wir das Segel auf und fuhren weiter, froh, daß die Sache im guten erledigt worden war. Die Leute am Ufer gingen bis zur nächsten Flußmündung hinauf, um – so nahmen wir an – sich unsere Boote genauer anzusehen. Aber als wir ihnen gegenüber waren, schickten sie uns ohne jede Warnung eine Salve Flintenkugeln und Giftpfeile. Glücklicherweise flogen alle Pfeile über uns hinweg; vier Flintenkugeln durchlöcherten dicht über unseren Köpfen das Segel. Sowie sie geschossen hatten, stürzten die Angreifer in die Büsche und ins hohe Gras außer zweien, die noch schießen wollten. Daran hinderte sie jedoch das von unserem zweiten Boot eröffnete Feuer. Keiner von ihnen ließ sich wieder sehen, bis wir tausend Yard weit fort waren. Um ihnen eine Vorstellung von der Schußweite unserer Gewehre zu geben, wurden noch einige Schüsse über ihre Köpfe abgefeuert, worauf sie alle in den Wald flohen ... Nur wo Sklavenjäger auftreten, sind die Eingeborenen dieses Teils von Afrika blutdürstig.«

Nach einer Fahrt von über hundertfünfzig Meilen sperrt den Fluß eine felsige Stromschnelle mit engen Durchlässen, die nur für Einbäume passierbar sind. Bis zu den Überfahrtsstellen der arabischen Sklavenhändler am Ostufer des Njassa sollen es noch etwa fünfzehn Tagereisen sein. Fern im Westen, in der Richtung des Sees, erheben sich aus der Ebene blaue Bergketten. Es ist ganz unwahrscheinlich, daß der seichte Rovuma weiter oben für die Schiffsboote oder gar für einen Dampfer besser befahrbar ist als bisher, zumal die Einheimischen von einer noch schwieriger zu bewältigenden Stelle des Oberlaufs berichten. Dort soll einstmals ein mit Sklaven beladenes Araberboot zerschellt sein. Viele sagen noch immer, der Rovuma komme aus dem Njassasee, allerdings sei er an der Ausflußstelle sehr schmal. Auf jeden Fall kann man den See, trotz der Murchisonfälle, leichter auf dem Schire erreichen als auf dem Rovuma.

Mit diesem Ergebnis gibt sich Livingstone zufrieden und kehrt um – leider ohne über den Ursprung des Rovuma Gewißheit zu haben. Nach einmonatiger Abwesenheit erreicht er mit seinen Begleitern wieder den »Pionier«.

Eine tiefe Enttäuschung und neues Unheil. Erst im Januar 1863 kann Livingstone mit der »Lady Njassa« zum Njassasee starten. Vorher ist er mit dem »Pionier« nach der Insel Johanna und nach Kilimane gefahren. Auf dem Sambesi, vor Schupanga, hat ihn die »Lady Njassa« erwartet. Nun nimmt der »Pionier« sie ins Schlepp, und bei günstigem Wasserstand geht es den Sambesi und dann den Schire aufwärts, den Murchisonkatarakten entgegen. – Es wird eine traurige Fahrt, denn der berüchtigte Mariano ist wieder auf freiem Fuß und verwüstet das Land wie ehedem. Seine Aburteilung war ein Hohn auf alle Rechtsprechung gewesen. Das Gericht hatte den vielfachen Mörder zu drei Jahren Gefängnis und einer Geldstrafe verurteilt. Unter fadenscheinigen Vorwänden erwirkte sich Mariano jedoch Strafaufschub und die Erlaubnis, ins Landesinnere zu reisen. Er verließ Kilimane mit einem Vorrat von mehreren hundert Gewehren samt Munition. Natürlich sammelte er sofort seine versprengte Truppe und nahm sein altes Geschäft, Menschenraub, Mord und Plünderung, wieder auf. Wie früher verkaufte er die Geraubten als Sklaven nach Kilimane. Jeder mit den Verhältnissen Vertraute wußte, daß er niemals ohne das stillschweigende Einverständnis Seiner Exzellenz des Herrn Gouverneurs hätte aus Kilimane entweichen und einen solchen Waffenvorrat mitnehmen können. »Viele Meilen weit wurde die Bevölkerung des Tales von Mariano, dieser Geißel des Landes, hinweggerafft; er ist wieder, was er vorher war: der große Sklavenagent der Portugiesen. Das Herz tat einem weh, wenn man die weite Verwüstung sah. Die Flußufer, einst so volkreich, waren jetzt ganz still, die Dörfer niedergebrannt; ein drückendes Schweigen herrschte, wo früher eifrige Verkäufer scharenweise mit den mannigfaltigen Erzeugnissen ihres Gewerbefleißes erschienen.«

Der Missionar Waller, ursprünglich Mitglied der Universitätenmission, hat nach der Auflösung der Station Magomero fünf Monate am unteren Schire gelebt. Er sah dort mitunter an einem Tag fünfzehn bis zwanzig mit Sklaven beladene Einbäume flußabwärts fahren – aus Marianos Lager zu den portugiesischen Niederlassungen; die Ladung bestand immer nur aus Frauen und Kindern. Einmal kam ein portugiesischer Zollbeamter, um von Waller und den anderen überlebenden Mitgliedern der Universitätenmission eine Zahlung zu fordern. Für das Geld kaufte er in Gegenwart Wallers sofort von den »Rebellen«, die er nur vom Schireufer aus heranzurufen brauchte, Sklaven.

Die Mehrzahl der Bevölkerung ist tot, teils von den Banditen ermordet, teils dem Hunger erlegen, der auf die Plünderung und Brandschatzung der Dörfer folgte. »Allenthalben hatte man den Anblick und den Geruch von Leichen. Viele Gerippe lagen am Wege... Vor manchen Hütten krochen gespenstische Kindergestalten mit matten, leblosen Augen herum; noch ein paar unglückliche Hungertage, und sie waren bei den Toten.« Soweit die fleißigen Manganja mit dem Leben davongekommen sind, hungern sie. Die Frauen sammeln Insekten, Wurzeln, Wildfrüchte – alles, was eßbar ist. Sie tragen nur einen Schurz aus Palmblättern, Kleidung und Schmuck haben ihnen die Banditen geraubt.

Täglich schwimmen an den Schiffen Tote vorüber. Jeden Morgen müssen die Schaufelräder von den Leichen gereinigt werden, die in der Nacht erfaßt worden sind. Ein grausiger Anblick ist es, wenn sich Krokodile auf einen im Wasser treibenden Leichnam stürzen und ihn in Stücke reißen. »Hungersnot und Hungertod hatten so viele hinweggerafft, daß der Überlebenden zu wenige waren, um die Toten zu begraben. Die Leichen, die wir den Fluß hinabschwimmen sahen, waren nur ein kleiner Teil der Umgekommenen; ihre Angehörigen waren zu schwach gewesen, sie zu begraben, und die überfressenen Krokodile hatten sie nicht mehr verschlingen können.«

Die Not macht die Beraubten selbst zu Räubern. Die flußabwärts Flüchtenden plündern auf ihrem Durchzug die bebauten Felder derer, die bisher verschont geblieben sind. »Wer kann diese von Haus und Hof vertriebenen Menschen tadeln, daß sie stahlen, um ihr jämmerliches Leben zu retten, oder sich wundern, daß die Eigentümer das wenige Hab und Gut, von dem ihr eigenes Leben abhing, mit Keule und Speer schützten?«

Der erschütternde Eindruck, den das so schrecklich veränderte Schiretal auf Livingstone macht, kann ihn in seinem Entschluß, mit der »Lady Njassa« dem hiesigen Sklavenhandel einen schweren, vielleicht entscheidenden Schlag zu versetzen, nur bestärken.

Vor dem untersten der Murchisonfälle wird das Schiff an Land gezogen und auseinandergeschraubt. Gleichzeitig läßt Livingstone auf der etwa vierzig Meilen langen Strecke, über die man die Schiffsteile an den Katarakten vorbei tragen muß, einen Weg bahnen, das heißt Bäume fällen und Steine wegräumen. Als Arbeitstiere hat er von der Insel Johanna sechs Ochsen mitgebracht; Tsetsefliegen gibt es hier nicht.

Als die Expedition einstmals ihr Boot an den Katarakten vorbei trug, war ihr die Bevölkerung in Scharen gefolgt. Frauen hatten Mehl, Gemüse und Hühner zum Kauf angeboten, junge Burschen gern Hilfsdienste geleistet. Jetzt lastet drückende Stille über der Landschaft. »Die Portugiesen von Tete hatten unsere Arbeiter gehörig aus dem Weg geräumt, und nicht ein Lot frischer Lebensmittel war zu bekommen, außer was geschossen werden konnte. Selbst die Nahrung für unsere eingeborene Mannschaft mußte hundertfünfzig Meilen weit vom Sambesi hergeholt werden.«

Die aus Salzfleisch ohne Gemüse bestehende Kost, das Klima und die gedrückte Stimmung begünstigen Erkrankungen. Dr. Kirk und Charles Livingstone werden so schwer von der Ruhr befallen, daß der Expeditionsleiter sie nach England zurückzuschicken beschließt. Auch ihn selbst wirft die Ruhr für einen vollen Monat aufs Krankenlager. Als er wieder aufstehen kann, ist er zu einem Schatten abgemagert.

Am 19. Mai reisen sein Bruder und Dr. Kirk ab.

Als Livingstone Anfang Juli von einer Exkursion nach den oberen Katarakten wieder zum Ankerplatz des »Pionier« kommt, findet er eine Depesche aus England vor: Die britische Regierung hat aus seinen Berichten die Konsequenz gezogen, sie beruft die Expedition ab.

In seinem Reisewerk findet sich kein Wort der Enttäuschung oder gar der Kritik an dieser Maßnahme, obwohl sie ihn zu einem Zeitpunkt trifft, an dem er gerade zu dem lange, mühevoll und mit schweren persönlichen Opfern vorbereiteten großen

Schlag gegen den Sklavenhandel ausholt – in ein paar Monaten könnte die »Lady Nassa« den Kampf dagegen aufnehmen. Er schreibt sogar von der »Weisheit« des Regierungsbeschlusses, den er durch seine Berichte letzten Endes selbst bewirkt hat, so daß er ihn als begründet anerkennen muß: Vor ihm, zwischen den Murchisonfällen und dem Njassasee, wüten die Ajawa; in seinem Rücken verbreiten Marianos Banden Tod und Verderben; und hinter den Sklavenjägern stehen als Anstifter und Antreiber die Kaufleute, Beamten und Offiziere der Kolonie Moçambique bis hinauf zum Generalgouverneur, der die Regierungen in Lissabon und London mit heuchlerischen Phrasen zu täuschen versucht. Solange dieser Zustand bestehen bleibt, sind alle Versuche, den Sklavenhandel in der Kolonie und ihrem Hinterland auszurotten, zum Scheitern verurteilt. Das muß sich Livingstone selbst eingestehen. Doch als er die Depesche zum erstenmal liest, vermag er darin keine »Weisheit« zu erblicken. Schmerzlich wird ihm bewußt geworden sein, wie teuer er die anfangs freudig begrüßte Unterstützung durch seine Regierung erkauft hat: Er hat seine Entscheidungsfreiheit dafür hergegeben. Aber daran ist nun nichts mehr zu ändern, er muß sich fügen.

Ehe das Hochwasser einsetzt, also vor dem Dezember, ist es allerdings unmöglich, mit dem »Pionier« an die Küste zu fahren. Außerdem muß die zerlegte »Lady Njassa«, die nun ihrem Namen keine Ehre machen wird, wieder zusammengeschraubt werden. Ein halbes Jahr hat Livingstone bis zur Rückfahrt noch Zeit. Um sie zu nützen, will er zum zweitenmal ein Boot an den Murchisonfällen vorbeischaffen, dann auf dem oberen Schire bis zum Njassa fahren und bis zum nördlichen Ende des Sees segeln, diesmal jedoch am Ostufer entlang. Vor vier Jahren hatte er nur das Westufer erforscht und die Überfahrt zur Ostseite wegen der gefährlichen Stürme nicht gewagt. Auch die noch immer offene Frage nach dem Ursprung des Rovuma will er auf dieser Reise beantworten.

Zwanzig Begleiter sucht er sich aus: etliche Makololo und fünf Männer vom unteren Sambesi, dazu ein paar Leute von der Insel Johanna, die sich um den Wagen, auf den das Boot gelegt wird, und um die sechs davorgespannten Ochsen zu kümmern haben. Als der gebahnte Weg zu Ende ist, werden die auf der Insel Johanna angeworbenen Leute mit dem Wagen und den Ochsen zurückgeschickt, und Männer aus Tschibisas Dorf nehmen das

Boot auf die Schultern. Oberhalb der Stromschnellen setzen es die Makololo und die Sambesimänner, die mit Einbäumen umgehen können, ins Wasser und treideln es durch die starke Strömung aufwärts.

Vor einem Felsen, um den das Wasser wirbelnd herumschießt, wollen die Makololo das Boot vorsichtshalber herausheben, um es an dem Hindernis vorbeizutragen. Doch die Sambesimänner möchten gern zeigen, daß sie von der Sache mehr verstehen; drei von ihnen springen in das Boot, die zwei anderen schleppen es mühsam ein Stück stromauf. Plötzlich hört man einen Angstschrei, die Strömung hat den Treidlern das Zugseil aus den Händen gerissen und im Nu den Bug des Bootes in die Gegenrichtung gedreht. Es schlägt um, wird mit dem Boden nach oben ein paarmal herumgewirbelt und saust wie ein Pfeil davon, die Katarakte hinunter. Die drei Insassen können sich durch Schwimmen retten. Livingstone, die Makololo, die Sambesimänner, alle rennen, so schnell sie können, am Ufer dem Boot nach, doch Livingstone sieht es nie wieder.

Die fünf Schuldigen nähern sich ihm zaghaft, beugen sich nieder und berühren mit beiden Händen seine Füße; das ist ihre Art, um Verzeihung zu bitten. In der ersten Erregung ist er unfähig, ein Wort zu sprechen. Aber als er sie in ihrer Reue vor sich sieht, da kommen sie ihm vor »wie das Kind, das ungeheißen seinem Papa eine Tasse Tee bringen möchte und, indem es sie fallen läßt, in ein Angstgeschrei ausbricht«. Er verurteilt sie dazu, zum Schiff zurückzugehen, um Lebensmittel, Kattun und Perlen zu holen und auf dem nunmehr nötig gewordenen Fußmarsch so viel zu tragen, wie sie können, um auf diese Weise den Verlust des Bootes ein wenig zu ersetzen. »Es war ungeheuer ärgerlich, die ganze Habe zu verlieren und der Mittel beraubt zu werden, die beabsichtigte Unternehmung im Osten und Norden des Sees auszuführen; aber es wäre gerade so gewesen, als wollte man über verschüttete Milch schreien, wenn wir jetzt etwas anderes getan hätten, als den bestmöglichen Gebrauch von unseren Beinen zu machen.«

Da Livingstone über kein Boot mehr verfügt, muß er seinen Plan ändern. Er verzichtet darauf, das Ostufer des Njassasees zu untersuchen; vielleicht kann er das auf einer späteren Expedition nachholen. Statt dessen will er am Westufer nach Norden marschieren – also parallel zu seiner Bootsfahrt vor zwei Jahren –

und dann landeinwärts abbiegen, um einen anderen großen See aufzufinden, der westlich des Njassa tief im innersten Afrika liegen soll und den noch kein Europäer erblickt hat. Hoffentlich reicht die Zeit dazu aus; dadurch daß er auf die fünf Sambesimänner warten muß, verliert er wieder kostbare Tage.

Endlich treffen sie ein, von Rae, dem Maschinisten des »Pionier«, und dem Proviantmeister Baines begleitet. Rae bringt die erfreuliche Nachricht, daß er und die drei englischen Matrosen mit dem Zusammensetzen der »Lady Njassa« gut vorwärtsgekommen sind. Er erhält den Auftrag, das Schiff segelfertig zu machen und im Oktober an die Küste zu bringen. Den Proviantmeister, der seit einiger Zeit kränkelt, nimmt Livingstone mit, um ihm durch Luftveränderung zur Gesundung zu verhelfen und um auf der Exkursion einen Stellvertreter zu haben. Als Hilfsträger für das Gepäck werden unterwegs flüchtende Manganja in Dienst genommen, natürlich gegen Lohn.

Wieder führt der Weg durch entvölkerte Gegenden, in denen die wenigen Überlebenden ein klägliches Dasein fristen. Livingstone staunt immer von neuem, wie dicht besiedelt und fleißig bebaut das Land auch abseits des Schire, wo er es bisher nicht kennengelernt hatte, früher war. Jetzt stehen die Dörfer leer, und in den verwildernden Gärten weiden Elefanten und Büffel. Bisweilen trifft die Expedition auf Dörfer, die sich gegen die Ajawa erfolgreich verteidigt haben. Die Bewohner erschrecken über die unerwartet auftauchenden Fremden und halten sie für neue Feinde. Zwar veranlaßt Livingstone in jedem Dorf einige Männer, nach der nächsten Ansiedlung vorauszugehen, sein Kommen anzukündigen und den Einwohnern zu erklären, wer er ist; doch die Leute bleiben mißtrauisch.

Ende August erblickt er wieder die Fläche des Njassasees vor sich.

Auch westlich des Sees ist das Land verwüstet. Hier sind es die Mazitu, die Frauen und Kinder rauben und die Dörfer plündern und niederbrennen. Manche Dörfer sind durch Palisaden befestigt, in deren Schutz sich mitunter drei-, viertausend Menschen ansammeln. Im Schilf an den Seeufern verbergen sich meilenweit in ununterbrochener Folge die Hütten zahlloser Flüchtlinge, die nur wenig Getreide gerettet haben und nicht wissen, wovon sie leben sollen, wenn es aufgezehrt sein wird. »Pflanzen wir Getreide oder Maniok, so kommen die wilden Tiere und nehmen es uns weg.« Mit den »wilden Tieren« meinen sie die Mazitu.

Eines Tages kommt Livingstone mit seinen Leuten in ein befestigtes Dorf. Der Platz vor der Palisade ist von Bäumen und Gesträuch gesäubert, damit ein Angreifer keine Deckung findet; Leichen liegen umher. Von drinnen ertönt Trommelklang. Die Bewohner feiern den Sieg über eine Horde Mazitu, die das Dorf stürmen und plündern wollten. Zu dem großen Sieg haben ihnen etliche Babisa verholfen, die sich zufällig bei ihnen aufhielten – reisende Händler, die mit ihren Musketen den Mazitu unerwartete Verluste beibrachten. Sie haben schon Engländer und englische Schiffe gesehen, denn sie waren schon in Kilimane und Moçambique. »Während die Manganja uns mit Ehrfurcht betrachteten, weil wir allen Menschen, die sie bisher gesehen hatten, unähnlich waren, traten die Babisa in unsere Hütte ein und setzten sich nieder mit der Miene von Männern, die an gute Gesellschaft gewöhnt sind.« Da sie weitgereist sind, fragt Livingstone sie über das Land westlich des Njassasees aus.

Am 10. September erreicht er mit seinen Begleitern die nördlichste Überfahrtsstation der arabischen Sklavenhändler; sie liegt etwa in der Mitte der Westküste des Njassa an einer Bucht. Von den beiden Arabern, die hier ansässig sind und die Livingstone bereits früher kennengelernt hat, trifft er nur Dshuma ben Saidi an, der andere befindet sich auf Reisen. Gleich nach seiner Ankunft begrüßt ihn Dshuma in Begleitung von ungefähr fünfzig seiner Untertanen und lädt ihn ein, in seinem Dorf Quartier zu nehmen. Auch später verhält sich der Araber höflich und freigebig.

Tags darauf sieht Livingstone, wie Dshuma den Bau einer großen Dhau beaufsichtigt, die ganz aus einheimischem Holz hergestellt wird. Da wird ihm klar, daß es ein Fehler war, ein zerlegbares eisernes Schiff mühsam die Flüsse aufwärts zu schleppen, es vor den Katarakten wieder auseinanderzunehmen und dahinter erneut zusammenzusetzen. Wieviel Zeit und Kosten hätte er gespart, wenn er am Njassasee von geschickten einheimischen Zimmerleuten ein so großes und starkes Schiff wie diese Dhau hätte bauen lassen! Dshuma scheint zu merken, daß seinem Gast das Fahrzeug gefällt, denn er sagt, er würde es für keine noch so hohe Geldsumme hergeben. Man kann von ihm ja auch nicht erwarten, daß er dem Briten, der ihm die Quelle seines Reichtums zustopfen will, das Werkzeug dazu liefert – sieht er doch insgeheim Livingstone als seinen Todfeind an.

Außer dem Schiffbau betreibt Dshuma gerade den Abtransport einer soeben eingetroffenen Sklavenschar quer über den See. Livingstone erblickt mehrere Trupps junger Leute, von denen jeder einzelne mit einem Halseisen an eine gemeinsame Kette geschlossen ist; andere sind in Sklavenstöcke gesteckt. »Alle diese Fesseln wurden höflich entfernt, bevor unsere Unterredung zu Ende war, denn Dshuma wußte, daß uns der Anblick mißfiel.«

Als Livingstone die beiden Araber im Jahre 1861 traf, hatten sie nur wenig Gefolge; jetzt gebieten sie über anderthalbtausend Menschen. Viele Einheimische sind hergezogen, weil sie sich von den Feuerwaffen der Araber Schutz gegen die Überfälle der Mazitu versprechen. Aber sie sind vor dem Löwen zum Leoparden geflohen: Bei der Hungersnot, die der jetzt übervölkerten Gegend bevorsteht, wird einer den andern verkaufen, und die beiden Araber werden das »schwarze Elfenbein« billig bekommen. Vielleicht rechnet Dshuma schon damit.

Livingstone wendet sich nunmehr auf der großen Sklavenstraße westwärts, ins Landesinnere. Aus dem riesigen Graben, in den der Njassasee gebettet ist, steigt die Expedition auf ein Hochland mit köstlich frischer Luft und kalten Flüssen. Die fünf Männer, die aus der heißen Niederung am unteren Sambesi stammen, vertragen die Kühle schlecht; sie erkälten sich, und einer von ihnen stirbt.

Die Bewohner der Dörfer an der Sklavenstraße sind zurückhaltend und vorsichtig. Sie bauen keine Baumwolle an, sondern decken ihren Bedarf an Stoffen bei den durchziehenden Sklavenhändlern, denen sie Nahrungsmittel dafür liefern, und zwar zu hohen Preisen. Wenn von den afrikanischen Expeditionsteilnehmern einer erkrankt, müssen Livingstone und der Proviantmeister Baines Traglasten übernehmen, denn Träger sind hier nicht zu bekommen – die Einheimischen haben erlebt, daß Dorfgenossen, die mit den Menschenhändlern gegangen waren, nicht wiederkamen.

Von den weitgereisten Babisa und den Arabern hat Livingstone bei jeder Gelegenheit Auskunft über das völlig unerforschte Landesinnere zu erhalten versucht. Dabei war oft von einem See namens Bemba die Rede. Livingstone selbst kommt mit seiner Schar durch das Quellgebiet eines Flusses, der in diesen See münden soll. Was ihn aber aufhorchen läßt, ist die Mitteilung, daß dem Bembasee der ansehnliche Luapula entströme, der sich dann westwärts wende und den großen See Mweru und danach noch einen dritten See durchfließe. Hierauf biege er nach Norden um und vereinige sich mit dem breiten Lualaba. Wohin dieser fließe, weiß niemand. Um seine Gewährsleute auf die Probe zu stellen, behauptet Livingstone, alles Wasser der Gegenden im Westen ströme dem Sambesi zu. Lächelnd bemerken sie: »Er sagt, der Luapula fließe in den Sambesi! Hat man je solchen Unsinn gehört!« So sicher sind sie.

Zweifellos stellt das Hochland westlich des Njassasees eine bedeutende Wasserscheide dar. Es senkt sich allmählich nach dem Innern des Kontinents, und alles Wasser läuft dahin ab. Ob es zuletzt dem Kongo oder dem Nil zugute kommt, hat bis jetzt niemand festgestellt. Mit anderen Worten: Wer die von der Wasserscheide westwärts abströmenden Flüsse weit genug verfolgt, wird die uralte Frage nach den Nilquellen endgültig beantworten, wahrscheinlich auch die Frage nach den Quellen des Kongo – eine Aufgabe, die Livingstones Forscherehrgeiz mächtig reizt! Gewiß, sein Hauptziel, das ihn, der seine Kinder verlassen hat, moralisch rechtfertigt, bleibt die Bekämpfung des Sklavenhandels, aber die neue Aufgabe nimmt den Entdecker in ihm so gefangen, daß sie sich, wenn er zum drittenmal nach Afrika gehen wird, in den Vordergrund drängt.

Allmählich rückt der Zeitpunkt heran, an dem er sich zur Umkehr entschließen muß, wenn er dem Befehl des Auswärtigen Amtes, die Expedition abzubrechen und den »Pionier« an die Küste zu bringen, nicht offenkundig zuwiderhandeln will. Eigentlich sollte er diesen Auftrag ja schon im April ausführen; damals hinderte ihn der niedrige Wasserstand des Schire daran.

Die Einheimischen versichern, bis zum Bembasee seien es nur noch zehn Tagesmärsche. Aber sie sagen auch, daß die Regenzeit herannahe, in der die Flüsse über die Ufer treten und das Land weithin in einen unpassierbaren Morast verwandeln. Kehrt Livingstone nicht rechtzeitig um, so kann es geschehen, daß er wochen-, vielleicht monatelang irgendwo festsitzt und dadurch das Hochwasser des Schire versäumt, das der »Pionier« braucht, um die Küste zu erreichen.

In der Regierungsdepesche steht auch, daß die Besoldung der Schiffsbesatzung »in jedem Fall mit dem 31. Dezember 1863 aufhören« wird, und die Mannschaft weiß das, denn die Portugiesen haben die Depesche offen befördert. Verpaßt der »Pionier« das bevorstehende Hochwasser, so muß er fast ein ganzes Jahr warten, bis zum nächsten Dezember. Die Schiffsbesatzung würde nicht nur ihre Heuer für diese Zeit von Livingstone fordern, sondern durch sein Verschulden auch ein Jahr später heimkehren. Die Makololo wollen ebenfalls zurück zu ihren Frauen und Kindern.

Der Entschluß fällt Livingstone sehr schwer. Abermals soll er kurz vorm Ziel umkehren! »Vier bis sechs Wochen Zeit hätten eine geographische Großtat gesichert«, schreibt er voller Bedauern. Aber die Folgen einer Nichtbeachtung des Befehls kann er unmöglich auf sich nehmen, und so tritt er Ende September die Rückreise an. Er wählt denselben Weg, den er gekommen ist. Der Menschenraub hat inzwischen neue Opfer gefordert. Dörfer, die man auf dem Hinmarsch noch bewohnt fand, sind jetzt verlassen.

Am 8. Oktober kommt Livingstone am Njassasee an. Am Ufer entlang geht es nach Süden. Noch immer sind die Schilfdickichte voller Flüchtlinge. Aber nun ist die erwartete Hungersnot ausgebrochen. Frauen und Kinder graben Wurzeln aus, weil sie nichts anderes zu essen haben. Lebensmittel zu kaufen ist ganz unmöglich.

Auch wenn Fischer einen Fang einbringen, geben sie davon nur gegen andere Lebensmittel ab. Überall sieht man frische Gräber, und die noch Lebenden sind fast zum Skelett abgemagert. Der ständige Anblick dieses Elends, das durch »des Menschen Unmenschlichkeit gegen den Menschen« hervorgerufen wurde, und das eigene Unvermögen, die Leiden dieser Tausenden zu lindern, erfüllen Livingstone mit tiefer Niedergeschlagenheit.

Am 11. November trifft er mit seinen Gefährten auf dem »Pionier« ein. Hier ist zum Glück alles gesund, und auf der Exkursion hat sich auch der Proviantmeister wieder erholt.

In den ersten zwei Wochen nach ihrer Rückkehr ruhen sich die Teilnehmer gründlich aus; sie sind immerhin ein Vierteljahr ohne längere Pausen in heißem Klima und bei magerer Kost marschiert und haben kein Gramm Fett mehr am Leib.

Es beginnt zu regnen, die Hügel und Berge überziehen sich mit frischem Grün, doch das erwartete Hochwasser bleibt aus. Woche um Woche vergeht – der Schire will nicht steigen. Das Jahr 1864 bricht an, und Livingstone sitzt mit seiner Expedition immer noch am selben Platz.

Wenn er das vorausgesehen hätte! Dann wäre es nicht unbedingt nötig gewesen, den Marsch abzubrechen und auf die Entdeckung eines neuen großen Sees in Zentralafrika zu verzichten. Aber Livingstone ist kein Mensch, der sich lange bei Hätte und Wäre aufhält. Mehr noch ärgert er sich, daß der Anfang 1863 angekommene Nachfolger des verstorbenen Bischofs Mackenzie die Station, die von den wenigen überlebenden Mitgliedern der Universitätenmission von Magomero ins Tal des Schire verlegt worden war, aufgelöst hat, ohne sich das Land überhaupt genauer angesehen zu haben. Damit werden die schwarzen Missionszöglinge »ins Heidentum zurückgeschickt«.

»*Kapitän Livingstone*«. Am 19. Januar, nach zweimonatigem Warten, steigt der Schire endlich, und sofort lichtet der »Pionier« den Anker.

Bei Tschibisas Dorf läßt Livingstone kurze Zeit halten, um von denjenigen seiner Makololgefährten, die sich dort niedergelassen haben, Abschied zu nehmen. Auch bei der Missionsstation, die nun aufgelöst wird, macht er halt. Der neue Bischof ist schon wieder abgereist, ohne sich um das weitere Schicksal der Manganja, die von Livingstone und Mackenzie von dem Sklavenjoch befreit wurden, und der vielen anderen, die im Umkreis der Missionsstation Schutz gesucht haben, zu kümmern. Den Erwachsenen unter ihnen, die sich selbst erhalten können, raten die Missionare, dazubleiben und eine selbständige Gemeinde zu bilden. Aber was soll aus den etwa dreißig Vollwaisen und einigen hilflosen alten Leuten werden, denen Bischof Mackenzie eine neue Heimstatt bereitet hatte? Der neue Bischof hat sie einfach im Stich gelassen und dadurch den guten Ruf der Engländer unter den Afrikanern gefährdet. Beides macht ihm Livingstone zum schweren Vorwurf. Er folgt seinem Gewissen und nimmt die Waisen – alles Kinder unter zwölf Jahren – und die Alten an Bord des »Pionier«. Auch die letzten Mitglieder der Universitätenmission fahren mit ihm ab.

Von der Sambesimündung werden der »Pionier« und die schon früher eingetroffene »Lady Njassa« von zwei britischen

Kriegsschiffen nach dem Hafen Moçambique geschleppt. Ein Wirbelsturm bringt die »Lady Njassa«, auf der sich Livingstone befindet, in höchste Seenot. Ein Schlepptau wickelt sich um die Schraube der sie bugsierenden »Ariel«, deren Maschine deswegen gestoppt werden muß. Plötzlich dreht der Sturm die »Ariel« und treibt sie mit dem Bug auf die »Lady Njassa« zu. Die Menschen an Bord glauben ihr letztes Stündlein gekommen, doch die »Ariel« gleitet vorbei. Die »Lady Njassa« hält sich in dem schweren Sturm, der zwei Schlepptaue zerreißt und auf der »Ariel« ein Boot zerschlägt, vortrefflich; die Seeoffiziere sind über sie des Lobes voll – und Livingstone bedauert nur um so tiefer, daß sein Schiff den Zweck, für den es sich so gut geeignet hätte, nicht erfüllen durfte.

Der »Pionier« wird von Moçambique nach Kapstadt weitergeschleppt; er nimmt den Missionar Waller und die Waisenkinder dahin mit. Die »Lady Njassa« aber dampft nach Sansibar.

Was soll mit ihr geschehen? Das beste wäre, sie zu verkaufen. In Sansibar erhält Livingstone Preisangebote, aber sie erscheinen ihm zu niedrig. In Wahrheit bringt er es einfach noch nicht übers Herz, sich von seinem Schiff zu trennen, auf das er so große Hoffnungen gesetzt hatte. Er verfällt auf den Ausweg, es nach

Bombay zu bringen und entweder dort zu lassen, bis sich vielleicht doch noch eine Verwendungsmöglichkeit ergibt, oder zu verkaufen.

Die Engländer in Sansibar warnen ihn vor einer Fahrt nach Bombay. Sie bezweifeln, daß er es vor dem Ausbrechen des Monsuns erreichen kann. Jetzt weht der Wind noch von Afrika nach Indien, aber Ende Mai oder Anfang Juni schlägt er gewöhnlich um. Was dann? Dr. Livingstone ist schließlich kein Seemann, und die »Lady Njassa« hat außer ihm und drei anderen Engländern – einem Matrosen, einem Heizer und einem Zimmermann – nur neun Afrikaner an Bord, die zwar inzwischen gelernt haben, Matrosendienst zu tun, aber noch nie auf hoher See gefahren sind.

Doch was Livingstone sich einmal in den Kopf gesetzt hat, läßt er sich so leicht nicht ausreden. Er nimmt vierzehn Tonnen Steinkohle an Bord und fährt los. Bis zum 10. Grad nördlicher Breite hält er sich, die günstige Strömung ausnützend, in der Nähe der Küste, dann steuert er auf den Indischen Ozean hinaus.

Im Windstillengürtel gerät das Schiff in eine Gegenströmung und muß Dampf aufmachen, allerdings so sparsam wie möglich, denn die Kohle wird man an der indischen Küste brauchen. Viele Tage gehen durch Stilliegen verloren. In diesen Zeiten kann man nichts anderes tun als abwarten und den zahllosen Delphinen, fliegenden Fischen und Haien zusehen, die sich um das Schiff tummeln. Immer näher rückt das gefürchtete »Ausbrechen des Monsuns«. Ende Mai erhält man einen kleinen Vorgeschmack davon. »Um Mittag senkte sich von Ost und Nordost eine dichte Wolke herab; ein wütender Sturm blies und zerriß die Segel. Das Schiff neigte sich wie gewöhnlich auf die Seite und schlug beinahe um. Alles wurde hin und her geschleudert. Es dauerte eine halbe Stunde und endete mit etwas Regen. Solange es währte, war es fürchterlich. Nachher bekamen wir Windstille, und der Himmel hellte sich auf.« Noch mehrmals hat die »Lady Njassa« gegen schwere, die Segel zerfetzende Windstöße und hohen Seegang anzukämpfen. »Bisweilen dachten wir, unser Nachruf werde lauten: Sie verließen Sansibar am 30. April 1864, dann ward nie wieder etwas von ihnen gehört.« Nicht achtzehn Tage dauert die Überfahrt, wie Livingstone gerechnet hat, sondern fünfundvierzig; davon liegt das Schiff fünfundzwanzig völlig still.

Endlich nähert man sich der indischen Küste. Die Afrikaner glauben das zwar, weil es Livingstone ist, der es ihnen sagt; aber erst als sie Seegras und Schlangen vorbeischwimmen sehen, fangen sie vor Freude an zu tanzen. Für den nächsten Morgen sagt er »Land in Sicht« voraus, und gegen Mittag taucht tatsächlich die Küste Indiens auf.

»Kapitän« Livingstone hat gute Arbeit geleistet, denn bald wird ein Leuchtschiff gesichtet, und aus dem Nebel, der die Küste verschleiert, tritt der Mastenwald des Hafens von Bombay heraus. »Wir hatten über zweitausendfünfhundert Meilen durchsegelt. Das Fahrzeug war so klein, daß niemand unsere Ankunft bemerkte.«

In Bombay könnte Livingstone sein Schiff günstig verkaufen. »Aber bei dem Gedanken, mich von ihm zu trennen, erwachte stärker denn je die Abneigung, die Ostküste Afrikas den Portugiesen und dem Sklavenhandel preiszugeben, und ich entschloß mich, ehe ich das kleine Fahrzeug aus der Hand gab, nach Hause zu eilen und meine Freunde zu Rate zu ziehen.«

Er sorgt ausreichend für die sieben Sambesimänner und die zwei jungen Ajawa Tschuma und Wikatani, die afrikanische Mannschaft der »Lady Njassa«. Dann reist er mit den drei englischen Besatzungsmitgliedern nach England. Am 20. Juni 1864 kommt er in London an.

Anfangs wohnt Livingstone in einem Londoner Hotel. Gleich nach seiner Ankunft besucht er Sir Roderick und Lady Murchison. »Sir Roderick nahm mich, wie ich war, mit zum Empfang bei Lady Palmerston. Mylady sehr gnädig – gab mir selbst Tee. Lord Palmerston sieht gut aus. Hatte zwei Unterredungen mit ihm über den Sklavenhandel.«

Palmerston, derzeit zum zweitenmal Premierminister, ist der Hauptverfechter der britischen Expansions- und Aggressionspolitik. Unter seiner Regierung wurde der zweite Opiumkrieg gegen China geführt, in Indien der Sepoy-Aufstand blutig niedergeschlagen, in Südostafrika der Krieg gegen die ihr Land verteidigenden Xhosa mit deren Vernichtung beendet. Er unterstützt überall die Unterdrückung nationaler Befreiungsbewegungen, spielt sich aber in Worten gern als Verteidiger der Freiheit anderer Länder auf. Es wird ihm ein leichtes gewesen sein, die britische Kolonialpolitik in den Augen des weltfremden Missionars und Forschungsreisenden zu verharmlosen.

In den folgenden Wochen jagen Besuche, Diners, Empfänge einander, mehr noch als nach Livingstones erster Heimkehr vor acht Jahren. Sein Tagebuch nennt die glänzendsten Namen des damaligen England: »Sprach mit dem Herzog und der Herzogin von Somerset. Alle sagen sehr höfliche Dinge und sind ungemein rücksichtsvoll ... Ging zum Auswärtigen Amt ... Kaufte mir bei Nicol einen Gesellschaftsanzug und speiste mit Lord und Lady Dunmore ... Von da zum Empfang bei der Herzogin von Wellington. Eine großartige Gesellschaft ... Damen außerordentlich schön – kostbar und selten waren die Diamanten, die sie trugen ... Erhielt vom Lordmayor eine Einladung, mit den Ministern Ihrer Majestät zu speisen ... Besuchte Herrn Gladstone; er war sehr leutselig ... Speiste mit Lord und Lady Palmerston, mit Lady Shaftesbury und Lady Ashley, dem portugiesischen Minister ... eine sehr angenehme Gesellschaft ...«

Livingstone sieht auch seine Kinder wieder. »Thomas erkannte ich nicht, so war er gewachsen ... Agnes schon groß und Anna Mary ein hübsches kleines Mädchen.« Sein ältester Sohn Robert ist nach Amerika gegangen und kämpft in der Armee der Nordstaaten für die Freiheit der Sklaven. In einer Schlacht wird er verwundet, und bald danach erhält der Vater in London die Nachricht, daß Robert, noch nicht neunzehn Jahre alt, in einem Hospital gestorben ist. In Hamilton besucht Livingstone seine zweiundachtzigjährige Mutter. Ein Jahr später, im Juni 1865, teilt ihm ein Telegramm ihren Tod mit, und er eilt nach Schottland, »um einer lieben guten Mutter die letzte Ehre zu erweisen«.

Im August 1864 fährt er nach der schottischen Insel Staffa, die wegen ihrer Basaltsäulen berühmt ist, und auf der Jacht eines Freundes nach der benachbarten Insel Ulva, von der seine Vorfahren stammen. Im Jahre 1792 war sein Großvater von Ulva nach Blantyre, dem Geburtsort David Livingstones, gezogen.

Schon in Bombay hat Livingstone eine Einladung eines reichen Bekannten namens Webb erhalten, bei ihm in Newstead Abbey zu wohnen, falls er nach England komme. Er hatte Webb kennengelernt, als dieser zur Jagd in Afrika weilte und ihn in Kolobeng besuchte. Da er in England keinen eigenen Hausstand hat und sich auch keinen einzurichten gedenkt, nimmt er die Einladung, die Webb jetzt wiederholt, an und zieht mit seiner Tochter Agnes nach Newstead Abbey, wo er bis zum April 1865 wohnen bleibt. »Ein prächtiges altes Herrenhaus mit sehr vielen Kuriositäten darin und herrlicher Landschaft ringsum. Es war der Wohnsitz Lord Byrons, und seine Einrichtung ist (in seinen Privatzimmern) so erhalten, wie er sie verließ.«

Livingstone will hier das Buch schreiben, in dem er seiner Nation Rechenschaft über die sechsjährige Expedition ablegt, und dann von neuem aufbrechen. Denn obwohl er nun schon im dreiundfünfzigsten Lebensjahr steht, liegt ihm der Gedanke, sich zur Ruhe zu setzen, ganz fern. Wie könnte er das auch! Die Aufgaben, die er sich gestellt hat, sind bisher ungelöst geblieben.

Sein Bruder Charles hat ihm seine Aufzeichnungen zur Verfügung gestellt, und so faßt er nun sein eigenes Tagebuch und das seines Bruders zu einem Bericht über den zweiten Afrikaaufenthalt zusammen. Am Ende zählt er die Ergebnisse auf:

»Unter den ersten steht die Entdeckung eines Hafens, der für Handelszwecke genutzt werden könnte, und die Erkundung des Wertes, den der Sambesi als ein Durchgangsweg nach den inneren Hochlanden hat, die höchstwahrscheinlich dereinst ein Schauplatz europäischer Unternehmungen werden.«

Man liest diese Worte mit einigem Befremden: Ging es ihm denn nicht in erster Linie um die Ausrottung des Sklavenhandels als wichtigste Voraussetzung für die Zivilisierung und Christianisierung der Afrikaner? Und nun steht auf einmal die Erschließung des Landes für europäische Kolonisten an erster Stelle! –

Für Livingstone liegt darin kein Widerspruch, denn eine europäische Kolonie, wie er sie sich denkt, wird »von den Eingeborenen als eine unschätzbare Wohltat betrachtet werden.« Er hat zwar im Kapland, in den Burenrepubliken, in Angola und Moçambique europäische Kolonien und Kolonisten zur Genüge kennengelernt – sollte man meinen. Aber das sind für ihn Fehlentwicklungen. Seine englischen Landsleute – so glaubt er – werden das besser machen.

»Ich hege den sehr lebhaften Wunsch, ein Kolonisierungswerk für die ehrbaren Armen zu beginnen; zu diesem Zweck würde ich zweitausend oder dreitausend Pfund hergeben.« So steht in seinem afrikanischen Tagebuch geschrieben.

Fleißige arme und christliche Bauern und Handwerker sollen sich auf den Hochlanden am Sambesi und am Schire ansiedeln; leeres, unbebautes, aber fruchtbares Land ist ja in Fülle vorhanden. Sie werden den ewigen Stammesfehden, dem Land-, Vieh- und Menschenraub der Einheimischen ein Ende machen und der afrikanischen Bevölkerung den ersehnten Frieden bringen. »Tausende von gewerbfleißigen Eingeborenen würden sich mit Freude um sie herum niederlassen und sich dem friedlichen Beruf des Ackerbaues und Handels widmen, den sie so sehr lieben. Ungestört durch Krieg und Kriegsgerüchte könnten sie den läuternden und veredelnden Wahrheiten des Evangeliums Jesu Christi lauschen.« Ein Paradies auf Erden wird so eine englische Kolonie sein!

Dieser scharfe Beobachter, der die Wirklichkeit in den Burenlanden und den portugiesischen Kolonien mit so nüchternem Auge geschaut und durchschaut hat, vermag sich dennoch an einer Utopie zu begeistern. Er ist im Grunde noch derselbe weltfremde Schwärmer, als der er in jungen Jahren im Gespräch mit seinem Vater eine Zeit kommen sah, in der die reichen Leute ihr Geld nicht mehr für Luxus, sondern für die Gründung neuer Missionsstationen ausgeben würden. Seitdem hat er zweiundzwanzig Jahre fast ausschließlich in Savanne und Urwald und unter Afrikanern verbracht, fern von seinem Vaterland und seinen Landsleuten. Unter ihnen weilt er nur noch als berühmter und gefeierter Gast. Sie sind alle nett zu ihm. Gerührt nehmen sie die hohe Meinung, die er von ihnen und von England hat, zur Kenntnis. Er meint es durchaus ernst und ehrlich, wenn er sagt, »daß England durch seine Menschenliebe, die von der Nachwelt erkannt und gewürdigt werden wird, viel Gutes getan hat«. Er denkt dabei an die britischen Kreuzer vor der Westküste Afrikas, die den Sklavenhandel nach Amerika unterbinden, an die Universitätenmission, an die Jäger Oswell und Webb, an seinen Schwiegervater Moffat und den Bischof Mackenzie, an die Missionare Waller, Stewart und viele andere. Viele Engländer sehen in diesem kindlich frommen, gütigen Mann ihr eigenes besseres Ich verkörpert. Im Grunde möchte keiner sein wie er, aber mancher fühlt, daß man eigentlich so sein *sollte*. Und im Umgang mit ihm bemüht man sich unwillkürlich, dem schönen Bild, das dieser Mann von den Engländern im Herzen trägt, möglichst ähnlich zu erscheinen. Vor ihm schämt sich mancher ein wenig der eigenen Gewinnsucht, Hartherzigkeit und Heuchelei. Man zeigt sich ihm im Kirchgangsanzug der Menschenfreundlichkeit und Nächstenliebe und bestärkt ihn dadurch noch in seinen Illusionen. Erst diese eigentümliche Wechselwirkung macht einerseits die Verehrung und Volkstümlichkeit, die Livingstone in England genießt, und andererseits sein unbegrenztes Vertrauen in seine Landsleute verständlich.

An geographischen Erfolgen der Expedition nennt er die Entdeckung des Schirwa- und des Njassasees und die Erforschung des Sambesi von der Mündung bis über die Victoriafälle hinaus.

Während sein Blick aus dem Fenster seines Zimmers in Newstead Abbey über den schneebedeckten Vorplatz schweift, weilt er in Gedanken wieder in den schwülen Waldtälern, auf den sonnenüberfluteten Savannen und an den glitzernden Seen Ostafrikas. Aber über die hellen Landschaftsbilder senkt sich ein düsterer Schatten. »Die Naturschönheiten sind jetzt unzertrennlich mit menschlichem Leiden und Kummer verbunden.« Zwar hat Livingstone nur wenig zur Ausrottung des Sklavenhandels tun können, »doch unsere Expedition ist die erste, die die Sklaverei an ihrem Ursprung und in allen ihren Phasen sah«.

Im Schlußkapitel seines Buches schildert er noch einmal zusammenfassend die verschiedenen Arten der Sklavenbeschaffung und des Sklavenhandels, die er mit eigenen Augen gesehen hat, und die furchtbare Ausblutung der betroffenen Länder. Die Zahl der exportierten und genutzten Sklaven macht ja nur einen kleinen Bruchteil der Unmenge Menschen aus, die bei dem Sklavengeschäft ums Leben kommen. Von fünf eingefangenen oder gekauften Afrikanern gelangt nie mehr als einer zu den Sklavenhaltern in Übersee. Zu den Verlusten bei den Überfällen und auf dem Transport über Land und See kommen noch die zahllosen Angehörigen, die von den Räubern getötet werden oder später Hungers sterben. In dreihundert Jahren Sklavenhandel wurden nach Livingstones Schätzung einhundert Millionen Menschen versklavt. Von fünf bis zehn Sklaven erreichte aber nur einer lebend die Küste. Livingstone prangert besonders die an dem grausamen Geschäft beteiligten Christen an – nicht nur die Portugiesen, auch die Franzosen, die dem Mangel an Arbeitskräften in ihren Kolonien durch »Anwerbung freier Auswanderer aus Afrika« abhelfen, ein System, in dem er den »fluchwürdigen Sklavenhandel in einer verstärkten Form« erkennt. Er selbst hat Manganjaleute als »freie Auswanderer« mit Ketten aneinandergefesselt und in Einbäume gepfercht den Sambesi hinabfahren sehen.

Anscheinend weiß er nicht, daß seine Landsleute diesen »fluchwürdigen« Handel in der Südsee unter der Bezeichnung »free labour trade« gleichfalls betreiben. Und er ahnt auch noch nichts von den Methoden, mit denen sich dereinst die englischen Eisenbahn- und Minengesellschaften im südlichen Afrika billige Arbeitskräfte beschaffen und wie menschenunwürdig sie diese behandeln werden. Er glaubt, daß es allein der Sklavenhandel ist, der »sich für jeden moralischen und kommerziellen Fortschritt als eine unübersteigbare Schranke erweisen muß«. Rottet den Sklavenhandel aus, und der Weg für diesen Fortschritt ist frei! Diesen Aufruf richtet er immer von neuem an seine Landsleute. Und die britischen Politiker begreifen sehr bald die Brauchbarkeit dieser Losung zur Demagogie und schreiben sie auf die Fahnen, unter denen sie mit Gewalt oder List, je nachdem, ihr afrikanisches Kolonialreich aufrichten, in dem die primitive alte Sklaverei durch die moderne »freie« Ausbeutung ersetzt sein wird.

Livingstone persönlich ist über jeden Verdacht erhaben, einer Ausbeutung der Afrikaner das Wort zu reden, auch wenn er zuletzt sein Land offen zur Koloniegründung in Afrika auffordert. Dennoch hat er, ohne es zu wollen, sowohl durch seine Forschungen wie durch sein vertrauenerweckendes Auftreten dem britischen Imperialismus in Ost- und Zentralafrika und damit der raffiniertesten Ausbeutung der Bevölkerung den Weg geebnet.

Livingstone kennt und liebt die Afrikaner. Unermüdlich nimmt er sie gegen Geringschätzung und Rassendünkel in

Schutz. Auch im Schlußkapitel seines zweiten Reisewerkes wendet er sich gegen die aus leicht durchschaubaren Beweggründen unternommenen Versuche, die Afrikaner als eine niedrigere Rasse hinzustellen: »Was die Stellung der Afrikaner unter den Völkern der Erde betrifft, so haben wir nichts gesehen, was die Ansicht rechtfertigen könnte, sie gehörten einer ›Art‹ an, die sich von den zivilisiertesten Völkern unterschiede. Der Afrikaner ist ein Mensch mit allen Merkmalen des Menschengeschlechts… Er ist physisch fast ebenso stark wie der Europäer und als Rasse erstaunlich ausdauernd. Weder die Krankheiten noch der Branntwein, die sich auf die nordamerikanischen Indianer, auf die Südseeinsulaner und die Australier so verhängnisvoll ausgewirkt haben, scheinen imstande zu sein, die Neger zu vernichten… Sie sind von Natur mit einer physischen Kraft begabt, die den schwersten Entbehrungen zu widerstehen vermag, und mit einem Frohsinn, der sie, wie zum Ausgleich, befähigt, aus der schlimmsten Lage das Beste zu machen.«

Livingstone erwähnt den Stolz und die Freiheitsliebe der Afrikaner und widerspricht auch der oftmals verzerrten Darstellung der Häuptlinge in europäischen Reisebüchern: »Nach vielem Verkehr mit verschiedenen Herrschern haben wir nicht zu entdecken vermocht, warum ›Sensationsschriftsteller‹ afrikanische Häuptlinge mit einem Schein des Lächerlichen umgeben haben. Da die Ortsvorsteher und auch das Volk immer schlechter werden, je mehr man sich dem Bereich der Zivilisation nähert, so ist wahrscheinlich die von den erwähnten Schriftstellern beschriebene stupide Bestialität an der Westküste der Reflex des gemeinen Charakters der Händler, mit denen viele der dortigen Häuptlinge zu tun hatten.« Freundlichkeit und »eine feinfühlige, ehrerbietige Art der Sprache und des Benehmens« sichern einem fast immer Freundschaft und Wohlwollen der Afrikaner. Das sind die Erfahrungen eines Mannes, der viele Jahre unter Afrikanern verschiedener Völker und Stämme lebte und ihre Sprachen verstand und sprach.

Als die Niederschrift des Reisebuches abgeschlossen ist, sieht Livingstone den Zweck seines Aufenthaltes in England als erfüllt an. Es versteht sich für ihn von selbst, daß er wieder nach Afrika gehen wird, um die unerledigt gebliebenen Vorhaben auszuführen, soweit ihm das noch vergönnt sein wird.

In Bombay wartet noch immer die »Lady Njassa« auf ihn. Er könnte sie nach Afrika führen und das Unternehmen wieder beginnen, das er infolge des Regierungsbefehls abbrechen mußte: den Einsatz seines Schiffes auf dem Njassasee zur Unterbindung der Sklaventransporte. Aber zu der Zeit, in die die Überfahrt nach Sansibar fiele, würde bereits der Monsun von Afrika nach Indien wehen, und gegen den käme er mit seinem Schiffchen nicht an. Vielleicht schreckt ihn außerdem die Erinnerung an die Katarakte und Untiefen der ostafrikanischen Flüsse ab. Jedenfalls entschließt er sich nun doch, die »Lady Njassa« zu verkaufen und die nächste Forschungsreise größtenteils zu Fuß durchzuführen. Damit verzichtet er auf die großangelegte Aktion zur Ausrottung des Sklavenhandels im Gebiet des Njassasees, für die er sich doch so sehr begeistert hatte.

Daß ihn nur der Monsun zu dem Verzicht veranlaßt, will man ihm nicht recht glauben, obwohl er diesen Grund selber angibt. In der Tat sprechen noch andere und nicht weniger gewichtige Gründe gegen eine Schiffsexpedition.

Am 5. Januar 1865 hat ihm der Präsident der Geographischen Gesellschaft, Sir Roderick Murchison, einen Brief geschrieben, der mit den Worten beginnt: »Mein lieber Livingstone! Hinsichtlich Ihrer Zukunft drängt es mich zu erfahren, was Ihr eigener Wunsch betreffs einer Erneuerung Ihrer afrikanischen Forschungen ist.« Der Brief erhält aber vor allem Sir Rodericks eigene Wünsche und Vorschläge. Ihm erscheint es »von ungeheurem geographischen Interesse, das Rätsel der Wasserscheide oder der Wasserscheiden Zentralafrikas zu lösen«, also die Frage nach den Nil- und Kongoquellen zu beantworten. Gerade diese Frage hatte sich ja auch schon Livingstone selbst während seiner letzten Reise westlich des Njassasees aufgedrängt.

Noch ist John H. Spekes Entdeckung des Nilursprungs nicht allgemein anerkannt. Und Speke kann seine Entdeckung nicht mehr gegen die Zweifler verteidigen, er ist tot. Livingstone hatte mit ihm Briefe gewechselt und sich auf eine persönliche Begegnung gefreut; doch kurz bevor sie zustande kam, starb Speke auf der Jagd durch einen mysteriösen Gewehrschuß. In einer Versammlung der Geographischen Gesellschaft hört Livingstone einen Vortrag von Spekes einstigem Reisegefährten und späterem erbitterten Gegner Richard Burton; aber der ist als Mensch ein Skeptiker und Zyniker und dem frommen Christen Livingstone daher von vornherein unsympathisch. Speke hatte den Ausfluß des Weißen Nil aus dem Victoriasee gefunden und damit das Rätsel seines Ursprungs weitgehend gelöst; doch Burton hielt hartnäckig an seiner These fest, daß der Weiße Nil aus dem Tanganjikasee komme. Wer hatte recht?

Geschickt spekuliert Murchison in seinem Brief auf den Forscherehrgeiz des einstigen Missionars: »Wenn Sie nach Westen gelangen und an der dortigen Küste herauskommen oder den Weißen Nil (!) erreichen könnten, würden Sie sich einen Namen machen, mit dem sich kein anderer messen könnte, und all die schwebenden großen Streitfragen entscheiden.« Er ermuntert Livingstone also zu einer nochmaligen Durchquerung Afrikas, diesmal weiter nördlich und von Osten nach Westen; und sein Hinweis auf den am Weißen Nil zu gewinnenden Ruhm ist ein Köder, der mächtig lockt.

Für eine solche Forschungsreise stellt Murchison seine und der Geographischen Gesellschaft volle Unterstützung in Aussicht. Er wünscht allerdings, daß Livingstone dabei »frei wäre von jeder anderen Aufgabe als der des geographischen Forschers«. Seiner Meinung nach behindern die missionarischen Bemühungen die geographischen. Aber obwohl Livingstone längst viel mehr Forscher als Missionar ist, antwortet er Murchison: »Ich würde nicht einwilligen, nur als Geograph zu reisen, sondern ich werde als Missionar gehen und nebenher Geographie betreiben, weil ich es für meine Pflicht erachte zu versuchen, entweder dieses arme Volk aufzuklären oder sein Land erlaubtem Handel zu erschließen«. Aber seine Weigerung, sich ausschließlich der Forschung zu widmen, führt dazu, daß die Geographische Gesellschaft zu seiner Expedition nur fünfhundert Pfund Sterling beisteuert – eine nicht eben noble Summe. Dadurch ist dem Unternehmen von vornherein ein bescheidener Rahmen gezogen; eine wirksame Bekämpfung des Sklavenhandels kann sich Livingstone nicht vornehmen. In einem Brief vom 24. September 1869 an seinen Sohn Thomas schreibt er denn auch klipp und klar: »Der Zweck meiner Reise ist die Entdeckung der Nilquellen.« Damit ist er nun doch ganz in die von Murchison gewollte Zielrichtung eingeschwenkt.

Auch die Regierung, die bei der Finanzierung der vorigen Expedition so großzügig war, beteiligt sich diesmal nur mit fünfhundert Pfund an den Kosten. Zusammen tausend Pfund aus öffentlichen Mitteln – das ist nur ein Fünftel der Summe, die dem Forscher für seine Schiffsexpedition zur Verfügung gestellt wurde. Es ist auch nie davon die Rede, ihm einen Stab von Offizieren und Fachgelehrten beizugeben. Die Zurückhaltung der britischen Regierung erklärt sich hauptsächlich durch das Verhalten Portugals. Die scharfen Angriffe, die Livingstone in Vorträgen und in seinem Buch gegen das portugiesische Kolonialsystem richtete, haben in den offiziellen Zeitungen Portugals noch schärfere Entgegnungen hervorgerufen, die das portugiesische Außenministerium ins Englische übersetzten läßt und herausgibt. Die Verfasser schrecken nicht davor zurück, Livingstones Person und Tätigkeit zu verleumden: »... Es liegt zweifellos klar zutage, daß Dr. Livingstone unter dem Vorwand, das Wort Gottes zu verbreiten – damit befaßte er sich am allerwenigsten – sowie die Geographie und Naturwissenschaft zu fördern, alle seine Schritte und Bemühungen dem Gedanken unterordnete, ... Portugal den Verlust der reichen Handelsvorteile im Innern und schließlich, bei passender Gelegenheit, den des Territoriums selbst zu verursachen.« Die britische Regierung wird offen zum Einschreiten aufgefordert, da »solche Männer wie Livingstone, namentlich wenn sie sich in einer amtlichen Eigenschaft in unseren afrikanischen Besitzungen aufhalten, den Interessen Portugals äußerst nachteilig werden können, falls sie nicht genügend überwacht und ihrem dreisten und schädlichen Verhalten keine Schranken gezogen werden.« England unterhielt zu Portugal freundschaftliche Beziehungen, die es den humanen An- und Absichten Dr. Livingstones zuliebe nicht belasten oder gar gefährden mochte.

Dennoch macht ihm das Auswärtige Amt ein Angebot: Er soll eine »Kommission« übernehmen, die ihm den zentralafrikanischen Häuptlingen gegenüber eine offizielle Stellung verleihen würde; jedoch soll mit diesem Amt weder ein Gehalt noch eine Pension verbunden sein. Dieser Zusatz verletzt Livingstone aufs tiefste. Niemals hat er seine Beziehungen zu den höchsten Gesellschaftskreisen und zur Regierung dazu benützt, sich persönliche Vorteile zu verschaffen. Und jetzt will man sich seine Kenntnis Afrikas zunutze machen, ihm aber die Besoldung vorenthalten, die selbst der unbedeutendste Beamte erhält! Trotz dieses schäbigen Angebots geht übrigens die Beweihräucherung Livingstones in der Öffentlichkeit weiter: Er tafelt danach immer noch mit den Ministern Ihrer Majestät, den Erzbischöfen von York und Canterbury, den Herzögen von Somerset und von Argyll, mit Lords und Sirs und Bischöfen.

Die geringen Geldmittel, über die er verfügt, bestärken ihn in der Absicht, die »Lady Njassa« zu verkaufen. Den Erlös – also sein eigenes Geld – würde er unbedenklich in seine neue Expedition stecken. Die Trennung von seinem Schiff wird ihm schließlich durch die Aussicht erleichtert, sich zu Fuß oder in Einbäumen freier bewegen zu können. Die Bindung an ein Expeditionsschiff war ihm oft lästig gewesen. Und wenn er keinen Dampfer hat, braucht er auch keine europäischen Begleiter.

Daß an der neuen Expedition kein anderer Engländer teilnehmen wird, liegt an Livingstones Charakter. Man entsinnt sich, daß gleich zu Beginn der vorigen Reise der Marineoffizier, der die »Ma-Robert« befehligen sollte, sich mit Livingstone entzweite und seinen Posten aufgab. Als dann die Krumänner entlassen wurden, schieden zugleich noch zwei englische Expeditionsmitglieder aus. Livingstone schickte sie fort, weil sie seiner Ansicht nach das Gehalt, das ihnen der Staat zahlte, nicht verdienten. Nach diesen Vorfällen wurde öfters behauptet, er sei herrisch, rechthaberisch und anmaßend. Livingstone empfand diesen Vorwurf als ungerecht. Aber man stutzt doch, wenn sich auch Dr. Kirk, der als Arzt und Botaniker jahrelang mit Livingstone reiste und ihn gut kannte, über das Zusammenleben mit ihm nicht sehr günstig äußert.

Als Stanley später, im Januar 1871, nach Sansibar kam, um im innersten Afrika nach dem verschollenen Livingstone zu suchen, ließ er sich mit Dr. Kirk bekannt machen, der inzwischen – nicht zuletzt durch Livingstones Fürsprache – britischer Konsul in Sansibar geworden war, und fragte ihn nach dem Forscher aus.

»Wie ist er im Umgang, Herr Doktor?«

»Nun, es ist ziemlich schwer, mit ihm auszukommen. Ich persönlich habe zwar nie Streit mit ihm gehabt, aber ich sah ihn gegen andere Leute oft hitzig werden, und das ist, glaube ich, der eigentliche Grund, weshalb er nicht gern jemanden um sich hat.«

»Ich habe gehört, er sei sehr bescheiden«, fragt Stanley, um aus Dr. Kirk noch mehr herauszuholen.

»Er kennt den Wert seiner Entdeckungen besser als irgendein anderer. Er ist nicht gerade ein Engel«, antwortet Dr. Kirk lachend.

»Angenommen, ich begegnete ihm zufällig auf meinen Reisen – wie würde er sich mir gegenüber verhalten?« fragt Stanley, der seine Absicht, Livingstone zu suchen und ihn unbedingt zu finden, vorerst noch sorgfältig geheimhält.

»Um Ihnen die Wahrheit zu sagen: Ich glaube nicht, daß er davon sehr erbaut wäre. Ich weiß: Wenn Burton oder Grant oder Baker oder sonst einer von diesen Männern ihn aufsuchen wollte und er erführe davon, so würde er in sehr kurzer Zeit hundert Meilen Sumpfland zwischen sich und sie bringen.«

Stanleys Begegnung mit Livingstone verlief dann freilich ganz anders, als Dr. Kirk vorausgesagt hatte. Stanley erlebte eine Überraschung: »Ich war zu dem Glauben verleitet worden, daß Livingstone einen menschenfeindlichen, griesgrämigen Charakter habe. Einige behaupteten, er sei geschwätzig, andere, er sei geistesgestört... Allen diesen Behauptungen muß ich entschieden widersprechen... Nie habe ich eine Spur von Menschenfeindlichkeit oder Hypochondrie an ihm bemerkt, und was die Geschwätzigkeit betrifft, so ist Dr. Livingstone gerade das Gegenteil, er ist im höchsten Grade reserviert... Man kann jeden Zug in Dr. Livingstones Charakter sorgfältig analysieren, und es wird kein Mensch daran etwas auszusetzen finden.«

Wie soll man sich aber dann die erheblichen Spannungen und Streitigkeiten erklären, die auf der Schiffsexpedition zwischen Livingstone und einigen seiner Mitarbeiter bestanden?

Livingstones Biograph Blaikie nennt als Ursache der Zerwürfnisse außer dem Klima, dem Fieber und den Unbequemlichkeiten der Reise besonders Livingstones Pflichtgefühl: »Er war so gewissenhaft, nahm alles so ernst und arbeitete mit solchem Eifer, daß er nichts ertragen konnte, das wie Spielen oder Tändeln mit der Pflicht aussah.« Wie alle Menschen, die an sich selbst höchste Anforderungen stellen, verlangte er auch von seinen Mitarbeitern das Äußerste. Unter der erschlaffénden Wirkung des Tropenklimas zeigten sich nicht alle diesem Anspruch gewachsen, einige versagten. Außer Dr. Kirk kam ihm keiner an Ausdauer und Zähigkeit gleich. Er ist überzeugt, daß er ohne europäische Begleiter schneller vorwärtskommen und mehr zustande bringen wird. Je mehr Europäer mitreisten, um so mehr Aufenthalte infolge von Krankheit gab es, um so langsamer wurde also das Marschtempo. Und wenn Gefahr drohte, konnte der Expeditionsleiter das Leben der anderen nicht ebenso unbedenklich aufs Spiel setzen wie sein eigenes. Mit einem Wort: er mußte Rücksicht nehmen, und das behinderte ihn.

Es sind aber nicht allein diese Gründe, die ihn diesmal auf englische Gefährten verzichten lassen. Er ist es längst nicht mehr gewöhnt, mit anderen Engländern Tag für Tag in enger Berührung zu leben; sein jahrelanges Alleinsein hat ihn, ohne daß er sich dessen bewußt wird, schweigsam, eigensinnig und empfindlich gemacht. Er ärgert sich leicht, wenn etwas nicht nach seinem Kopf geht, und ist dann mürrisch und kurz angebunden. Dr. Kirk sagte von ihm: »Wenn das Wetter sich verschlechtert oder irgend etwas schiefgeht, macht man am besten einen weiten Bogen um ihn, ganz besonders dann, wenn er vor sich hin singt.«

In seinem Reisetagebuch behauptet Dr. Kirk, an den Streitigkeiten in der Expedition sei hauptsächlich Charles Livingstone schuld gewesen. Er vertrug sich nicht mit den anderen Teilnehmern und schwärzte sie hinter ihrem Rücken bei seinem Bruder an. Und David, zeitlebens leichtgläubig und leicht zu beeinflussen, schenkte diesen Einflüsterungen Glauben und begann seinen Gefährten zu mißtrauen. Sie fühlten sich verletzt und ungerecht behandelt, und mit einigen kam es zum offenen Bruch.

Mitte August 1865 verläßt Livingstone England zum dritten und letzten Mal; er wird es nie wiedersehen. Er bringt seine Tochter Agnes zur Ausbildung nach Paris und reist dann über Marseille und Kairo durch das Rote Meer nach Bombay, um sein Schiff zu verkaufen und sich auszurüsten.

VIII
Der Flüssesucher

Ärger mit Menschen und Tieren. Am 28. Januar 1866 ankert vor Sansibar eine Jacht, die Livingstone und einen Teil seiner Expeditionsmannschaft und seiner Packtiere von Bombay nach Afrika bringt. Das Schiff übergibt Livingstone dem Sultan von Sansibar als Geschenk des britischen Gouverneurs von Bombay, der mit dieser Geste auch ihm nützen will: Der Sultan soll dadurch veranlaßt werden, den Forscher zu unterstützen. Er stellt ihm dann auch einen Geleitbrief aus, in dem er den arabischen Händlern im Innern Afrikas, die seine Untertanen sind, den Schutz und die Förderung der Expedition befiehlt.

Zu den bescheidenen Geldmitteln, die von der Geographischen Gesellschaft und der britischen Regierung für die Expedition bewilligt wurden, ist übrigens auch eine private Spende von tausend Pfund hinzugekommen, und die Kaufleute in Bombay haben durch eine Subskription fast ebensoviel zusammengebracht. Die »Lady Njassa« war für nur zweitausenddreihundert Pfund verkauft worden; und da die Bank, der Livingstone das Geld anvertraute, einige Jahre danach zahlungsunfähig wurde, gingen ihm die sechstausend Pfund, die das Schiff gekostet hatte, ganz verloren.

Sieben Wochen muß er in Sansibar auf das Schiff warten, das ihn an die Rovumamündung bringen soll. Er durchwandert die Stadt und ihre Umgebung. Er besucht auch den Sklavenmarkt, der in aller Öffentlichkeit abgehalten wird. »Ich fand etwa dreihundert Sklaven zum Verkauf ausgestellt; die meisten stammten vom Njassasee und vom Schirefluß... Die Erwachsenen schienen sich zu schämen, daß sie wie Vieh auf dem Markt angeboten wurden. Die Käufer untersuchen die Zähne, heben die Kleider der Ausgestellten hoch, um sich deren Beine anzusehen, und werfen einen Stock, damit der Sklave ihn zurückhole und dabei seinen Gang zeige. Manche werden an der Hand durch die Menge gezerrt, wobei unaufhörlich ihr Preis ausgerufen wird.« Bei männlichen Sklaven befühlt der Käufer die Muskeln. Sklavinnen werden in eine Hütte geführt und dort nackt untersucht.

Mit einer indischen Handelsfirma in Sansibar trifft Livingstone ein Abkommen: Die Firma soll für ihn einen Vorrat von Glasperlen, Tuch, Mehl, Kaffee und Zucker nach Udschidschi am Ostufer des Tanganjikasees befördern und dort einlagern und bewachen lassen, bis er selbst eintrifft. In Udschidschi endet der arabische Handelsweg, der von Bagamojo, das an der Festlandküste gegenüber der Insel Sansibar liegt, über die arabische Handelskolonie Unjanjembe zum Tanganjikasee führt. Wegen dieser günstigen Lage gedenkt Livingstone nun in Udschidschi eine Nachschubbasis anzulegen, zu der er jederzeit aus dem Landesinnern zurückkehren kann, um seine Vorräte aufzufüllen. Dr. Kirk soll in Abständen Karawanen mit neuen Tauschwaren und anderem Expeditionsbedarf von Sansibar nach Udschidschi senden und auf diese Weise für Nachschub sorgen.

Die Expeditionsmannschaft, die sich Livingstone aus Bombay mitgebracht hat, ist sonderbar uneinheitlich. Da sind zunächst zwölf Sepoys – indische Marinesoldaten, die ein Havildar, eine Art Unteroffizier, anführt; sie haben sich freiwillig zur Teilnahme an der Expedition gemeldet und sind dafür beurlaubt worden. Da sind ferner neun »Nassickboys« – junge Afrikaner, die in ihrer Kindheit als Sklaven nach Britisch-Indien gekommen waren, auf Grund der britischen Gesetze ihre Freiheit erhalten hatten und in der Regierungsschule von Nassick erzogen worden waren. Von allen Schülern dieser Schule nahmen nur diese neun die Gelegenheit war, mit Livingstone in ihre Heimat zurückzukehren. Dazu kommen noch zwei junge Burschen vom Stamm der Ajawa oder Waijao, Tschuma und Wikatani, die Livingstone 1861 als Kinder aus den Fesseln der Sklavenhändler befreit hat. Sie lebten danach mehrere Jahre auf einer Missionsstation und fuhren schließlich auf der »Lady Njassa« mit nach Bombay, wo Livingstone sie in die Obhut einer schottischen Mission gab. Sie haben sich dort sehr gut geführt, besonders Tschuma; aber als Expeditionsteilnehmer sind sie ebenso unerprobt wie die Sepoys und die Nassickboys, die Livingstone überhaupt nicht kennt.

In Sansibar wird der Haufen noch bunter. Da stellt Livingstone zehn Männer von der britischen Komoreninsel Johanna ein, die einem gewissen Musa unterstehen. Ihn kennt er, denn Musa hatte eine Zeitlang auf der »Lady Njassa« gedient; er gilt als verlogen und diebisch. Livingstone hat ihn in unangenehmer Erinnerung. Auf der Fahrt den Schire aufwärts sprang eines Morgens Musas Schwager vom Schiff ins Wasser, um nach einem Boot zu schwimmen; aber ein Krokodil packte ihn und zerrte ihn unter Wasser. Obwohl er um Hilfe schrie, rührten sich Musa und die anderen Johannamänner nicht. Von Livingstone deswegen zur Rede gestellt, antwortete Musa gleichgültig: »Niemand hatte ihn geheißen, ins Wasser zu springen. Es war seine eigene Schuld, daß er umkam.« Wie anders hatten sich einst seine Makololo verhalten! Als in Senna eine Sklavin von einem Krokodil ergriffen wurde, sprangen ihr sofort vier von ihnen nach und retteten sie, obwohl sie ihnen völlig fremd war. Die Johannaleute, sämtlich Mohammedaner, stehen allgemein in keinem guten Ruf, sie sind als große Spitzbuben und Betrüger verschrien. Livingstone weiß das, aber andere Leute sind nicht zu haben!

Noch zwei alte Bekannte nimmt er in seine Mannschaft auf: Susi und Amoda, die aus der Gegend von Schupanga stammen und schon auf dem Sambesi und dem Schire mit ihm gereist sind; sie haben damals Brennholz für den »Pionier« gefällt.

Ebenso bunt ist der Tierpark zusammengesetzt: sechs Kamele, drei indische Büffel mit einem Kalb, vier Esel, zwei Maultiere. Asiatische Wüsten- und Gebirgstiere im zentralafrikanischen Busch? Livingstone verfolgt damit eine besondere Absicht, er will ausprobieren, ob die asiatischen Tiere dem Stich der Tsetse-fliege widerstehen oder daran eingehen wie Ochsen und Pferde.

Endlich kann er mit seinen Leuten an die Rovumamündung fahren. Die Reit- und Packtiere folgen in einer Dhau. Die sump-figen Mangrovendickichte an der Flußmündung machen jedoch eine Landung unmöglich. Das Schiff läuft daher in eine weiter nördlich gelegene Bucht ein. Hier geht die Expedition an Land. Die Tiere sind auf der schwankenden Dhau übel herumgestoßen worden und haben Quetschungen erlitten.

Auf dem Festland wird die Mannschaft durch vierundzwanzig Träger vervollständigt, die ein indischer Händler vermittelt hat. Sechzig Mann hat Livingstone nun beisammen. Unerprobte Leute, unerprobte Tiere, und er der einzige Europäer – selbst für einen so erfahrenen Afrikareisenden, wie er es ist, enthält die Rechnung diesmal bedenklich viele Unbekannte. Oftmals wird er unterwegs an seine Makololo denken, diese treuen und ehr-lichen Kameraden, die mit ihm durch dick und dünn gingen! Doch vorläufig ist er in gehobener Stimmung:

»Jetzt, wo ich im Begriff bin, eine neue Reise ins Innere Afrikas anzutreten, fühle ich mich neu belebt... Schon das Vergnügen, in einem wilden, unerforschten Land zu reisen, ist sehr groß. Befindet man sich in Gegenden von einigen tausend Fuß Höhe, so kräftigt rüstiges Marschieren die Muskeln; frisches und gesundes Blut durchströmt das Gehirn, der Geist arbeitet trefflich, das Auge ist klar, der Schritt fest, und die Anstrengung am Tag macht die Ruhe am Abend stets zu einem wirklichen Genuß.

Meistens haben wir das spannende Gefühl, daß in der Ferne Gefahren durch Tiere oder Menschen lauern. Unsere Teilnahme wendet sich unseren schlichten, tapferen Begleitern zu. Die Gemeinsamkeit unserer Interessen und der uns möglicherweise drohenden Gefahren macht uns alle zu Freunden. Nur erbärmlichste kindische Einfältigkeit kann einen Menschen zur Überheblichkeit über seine geringeren Gefährten verleiten.«

Diese Worte sind noch im Gedenken an die Makololo niedergeschrieben. Sehr bald merkt Livingstone aber, daß er diesmal bei der Wahl seiner Begleiter, der Menschen sowohl wie der Tiere, keine glückliche Hand gehabt hat, und die frohe Stimmung verfliegt.

Zuerst sind es die Kamele, die sich nicht bewähren. Auf morastigem Boden sind sie überhaupt nicht zu gebrauchen, und im Urwalddickicht von Bäumen und Schlingpflanzen, durch das sich ein Mensch zur Not hindurchwinden kann, muß für die großen Tiere mit ihren ausladenden Traglasten erst ein Pfad gehauen werden. Für diese Arbeit werden in den Dörfern tageweise Holzfäller angeworben. Die einheimischen Makololo handhaben ihre Äxte schnell und geschickt; trotzdem hält das Wegbahnen auf.

»Im Urwald, der von der Feuchtigkeit des Indischen Ozeans getränkt wird, gaben mir die dunstige, erstickende Atmosphäre und die sumpfige, üppig wuchernde Vegetation ein Gefühl, als kämpfte auch ich hier ums Dasein. Ich konnte genausowenig daran denken, Messungen auszuführen, wie wenn ich in einer Tonne gesessen und durch ein Spundloch beobachtet hätte.«

Mitte April erreicht die Expedition am Rovuma die Stelle, wo vor fünf Jahren der »Pionier« umkehren mußte. In der Flußniederung wird Reis angebaut, und Livingstone kauft davon ein großes Quantum für die Sepoys, die als Inder Reisesser sind; den mitgenommenen Reisvorrat haben sie vorzeitig aufgezehrt.

Mit ihnen gibt es fortwährend Ärger. Gleich zu Beginn der Expedition haben sie aus dem Gepäck Kleidung und Proviant gestohlen und verkauft. Unterwegs bestehlen sie sich auch gegenseitig, meist um Lebensmittel. Und immer wieder überanstrengen sie die Kamele, indem sie ihnen außer der Traglast noch ihr eigenes Gepäck aufbürden, wenn Livingstone nicht zugegen ist. Er erklärt ihnen, daß sie auf diese Weise die Tiere allmählich zugrunde richten. Doch kaum hat er ihnen den Rücken zugewandt, da laden sie wieder ihre Sachen auf. Manchmal überrascht er sie, wie sie sich im hohen Gras unbemerkt gelagert haben, in aller Gemütsruhe eine Suppe kochen, essen, rauchen und ein Schläfchen halten, anstatt weiterzumarschieren; die Packtiere stehen unterdessen beladen in der Sonne. Wenn die Männer ihn erblicken, springen sie erschrocken auf und suchen sich herauszureden. Trotz aller Ermahnungen bessern sie sich nicht.

Auf dem Marsch möchte er überall zugleich sein; an der Spitze, damit die Kolonne nicht zu irgendeiner Freundin seines Somaliführers Ben Ali seitwärts abbiegt, und am Schluß, um die Sepoys anzutreiben. In den Dörfern machen ihm die Leute nur Schande. Sie essen nicht, sie fressen so viel und so gierig, daß sie das Hinuntergeschlungene nachher erbrechen. »Die Makondedörfer sind überaus reinlich, aber wenn wir in einem derselben übernachten, beschmutzen die Kerle alles.«

Hin und wieder zieht die Expedition durch tsetseverseuchte Gegenden. Am meisten werden die Kamele gestochen. Auch die Büffel erhalten Stiche, zeigen aber keine Wirkung. Die Esel und Maultiere belästigt die Tsetse nicht. Einige Tiere leiden noch an den Verletzungen, die sie auf der Dhau erlitten haben und die jetzt eitern. Oft weisen die Tiere aber auch frische, blutende Wunden auf, die nur von rohen Schlägen herrühren können. Doch Livingstone kann den Sepoys, denen die Tiere anvertraut sind, nichts nachweisen und muß schweigen.

Die Kamele werden zusehends schwächer, und zwei verenden kurz nacheinander. Die Sepoys läßt das kalt, sie hören nicht auf, die Tiere zu mißhandeln. Dadurch verliert Livingstone nicht nur ein Lasttier nach dem andern, auch sein Experiment wird ihm verdorben: Es bleibt in jedem Fall ungewiß, ob der Stich der Tsetsefliege oder fortwährende Mißhandlung die Todesursache ist. Auch muß er nun zusätzlich einheimische Träger mieten oder, wenn keine zu bekommen sind, einen Teil der Lasten unterstellen und später abholen lassen. Das verzögert den ohnehin langsamen Marsch noch mehr.

Weil die Sepoys so träge sind, legt die Expedition täglich nur vier Meilen – in der Luftlinie gerechnet – zurück. Dieses Schnekkentempo bringt Livingstone zur Verzweiflung. Jetzt klagt er, daß ihm alle Lust zum Reisen vergehe. »Die Sepoys sind ein Fehlgriff... Sie sind ein schwerer Hemmschuh für uns und von gar keinem Nutzen, außer daß sie nachts Wache stehen.«

Ihre Widersetzlichkeit kommt einer fortwährenden Sabotage gleich. Die abgebrühten Burschen halten Livingstones Güte und Geduld für Schwäche und nützen sie kaltblütig aus. Mit solchen Leuten ist er noch nie gereist. Er weiß sich nicht anders zu helfen: »Ihre schmutzigen Gewohnheiten müssen ihnen ausgetrieben werden. Ertappt man sie bei ihrer Unart, sich hinzusetzen und, während die anderen marschieren, stundenlang zu schlafen, so muß man ihnen Peitschenhiebe geben.«

Er ist unglücklich darüber, daß er zu Mitteln greifen muß, die er verabscheut und bei anderen verurteilt; aber von der Aufrechterhaltung der Disziplin hängen das Schicksal der Expedition und das Leben aller ihrer Teilnehmer ab. Letzten Endes freilich hat er die Enttäuschung, die er an seinen Leuten erlebt, sich selbst zuzuschreiben: Bei ihrer Auswahl war er, wie gewöhnlich, zu vertrauensselig und in ihrer Behandlung von Anfang an zu weich und nachgiebig.

Auch die Nassickboys taugen nicht viel; sie werden von den Sepoys heimlich zum Ungehorsam aufgehetzt. Livingstone marschiert gewöhnlich mit den Johannaleuten und den vierundzwanzig Trägern voraus und läßt die Sepoys und Nassickboys nachkommen.

Anfang Mai verläßt die Expedition das Waldland, und man braucht nicht mehr ständig die Axt zu schwingen. Das kurze, spärliche Gras auf der mit stachligem Gesträuch durchsetzten Ebene ist gelb und welk. Das Land leidet zur Zeit unter einer Dürre. Die Einheimischen haben keine Vorräte und können nichts Eßbares abgeben. Livingstone muß Abteilungen nach verschiedenen Richtungen ausschicken, um das Land nach Lebensmitteln abzusuchen. Oft kommen die Leute mit leeren Händen zurück. Nur in entlegenen Gegenden und zu Wucherpreisen gibt es dann und wann etwas zu kaufen. Man lebt jetzt buchstäblich von der Hand in den Mund.

Die Expedition ist noch keine zwei Monate unterwegs, da weigern sich die Sepoys, weiter mitzugehen; sie behaupten, sie könnten nicht mehr. Livingstone antwortet ihnen, er werde sie demnächst nach Hause schicken. Bald danach erfährt er, daß sie mit Gewehrkolben so lange auf ein Kamel eingeschlagen haben, bis es starb. Und den Führer Ben Ali wollen sie mit Geld bestechen, daß er sie nach der Küste zurückbringt. Das ist schon Meuterei!

Livingstone wartet, bis der Nachtrab heran ist, und redet den Männern ein letztes Mal ins Gewissen. Für ihr Vergehen verurteilt er sie lediglich dazu, von jetzt an Lasten zu tragen. Aus Furcht vor härteren Strafen fügen sie sich eine Zeitlang. Als aber die Furcht nachläßt, bummeln sie wieder und bleiben manchmal Wochen zurück.

Eines Tages wirft der Sepoy Perim, um seine Traglast zu verringern, drei Viertel davon weg; er trug Livingstones gesamten Teevorrat. Ein paar Wochen danach wird er ertappt, wie er und ein anderer Sepoy ihre Traglasten einem Einheimischen aufladen und ihm versprechen, der weiße Mann werde dafür Lohn zahlen. Livingstone schickt nach den beiden Übeltätern – sie kommen nicht. Da reißt ihm abermals die Geduld. »Ich gab Perim und dem anderen ein paar scharfe Hiebe mit einem Rohrstock. Aber ich fühlte, daß ich mich dadurch erniedrigte, und nahm mir vor, die Strafe nicht wieder selbst zu vollstrecken.« Eigentlich verschlimmert er die Sache noch, wenn er die Schläge nicht selbst gibt, sondern »nur« anordnet, denn dadurch zieht er noch einen Dritten hinein. Die Härte, die ihm widerstrebt, zu der er sich aber von den Sepoys gezwungen sieht, belastet sein Gewissen noch lange. »Es ist schwer, gütig gegen Burschen zu sein, die anscheinend vorhatten, mir erst die Nassickboys und dann auch die Johannaleute abspenstig zu machen, um nachher mit mir machen zu können, was sie wollten, oder umzukehren und mich umkommen zu lassen. Aber ich werde trotz alledem versuchen, so gütig wie möglich zu sein.«

An einem Junitag lassen die vierundzwanzig an der Küste angeworbenen Träger ihr Gepäck liegen; sie wollen nicht weitermarschieren, sie haben Angst, auf dem Heimweg Sklavenjägern in die Hände zu fallen. Ihre Angst ist leider nicht unbegründet. Livingstone bleibt nichts übrig, als die Männer abzulohnen und gehen zu lassen. Mit ihnen verliert er mehr als ein Drittel seiner Mannschaft; und da er auch etliche Packtiere eingebüßt hat, ist er von nun an noch viel mehr als bisher auf einheimische Träger angewiesen, die fortwährend wechseln, weil sie, ebenfalls aus Furcht vor den Sklavenjägern, sich nicht zu weit von ihrem Dorf entfernen wollen. Oft muß Livingstone lange verhandeln und warten, bis er neue Träger bekommt.

Der blutige Pfad der Sklavenhändler. Livingstone will am Rovuma aufwärts nach der Mitte des Njassasees gehen, dort übersetzen und dann seiner Route von 1863 folgen. Sehr bald wird er gewahr, daß er sich jetzt auf dem Pfad der Sklavenhändler befindet.

Eines Nachts sieht er an der Tür der Hütte, die ihm ein freundlicher Dorfhäuptling als Nachtquartier überlassen hat, einen Fackelträger vorbeigehen, dem zwei Frauen in Ketten folgen. Ein Mann mit einer Flinte geht hinterher. Stumm, wie eine Vision, tauchen die vier Gestalten auf, stumm verschwinden sie in der Dunkelheit. Der Dorfhäuptling, den Livingstone tags darauf befragt, wird verlegen und macht Ausflüchte, aber ohne Zweifel duldet er, daß seine Leute einander verkaufen, und sicherlich hat er seinen Vorteil dabei.

Am Wege liegen jetzt oft weggeworfene Sklavenjoche. Das Joch wird den armen Menschen erst dann abgenommen, wenn sie jede Hoffnung auf das Gelingen eines Fluchtversuches verloren und sich in ihr Schicksal ergeben haben.

Eines Tages erblickt man an einem Baum eine tote Frau, gefesselt und mit dem Hals an den Stamm geschnürt. Ein Einheimischer gibt Auskunft: Die Frau konnte mit den übrigen Sklaven

nicht mehr Schritt halten; ihr Besitzer aber wollte nicht, daß sie zurückblieb, sich ausruhte und dann vielleicht das Eigentum eines anderen wurde. Nicht lange danach sieht man eine Frau erstochen oder erschossen in einer Blutlache liegen. Solche Bilder erblickt man nun oft. Der Araber, dem die Getöteten gehört hatten, war wütend, wenn Sklaven erschöpft niedersanken – er verlor dadurch sein Geld. Und er machte seinem Zorn Luft, indem er die Entkräfteten ermordete. Außerdem trieb dieses Verfahren die anderen an, sich bis zum äußersten anzustrengen, um nicht das gleiche Schicksal zu erleiden.

Das Land ist dicht besiedelt und gut bebaut; meilenweit geht man an eingezäunten Gärten entlang. Wo aber Sklavenjäger gehaust haben, sind die Dörfer verlassen, die Hütten leer, die Gartenfrüchte nicht abgeerntet. Leichen liegen am Wege oder hängen gefesselt an Baumstämmen. Weggeworfene Sklavenjoche sieht man in solcher Menge, daß Livingstone eine andere Erklärung dafür findet: Die Einheimischen folgen heimlich den Karawanen und befreien Sklaven, um sie später nochmals zu verkaufen und so ein doppeltes Geschäft zu machen. Einmal liegt am Weg eine Schar Sklaven, im Joch und noch am Leben, aber zu schwach, um sprechen zu können. Ihr Eigentümer hat sie aus Mangel an Lebensmitteln einfach liegengelassen.

Livingstone bemüht sich, den Einheimischen klarzumachen, daß am Tod dieser vielen Menschen auch die Verkäufer schuld sind: »Wenn ihr eure Mitmenschen nicht verkaufen würdet, kämen die Araber nicht her, um sie zu kaufen.« Die Zuhörer sind betroffen: Gedanken der Mitschuld kamen ihnen noch nie.

Die Häuptlinge, denen Livingstone Vorwürfe macht, suchen meistens die Schuld von sich auf andere abzuwälzen, die angeblich dem Sklavenhandel Vorschub leisten. Aber so gutgläubig Livingstone sonst ist, auf diese faule Ausrede fällt er denn doch nicht herein: »Es wäre besser für euch, ihr würdet eure Leute behalten und mehr Land bebauen. Wenn ihr so weitermacht, werdet ihr bald niemanden mehr zu verkaufen haben, euer Land wird zur Wildnis werden und alle, die nicht auf dem Transport sterben, werden in Kilwa und anderswo Gärten für die Araber anlegen.«

Die Araber haben die Preise für Lebensmittel hochgetrieben, indem sie mit Gewehren, Munition, Kattun und schönen Perlen zahlten. Was Livingstone als Tauschwaren mitführt, ist hier fast wertlos, und es fällt schwer, dafür Eßwaren zu bekommen. Eine Zeitlang bekommt jeder Mann in der Expedition nur ein, zwei Handvoll Korn als Tagesration. Außer ein paar wilden Tauben und Hühnern, die unterwegs geschossen werden, gibt es wochenlang kein Fleisch zu essen. Diese magere Kost behagt den Leuten natürlich nicht. Dabei geht der Marsch jetzt bergauf, bergab, die Wege sind von der Sonne hartgebrannt, und etliche Männer haben sich die Füße wund gelaufen.

In diesem Zustand begegnet die Expedition einem großen Sklaventransport, der auf dem Weg zur Küste ist. Der arabische Händler hat erfahren, daß ein Engländer mit indischen Soldaten ins Land gekommen ist. Er scheint zu vermuten, daß diese Truppe etwas gegen den Sklavenhandel vorhat; denn um sich den Engländer zu verpflichten, schickt er ihm, noch ehe er ihn gesehen hat, einen Ochsen, einen Sack Mehl und gekochtes Fleisch. Livingstone bittet ihn, auch den Sepoys, die wieder weit hinterherbummeln, mit Lebensmitteln auszuhelfen. Der Araber verspricht es und hält sein Wort. »Hätte er unsere elende Eskorte gesehen, alle Furcht vor ihr wäre ihm vergangen«, meint Livingstone.

Zum erstenmal ist er genötigt, von einem Sklavenhändler, der in ihm doch einen Todfeind sehen muß, Hilfe anzunehmen und sogar zu erbitten. Zum ersten-, aber nicht zum letztenmal: Noch oft wird ihn auf dieser Reise die Not zwingen, die Großmut derer anzurufen, die er bekämpft.

In der nächsten Zeit trifft er nur selten mit Arabern zusammen. Sie gehen ihm offensichtlich aus dem Wege. Einmal lagert eine große Sklavenkarawane nicht weit von ihm. Als er am nächsten Tag mit den Arabern sprechen will, ist ihr Lagerplatz leer, die Karawane verschwunden. Tags darauf kommt er wieder an dem verlassenen Lagerplatz einer vielköpfigen Sklavenkarawane vorüber, die kurz vorher, noch in der Dunkelheit, weitergezogen sein muß. Nur die Furcht vor einem Engländer – meint Livingstone – kann die Sklavenhändler zu dem übereilten Aufbruch veranlaßt haben.

Mitte Juli erreicht die Expedition die Stadt des Waijaohäuptlings Mataka, die aus etwa tausend meist viereckigen Häusern besteht und von zahlreichen Dörfern umgeben ist. Mataka ist

ungefähr sechzig Jahre alt und wie ein Araber gekleidet. Er besitzt große Rinder- und Schafherden. Einen Europäer hat er noch nie gesehen. Er weist ihm ein Wohnhaus an und schickt ihm täglich gekochte Speisen und Milch im Überfluß.

Nicht lange nach Livingstones Ankunft kommt eine Schar Waijao mit einer am Njassasee zusammengeraubten Beute an Menschen und Vieh nach Hause. Mataka aber befiehlt ihnen, alles wieder zurückzubringen, und Livingstone lobt ihn deswegen sehr. »Er freute sich augenscheinlich über meine Zustimmung und fragte seine Leute, ob sie meine Worte vernommen hätten ... Darauf zankte er sie tüchtig aus.« Matakas Untertanen haben den Raubzug wohl kaum ohne seine Billigung unternommen. Aber Livingstone scheint die Komödie, die der alte Fuchs ihm vorspielt, nicht durchschaut zu haben. Er erkennt Matakas wahres Gesicht erst, als dieser ihm ein paar Tage darauf erzählt, er möchte gern nach Bombay reisen, um sich Gold zu verschaffen. »Was nehme ich am besten als Tauschwaren mit?« erkundigt er sich. Livingstone rät zu Elfenbein. »Wäre nicht mit Sklaven ein gutes Geschäft zu machen?« fragt Mataka harmlos und ist ganz erstaunt, als er hört, daß man ihn dann wegen Sklavenhandels zu einer Gefängnisstrafe verurteilen würde.

Diese Waijao sind eifrige Agenten der arabischen Sklavenhändler von Kilwa. Sie lassen sich von diesen mit Flinten und
Munition ausrüsten und überfallen die Manganja, die keine oder
wenig Gewehre haben. Oft nehmen auch ein paar Araber an
einem solchen Raubzug teil, um selbst Gefangene zu machen
und dadurch den Kaufpreis zu sparen.

Die Sepoys lohnt Livingstone in Matakas Stadt ab, dann
schickt er sie mit einem Sklavenhändler an die Küste zurück. Er
atmet auf, als er sie endlich los ist.

Zehn Tage nach dem Abmarsch aus Matakas Stadt erblickt er
von weitem den prächtigen blauen Spiegel des Njassasees, und
zwei Tage später steht er am Ufer. »Mir war, als wäre ich in eine
alte Heimat zurückgekommen, die ich niemals wiederzusehen
erwartet hatte. Welcher Genuß, wieder in dem köstlichen Wasser zu baden, das Rauschen des Sees zu hören und sich in die
Brandungswellen zu werfen!«

Gern würde Livingstone den See überqueren, und die Araber
versprechen ihm auch eine Dhau, schicken aber keine. »Die
Furcht der arabischen Sklavenhändler vor den Engländern fängt
an mir sehr lästig zu werden. Sie fliehen vor mir, als hätte ich die
Pest, und die Folge ist, daß ich weder Briefe nach der Küste
schicken noch über den See kommen kann.« Die zwei Dhaus, die
auf dem See verkehren, dienen ausschließlich zum Transport
von Sklaven. Livingstone muß sich entschließen, den See im Süden zu umgehen. Nach fünf Wochen erreicht er das Südende des
Njassasees, wo der Schire austritt.

Hier ist die Heimat des jungen Waijao Wikatani, den er einst
aus Sklavenfesseln befreit hat. Zufällig begegnet Wikatani einem
seiner Brüder und erfährt von ihm, daß nicht weit entfernt noch
mehrere seiner Geschwister wohnen. Er bittet Livingstone, ihn
aus der Expedition zu entlassen, und selbstverständlich gewährt
dieser ihm den Wunsch.

Auf dem Marsch am Westufer des Njassasees nordwärts erzählt den Johannaleuten ein Araber, das ganze Land westlich
des Sees wimmle von räubernden Mazitu; sie hätten in einem
Gefecht vierundzwanzig Araber getötet, er allein sei entkommen.
Den Johannaleuten fährt ein Schreck in die Glieder, sie weigern
sich weiterzumarschieren. Livingstone verhandelt mit ihrem Anführer Musa und erklärt ihm, er werde den Mazitu aus dem
Wege gehen. Aber Musa wiederholt nur immer: »Nein, nein, ich

nicht gehen. Ich will meinen Vater, meine Mutter, mein Kind wiedersehen. Ich will nicht getötet werden von Mazitu!« Und als Livingstone am 26. September den Befehl zum Aufbruch gibt, lassen die Johannaleute ihre Traglasten auf dem Boden liegen und laufen davon. Einesteils ist er froh, nun auch diese diebischen und ewig murrenden Burschen los zu sein, andernteils ist seine Mannschaft nunmehr auf die Nassickboys, Tschuma, Susi und Amoda zusammengeschmolzen; dazu kommen die Träger, die er von einem Dorf zum andern in Dienst nimmt.

Viele Siedlungen westlich des Njassasees kennt er noch von seiner Reise mit seinem Bruder Charles und Dr. Kirk, auf der er den See entdeckte. Manche Dorfvorsteher freuen sich, ihn wiederzusehen, und bewirten ihn freigebig mit Bier, Fleisch, Fett und Mais. Überall predigt er gegen das Unrecht, Menschen zu verkaufen, und mahnt zur Einigkeit: Wie eine Familie müßten sich die Manganja zusammenschließen, um die gemeinsamen Feinde zu vertreiben. »Aber sie gleichen einem Haufen Sand, es ist kein Zusammenhalt unter ihnen; jedes Dorf ist so gut wie unabhängig von jedem anderen; sie mißtrauen einander.« Überfallen die Araber ein Dorf, so eilen die Nachbarn den Überfallenen nicht zu Hilfe, sondern fliehen. Ja sie freuen sich, wenn Nachbarn, mit denen sie in Fehde leben, Unglück widerfährt.

Den ganzen November zieht die kleine Schar durch Gegenden, die von den Mazitu verheert worden sind. Mehrmals begegnet sie Flüchtlingen, deren Dörfer erst vor wenigen Stunden überfallen wurden; in der Ferne sieht man den Rauch der brennenden Hütten aufsteigen. In diesen Gegenden ist es fast unmöglich, Träger und Führer zu bekommen. Auch Lebensmittel sind nicht zu haben, die Mazitu haben alle Vorräte geraubt.

Hunger und schwerverdauliche Nahrung machen Livingstone, der schon auf seiner Afrikadurchquerung und auch auf der Schiffsexpedition an Ruhr gelitten hat, schwer zu schaffen; das alte Leiden bricht wieder aus. Am 6. Dezember erscheint zum erstenmal im Tagebuch der kurze Eintrag: »Zu krank, um zu marschieren«. Immerhin kann er die Krankheit mit geeigneten Medikamenten einigermaßen bekämpfen; aus langjähriger Erfahrung weiß er, was ihm hilft.

Am 11. Dezember setzt Regenwetter ein. Von jetzt an regnet es täglich. Als man sich dem Luangwa nähert, sind bereits die Wege verschlammt und die Wasserläufe angeschwollen. Es wird immer schwieriger, die tiefen Nebenflüsse des Luangwa zu durchwaten.

Auch am Luangwa ist nichts Eßbares aufzutreiben – mehrmals sind die Mazitu dagewesen. Zwar wurden sie zurückgetrieben, aber aus Furcht vor ihnen haben die Einheimischen ihre Felder nicht mehr bestellt.

Unter dem 31. 12. steht im Tagebuch: »Wir beschließen heute das Jahr 1866. Es ist nicht so fruchtbar und nutzbringend gewesen, wie ich beabsichtigte. Will versuchen, es 1867 besser zu machen und besser zu werden – sanfter und liebevoller.«

Es regnet immer öfter und heftiger. Die Expedition besitzt keine Lebensmittel mehr, die der Regen auflösen könnte – weder Zucker noch Salz. Nur die Stoffballen und das Schießpulver müssen sorgfältig vor Nässe bewahrt werden.

»Ich habe ständig Hunger und träume im Schlaf beharrlich von besserer Nahrung. Liebliche Gerichte aus vergangenen Zeiten steigen lebhaft in der Phantasie auf, sogar wenn ich wach bin.«

Den ganzen Januar geht es mit leerem Magen und oft bei schweren Gewittern durch schöne, parkähnliche, aber patschnasse Täler, pfadlose, von Nässe triefende Wälder und schlammigen Morast dem Tanganjikasee entgegen. In der Nähe der Flüsse sind meilenweit überschwemmte Niederungen zu durchwaten.

»... *als hätte ich mein Todesurteil empfangen*«. Der 20. Januar 1867 wird für Livingstone ein verhängnisvoller Tag.

Da er wieder einmal keine Führer bekommen hat, setzt er am Morgen den Marsch nur nach dem Kompaß fort. Unterwegs stellt sich heraus, daß zwei Mann fehlen – zwei Waijao, die sich der Expedition vor sieben Wochen auf eigenen Wunsch angeschlossen hatten. Es waren entlaufene Sklaven, deren Eigentümer angeblich von den Mazitu getötet worden war. Die ganze Zeit über hatten sie sich als treu und tüchtig erwiesen. Auch ihre Kenntnis der Landessprache war der Expedition von Nutzen gewesen. Niemand konnte vermuten, daß sie sich heimlich davonmachen würden – sie waren ja freiwillig mitgegangen. Natürlich haben sie ihre Traglasten mitgenommen. Das ist schlimm. Doch es kommt noch viel schlimmer.

Während Livingstone seinen Ärger über die Treulosigkeit der beiden Waijao und über den Verlust des Gepäcks niederzuzwingen sucht, tritt ein Mann vor, der bisher als besonders zuverlässig galt, und meldet kleinlaut, er habe vor dem Abmarsch am Morgen mit einem der Ausreißer die Traglast getauscht. Der Waijao hatte sich erboten, ihm die schwere Kiste, die er trug, bis zum nächsten Rastplatz abzunehmen. Diese Kiste aber enthielt sämtliche Arzneien, vor allem den gesamten Chininvorrat!

Livingstone muß an den unglücklichen Bischof Mackenzie denken, der sein ganzes Chinin beim Kentern eines Bootes verlor und infolge dieses Verlustes zugrunde ging. »Mir war, als hätte ich jetzt mein Todesurteil empfangen« schreibt er am 20. 1. 1867.

Sein Gefühl trog nicht; es war sein Todesurteil, wenn sich die Vollstreckung auch über Jahre hinziehen sollte. Ungehindert können sich Malaria und Ruhr jetzt in seinem Körper austoben und seine bewundernswerte Konstitution allmählich untergraben – so hoffnungslos untergraben, daß er sich, als er endlich wieder in den Besitz von Heilmitteln gelangt, nur noch vorübergehend etwas zu erholen vermag. Die Vernunft hätte ihm gebieten müssen, seinen Vormarsch jetzt abzubrechen und an die Küste zurückzukehren. Aber wie konnte er das! Mehr als neun Monate war er marschiert, achthundert Meilen hatte er bereits zurückgelegt; vielleicht dauerte es nur noch Wochen, bis er am Ziel war und die große Wasserscheide Zentralafrikas kreuzte, die wahren Nilquellen fand? Nein, ein Zurück gab es für Livingstone nicht.

Er schickt zwei Mann aus, die flüchtigen Waijao einzuholen und zu ergreifen, aber das ist so gut wie aussichtslos; heftiger Regen hat inzwischen ihre Fußspuren ausgelöscht. Übrigens ahnen sie gar nicht, was sie Livingstone angetan haben. Sobald sie ihren Raub untersuchen, werden sie die Kiste mit den Arzneien wegwerfen, weil sie damit nichts anzufangen wissen.

Als es in der letzten Januarwoche nach längerer Zeit wieder Korn und Fleisch zu kaufen gibt, ist es ein Glück, daß Livingstone gerade die Glasperlen anzubieten hat, die hier Mode sind. Kennt ein Reisender den herrschenden Geschmack in den Gegenden, durch die er ziehen will, nicht, so kann es vorkommen, daß seine Perlen und Stoffe nur wertloser Ballast sind – er wird sie nicht los. Aber Livingstone hat sich beim Einkauf seiner Tauschwaren von Susi und Tschuma beraten lassen und die richtigen Sorten gewählt.

In einem Dorf trifft er eine Reisegesellschaft arabischer Sklavenhändler und gibt dem Anführer Briefe mit, die über Sansibar nach England gehen sollen. Außerdem bestellt er durch ihn in Sansibar eine zusätzliche Warensendung nach Udschidschi: Stoffe und Perlen zum Tauschen und Verschenken, Kerzen und Seife, Papier, Schreibfedern und Tinte, Fleischkonserven, Käse, Kaffee und Zucker, Portwein und Medikamente, vor allem Chinin. Vom Eintreffen dieser Sendung wird sein Leben abhängen, das ist ihm schon jetzt klar. Der Araber verspricht, den Auftrag pünktlich zu erfüllen; und nach Jahren erfuhr Livingstone, daß er Wort gehalten hatte.

Ende Februar beginnt Livingstone zu fiebern, er wird immer schwächer und ist kaum imstande, den Marsch fortzusetzen. Den ganzen März hält das Fieber an – und er kann nichts dagegen tun!

Am 1. April ist er so schwach, daß er die Nassickboys vorausmarschieren läßt. Als sie eine Hügelkette überschreiten, knallen plötzlich Schüsse. Er rafft sich auf, eilt dem Vortrupp nach, erreicht den Kamm des Höhenzuges – und erblickt tief unter sich zwischen bewaldeten Steilhängen und roten Felswänden die schimmernde Fläche des Tanganjikasees. Die Männer haben vor Freude geschossen.

Die Expedition befindet sich am Südende des Sees. Auf dem schmalen Ufersaum weiden Büffel, Elefanten, Antilopen. Riesige Krokodile kriechen umher. Nachts hört man Löwen brüllen und Flußpferde schnauben.

Aber Livingstone ist nicht in der Verfassung, die herrliche Landschaft genießen zu können. »Ich fühle mich außerordentlich schwach, kann nicht gehen, ohne zu schwanken, und habe ein ständiges Singen im Kopf.« Trotzdem zwingt er sich, die geographische Breite und Länge seines Standpunktes und, mittels Siedethermometer und Barometer, die Höhe über dem Meeresspiegel zu bestimmen.

»Als ich schon einige Tage hier war, hatte ich einen Anfall von Bewußtlosigkeit, welcher zeigt, wie sehr das Fieber schwächt, wenn es nicht mit Chinin bekämpft wird. Ich fiel vor meiner Hütte rücklings zu Boden und war außerstande, hineinzugelangen. Ich versuchte mich aufzurichten, indem ich mich an die Eingangspfosten klammerte, aber als ich mich schon beinahe hochgezogen hatte, verlor ich den Halt, stürzte zurück und schlug dabei mit dem Kopf heftig auf eine Kiste. Die Boys bemerkten meinen elenden Zustand und hängten eine Decke vor den Eingang der Hütte, damit kein Fremder mich in meiner Hilflosigkeit liegen sähe. Mehrere Stunden vergingen, bis ich wieder zu mir kam.«

Wochenlang liegt er krank. Und als er endlich weitermarschiert, ist er immer noch schwach und anfällig. Die körperliche Schwäche wirkt sich auch seelisch aus: Er ist nicht mehr der entschlossene, alle Schwierigkeiten meisternde Forscher, der er früher war. Er zögert, schwankt in seinen Entschlüssen, wartet ab, anstatt energisch vorzugehen, läßt sich durch andere beeinflussen und von seinen ursprünglichen Absichten ablenken. Sein festes Gottvertrauen wird zu einem Fatalismus, der sich mit den Gegebenheiten abfindet. Seine Tatkraft ist gelähmt.

Livingstone entdeckt die Seen Mweru und Bangweolo. Livingstone will eigentlich nach Westen gehen, um einen unbekannten See namens Mweru aufzufinden und um festzustellen, ob der große Fluß Lualaba, der diesem See entströmen soll, sich dem Nil oder Kongo zuwendet. Gehört er zum Stromsystem des Nils, dann haben alle, die sich bisher für die Entdecker der Nilquellen hielten, unrecht.

Auf dem Hochland westlich des Tanganjika kommt der Vormarsch jedoch ins Stocken, denn in diesem Land herrscht Krieg. Araber haben mit ihren Feuerwaffen dem mächtigen Häuptling Nsama eine Niederlage beigebracht. Die meisten dieser Araber trifft Livingstone in einem Dorf. Sie empfangen ihn höflich und liebenswürdig, und als er ihnen den Geleitbrief des Sultans von Sansibar, ihres Landesherrn, vorweist, schenken sie ihm Lebensmittel und neue Tauschwaren – Perlen und Stoffe. Der Weg zum Mwerusee ist allerdings zur Zeit verschlossen, denn er führt durch Nsamas Gebiet, und der hält sich jetzt für die Niederlage schadlos, indem er in der ganzen Gegend plündert und brandschatzt. Er würde jeden Fremden töten. Die Araber raten Livingstone dringend, abzuwarten. Sie wollen mit Nsama verhandeln; es liegt ja in ihrem geschäftlichen Interesse, mit ihm Frieden zu schließen.

Livingstone muß ihnen recht geben: Es wäre unverantwortlich, seine kleine Schar der Gefahr auszusetzen, dem haßerfüllten

Häuptling in die Hände zu fallen. Aber es vergehen Wochen, bis sich einer der Araber aufmacht, um zu Nsama zu reisen. Und die Verhandlungen ziehen sich abermals über viele Wochen hin. Unterdessen geht der Krieg unter Livingstones Augen weiter. Nicht nur Nsama verheert das Land, auch die Araber und ihre Leute fangen und morden Menschen, plündern Dörfer und brennen sie nieder. Sie haben längst gemerkt, daß sie von diesem kränkelnden Engländer, der auf ihre Großmut angewiesen ist, nichts zu befürchten haben. Er befindet sich in einer üblen Lage: Tagtäglich muß er Greuel und herzzerreißendes Elend untätig und schweigend mit ansehen, ja er muß denen, die soviel Unglück und Leid über unschuldige Menschen bringen, auch noch für ihre Freigebigkeit danken.

Es wird Ende August, bis mit Nsama Frieden geschlossen ist und Livingstone endlich aufbrechen kann. Drei Monate und zehn Tage hat der Aufenthalt gedauert. Zusammen mit einer großen Sklavenkarawane zieht Livingstone nun durch Nsamas Land.

Lang dehnt sich der Zug von Sklaven und Trägern, im ganzen vierhundertfünfzig Mann stark. Sie marschieren unter Führung der Araber in drei Trupps mit je einem Fahnenträger an der Spitze. Wird die Fahne aufgepflanzt, so macht der Trupp halt; wird sie wieder aufgenommen, die Trommel gerührt, das Kuduhorn geblasen, so setzt er sich von neuem in Bewegung. Jeder Trupp hat ungefähr ein Dutzend Wächter, die einen phantastischen Kopfputz aus Federn und Perlen und einen roten, mit Fellstreifen verzierten Überwurf tragen. Die rauhen Klänge der Trommel und des Horns wirken auch noch auf Livingstones Begleiter, die einstmals Sklaven waren; sie springen auf und lassen ihm kaum Zeit zum Ankleiden.

Die Gesellschaft der Araber behagt Livingstone gar nicht. Ihr Erscheinen ruft in den Dörfern Furcht und Zurückhaltung hervor. Außerdem werden sie durch ihren Elfenbeinhandel und durch Weibergeschichten überall aufgehalten und stellen Livingstones Geduld auf eine harte Probe.

In der ersten Novemberwoche biegt er von der Route der Araber ab und erblickt nach einigen Tagen als erster Europäer die weite Wasserfläche des Mwerusees. Sanft senken sich die mit tropischem Urwald bedeckten Uferhänge zu dem sandigen Strand. An ihrem Fuß stehen Fischerhütten.

Der Mweru soll der mittlere der drei Seen sein, die jener rätselhafte große Fluß durchströmt, von dem die weitgereisten Babisa und die Araber Livingstone schon auf seinem Fußmarsch vor vier Jahren erzählt haben. Auf der jetzigen Reise hat Livingstone seine Erkundungen fortgesetzt. Immer wieder drängt sich ihm der Gedanke auf, daß der Lualaba, nachdem er das unerforschte Land im Norden durchströmt hat, möglicherweise seinen Namen dann wechselt und als Weißer Nil wieder auftaucht; daß sich also Speke und Grant geirrt haben und *er* dem wahren Nilquellfluß auf der Spur ist.

Livingstone hat den Mwerusee an dessen Nordende erreicht, wo der rätselhafte Fluß herausströmt, und wendet sich nun nach Süden, dem Bangweolosee zu.

Dabei kommt er in die Residenz des berühmt-berüchtigten Kasembe. Das ist kein Name, sondern ein Herrschertitel. Der jetzt regierende Kasembe gilt als grausam. Der Torweg seiner Stadt ist mit Menschenschädeln geschmückt; auf den Straßen sieht man viele Menschen ohne Ohren oder ohne Hände.

Auf dem Weg zu der großen Hütte, die der Kasembe bewohnt, kommt Livingstone »ein schöner, stattlicher, dunkelhäutiger Araber mit schneeweißem Bart und einem angenehmen Lächeln« entgegen, begrüßt ihn und führt ihn zu seinem Haus, wo er seine Untergebenen Salut schießen läßt. Auch von diesem Mann hat Livingstone bereits am Tanganjikasee gehört, es ist Mohammed bin Saleh, der unter seinesgleichen hohes Ansehen genießt. Er hält sich seit vielen Jahren hier auf. Er überläßt Livingstone eine Hütte, bis dieser sich eine eigene errichtet hat. Ein anderer Händler, der vor einer Woche mit einem ungewöhnlich großen Sklaventransport angekommen ist, schickt Livingstone Nahrungsmittel und tischfertige Speisen – und er nimmt all diese Gefälligkeiten dankbar an.

Gewiß, er ist in einer Zwangslage und kann sich die arabischen Sklavenhändler unmöglich zu persönlichen Feinden machen. Aber es ist nicht nur die Not, die sein Verhalten ihnen gegenüber bestimmt, er läßt sich wirklich durch ihre zur Schau getragene Höflichkeit und ihr »angenehmes Lächeln« täuschen. »Sie waren von Anfang bis Ende außerordentlich gütig gegen mich und erwiesen alle dem Brief des Sultans die schuldige Achtung. Ich freue mich zu sehen, in welcher Art und Weise sie mit Elfenbein und Sklaven handeln. Ihr Verfahren bildet einen völligen Gegensatz zu dem grausamen Vorgehen der Händler aus Kilwa ... Wer den Sklavenhandel in seiner anziehendsten oder richtiger gesagt: am wenigsten abstoßenden Form schildern möchte, der müßte diese gentlemanhaften Untertanen des Sultans von Sansibar begleiten.« Nicht nur mit Dankbarkeit beantwortet er also die Freundlichkeiten der verschlagenen Mohammedaner, sondern auch mit der Unterscheidung der Sklavenhändler in gentlemanhafte und grausame! Er erliegt seiner alten Schwäche, die ihn in England die Liebenswürdigkeit der Herzöge und Lords für den Ausdruck echter Herzensgüte nehmen ließ. Diese ihm unbewußte Selbsttäuschung läßt ihn allerdings die Demütigungen, die ihm aus seiner jetzigen hilflosen Lage fortwährend entstehen, leichter ertragen.

Einen Monat hält er sich in der Residenzstadt auf, von dem Kasembe höflich behandelt und reichlich bewirtet. In dieser Zeit unternimmt er mit Führern, die ihm der Herrscher stellt, mehrere Ausflüge an den Mwerusee und verschafft sich eine Vorstellung von dessen Größe.

Obwohl es bis zum Bangweolosee nur noch zehn Tagesreisen sein sollen, verzichtet Livingstone vorläufig auf einen Marsch dorthin. »Ich habe seit zwei Jahren keine Zeile von irgend jemandem erhalten und bin des Forschens so müde, daß ich, bevor ich etwas Neues unternehme, nach Udschidschi am Tanganjika gehen werde, um zu sehen, ob dort Briefe für mich angelangt sind. Die Ufer und die ganze Umgebung des Bangweolo sollen gegenwärtig sehr schlammig und ungesund sein.« Außer dem Wunsch, nach so langer Zeit wieder einmal Nachrichten aus der Heimat zu erhalten, zieht ihn auch die Absicht, sich mit neuen Waren und Vorräten auszustatten, nach Udschidschi; denn ein von dort kommender Araber hat ihm gesagt, die Sendung, die er vor seiner Abfahrt aus Sansibar bestellt hatte, sei eingetroffen.

Mohammed bin Saleh hat ihm eindringlich zugeredet, jetzt nicht an den Bangweolosee zu gehen, sondern nach Udschidschi. In einem Monat könne man dort sein. Mohammed kennt das Land, sein Rat gibt den Ausschlag. Erst später wird Livingstone erfahren, was den Araber zu diesem Rat bewogen hat.

Auch Mohammed bin Saleh verläßt die Stadt des Kasembe, zusammen mit Livingstone. Gemeinsam reisen sie bei Dauerregen und Kälte erst bis zum Mwerusee und dann nordwärts in

Richtung auf den Tanganjikasee. Dreizehn Tage rechne man bis dahin, sagt Mohammed.

Durch reißende Bäche und den Schlamm überschwemmter Ebenen watend, brusttiefe Flüsse durchquerend, kommt man mühselig vorwärts. Dreizehn Tage bis zum Tanganjika? Nach mehr als drei Wochen erreicht man erst das Dorf Kabwabwata, wo Mohammed bin Saleh von seinem Sohn erwartet und begrüßt wird. Livingstone ist nicht wenig überrascht, als der Araber ihm schonend beibringt, daß er hier eine Zeitlang bleiben werde. Jetzt, in der Regenzeit, könne man sowieso nicht reisen, die Flüsse führten Hochwasser, die Wege seien überflutet. Livingstone protestiert, er möchte weiter; Mohammed habe doch gesagt, in einem Monat könne man in Udschidschi sein! – Gewiß, gewiß, aber doch nicht in der Regenzeit, beschwichtigt ihn der Mann mit dem ehrwürdigen weißen Bart und dem angenehmen Lächeln. Wie die Araber und sogar die einheimischen Wanjamwesi muß auch der ungeduldige Engländer wohl oder übel das Ende der Regenzeit abwarten!

Natürlich hat Mohammed von Anfang an gewußt, daß es so kommen würde. Aber er hatte gewichtige Gründe, Livingstone aus der Stadt des Kasembe fortzulocken. Seit vielen Jahren hielt ihn nämlich der Despot auf Grund einer alten Fehde mit Gewalt in seiner Residenz fest. Das Erscheinen Livingstones und der Geleitbrief des Sultans von Sansibar waren Mohammeds große Chance gewesen: Im Gefolge und unter dem Schutz des Engländers konnte er entkommen.

Livingstone hat keine Waren mehr, um dafür Lebensmittel einzutauschen. Je länger er in Kabwabwata festsitzt, desto größer und lästiger wird seine Abhängigkeit von Mohammed bin Saleh. Jetzt bedauert er, daß er nicht doch nach dem Bangweolosee marschiert ist, dort hätte man zur Not vom Fischfang leben können.

Der Februar ist vorüber, der März vergeht, es wird April, und er wartet immer noch in Kabwabwata. Endlich reißt ihm die Geduld. Am 13. April will er nun doch noch nach dem Bangweolosee gehen, obwohl Mohammed nach wie vor davon abrät. Da geschieht etwas Seltsames: Als er am Morgen aufbrechen will, sind einige seiner Leute verschwunden.

Mohammed erbietet sich, die Ausreißer zu suchen und verhaften zu lassen. Livingstone willigt ein. Erst später erkannte er, daß der Araber selbst die Leute zum Weglaufen angestiftet hatte, um ihn gänzlich von sich abhängig zu machen und den Marsch zum Bangweolosee zu vereiteln. Er erfuhr auch, welcher Mittel sich Mohammed zu diesem Zweck bedient hatte: »Er verkaufte die Gunstbezeigungen seiner Sklavinnen an meine Leute für Waren, die sie, wie er genau wußte, mir gestohlen hatten.«

Und wie reagiert er auf dieses Ränkespiel und auf den Wankelmut seiner Leute? »Ich tadelte sie in meinem Innern nicht sehr streng wegen ihrer heimlichen Entfernung: Sie waren des Umherwanderns müde. Und das bin ich wahrlich auch. Aber Mohammed, der sie veranlaßte, zu ihm zu kommen, und mit falscher Zunge redete, kann nicht von Tadel freigesprochen werden. Man darf freilich von ihm kaum etwas anderes erwarten; er hat einige dreißig Jahre in diesem Land gelebt, davon fünfundzwanzig in Kasembes Stadt, und dort ist es ihm oft traurig genug ergangen. Das Bewußtsein meiner eigenen Fehler macht mich nachsichtig.« So hat von allen Afrikaforschern nur einer gedacht und gesprochen!

Natürlich hatte Mohammed bin Saleh bei Livingstones Leuten leichtes Spiel gehabt: Sie sehnten sich nach Udschidschi und hatten nicht die geringste Lust, noch einmal umzukehren und an die sumpfigen Gestade des Bangweolosees zu marschieren. Dennoch gehen fünf Mann mit, als Livingstone am Tag nach der Desertion aufbricht. Einer kehrt noch am nächsten Morgen heimlich nach Kabwabwata zurück.

Zäher, schwarzer Morast; langes, wirres Gras; in den Flüssen Hochwasser, manchmal bis zur Brust. Mit seiner unglaublichen Zähigkeit und Willenskraft überwindet Livingstone alle Hindernisse. Doch die Mühe ist umsonst. Als die fünf Männer schon den Mwerusee und Kasembes Stadt hinter sich haben, verwehren ihnen Dorfbewohner, Untertanen des Kasembe, den Durchmarsch, und sie müssen umkehren.

Auf dem Rückweg nach Kabwabwata wird Livingstone in Kasembes Stadt unter allerlei Vorwänden mehr als einen Monat aufgehalten.

Im Mai endet die Regenzeit. Da bietet sich unverhofft eine Gelegenheit, sicher bis an den Bangweolosee zu kommen: Der Araber Mohammed Bogharib will in jener Gegend Kupfer aus Katanga gegen Elfenbein tauschen. Livingstone und seine vier Begleiter gehen mit ihm.

Über baum- und strauchlose moorähnliche Schwammböden, aus denen bei jedem Schritt das Wasser an den Beinen hochspritzt, durch Wälder und zuletzt über offene Ebenen erreicht Livingstone am 18. Juli 1868 das Nordufer des Bangweolo und hat damit wieder einen der großen Seen Zentralafrikas entdeckt.

Er läßt sich zu einigen Inseln rudern und durchwandert eine. Die Tiefe des Sees kann er nicht messen, weil einer der Deserteure sein Senkblei mitgenommen hat.

Sorgfältig hat er stets die Wasserläufe notiert, die teils ostwärts dem Tanganjikasee, teils westwärts dem Luapula zufließen.

Die unzähligen Bäche und Flüßchen, die auf den Anhöhen um den Bangweolosee entspringen und dann landeinwärts fließen, müssen nach seiner Meinung die Quellgewässer des Sambesi, des Kongo und des Nil sein. Er hält das Land am Bangweolo für die große zentrale Wasserscheide des Kontinents und glaubt also, auch dem jahrtausendelang vergeblich gesuchten Caput Nili – dem »Haupt«, der Quelle des Nil – nahe zu sein. Allerdings muß er nachweisen, daß der Luapula in seinem weiteren Verlauf wirklich sich mit dem Lualaba vereinigt und zum Nil wird. Erst wenn er diesen Nachweis erbracht hat, ist Speke, der den Victoriasee für den Quellsee des Nil hält, widerlegt.

Am liebsten würde er sofort dem Luapula nach Norden folgen – allein, ohne den Araber. Doch Mohammed Bogharib warnt ihn eindringlich: Das Land ist zu unruhig. In der letzten Zeit hat sich die Lage zuungunsten der Araber geändert. Seit ihren Siegen über Nsama und die Mazitu fürchtet sie der Kasembe. Einen ihrer angesehensten Männer hat er in dessen Palisadenfestung angegriffen. Der Araber entkam jedoch und schlug sich nach Katanga durch. Außerdem sind auch die verschiedenen einheimischen Stämme untereinander verfeindet und bekämpfen sich.

In diesem aufgewühlten Land können die arabischen Händler keine Geschäfte machen. Sie beschließen, ihre Streitkräfte zu vereinigen, um sich ohne Verluste an den Tanganjikasee zurückzuziehen. Livingstone, gänzlich mittellos und nur noch von wenigen Getreuen umgeben, kann nichts anderes tun als warten, bis sie abmarschbereit sind und sich ihnen dann anschließen.

Ende Juli 1868 hat er mit Mohammed Bogharib den Bangweolosee verlassen. Ende September zieht er mit den vereinigten Karawanen von Mohammed bin Saleh und Mohammed Bogharib aus dem Land des Kasembe ab.

Dem Zug haben sich vierhundert Wanjamwesi angeschlossen, die dem Kasembe geholfen hatten, die Mazitu zu vertreiben, und sich jetzt ebenso von ihm bedroht fühlen wie die Araber. Unter deren Schutz wollen sie nun das Land verlassen.

In Kabwabwata stößt noch der Araber Said bin Habib mit seiner Truppe zu der riesigen Karawane. Sein Bruder war von Einheimischen ermordet worden. Auf einem Rachefeldzug hat Said alle Dörfer ringsum zerstört, eine ungeheure Beute an Elfenbein und Kupfer angehäuft und sich den Haß der Bewohner zugezogen.

In einer Nacht entlaufen ihm einundzwanzig Sklaven. Sie waren nicht mehr aneinandergekettet, weil Said glaubte, nach dem Überschreiten des Lualaba wäre ihnen der Gedanke an Flucht vergangen. Auf den bloßen Verdacht hin, daß sich die Flüchtlinge dort versteckt haben, läßt er Dörfer am Lualaba überfallen und die Einwohner berauben und ermorden.

Auch Mohammed bin Saleh, der »gentleman« unter den Sklavenhändlern, lächelt nicht mehr angenehm, sondern befiehlt wütend, entflohene und wiedereingefangene Sklaven auszupeitschen. Eine junge Sklavin, die schluchzt und schreit, als man ihre Mutter zum Auspeitschen fesselt, wird auf sein Geheiß an den Rücken der Mutter gebunden, bevor die Exekution beginnt. Livingstone ist zufällig anwesend. Er zwingt sich sonst, zu den Grausamkeiten der Araber zu schweigen; diesmal bringt er es nicht fertig. Er tritt dazwischen und erreicht, daß Mohammed den Befehl zurücknimmt.

Mehrmals ist er am Ende seiner Geduld und möchte allein, nur mit seinen eigenen Leuten, weiterreisen. Übrigens hat er die Männer, die ihm Mohammed bin Saleh abspenstig gemacht hatte, auf ihre Bitte hin wiederaufgenommen. Er kann es sich aber einfach nicht leisten, sich von den Arabern zu trennen, die ihn und seine Leute ein Jahr lang vor dem Hunger, vielleicht sogar vor dem Verhungern bewahrt haben und es noch immer tun. Auch wenn er über den Tanganjikasee nach Udschidschi fahren will, ist er völlig auf ihren guten Willen angewiesen. Ein wenig tröstet ihn der Gedanke, daß sie sich in seiner Anwesenheit nicht getrauen, Raubzüge zu unternehmen.

In Kabwabwata werden die Karawanen von einem starken Aufgebot einheimischer Babemba angegriffen. Der Angriff ist eine Vergeltungsaktion: Einer von Mohammed Bogharibs Unterführern hat aus einem Babembadorf vier Frauen und Mädchen fortgeschleppt, als Ersatz für vier entlaufene Sklaven. Livingstone beteiligt sich nicht an dem Kampf, er bleibt bei seiner Hütte, um notfalls sein Eigentum zu verteidigen. Am nächsten Tag greifen die Babemba erneut an, werden aber wieder abgewiesen.

Die Araber möchten jetzt so schnell wie möglich aus dem Land. Sie schicken Spähtrupps aus, doch alle kehren mit dem gleichen Ergebnis wieder: Sie sind auf Babembakrieger gestoßen und heftig mit Pfeilen beschossen wurden. Man könnte sich vielleicht nach Norden durchschlagen, aber sicherlich würden unterwegs die meisten Sklaven flüchten, und das wollen die Araber natürlich vermeiden. Sie sitzen in dem Dorf wie in einer Falle – und mit ihnen Livingstone. Zu seinem Ärger ist er im Dezember noch immer dort.

Schließlich wenden sich die Araber, die keinen Ausweg sehen, an ihn um Rat. Er fordert Mohammed Bogharib auf, die vier geraubten Babembafrauen in ihr Dorf zurückzuschicken, um den Weg zu Friedensverhandlungen zu ebnen. Doch Mohammed macht Ausflüchte, er will die Beute nicht hergeben.

Endlich brechen die Araber allen Befürchtungen zum Trotz auf. Ein riesiger Zug setzt sich in Bewegung: die Sklavenhändler, ihre Unterführer und Wächter, lange Kolonnen von Sklaven, je zwei in ein Joch gekoppelt, die Wanjamwesi und endlich Livingstone mit seinen wenigen Leuten. Von den Sklaven tragen viele Elfenbein, andere Kupfer oder Lebensmittel. Obwohl sie im Joch stecken und allabendlich in bewachte Pferche getrieben werden, entlaufen jede Nacht welche – zwei, drei, sechs, acht. Unter den Sklavinnen ist bald keine einzige hübsche mehr; sie erkaufen sich die Freiheit, indem sie einem Wächter ihre Gunst gewähren. Unter den Aufsehern finden sich immer wieder Männer, die um diesen Lohn das Wagnis auf sich nehmen. Natürlich müssen die Befreier ebenfalls fliehen. Die zum Wiedereinfangen der Entflohenen ausgesandten Trupps kommen meist mit leeren Händen wieder.

Auch beim Durchqueren der Flüsse gibt es Verluste. Manch einer wird von der Strömung fortgerissen und ertrinkt. Einmal springt Susi einem Versinkenden nach und rettet ihn.

Von den Babemba werden die Karawanen wider Erwarten nicht belästigt.

Das Weihnachtsfest im Jahre 1868 verlebt Livingstone inmitten von arabischen Sklavenhändlern und ins Joch gefesselten Afrikanern.

Ist es der Nil oder der Kongo? Genau ostwärts geht der Marsch weiter, dem Tanganjikasee zu.

Das neue Jahr 1869 beginnt Livingstone in einem Zustand von Krankheit und Schwäche, wie er ihn noch nicht erlebt hat. Er hustet Blut, die Lungen sind angegriffen, die Füße geschwollen und wund. Am 3. Januar muß er den Marsch nach einer Stunde wegen Entkräftung abbrechen. Zum erstenmal fehlen im Tagebuch die Routenskizzen, tage- und wochenlang setzen auch die anderen Eintragungen aus.

Mohammed Bogharib läßt für den Kranken Essen kochen und eine Tragbahre herstellen; er versucht ihm mit arabischen Heilmitteln zu helfen und ist um ihn besorgt wie ein guter Freund. Wer weiß, ob Livingstone ohne seine Hilfe überlebt hätte!

Livingstone hat es stets abgelehnt, sich tragen zu lassen. Jetzt gibt er nach, um den Marsch nicht zu verzögern. Wenn er nur bis Udschidschi durchhält! Dort erwartet ihn ja das Nachschublager mit den Vorräten, die er in Sansibar bestellt hatte. Wenn er bis Udschidschi durchhält, ist er gerettet.

Sein abgehärteter Körper und sein eiserner Wille überwinden die Krankheit schon vorher. Je näher man dem Tanganjikasee kommt, um so mehr lassen die Brustschmerzen und der Husten nach. Allerdings ist Livingstone fast zum Skelett abgemagert.

Endlich erreichen die Reisenden den See. Livingstone überquert ihn in einem Einbaum. Mitte März zieht er in Udschidschi ein. Er sucht sofort den Handelsagenten auf, der sein Depot verwahren sollte. Zu seiner Bestürzung erfährt er, daß die meisten Waren, darunter der neue Arzneienvorrat, in Unjanjembe zurückgelassen worden sind. Unjanjembe liegt mindestens dreizehn Tagereisen östlich von Udschidschi an dem Karawanenweg zur Küste. Der Weg dahin ist jedoch zur Zeit durch einen Krieg versperrt. Von den Waren aber, die bis Udschidschi gelangt sind, ist inzwischen das meiste gestohlen worden: von achtzig Stoffballen zweiundsechzig, dazu die besten Glasperlen. Das ist ein harter Schlag!

Wenn wenigstens Briefe da wären! Livingstone hat fest damit

gerechnet. Seit fast drei Jahren ist er ohne jede Nachricht aus England. Aber keine Zeitung, kein Brief, kein Gruß für ihn ist angekommen. Das enttäuscht ihn tief. Gewiß, seine Verwandten und Freunde in der Heimat und auch in Sansibar wissen nicht genau, wo er sich aufhält; aber daß er gelegentlich nach Udschidschi, seiner Nachschubbasis, kommen wird, ist doch bekannt!

Er selbst hat unterwegs im Laufe der Zeit zweiundvierzig Briefe geschrieben und in seinem Gepäck aufbewahrt. Jetzt möchte er sie einer zur Küste gehenden Karawane mitgeben. Aber niemand ist bereit sie zu befördern; die Araber fürchten, daß er darin auch von ihren Greueltaten berichtet. Schließlich drängt er sie doch irgendwelchen Leuten auf. Nur ein einziger von diesen Briefen erreichte die Küste. Vielleicht war auch die an ihn gerichtete Post unterschlagen oder vernichtet worden. Seit einiger Zeit hatte außerdem der Krieg, der in dem Land östlich von Udschidschi herrscht, jeden Handels- und Postverkehr mit der Küste zum Stillstand gebracht.

Jetzt sollte Livingstone wirklich erst einmal nach Sansibar gehen, sich eine Zeitlang pflegen und erholen und dann mit frischen Kräften, neuen Leuten und neuer Ausrüstung an die Vollendung seines Entdeckerwerkes gehen! Doch nicht einmal die Andeutung eines solchen Gedankens erscheint in seinem Tagebuch. Obwohl er noch immer ohne Medikamente ist, beschließt er, da er sich durch die Ruhe in Udschidschi leidlich gekräftigt fühlt, in das Manjemaland nordwestlich des Tanganjikasees zu gehen und dort die Erforschung des Flußsystems fortzusetzen.

Auf den ersten Blick erscheint dieser Entschluß unbegreiflich und nahezu selbstmörderisch. Aber Livingstone hat ihn sich reiflich überlegt. Eine Reise an die Küste würde ihn Zeit und Kraft kosten – unersetzliche Lebenszeit und -kraft! Seit dem Tod seiner Frau hat er oft an seinen eigenen Tod gedacht. Er fühlt, daß seine Kräfte nachlassen und sein Leben sich dem Ende zuneigt. Der Tod an sich schreckt ihn nicht, ihn bedrückt nur die Sorge, daß es mit ihm zu Ende gehen könnte, bevor er seine Aufgabe gelöst hat. Hier in Udschidschi ist er seinem Ziel räumlich und zeitlich entschieden viel näher als in Bagamojo oder Sansibar. Die Reise ins Manjemaland wird von hier aus nicht lange dauern, vier oder fünf Monate vielleicht. Er braucht ja nur den Tanganjikasee zu überqueren und dann in das unerforschte Land jenseits davon vorzustoßen bis an den Lualaba. Diesen Fluß, den er für einen westlichen Arm des oberen Nil hält, wird er, wenn möglich, nach Norden verfolgen – »wenn es wirklich ein Arm des Nil und nicht der Kongo ist«. Dieser Gedanke beginnt ihn allmählich zu beunruhigen. Wird der Lualaba nicht zum Nil, sondern zum Kongo, dann ist seine ganze Quellentheorie falsch, dann hat er seine letzten Jahre und Kräfte einem großen Irrtum geopfert.

In einem Brief an Dr. Kirk bestellt er neue Träger, Tauschwaren und Lebensmittel nach Udschidschi; denn nach der Reise ins Manjemaland gedenkt er hierher zurückzukehren und möchte dann neue Leute und Vorräte vorfinden, um weiterforschen zu können. Dieser Brief ist der einzige, der sein Ziel erreicht.

In wochenlangen Verhandlungen verschafft er sich Träger und Kähne. Nur Regen und Hochwasser halten ihn jetzt noch in Udschidschi fest. Merkwürdigerweise nutzt er die Wartezeit nicht zu einem Versuch, die in Unjanjembe liegenden Arzneien holen zu lassen. Das Tagebuch erwähnt sie gar nicht mehr. Livingstone fühlt sich wieder gesund und kräftig – und hat er nicht schon eine viel längere Reise ohne Arzneien durchgehalten?

So wie Livingstones Erforschung der Hochlande am Schire im Jahre 1863 von den portugiesischen Sklavenhändlern ausgenützt wurde – sie folgten ihm auf dem Fuße –, so fällt seine Reise an den Lualaba mit dem ersten Eindringen der arabischen Händler in das Manjemaland zusammen. Zugleich mit ihm reist Mohammed Bogharib, der ihm von all seinen arabischen »Freunden« noch der angenehmste ist und dem er schließlich sein Leben verdankt. Mohammed erhofft sich eine reiche und billige Ausbeute an Elfenbein.

Am 12. Juli 1869 steigt Livingstone in einen großen Einbaum und läßt sich über den Tanganjika rudern. Dann marschiert er mit seinen treuen Begleitern Susi, Tschuma und Gardner und einer Schar Träger wochenlang nach Nordwesten – durch lichte Wälder, friedliche Dörfer, ausgedehnte Felder. Hin und wieder wird ein Elefant oder ein Büffel geschossen, um Fleisch in die Kessel zu bekommen.

Mitte September begegnet Livingstone dem Händler Dugumbe, der aus einer Gegend, die vor ihm noch kein Araber besucht hatte, nicht weniger als achtzehntausend Pfund Elfenbein mitbringt, das er äußerst billig gekauft hat. Als Livingstones

Leute hören, die Manjema seien allerdings Menschenfresser, werden sie ängstlich.

Die Leute, bei denen Dugumbe so billig »eingekauft« hat, empfangen die neuen Ankömmlinge feindselig. Es stellt sich heraus, daß Dugumbes Sklaven übel gehaust haben; aus reiner Lust am Rauben und Morden haben sie die Menschen ausgeplündert und mißhandelt und etliche getötet. Nun sammeln sich die Einheimischen, mit Speeren und Schilden bewaffnet, und weisen die Fremden fort. Es ist unmöglich, Kähne zu bekommen, um einen tiefen und breiten Nebenfluß des Lualaba zu überqueren. Livingstone muß nach Norden ausweichen und versuchen, den Lualaba an einer anderen Stelle zu erreichen.

Wieder setzt die Regenzeit ein. Er beginnt erneut zu fiebern. Jetzt brauchte er dringend das Chinin, das in Unjanjembe liegt!

»1. Januar 1870. – Möge mir der Allmächtige helfen, das begonnene Unternehmen zu vollenden.« Vor Ablauf des Jahres möchte er wieder in Udschidschi oder noch lieber in Sansibar sein. Noch ist er zuversichtlich, aber seine Kräfte lassen merklich nach.

Der Marsch wird von Tag zu Tag schwieriger. Auf den Trampelpfaden der Elefanten und Büffel sinkt man tief in den Schlamm. »Drei Stunden Wandern durch ein solches Dickicht erschöpft auch den Stärksten ... Das Land erstickt unter der allzu üppig wuchernden Vegetation.« Es ist ein Land für Elefanten, die es denn hier auch in Menge gibt.

Über den Lualaba ist von den Manjema keine zuverlässige Auskunft zu bekommen; entweder sind sie zu mißtrauisch und feindselig oder zu unwissend.

Der häufig strömende Regen zwingt Livingstone schließlich, nach Süden zurückzuweichen und, von Nässe und Fieber erschöpft, in Mamohela, dem Sammelplatz der Elfenbeinhändler, sein Winterquartier aufzuschlagen.

In dieser Zeit bringen die bewaffneten Sklaven der Araber durch die Greuel, die sie verüben, das ganze Land in Aufruhr. Aus den geringfügigsten Anlässen werden Dörfer eingeäschert und Menschen getötet. Wenn die Horden ins Lager zurückkommen, brüsten sie sich noch mit ihren Untaten.

Nach einem Aufenthalt von viereinhalb Monaten bricht Livingstone in nordwestlicher Richtung auf, um den Lualaba zu suchen. Seine Träger haben ihn inzwischen verlassen, nur

Tschuma, Susi und Gardner begleiten ihn noch. Die Wege sind nach wie vor verschlammt. Täglich müssen Bäche und Flüsse durchwatet werden, einmal vierzehn an einem Tag.

Zufällig begegnet man Mohammed Bogharib. Er behauptet, der Lualaba sei dort, wo Livingstone ihn suche, gar nicht zu finden, er biege vorher nach Westen ab. Es hat also keinen Sinn, den Marsch in der bisherigen Richtung fortzusetzen. Und Livingstone ist dazu auch gar nicht imstande. An seinen Füßen haben sich schmerzhafte Geschwüre gebildet, die jetzt eitern und aufbrechen. Er kann sich nur noch hinkend fortbewegen.

Abermals ist er gezwungen, umzukehren und in der Ansiedlung Bambarre, etwa fünf Breitengrade südlich des Äquators, eine lange Rast zu halten. Von Menschen umgeben, die ihn hassen, weil sie ihnen ihrer Meinung nach das Geschäft verderben will; von den schmerzenden Geschwüren gepeinigt, die sich ständig verschlimmern und gegen die er kein Heilmittel hat; zur Untätigkeit verurteilt – so muß er wieder kostbare Wochen und Monate nutzlos verstreichen lassen. Auch die Sklaven leiden an solchen Fußgeschwüren, und Nacht für Nacht dringt aus den Pferchen ihr lautes Wehgeschrei zu ihm herüber.

Während er in seiner Hütte liegt und wartet, daß die Ge-

schwüre von selbst heilen, denkt er viel über sein Leben nach. »Ich habe mich auf dieser Reise bemüht, mit unwandelbarer Treue dem Pfad der Pflicht zu folgen. Ich ertrug Beschwerden, Hunger und Krankheit mit der festen Überzeugung, daß ich auf dem richtigen Wege war, das Werk der Erforschung der Nilquellen zu vollenden. Ruhig und hoffnungsvoll habe ich danach getrachtet, die mir zuteil gewordene Arbeit zu verrichten, unbekümmert, ob ich dabei den Sieg davontrage oder zugrunde gehe… Während der ersten drei Jahre hatte ich eine starke Vorahnung, daß ich das Unternehmen nicht überleben würde; diese wurde aber schwächer, je mehr ich mich dem Ende der Reise näherte.«

Erst nach achtzig Tagen tritt er wieder hinaus ins Tageslicht, ist aber noch viel zu kraftlos, um wieder tagaus, tagein marschieren zu können. Er faßt dieses Krankenlager zwar als eine ernste Warnung auf, aber als er sich wieder einigermaßen wohlfühlt, will er nicht etwa nach Udschidschi oder Sansibar zurück, sondern weiterreisen.

Aus Berichten arabischer Händler hat er entnommen, daß es westlich des Lualaba, der aus dem Mwerusee kommt, noch einen zweiten, ebenso mächtigen Strom gibt, den Lomami, der sich irgendwo im Norden mit dem Lualaba vereinigt. Auch ihn muß er unbedingt kennenlernen. Er möchte gern den Lualaba abwärts und dann den Lomami aufwärts fahren, bis nach Katanga, von wo der Lomami angeblich kommt. Aber dazu braucht er neue Leute und einen Ruderkahn. Beides hofft er von arabischen Händlern zu bekommen, die mit zahlreicher Mannschaft, siebenhundert Gewehren und einem ungeheuren Vorrat von Tauschwaren im Anmarsch auf Bambarre sind und zum Lualaba wollen; das Gerücht ist ihnen schon lange vorausgeeilt. Livingstone erwartet sie voller Ungeduld. Natürlich können sie ihm nur Sklaven überlassen, andere Leute haben sie nicht; damit muß er sich abfinden. Ebenso ungeduldig wartet er auf Briefe und Arzneien, die ihm Mohammed bin Saleh übermitteln soll, der sich in Udschidschi aufhält und dem er geschrieben hat. Erst wenn diese Sendung eingetroffen ist und er neue Leute hat, kann er von Bambarre fort. Er selbst schickt keine Post mehr ab, sie geht sowieso nur verloren.

Wieder setzt die Regenzeit ein, und eine Woche nach der andern verfließt, ohne daß die Karawane ankommt. Das Jahr 1870 geht zu Ende. Mehr als fünf Monate sitzt Livingstone nun schon untätig in Bambarre und wartet, wartet...

Ende Januar langt eine Karawane aus Udschidschi an, aber es ist nicht die erwartete, und sie bringt ihm auch weder Post aus der Heimat noch Arzneien, nur die Nachricht, daß die neuen Leute, um die er in seinem Brief an Dr. Kirk gebeten hatte, in Udschidschi eingetroffen sind. Eine Woche danach kommen wirklich zehn von ihnen in Bambarre an; auch sie haben weder Arzneien noch Briefe für ihn mit. Es sind sämtlich Sklaven indischer Handelsleute in Sansibar, und Livingstone merkt sehr bald, daß er an ihnen wenig Freude erleben wird. Aber bessere Leute hat Dr. Kirk nicht bekommen können; in Sansibar wütet die Cholera, einige der Träger sind daran gestorben.

»Die zehn mir zugesandten Leute weigerten sich, mit mir nach Norden zu gehen... Sie wollen mir nicht helfen und sagen deshalb, der Konsul habe ihnen aufgetragen, nicht mit mir vorwärts zu gehen, sondern mich zu zwingen, mit ihnen umzukehren.« Ihre beiden Anführer sind in Udschidschi geblieben und verjubeln dort Livingstones Waren.

Trotzdem verläßt er Bambarre am 16. Februar 1871 mit seinen drei Getreuen und den neuen Leuten. Ein Brief Dr. Kirks hat diese Burschen als Lügner entlarvt: Den Auftrag, ihn zur Umkehr zu zwingen, haben sie selbst erfunden.

Der Marsch geht durch hohes, hartes und nasses Gras, das fortwährend die Kleidung durchnäßt. Über die vielen kleinen Flüsse läßt sich Livingstone auf den Schultern seiner Leute tragen, größere werden in Kähnen, manchmal auch auf Brücken aus Flechtwerk überquert.

Zunächst will Livingstone die Biegung des Lualaba nach Westen untersuchen. »Ich mußte mit meinem Urteil zurückhalten, um auf die Entdeckung gefaßt zu sein, daß es vielleicht doch der Kongo ist.« Niemand kann ihm darüber etwas sagen, außer daß der Lualaba sich unterhalb jener Westbiegung wieder nach Norden wende.

In manchen Dörfern ist bereits bekannt geworden, daß der weiße Fremde kein Sklavenjäger ist, und die Bewohner empfangen ihn mit dem Ruf: »Freundschaft! Freundschaft!« Mitunter findet er jedoch die Dörfer verlassen, die Bewohner sind bei seinem Nahen geflohen. Sie fürchten, ähnliche Gewalttaten zu erleben, wie sie von den Sklaven der Händler verübt werden. Immer wieder hört er, daß in der Umgebung Dörfer überfallen und Männer und Frauen getötet oder weggeschleppt werden. »Das ist der gewöhnliche Verlauf der Handelsreisen der Suaheli; sie bestehen aus Mord und Plünderung. Jeder Sklave, der in der Gunst seines Herrn steigen will, eifert zu beweisen, daß er ein tapferer, streitbarer Mann ist, und tötet zu diesem Zweck mit kaltblütiger Grausamkeit seine Landsleute.« Mit »Suaheli« sind hier Afroaraber gemeint.

Manchmal setzen sich die Manjema tapfer zur Wehr, nur können sie mit ihren Speeren gegen die Flinten ihrer Gegner nicht viel ausrichten. Sie haben noch keine Feuerwaffen gesehen und noch nie deren Wirkung erlebt. Wenn mit Gewehren auf sie gezielt wird, blicken sie nur erstaunt auf die seltsamen »Stöcke«, ohne an Flucht zu denken; werden sie dann in großer Zahl niedergestreckt, so glauben sie, sie hätten es mit einer Zauberkraft zu tun. Ihre Tapferkeit ist nutzlos, denn genau wie die Manganja am Njassasee sind sie untereinander uneins und obendrein durch die Sitte der Blutrache vielfach verfeindet. »Keiner ist dazu zu bringen, in ein Dorf zu gehen, das vielleicht nur drei Meilen von dem seinigen entfernt ist – dort leben sicherlich Menschen, die wegen Mordes an ihren Vätern, Onkeln, Großvätern und so weiter Rache zu nehmen haben. Ein schauderhafter Zustand!«

Das unaufhörliche Morden und Rauben bedrückt Livingstone schwer. »Mich schaudert, und ich bin zu Tode betrübt über das viele vergossene Menschenblut.«

Das Blutbad von Njangwe. Ende März steht Livingstone am Ufer des Lualaba. Es ist ein mächtiger Strom, anderthalb Meilen breit und überall tief, mit großen Inseln und langsamer Strömung. Livingstone hat ihn in der Nähe des Marktfleckens Njangwe erreicht, den die Araber zum Hauptstützpunkt für ihre Sklavenjagden und Raubzüge in diesem Teil des Kongobeckens machen.

»Die Ufer sind gut besiedelt. Um sich aber den richtigen Begriff von der Menge der Bewohner zu machen, muß man sie auf dem Markt zusammenströmen sehen. Gegen dreitausend Menschen, vornehmlich Frauen, finden sich da ein.«

Livingstone möchte den Lualaba abwärts fahren, kann aber keinen Ruderkahn bekommen und muß warten, bis der Händler Dugumbe kommt; dem werden die Manjema schon Kähne verkaufen oder vermieten. Jetzt, Anfang April, kann man sowieso noch nicht reisen, denn die Regenzeit ist noch nicht vorüber; jede Nacht rauschen schwere Güsse nieder.

Nunmehr macht sich bemerkbar, daß Livingstone seine Vorräte aus Udschidschi nicht bekommen hat. Sogar Schreibpapier und Tinte gehen ihm aus. Mit einem Pflanzenfarbstoff bereitet er sich selber Tinte, und als Schreibpapier verwendet er alte Zeitungen, auf die er quer zum Gedruckten schreibt. Diese Aufzeichnungen blieben erhalten und gelangten später nach England, aber sie waren kaum noch lesbar: Das Papier war gelb und brüchig geworden, die Tinte verblichen. Nur mühsam und mit Hilfe von Agnes Livingstone, die in Newstead Abbey ihres Vaters Sekretärin gewesen war und seine Handschrift kannte, gelang es dem Herausgeber der Tagebücher von Livingstones letzter Reise, dem einstigen Mitglied der Universitätenmission Horace Waller, sie zu entziffern.

Einer der arabischen Händler in Njangwe hört zufällig, wie die zehn Sklaven Livingstones, die das Marschieren endgültig satt haben, einen Verrat vorbereiten: Wenn er sie zwingt, weiter mitzugehen, wollen sie bei der ersten Schwierigkeit, die es mit den Manjema gibt, plötzlich ihre Gewehre abfeuern, davonlaufen und ihn seinem Schicksal überlassen, das dann kaum noch zweifelhaft wäre.

Livingstone entschließt sich, ihnen die Waffen abzunehmen und sie fortzujagen. Da lenken sie ein und beteuern, sie würden ihm folgen, wohin er auch ginge. »Da ich nun sehnlichst wünschte, meine geographische Aufgabe zu Ende zu bringen, sagte ich, ich wolle es auf die Gefahr hin, daß sie mich im Stich ließen, wagen.«

Sechs Wochen wartet er schon in Njangwe, als endlich Dugumbe mit einer großen Truppe eintrifft. »Er ist entschlossen, neue Handelsgebiete aufzusuchen, hat seine Familie bei sich und beabsichtigt, sechs bis sieben Jahre unterwegs zu bleiben; währenddessen will er sich regelmäßig aus Udschidschi Waren nachschicken lassen.«

Die Entschlossenheit des Arabers sticht merkwürdig gegen Livingstones unschlüssiges Abwarten ab. Mit Erstaunen liest man, daß er seine Leute Holz fällen schickt, damit sie ihm ein Haus mit Wänden aus Gras bauen. Warum ließ er aus den Stämmen nicht ein Floß herstellen? Der Lualaba war doch kein unüberwindliches Hindernis, die Sklaven der Araber und die Einheimischen fuhren oft hinüber und herüber. Aus Livingstones ganzem Verhalten sprechen Entkräftung und tiefe Müdigkeit.

Einer der Araber ist mit einer Flottille von Einbäumen erstmals den Lualaba abwärts gefahren, aber schon nach vier Tagen in Klippen und Strudel geraten. Der vorderste Kahn zerschellte, und fünf Insassen kamen ums Leben. Die übrigen Kähne kehrten um. Jetzt sieht Livingstone, der ja die gleiche Fahrt vorhatte, es als eine Fügung der Vorsehung an, daß er keine Kähne bekommen hat.

Er ändert seinen Plan und will nun mit Dugumbes Leuten nach Westen bis an den Lomami gehen, dann diesen Strom aufwärts bis in sein Quellgebiet, das in Katanga liegen muß, verfolgen und von dort über Njangwe nach Udschidschi zurückkehren.

Seine zehn Sklaven, denen er nicht mehr trauen kann, möchte er vorher durch zehn von Dugumbes Leuten ersetzen, dem er vierhundert Pfund dafür bietet. Sie sollen ihn auf der ganzen Reise begleiten. Dugumbe zögert und bittet sich ein paar Tage Bedenkzeit aus. Aber es vergeht eine Woche, ohne daß er antwortet. Er hat offenbar keine Lust, dem Engländer den Weg in das Land westlich des Lualaba zu erleichtern.

Des ewigen Wartens überdrüssig, schreibt Livingstone: »Ich bin niedergeschlagen und in Verlegenheit, was ich tun soll, um nicht an der Vollendung meines Werkes gehindert zu werden, denn alles scheint gegen mich zu sein.«

Das schreibt er nieder, ohne zu ahnen, daß schon der nächste Tag seine Absichten und Pläne völlig umstoßen wird. Was er an jenem 15. Juli 1871 mitansehen muß, übertrifft an Unmenschlichkeit alles, was er bisher erlebt hat. Bis an sein Ende wird ihn die Erinnerung daran verfolgen.

Den ganzen Morgen hat er von der anderen Seite des Lualaba her Gewehrfeuer gehört. Dugumbes Leute halten dort unter irgendeinem nichtigen Vorwand ein »Strafgericht«.

Obwohl drüben etliche Dörfer in Flammen stehen und immer noch Schüsse fallen, finden sich doch etwa anderthalbtausend Menschen auf dem Markt ein. Auch Livingstone geht hin und erblickt am Rand des Platzes drei Männer, die kürzlich mit Dugumbe angekommen sind. Er wundert sich, daß sie Gewehre tragen; das verstößt gegen die Sitte: Auf dem Markt erscheint man unbewaffnet. Einer seiner Begleiter macht die drei Männer darauf aufmerksam. Es ist sehr heiß, und Livingstone wendet sich zum Gehen.

Plötzlich hört er hinter sich Gewehrschüsse. Die Menschenmenge stiebt auseinander, viele werfen ihre Waren weg, alles rennt schreiend in wilder Flucht davon, ans Ufer hinunter, zu den Kähnen.

Da eröffnet auch dort eine Abteilung Sklaven das Feuer auf die Fliehenden. Vor Schreck vergessen die Manjemamänner, die Ruder mitzunehmen. Im Gedränge gelingt es nicht sogleich, die Kähne flottzumachen. Von Kugeln verwundet, stürzen Frauen und Männer ins Wasser. Viele suchen schwimmend eine Insel im Strom zu erreichen, aber die Strömung wird sie daran vorbeitreiben, und die meisten werden untergehen. Ein paar große Kähne, bereits überfüllt, stoßen vom Ufer ab, die Insassen rudern zum Teil mit den Händen. Viele der Schwimmenden klammern sich an die Fahrzeuge, klettern hinein, aber die Kähne schöpfen Wasser und sinken.

Plötzlich ist Dugumbe da. Er bemannt einige liegengebliebene Kähne mit seinen Leuten, sie sollen die schwimmend Fliehenden aufnehmen. Aber nicht alle wollen sich retten lassen – sie fürchten versklavt zu werden.

Livingstone hat in der ersten Erregung seine Pistole auf die Mörder abfeuern wollen. Doch Dugumbe rief ihm zu, er solle sich nicht einmischen, und er hat es denn auch unterlassen – er hätte niemandem genützt und nur sich selbst geschadet.

Die Araber schätzen die Verluste der Einheimischen auf drei- bis vierhundert Tote.

Auch nach dem Gemetzel auf dem Markt dauert die Schießerei jenseits des Lualaba an, und immer mehr Dörfer gehen in Flammen auf. Alle Sklaven aus dem Lager der Händler verfolgen jetzt die Fliehenden, um sie auszuplündern. »Einige flüchteten sich zu mir und fanden bei mir Schutz. Dugumbe rettete einundzwanzig und gab ihnen aus eigenem Antrieb die Freiheit. Sie wurden zu mir gebracht und blieben die Nacht über in der Nähe meines Hauses ... Ich sandte Leute mit unserer Flagge aus, um noch mehr Menschen zu retten; ohne Flagge wären sie vielleicht selbst zum Opfer gefallen, da Tagamojos Leute wie Teufel rechts und links feuerten. Ich zählte an diesem Morgen zwölf brennende Dörfer.« Tagamojo ist der Anführer der Bande, die auf dem anderen Ufer des Stromes mordet und brandschatzt. »Dugumbe versprach mir, Leute hinüberzusenden, die Tagamojos Bande Einhalt gebieten sollten. Sie blieben aber drüben, schmausten die ganze Zeit Hühner und Ziegen zwischen den Ruinen, und am nächsten Tag begann das schändliche Werk von neuem … Das Schießen auf dem jenseitigen Ufer dauert noch immer fort, und es werden viele Gefangene gemacht.«

»Weshalb dieses Blutbad?« fragt Livingstone die Händler. Alle wälzen die Schuld auf einen ihrer Untergebenen ab. Diese verlogene Entschuldigung empört sogar den leichtgläubigen Livingstone. Seiner Meinung nach war das Hauptmotiv, »den Bewohnern des Landes einen eindringlichen Begriff von der Bedeutung und Macht der neuen Ankömmlinge beizubringen … Mir blutete das Herz. Wer könnte Dugumbe und Tagamojo an den Lomami begleiten und frei von Blutschuld bleiben?« Eine friedliche Erforschung der großen Ströme ist unmöglich, solange die Sklavenhändler das Land in einen Hexenkessel verwandeln. Was gewänne Livingstone, wenn er seine zehn Sklaven durch Leute aus Dugumbes Räuberbande ersetzte? Er geriete nur in noch größere Abhängigkeit von den Anstiftern der Greueltaten. Außerdem spürt er, daß ihn die Sklavenhändler trotz ihrer Höflichkeit hassen und daß er ihnen als Zeuge ihrer Grausamkeiten im höchsten Grade lästig ist.

So schwer ihm der Entschluß fällt, er muß darauf verzichten, den Lauf des Lualaba und des Lomami zu verfolgen, denn »mit Bluthunden kann davon keine Rede sein. Ich sehe keinen anderen Rat, als nach Udschidschi zurückzukehren, um mir andere Leute zu verschaffen«.

Am 20. Juli 1871 tritt Livingstone mit seinen Leuten den Rückmarsch nach Udschidschi an. Wieder werden zahllose Wasserläufe überquert und viele teils bewohnte, teils niedergebrannte Dörfer passiert. Wo die Einwohner schon von dem friedfertigen Engländer gehört haben, sind sie freundlich und hilfsbereit. In den ersten Augusttagen aber kommt er in Dörfer, wo gerade niedergebrannte Hütten neu aufgebaut werden. Die sind eingeäschert worden, weil die Leute sich geweigert hatten, einen Händler und seinen Sklaventrupp unentgeltlich zu beherbergen, und geweigert hatten sie sich, weil sie wußten, daß die »Gäste« ihnen die Lebensmittel stehlen und die Gerätschaften zerstören

würden. Nun verhalten sie sich gegen alle Fremden mißtrauisch und feindselig. »Die Leute liefen davon, zeigten sich bewaffnet von weitem und weigerten sich, näherzukommen ... Wir schlafen unruhig, ringsum bewachen uns die Eingeborenen.«

Auf einem schmalen Pfad, den zu beiden Seiten undurchdringlicher Wald säumt, kommt die Marschkolonne an eine Stelle, wo ein Verhau von gefällten Bäumen sie aufhält. Offenbar ist hier ein Überfall aus dem Hinterhalt zu befürchten; doch es ereignet sich nichts, vielleicht ist der Plan aus irgendeinem Grund aufgegeben worden. Nirgends ist ein Feind zu entdecken. Nur wenn man aufwärts blickt, gewahrt man bisweilen im Laub den Schatten eines Menschen.

Plötzlich hört Livingstone, der am Ende der Kolonne geht, ein leises Rascheln im Dickicht, und im nächsten Augenblick saust ein Speer dicht an ihm vorbei und fährt mit großer Gewalt in die Erde. Als er sich umblickt, sieht er zwei Männer im Dickicht verschwinden. Bald danach wiederholt sich der Vorfall. »Ein zweiter Speer ward von einem unsichtbaren Angreifer nach mir geschleudert; er verfehlte mich nur um einen Fußbreit und fuhr vor mir in den Boden. Es wurden zwar Gewehre in das Waldesdickkicht abgefeuert, aber ohne jede Wirkung, da nichts zu sehen war. Wir hörten jedoch die Feinde dicht bei uns schreien und uns bedrohen. Zwei von unseren Leuten wurden getötet.« Die Bewohner dieser Gegend wollen sich dafür rächen, daß vor kurzem etliche von ihnen erschlagen und eine Anzahl Frauen und Kinder geraubt wurden.

»Fünf Stunden mußten wir in Lebensgefahr marschieren... Aus jeder Öffnung in dem dichten Wald glaubten wir einen Speer hervorlugen zu sehen. Jeden Augenblick erwarteten wir das Geräusch zu vernehmen, das den Wurf der todbringenden Waffe begleitet. Die fortdauernde Anspannung erschöpfte mich allmählich dermaßen, daß ich vollständig gleichgültig dagegen ward, ob ich getötet würde oder nicht.«

Im August stellt sich wieder Livingstones altes Unterleibsleiden ein, das ihn schwächt und zu häufigem Rasten nötigt. Die täglichen Aufzeichnungen schrumpfen auf zwei, drei Zeilen zusammen, tagelang fehlen sie ganz. Am Ende des zweiten Monats meldet das Tagebuch: »Der Marsch vom Njangwe nach Udschidschi hat mich bedenklich angegriffen. Zuletzt war es mir, als könnten mich die Füße nicht mehr tragen. Fast jeder Schritt machte mir Schmerzen. Ich verlor den Appetit: das kleinste Stückchen Fleisch verursachte mir heftige Diarrhöe. Und während der Körper so litt, war die Seele tief betrübt, was wiederum ungünstig auf die Gesundheit zurückwirkte. Alle Händler kehrten von ihrer Reise erfolgreich zurück, ich allein hatte meinen Zweck nicht erreicht; das Ziel, dem ich zustrebte, beinahe schon vor Augen, ermüdet, enttäuscht, von Widerwärtigkeiten aller Art heimgesucht, hatte ich umkehren müssen.«

Nach einem Marsch von mehr als einem Vierteljahr zieht er endlich, »bis zum Skelett abgemagert«, in Udschidschi ein.

»Dr. Livingstone, vermute ich?«. In Udschidschi bestätigt sich, daß der Agent, der Livingstones Warenlager hüten sollte, alles gegen Elfenbein verschachert hat: dreitausend Yard Kattun und siebenhundert Pfund Perlen – in Zentralafrika damals ein kleines Vermögen. »Das war eine niederschmetternde Kunde. Ich hatte mich zwar für den Fall, daß ich in Udschidschi keine Leute bekommen könnte, entschlossen, zu warten, bis Begleiter für mich von der Küste her eintreffen würden; aber daß ich als Bettler warten müßte, damit hatte ich nicht gerechnet, und ich fühlte

mich sehr unglücklich bei diesem Gedanken.« Durch seine Mittellosigkeit ist er nicht nur abermals auf die Hilfe der Araber angewiesen, sondern auch wieder auf unabsehbare Zeit zur Untätigkeit verurteilt. Sogar die Hoffnung, bald neue Leute und Waren von der Küste zu erhalten, schwindet, als er erfährt, daß in der Gegend von Unjanjembe die Afrikaner sich unter der Führung eines klugen und tapferen Häuptlings namens Mirambo gegen die Araber erhoben haben. Selbst wenn Dr. Kirk neue Leute losgeschickt hat, wie sollen sie durch das Kriegsgebiet nach Udschidschi gelangen?

Livingstone steht nun im neunundfünfzigsten Lebensjahr. Bisher hat sein unglaublich zäher Körper alle Angriffe von Klima und Krankheit abgewehrt, aber es sind Pyrrhussiege, die er davongetragen hat: Jeder Sieg hat an seinen Kräften gezehrt. Wie lange werden sie noch reichen? Er kann es sich einfach nicht mehr leisten, unersetzliche Lebenszeit nutzlos verstreichen zu lassen, und er ist unglücklich darüber, daß ihn die Umstände dennoch dazu zwingen. Noch nie war er in einer so aussichtslosen, so verzweifelten Lage und so deprimiert.

»Als jedoch meine Niedergeschlagenheit den höchsten Grad erreicht hatte, war der gute Samariter wirklich dicht bei mir.

Eines Morgens kam Susi aus Leibeskräften gerannt und rief mir, nach Atem schnappend, schon von weitem zu: ›Ein Engländer! Ich sehe ihn!‹ Damit stürzte er wieder fort und ihm entgegen. Die amerikanische Flagge an der Spitze einer Karawane verkündete die Nationalität des Fremden. Warenballen, zinnerne Badewannen, große Kessel, Kochtöpfe, Zelte und so weiter ließen mich denken: Das muß ein luxuriöser Reisender sein und nicht einer, der mit seinem Witz am Ende ist wie ich.«

Das ist alles, was Livingstone über jene denkwürdige Begegnung am 10. November 1871 in sein Tagebuch einträgt. (Da seine Zeitrechnung in Unordnung geraten ist, nennt er irrtümlich den 24. Oktober.) Erst vier Tage danach fährt er fort: »Es war Henry Morton Stanley, der reisende Korrespondent des New York Herald, den James Gordon Bennett junior mit einem Kostenaufwand von über viertausend Pfund Sterling ausgesandt hatte, um genaue Erkundigungen über Dr. Livingstone einzuziehen, falls ich noch lebe, und falls ich tot sei, meine Gebeine nach Hause zu bringen.«

Erstaunlich nüchtern klingt dieser Bericht. Schließlich ist es

etliche Jahre her, daß Livingstone einen Weißen gesehen und gesprochen hat! Aber er liebt nun einmal Gefühlsergüsse und große Worte nicht. Doch dann bricht trotzdem ein tiefes, wenn auch sonderbares Gefühl durch: »Aber die uneigennützige Güte, die Mr. Bennett für mich hatte und zu deren ausführendem Werkzeug Mr. Stanley sich in so edler Weise gemacht hat, war doch überwältigend für mich. Ich fühle eine unbegrenzte Dankbarkeit und bin zugleich ein wenig beschämt, mich dieser Großmut nicht würdiger erwiesen zu haben.« Uneigennützige Güte? Großmut? Meint er im Ernst, daß der amerikanische Zeitungskönig Gordon Bennett eine Summe von – umgerechnet – achtzigtausend Goldmark aus purer Verehrung für Dr. Livingstone spendiert hat? Und daß es Edelmut war, was Stanley bewog, sich zum »ausführenden Werkzeug« der »uneigennützigen Güte« seines Chefs zu machen und sich in das Abenteuer einer Afrikaexpedition zu stürzen? Man würde an der Aufrichtigkeit dieser Äußerung zweifeln, wäre es nicht Livingstone, der sie niederschrieb.

Ganz anders, nämlich breit und mit dem ganzen Behagen des Siegers über tausend Widrigkeiten und Hindernisse schildert Stanley seine Begegnung mit Livingstone.

Für ihn bedeutete jener 10. November den Gipfelpunkt seiner Journalistenlaufbahn. Vom Gelingen seiner Expedition hing seine Zukunft ab. Livingstone war für ihn die einmalige Chance zu einem Coup größten Stils. Bei allen früheren Aufträgen galt es, Konkurrenten zu übertreffen, der beste und vor allem der erste zu sein, der der Welt von einem interessanten Ereignis Kunde gab. Diesmal hatte er keine Konkurrenz aus dem Felde zu schlagen – sein Auftrag ging über alles, was Zeitungskönige von ihren Korrespondenten zu verlangen pflegten, weit hinaus. Sein Erfolg aber – das kann er noch nicht überblicken – wird ihm das Tor zu einem neuen Leben aufstoßen, zu einem Leben als Entdecker, zu eigenem Weltruhm.

Zwei Jahre lang hat er von dem Augenblick geträumt, den er an jenem Novembertag in Udschidschi endlich erlebt.

Es hatte mit einem Telegramm seines Chefs begonnen, das er am 16. Oktober 1869 um zehn Uhr vormittags in Madrid erhielt: »Kommen Sie sofort nach Paris wegen wichtiger Geschäfte.« Fünf Stunden danach saß er bereits im Zug, und in der folgenden Nacht klopfte er im Pariser Grand Hôtel an Mr. Bennetts Tür. Mr. Bennett lag schon im Bett, stand aber auf, als er hörte, wer der Besucher war, und warf sich den Schlafrock über. »Nehmen Sie Platz. Ich habe einen wichtigen Auftrag für Sie. Wo hält sich, Ihrer Meinung nach, Livingstone auf?«

Stanley, der bis zu diesem Augenblick keine Ahnung hatte, was der Boß von ihm wollte, antwortete: »Das weiß ich wirklich nicht.« – »Glauben Sie, daß er am Leben ist?« – »Kann sein, kann auch nicht sein.« – »Ich glaube, er lebt, und man kann ihn finden. Ich will Sie ausschicken, ihn zu suchen.«

Damals war von Livingstone lange Zeit keine Nachricht mehr nach Europa gedrungen. Die Sklavenhändler hatten die Briefe, die er ihnen mitgab, vernichtet, statt sie nach Sansibar zu bringen. Und mehrmals hatten Leute, die aus dem Innern Afrikas an die Küste kamen, seinen Tod gemeldet. Im Dezember 1866 waren die Johannaleute, die Livingstone im Stich gelassen hatten, aus eigenem Antrieb auf dem britischen Konsulat in Sansibar erschienen und hatten berichtet, er sei bei einem Überfall der Mazitu auf die Expedition getötet worden. Sie schilderten den Hergang mit allen Einzelheiten: Livingstone hatte zwei der Angreifer erschossen; als er sein Gewehr wieder lud, traf ihn ein Axthieb in den Nacken. Auch die Nassickboys, mit denen er marschierte, sollten sämtlich umgekommen sein. Daß von den Johannaleuten keiner fehlte, verdankten sie nur dem Umstand, daß sie, den Nachtrab bildend, sich während des Überfalls versteckt halten konnten. Die Geschichte klang so glaubhaft, daß der Sultan von Sansibar, die Konsulate und die Schiffe im Hafen halbmast flaggten. Die englischen Zeitungen brachten die Todesnachricht, ganz England trauerte um den Mann, der längst ein Nationalheld geworden war. Um die letzten Zweifel zu beseitigen, entsandte die Geographische Gesellschaft mit Unterstützung der Regierung eine Suchexpedition, die ein ehemaliger Marineoffizier, E. D. Young, führte und die bis an den Njassasee vordrang. Aus mehreren Anzeichen ging nun mit Sicherheit hervor, daß Livingstone noch lebte und reiste. Die Johannaleute hatten die Geschichte erfunden, um nicht wegen Desertion bestraft zu werden.

Stanley war als Auslandskorrespondent einiges gewöhnt, aber dieser Auftrag Bennetts überraschte ihn doch. »Wie – Sie meinen wirklich, daß ich imstande sei, Dr. Livingstone aufzufinden? Daß ich nach Zentralafrika gehen soll?«

»Jawohl. Ich meine, daß Sie hingehen und ihn aufsuchen sollen, wo Sie ihn vermuten können. Und daß Sie dann alle Nachrichten, die Sie von ihm erhalten können, sammeln. Vielleicht ist der alte Mann in Not. Nehmen Sie genug mit, um ihm zu helfen, wenn er dessen bedarf. Natürlich werden Sie nach eigenem Plan handeln und das tun, was Sie für das beste halten, aber – finden Sie Livingstone!«

Stanley glaubte auf die Kosten der Reise hinweisen zu müssen.

»Heben Sie zunächst tausend Pfund ab«, sagte Bennett. »Wenn Sie die verbraucht haben, wieder tausend Pfund, und wenn die verausgabt sind, noch tausend Pfund, und wenn Sie damit zu Rande sind, noch tausend Pfund und so weiter, aber – finden Sie Livingstone!«

Und mit anerkennenswerter Offenheit sprach er auch seine Beweggründe aus, die nun freilich mit »uneigennütziger Güte« nicht viel zu tun hatten: »Mein Vater hat den New York Herald zu einer großen Zeitung gemacht, aber ich gedenke ihn noch bedeutend zu vergrößern ... Ich meine, daß er alles bringen soll, was die Welt interessiert, gleichviel was das kosten möge.«

»Dann habe ich weiter nichts zu sagen«, antwortete Stanley. »Soll ich direkt nach Afrika gehen, um Dr. Livingstone zu suchen?«

»Nein. Ich wünsche, daß Sie zuerst zur Einweihung des Suez-kanals fahren und dann den Nil hinaufgehen. Wie ich höre, reist Baker gerade nach Oberägypten. Suchen Sie alles über seine Expedition zu erfahren, was Sie können, und wenn Sie den Nil hin-aufgehen, beschreiben Sie möglichst genau alles, was für Touri-sten von Interesse ist. Schreiben Sie einen Führer, einen recht praktischen, über Unterägypten, in dem Sie uns alles berichten, was es dort Sehenswertes gibt und wie man es zu sehen hat. Dann können Sie auch nach Jerusalem gehen, Kapitän Warren soll dort eben einige interessante Entdeckungen machen. Besuchen Sie darauf Konstantinopel und berichten Sie über die zwischen dem Khedive und dem Sultan herrschenden Schwierigkeiten. Dann können Sie ja wohl auch die Krim und die alten Schlacht-felder dort besuchen. Gehen Sie über den Kaukasus ans Kaspi-sche Meer, dort sollen die Russen eine Expedition gegen Chiwa ausrüsten. Von da können Sie durch Persien nach Indien gehen und uns einen interessanten Bericht aus Persepolis schreiben. Bagdad liegt dicht an Ihrem Weg nach Indien; wie wäre es, wenn Sie dorthin gingen und uns etwas über die Euphrattalbahn be-richteten? Wenn Sie dann in Indien gewesen sind, können Sie sich nach Livingstone umschauen. Vermutlich werden Sie bis dahin gehört haben, daß er sich auf dem Rückweg nach Sansibar befindet. Wenn nicht, so gehen Sie ins Innere und suchen Sie ihn dort. Wenn er am Leben ist, versuchen Sie von ihm soviel Nach-richten wie möglich über seine Entdeckungen zu erlangen, und wenn er tot ist, bringen Sie alle möglichen Beweise für seinen Tod mit. Das ist alles. Gute Nacht, und Gott sei mit Ihnen.«

Wie man sieht, hatte es Mr. Bennett nicht allzu eilig, dem alten Mann, der »vielleicht in Not« war, zu helfen.

In den folgenden Monaten führte Stanley gehorsam einen Auf-trag nach dem anderen aus. Zuletzt fuhr er von Bombay nach Sansibar, wo er am 26. Januar 1871 landete. Niemandem verriet er, was ihn herführte, weder dem amerikanischen Konsul, bei dem er wohnte, noch dem britischen Konsul Dr. John Kirk, den er, scheinbar ganz beiläufig, nach Livingstone ausfragte. Er gab vor, die Quellen des Rufidschi entdecken zu wollen. So schnell wie möglich stellte er eine Truppe von zwei Europäern und zwei Dutzend Askaris – einheimischen »Soldaten« – zusammen, ver-sah sich mit Lasteseln, Tauschwaren, Proviant, Medikamenten, Waffen und Munition und den hundert anderen Dingen, die eine auf zwei Jahre berechnete Expedition voraussichtlich brauchen würde, und nahm anderthalbhundert Träger in Dienst.

Anfangs war ihm zumute gewesen wie dem Mann, der die Stecknadel im Heuschober suchen soll. Aber nach seinen Gesprächen mit Dr. Kirk sah die Sache bedeutend einfacher aus. Livingstone besaß in Udschidschi eine Art Basislager, und wenn er überhaupt zu finden war, dann wahrscheinlich in der Gegend um den Tanganjikasee. Also nahm sich Stanley Udschidschi zum ersten Ziel. Im Februar und März marschierte er mit seiner in fünf Karawanen geteilten Mannschaft ab. Livingstone befand sich damals gerade auf seinem Zug nach Westen, an den Lualaba.

Stanley hat die Abenteuer seiner Reise, auf der er mitten in den Krieg zwischen Mirambo und den Arabern geriet, in seinem berühmten Buch »Wie ich Livingstone fand« ausführlich geschildert.

Nach einem Marsch von sieben Monaten langt er am Tanganjikasee an, nicht weit von Udschidschi. Einer seiner europäischen Begleiter ist unterwegs gestorben, den anderen hat er in Unjanjembe (Tabora) zurückgelassen. Er hat unerhörtes Glück: Livingstone ist soeben aus dem Manjemaland wiedergekommen

und hält sich in Udschidschi auf; Stanley hat es bereits auf dem Weg dahin erfahren. Und er wird ihn in so tiefer Not vorfinden, daß er dem alten Mann wie der barmherzige Samariter vorkommen wird, den ihm der Himmel zu seiner Rettung sendet.

Rasch überschreitet Stanley mit seiner Karawane die letzte Hügelkette und sieht endlich den Hafen von Udschidschi vor sich liegen. Er läßt seine Mannschaft dicht aufschließen. Eine Salve aus fast fünfzig Flinten dröhnt über die Ansiedlung hin, der riesige Fahnenträger entfaltet die amerikanische Flagge und trägt sie voran; vor dem Nachtrab weht die scharlachrote Fahne von Sansibar. Ständig weiterfeuernd, nähert sich die Karawane dem Dorf. Sämtliche Bewohner strömen zur Begrüßung heraus. Und plötzlich ruft ein lachender Schwarzer in langem weißem Gewand und mit einem Turban um den Kopf Stanley zu: »Good morning, Sir!« Es ist Susi. Er läuft sofort los, dem Doktor den Besuch zu melden. Gleich darauf stellt sich Tschuma vor.

Die Menschenmenge wird immer dichter, sie versperrt der Karawane fast den Weg. Stanley schlägt vor Erregung das Herz bis zum Halse. Er schiebt die herandrängenden Zuschauer zur Seite und schreitet würdevoll und kerzengerade – er ist von kleiner Gestalt – auf die im Halbkreis versammelten Araber und den vor ihnen stehenden Europäer zu.

»Als ich langsam vor ihn trat, bemerkte ich, daß er blaß und müde aussah, einen grauen Bart und eine bläuliche Mütze mit verschossener Goldborte, eine Weste mit roten Ärmeln und graue Hosen trug. Ich wäre gern auf ihn zugelaufen, nur war ich in Gegenwart eines solchen Volkshaufens zu feig dazu. Ich wäre ihm gern um den Hals gefallen, nur wußte ich nicht, wie er, als Engländer, mich aufnehmen würde. Ich tat also, was Feigheit und falscher Stolz mir anrieten, schritt bedächtig auf ihn zu, nahm meinen Hut ab und sagte:

›Dr. Livingstone, vermute ich?‹

›Ja‹, sagte er mit freundlichem Lächeln, die Mütze leicht lüftend.

Ich setzte meinen Hut wieder auf, er seine Mütze, wir drückten einander herzlich die Hand, und ich sagte laut: ›Ich danke Gott, Herr Doktor, daß es mir vergönnt ist, Sie zu sehen.‹

Er erwiderte: ›Und ich bin dankbar, daß ich Sie hier begrüßen kann.‹«

Dann setzen sich die beiden Männer vor Livingstones Haus.

Stanley übergibt sogleich den Briefbeutel, den er mitgebracht hat. Doch Livingstone liest nur ein paar Briefe von seinen Kindern, dann will er hören, was sich während der letzten Jahre in der Welt ereignet hat. Und Stanley erzählt: von der Eröffnung des Suezkanals, von der Vollendung der Pazifikbahn in Nordamerika und der Legung eines Telegrafenkabels durch den Atlantik, von der Niederwerfung Frankreichs durch die deutschen Armeen und der Gefangennahme Kaiser Napoleons III. in Sedan, von der Wahl des Generals Grant, des Feldherrn der Nordstaaten im amerikanischen Bürgerkrieg, zum Nachfolger des ermordeten Präsidenten Lincoln... Und Livingstone lauscht, tief bewegt von all diesen Neuigkeiten, die ihn jäh aus seiner Isolierung herausreißen. Erst jetzt wird ihm bewußt, wie weltfern er lebt. Auch die erfreuliche Nachricht, daß die britische Regierung noch tausend Pfund für seine Expedition bewilligt hat, bringt ihm Stanley.

Unterdessen treffen als Gastgeschenke der Araber tischfertige Gerichte ein: Fleischpasteten, Huhn, Ziegenfleisch mit Reis. Stanley läßt aus seinem Gepäck die für diesen Tag aufbewahrte Flasche Champagner und silberne Becher holen. Und Livingstone, der soeben noch über Appetitlosigkeit geklagt hat, langt tüchtig zu und sagt mehrmals: »Sie haben mir neues Leben gebracht!« Bis in die Nacht hinein sitzen die beiden im Gespräch beisammen.

»Unter den Palmen von Udschidschi kamen und gingen die Tage friedlich und glücklich«, erzählt Stanley. »Mein Gefährte nahm an Gesundheit und guter Laune zu.« Der eigentliche Gastgeber ist Stanley; sein Koch bereitet die gemeinsamen Mahlzeiten zu, und aus seinen Vorräten stammen die besten Zutaten sowie die Gabeln, Messer, Schüsseln, Tassen, die silbernen Löffel, die silberne Teekanne und der persische Teppich, auf dem seine gut gedrillten Diener servieren.

Bald erwacht auch Livingstones alter Tätigkeitsdrang von neuem. Darauf hat Stanley nur gewartet, sein Plan ist längst fertig. Er fragt, ob der Doktor schon am nördlichen Ende des Tanganjika gewesen sei; es gehe um die Frage, ob zwischen dem Tanganjika und dem nördlich davon gelegenen, von Baker entdeckten Albertsee eine Verbindung besteht. – Nein, Livingstone ist es seinerzeit nicht gelungen, auf dem Tanganjika bis ans nördliche Ende vorzudringen.

»Nun, wenn ich an Ihrer Stelle wäre, Herr Doktor, so würde ich das untersuchen, ehe ich Udschidschi verließe. Die Geographische Gesellschaft legt viel Gewicht auf diese vermeintliche Verbindung und erklärt, Sie wären der einzige Mann, der diese Frage zu lösen vermag. Wenn ich Ihnen dabei von Nutzen sein kann, so wollen Sie bitte über mich verfügen. Ich bin zwar nicht als Forscher nach Afrika gekommen, würde Sie aber sehr gern begleiten. Ich habe alles, was dazu gebraucht wird: Ruderer, Gewehre, Stoffe, Perlen ...« Eine solche gemeinsame Fahrt wäre für Stanley eine großartige Gelegenheit, aus dem Doktor nach und nach alles herauszuholen, was Mr. Bennett wissen möchte, und zugleich in der geographischen Forschung den Namen Stanley für alle Zeiten mit dem des weltberühmten Livingstone zu verknüpfen.

Livingstone interessiert sich zur Zeit nicht sonderlich dafür, ob die beiden Seen miteinander verbunden sind oder nicht, er hat eigentlich andere Pläne. Dennoch nimmt er den Vorschlag des hilfsbereiten jungen Mannes an, der sich scheinbar dem viel älteren unterstellt, ihm aber im Grunde seinen Willen aufzwingt. »Ich erwarte Ihre Befehle«, versichert Stanley. »Sie hören ja, daß meine Leute Sie den ›großen Herrn‹ und mich den ›kleinen Herrn‹ nennen. Es würde sich doch nicht schicken, daß der ›kleine Herr‹ befiehlt.« Nein, nein, befehlen wird der »große Herr« – aber nur das, was der »kleine Herr« wünscht! Früher oder später muß Livingstone gemerkt haben, daß der junge »Amerikaner« ihm ganz sachte die Zügel aus der Hand nahm; er äußert sich allerdings mit keinem Wort darüber. Ob es ihm gefallen hat? Vielleicht! Er ist nicht mehr der Mann, den seine Reisegefährten einst hitzig, eigensinnig, rechthaberisch nannten, weil er sie unter *seinen* Willen zwang. Außerdem ist er in seiner Armut völlig von Stanley abhängig und möchte gern wenigstens einen Teil der unermeßlichen Dankesschuld, in der er sich seinem Retter gegenüber fühlt, abtragen.

In einem großen Einbaum, der mit den beiden Reisenden, sechzehn Ruderern, zwei Führern, Stanleys Koch und einem jungen Araber besetzt ist, geht die Fahrt auf dem Tanganjika nordwärts. In eine der Buchten an seinem nördlichen Ende sieht man einen Fluß münden, den Rusisi; ein Abfluß des Sees ist nirgends zu finden. Sein Wasser strömt also nicht in den Albertsee ab, und der Tanganjikasee hat mit dem Quellsystem des Nils nichts zu tun. Damit ist die Zweifelsfrage beantwortet und der Zweck der Fahrt erfüllt. Die Reisenden kehren nach Udschidschi zurück. Genau einen Monat waren sie unterwegs.

Was wird Livingstone nun unternehmen? Er hat keine Ausrüstung für eine neue Expedition und an Leuten nur seine wenigen Getreuen. Tauschwaren könnte er sich zwar von den Arabern ausleihen, aber woher soll er die Träger nehmen?

Stanley schlägt ihm vor, zunächst nach England zu fahren, sich eine wohlverdiente und dringend nötige Ruhepause zu gönnen und dann mit frischen Kräften wieder nach Afrika zu gehen, um sein Entdeckungswerk zu vollenden. Wie auch immer Livingstone sich entscheide, er, Stanley, werde mit seinen Leuten ihn begleiten und sich seinen Befehlen auf dem Marsch völlig unterwerfen. Alle möglichen Argumente führt er an, um Livingstone zur einstweiligen Heimkehr zu bewegen. Er möchte natürlich gern nicht nur die Kunde, daß der Verschollene lebt, sondern ihn selbst mit heimbringen. Der berühmte Livingstone, der Nationalheld Englands, an der Seite seines Retters, des zwar von seinem Chef sehr geschätzten, aber noch ganz unberühmten Henry

Stanley! Das spricht er zwar nicht aus, aber es steht deutlich zwischen den Zeilen seines Reiseberichtes. Es wäre die Krönung seines Rettungswerkes und zugleich der Anfang eigenen Ruhmes. Darum bemüht er sich eifrig, Livingstone zu überreden.

Doch der Gedanke, jetzt heimzukehren, erscheint Livingstone absurd: Er soll nach England gehen, nur um später dahin zurückzukehren, wo er sich jetzt befindet? Das ist doch blanker Unsinn! Im Innersten spürt er wohl: Wenn er jetzt heimkehrt, wird es für immer sein; die Kraft zu einem neuen Anlauf wird er nicht haben. »Ich sehne mich zwar sehr danach, meine Familie wiederzusehen. Die Briefe meiner Kinder rühren mich sehr ... Aber mein eigenes Urteil sagt mir: Alle deine Freunde werden wünschen, daß du nicht heimkehrst, bevor du das Werk der Erforschung der Nilquellen vollbracht hast.« Er habe seinem Freund Murchison versprochen, dieses geographische Rätsel zu lösen, und fühle sich verpflichtet, sein Versprechen zu halten. Er gesteht nicht ein, daß in ihm selbst der Wunsch brennt, in der jahrtausendelang umstrittenen Frage der Nilquellen das letzte, endgültige Wort zu sprechen und sich dadurch außer der himmlischen Unsterblichkeit, an die er glaubt, auch die irdische zu sichern. Und selbst wenn er heimkehren wollte – würde er, jeder Zoll ein Brite, sich wohl von einem jungen amerikanischen Zeitungsmann als lebende Trophäe in die zivilisierte Welt zurückbringen lassen?

Wenn er sich schon nicht dazu überreden läßt, heimzureisen, meint Stanley, dann soll er wenigstens mit ihm bis Unjanjembe gehen und sich von dort die Waren holen, die Dr. Kirk ihm geschickt hat. Außerdem kann Stanley ihm von seinen eigenen dort eingelagerten Waren abgeben, er muß ja auf jeden Fall über Unjanjembe an die Küste, nach Bagamojo, marschieren. Vielleicht sind in Unjanjembe auch Träger zu bekommen.

Auf diesen Vorschlag geht Livingstone ein. Er beginnt sofort Briefe zu schreiben und seine Tagebuchnotizen in ein großes Buch umzuschreiben, das er Stanley mitgeben will.

Am 27. Dezember werden zwei große Einbäume mit Ruderern bemannt und mit Lebensmitteln beladen. Livingstone und seine Begleiter fahren mit der englischen Flagge am Heck, Stanley mit der amerikanischen. Der größte Teil von Stanleys Mannschaft marschiert am Ufer des Tanganjikasees entlang und wird an jeder Flußmündung mit den beiden Einbäumen übergesetzt.

Schließlich werden die Fahrzeuge verlassen, und die ganze Truppe dringt vereint und zu Fuß landeinwärts vor, nach Osten, in Richtung Unjanjembe. Voran geht Stanley mit dem Kompaß in der Hand. Mehr als einmal setzt er die einheimischen Führer durch die Sicherheit in Erstaunen, mit der er – oder das kleine Zauberding in seiner Hand – den richtigen Weg findet. Livingstone kann mit ihm nicht Schritt halten, er schleppt sich bald nur noch mühsam vorwärts; seine Füße sind wund und blutiggerieben, seine Schuhe abgetragen und an vielen Stellen mit dem Messer aufgeschnitten, um den Druck und die Schmerzen zu mildern. Die Führung auf dem Marsch vertraut er völlig Stanley an. Obgleich er einen Esel besitzt, geht er stets zu Fuß, während Stanley hin und wieder reitet, um seine Kräfte zu schonen, denn er muß nebenher auch noch jagen; der mitgenommene Proviant ist bald aufgezehrt, und die Truppe braucht Fleisch. Er eilt mit ein paar Leuten voraus. Am Ende eines besonders langen Marsches schickt er dem nachkommenden Doktor eine Kitanda, eine Trage, entgegen. »Der tapfere alte Held wollte aber durchaus nicht getragen werden und legte den ganzen Weg bis zum Lager, achtundzwanzigeinhalb Kilometer, zu Fuß zurück.«

Am fünfunddreißigsten Tag nach ihrer Abfahrt von Udschidschi ziehen die beiden Reisenden in das Tal ein, in dem Unjanjembe liegt. Kurz darauf betritt Livingstone »Arm in Arm« mit Stanley dessen bequemes Haus, »das im Vergleich zu seiner eigenen Hütte in Udschidschi ein Palast war«.

Nicht weniger als vierzig Traglasten mit Waffen, Munition, Werkzeugen, Stoffen, Perlen, Messingdraht, Arzneien und vielem anderen überläßt Stanley aus seinen Vorräten dem Doktor. Die Waren aus dessen eigenem Lager machen dreiunddreißig Lasten aus. Nach Stanleys Berechnung reicht diese Ausrüstung für eine Expeditionstruppe von sechzig Mann vier Jahre lang. Nun fehlen nur noch die Träger. Der Krieg zwischen den Arabern und Mirambo spielt sich zwar nicht mehr in der Umgebung von Unjanjembe ab, aber die Einheimischen wagen sich noch nicht aus ihrer Heimat fort. Wenn überhaupt, kann man Träger nur an der Küste oder in Sansibar bekommen. Damit Livingstone möglichst bald zu der Reise aufbrechen kann, auf der er sein Entdeckungswerk abschließen will, erbietet sich Stanley, »mit der größten Eile, als ginge es um Leben und Tod«, an die Küste zu marschieren und dort Leute anzuwerben.

Am 14. März bricht er auf. Ausführlich schildert er die letzten Stunden, die er mit Livingstone verbringt, und die Gefühle, die ihn beim Abschied bewegen.

Livingstone begleitet ihn ein Stück. Endlich bittet Stanley ihn, umzukehren.

»Wir schüttelten einander die Hand«, schreibt Stanley, »und ich mußte mich von ihm losreißen, um nicht weich zu werden.«

In Eilmärschen treibt er seine Leute vor sich her. »Ich werde sie marschieren lassen, daß sie an mich denken sollen. Von heute ab in vierzig Tagen werde ich das schaffen, was mich früher drei Monate gekostet hat.«

Das schafft er freilich nicht, denn in der vierten Woche lassen schwere Regengüsse die Bäche und Flüsse anschwellen und füllen jede Bodenvertiefung mit Wasser. Oft waten die Männer bis zur Hüfte, bis zum Hals darin. Ein großer Fluß wird durchschwommen; dabei haben je zwei Männer zwischen sich ein kleines Floß mit ihren Traglasten.

Nach 54 Tagen, am 6. Mai, kommt Stanley in Bagamojo an.

Die Auffindung Livingstones war für Stanley anfangs nur der letzte und schwierigste einer ganzen Reihe von Aufträgen gewesen, wie sie seine Stellung als Auslandskorrespondent einer großen Zeitung nun einmal mit sich brachte. Aber als er dann den Verschollenen gefunden hatte und ihm aus der Not heraushalf, da erwuchs ihm aus der glanzvollen Auftragserfüllung unerwartet ein tiefes, unvergeßliches Erlebnis: die Begegnung mit einem wahrhaft großen Menschen. Obwohl – oder vielleicht gerade *weil* er so ganz anders geartet war, hart, aufbrausend, ungeduldig, verfiel er dem Zauber von Livingstones Persönlichkeit.

Immer von neuem rühmt er Livingstones Sanftmut und »liebenswürdige Ungezwungenheit«, sein fast übertriebenes Pflichtgefühl und seine Hoffnungsfreudigkeit, seine »ausdauernde Geduld und erhabene Tapferkeit«, aber auch seinen »unerschöpflichen Humor« und sein ansteckendes Lachen. »Es ist kein Falsch in ihm, und wie er äußerlich erscheint, so ist auch sein Inneres beschaffen... Ich habe vom 10. November 1871 bis zum 14. März 1872 mit ihm zusammengelebt, sein Leben im Lager und auf dem Marsch beobachtet und empfinde für ihn unbedingte Bewunderung.« Er erinnert sich der Andeutungen, die ihm Dr. Kirk über die Zerwürfnisse Livingstones mit mehreren Teilnehmern seiner Schiffsexpedition gemacht hat. »Ich weiß, er ist empfindlich, doch das ist mancher Mann von Geist und edlem Charakter. Namentlich dann ist er empfindlich, wenn man an ihm zweifelt oder kritisiert.« Und Stanleys Begeisterung ist zweifellos echt. Für ihn als Journalisten ist es natürlich von großem Vorteil, daß sich der berühmte Forscher als freundlich, umgänglich und mitteilsam erweist, aber noch viel mehr Gewinn hat davon der *Mensch* Stanley. Für ihn wird die Begegnung mit Livingstone schicksalhaft: Sie verändert die Richtung und das Ziel seines Lebensweges; ohne diese Begegnung wäre er nicht der erfolgreiche und berühmte Erforscher des Kongolaufes geworden.

Da er der erste Weiße ist, der den alten Forscher seit sechs Jahren zu sehen bekommt, und zugleich der letzte, der ihn überhaupt noch sieht, beschreibt er auch Livingstones Äußeres genau: »... sein Haar ist noch bräunlich, nur an den Schläfen graumeliert, Bart und Schnurrbart sind ganz grau, die haselnußbraunen Augen auffallend klar, der Blick scharf wie der eines Falken. Nur die Zähne verraten sein Alter und die Entbehrungen, die er ausgestanden hat. Die Gestalt, die durch die jetzige Kost füllig wird, ist etwas über mittelgroß, die Schultern sind leicht gebeugt. Wenn er geht, hat er einen festen, aber schweren

Tritt wie ein überanstrengter oder ermüdeter Mann. Gewöhnlich trägt er die Matrosenmütze mit dem runden Schirm, an der man ihn in ganz Afrika erkennt. Seine Kleidung ist abgetragen und geflickt, aber peinlich sauber.«

So schildert Stanley der Mit- und Nachwelt bis in alle Einzelheiten, wie Livingstone war und auf ihn wirkte. Welchen Eindruck machte nun aber er auf Livingstone?

Verwundert stellt man fest: Je länger Livingstone sich in Stanleys Gesellschaft befindet, um so einsilbiger wird er in seinen Tagebucheintragungen. Über das Zusammentreffen und die ersten gemeinsam verbrachten Tage berichtet er noch ausführlich. Aber auf der Tanganjikafahrt umfassen die täglichen Notizen nur noch wenige Zeilen. Und auf dem Marsch nach Unjanjembe schrumpfen sie auf ein, zwei Sätze im Telegrammstil zusammen:

»15. Dezember. In Udschidschi. Mache mich fertig, nach meinen Waren ostwärts zu marschieren.

16. Dezember. Ich dinge Ruderer und einen Führer nach Tongwe.«

Am 17. Dezember keine Eintragung.

»18. Dezember. Heftiger Regen; es ist jetzt die Zeit zum Bestellen der Felder.

22. Dezember. Stanley leidet am Fieber.

23. Dezember. Dito; sehr krank. Regnerisch und ungemütlich.«

Über das Weihnachtsfest schreibt er nur: »26. Dezember. Hatte gestern ein trauriges Weihnachtsfest.«

Am Neujahrstag 1872, wenige Tage nach dem Abmarsch aus Udschidschi, trägt er ein: »Möge der Allmächtige mir helfen, mein Werk in diesem Jahr zu vollenden um Christi willen!« In diesem Jahr! Er spürt wohl im Innersten, daß seine Kräfte nicht mehr lange reichen werden.

Im Januar und Februar sind die Eintragungen etwas lebendiger, sie beziehen sich auf die Landschaft, das Wetter, das Wild. Der Name Stanley erscheint nur selten und nur in Bemerkungen wie: »Mr. Stanley schoß ein fettes Zebra... Mr. Stanley schoß einen Büffel... Mr. Stanley hat das Fieber... Stanley krank... Stanley geht es besser... Mr. Stanley ist so krank, daß wir ihn drei Stunden lang in einer Hängematte über flaches, mit kurzem Gras bedecktes Waldland trugen...«

Sogar am 14. März, dem Tag der Trennung, den Stanley mit tiefer und echter Bewegung erlebt und schildert, schreibt Livingstone in sein Tagebuch lediglich: »Mr. Stanley reist ab. Ich gebe ihm mein mit fünf Siegeln versehenes Tagebuch in Verwahrung. (Es folgt die Aufzählung der verschiedenen als Petschaft verwendeten Münzen.) Dazu die Bestimmung, es nicht zu öffnen.« Kein Wort des Bedauerns, keine Äußerung von Traurigkeit, keine Klage über die erneute Vereinsamung. Auch sonst findet sich nirgends eine persönliche Bemerkung, eine Andeutung über den Eindruck, den Stanley auf ihn machte, geschweige denn eine Charakteristik.

Er war Stanley ohne Zweifel von ganzem Herzen dankbar für die großzügige Hilfe in tiefster Not und für den körperlichen und seelischen Aufschwung, den ihm der Besuch gab; und in einigen Briefen spricht er diese Dankbarkeit auch aus. »Er stellte mir alles, was er besaß, zur Verfügung«, schreibt er von Stanley. »Er teilte seine Kleidung in zwei Haufen und nötigte mir einen davon auf; dann seine Arzneikiste, danach seine Waren und alles, was er sonst noch hatte. Um meinen Appetit anzuregen, kochte er oft mit eigener Hand leckere Speisen ... Er kam mit echt amerikanischer Freigebigkeit. Oft traten mir die Tränen in die Augen bei jedem neuen Beweis von Güte.« Die Ehrerbietung und Ergebenheit Stanleys, seine Sorge um des Doktors Gesundheit und Wohlergehen, sein lebhaftes Interesse an den bisherigen Forschungen und den künftigen Vorhaben Livingstones, sein Eifer, ihm bei der Ausführung dieser Vorhaben zu helfen – alles das rührt den einsamen Mann und erfüllt ihn von neuem mit Dankbarkeit. »Er benahm sich wie ein Sohn zu seinem Vater«, schreibt er an Waller lange nach Stanleys Abreise. Stanley wiederum betont immer wieder seine Übereinstimmung und Freundschaft mit Livingstone. Dennoch kann er in seinem Reisebericht nicht verbergen, daß ein Abstand blieb, der nicht allein aus dem Altersunterschied von achtundzwanzig Jahren zu erklären ist. Er selbst erzählt etliche Begebenheiten, aus denen hervorgeht, daß Livingstone die Wesensverschiedenheit zwischen sich und dem Jüngeren sehr deutlich empfand und sich den übereifrigen Verehrer sogar etwas vom Leibe hielt.

Manchmal trifft ihn Stanley in schweigendes Nachdenken versunken an; die Augen sind in unbestimmte Fernen gerichtet, die Brauen zusammengezogen, die Lippen in lautloser Bewegung.

Stanley bricht das Schweigen: »Einen Penny für Ihre Gedanken, Doktor!« – »Das sind sie nicht wert, mein junger Freund. Und wenn ich welche hätte, so würde ich möglicherweise wünschen, sie für mich zu behalten.«

Am schärfsten unterscheiden sich die beiden Männer in ihrem Verhalten zu den Afrikanern. Stanley bewundert die Geduld und Nachsicht, mit der Livingstone einen ungehorsamen Diener zurechtweist, die Ruhe und Milde, mit der er einem Haufen streitlustiger Einheimischer entgegentritt. Und er gibt offen zu, daß er selbst dazu weder fähig noch willens wäre. »Ich habe oft gehört, wie unsere Diener unsere verschiedenen Eigenschaften besprachen. ›Euer Herr‹, sagten meine Diener zu denen von Livingstone, ›ist ein guter Mann, ein sehr guter Mann; er schlägt euch nicht, denn er hat ein gutes Herz. Aber der unsrige, oh, der ist scharf – und heiß wie Feuer.‹«

Eines Tages zeigt Stanley dem Koch des Doktors, daß die Töpfe schmutzig sind. Der Koch antwortet, was für den »großen Herrn« gut genug sei, das sei auch gut genug für ihn. »Halb wahnsinnig infolge einer übermäßigen Dosis Chinin« – so entschuldigt Stanley sein Verhalten – schlägt er den Koch nieder. Der springt hoch und stürzt sich auf ihn. Stanley gelingt es, sich frei zu machen. Rasend vor Wut, sieht er sich nach »irgendeinem geeigneten Gegenstand« um. Da tritt Livingstone ein. »Ich bringe das in Ordnung«, sagt er und erklärt dem Koch ruhig, daß Stanley der eigentliche Herr und er selbst nur Stanleys Gast sei, daß die Karawane, die Verpflegung, die Waren allesamt von Stanley kämen, und daß ihm daher gehorcht werden müsse. »Du bist ein großer Dummkopf. Geh und bitte ihn um Verzeihung.«

Auf der Fahrt zum Nordende des Tanganjikasees wurden die Reisenden von den Einheimischen mehrmals feindselig empfangen. Eines Tages, als sie an einer dichtbesiedelten Küste entlangfuhren, wurden Steine nach ihnen geschleudert. Einer sauste dicht an Stanley vorbei. »Ich schlug vor, man solle ihnen dafür eine Kugel dicht vor die Füße senden. Livingstone sagte zwar nichts, zeigte aber deutlich genug, daß er dies nicht ganz billige.«

Ein andermal verlassen die Reisenden ihren abendlichen Lagerplatz wieder, weil sich in der Dämmerung verdächtige Gestalten heranschleichen. Als der Einbaum abstößt, kommt eine große Schar Bewaffneter zum Vorschein, die ihnen enttäuscht nachschreien. »Wieder wurde meine Hand durch die bloße Anwesenheit des Doktors daran gehindert, ein paar wohlgezielte Schüsse in die Menge zu schicken, um sie davor zu bewahren, in Zukunft Fremde zu belästigen.«

Nach dem Abenteuer mit den Steinwerfern landeten sie an einem einsamen Sandstrand. Stanleys Koch zündete ein Feuer an und kochte Kaffee.»Trotz der Gefahr, die uns noch drohte, waren wir sehr glücklich und würzten unser Mahl mit etwas Moralphilosophie, die uns unbewußt zu Wesen erhob, die den uns umgebenden Heiden unendlich überlegen waren, auf die wir jetzt, unter dem Einfluß des Mokkakaffees und der Moralphilosophie, mit ruhiger Verachtung, in die sich ein gewisses Maß von Mitleid mischte, hinabblickten.« Der Korrespondent des New York Herald wäre der Wahrheit entschieden näher geblieben, wenn er statt »wir« – »ich« geschrieben hätte! Denn nichts war Livingstone in seiner Einstellung zu den Afrikanern so fremd wie Verachtung.

Diese kleinen Erlebnisse erzählt, wie gesagt, nur Stanley; Livingstone schweigt sich darüber aus. Aber ganz ohne Zweifel hat er den tiefen Wesensunterschied, der sich bei solchen Gelegenheiten offenbarte, gespürt.

Es ist sehr wahrscheinlich, daß die Abhängigkeit von dem vorwärtsdrängenden, ungeduldigen, hitzigen Stanley und eine gewisse unvermeidliche Anpassung an ihn Livingstone auf die Dauer unbequem war und daß er am Abschiedstag zwar bedauerte, seinen jungen Gefährten zu verlieren, gleichzeitig aber erleichtert aufatmete, weil er nun wieder ganz nach seinem eigenen Stil reisen konnte, ohne einer Dankesschuld wegen auf einen anderen Menschen, der ihm im Grunde fremd geblieben war, Rücksicht nehmen zu müssen.

Eine Woche vor Stanleys Ankunft in Bagamojo war dort eine britische Expedition gelandet, die Livingstone aufsuchen sollte. Außer einigen Offizieren gehörte ihr auch Livingstones jüngster Sohn an, der jetzt zwanzig Jahre alte Oswell. Sie war von der Geographischen Gesellschaft organisiert worden, nachdem diese von dem Krieg erfahren hatte, der östlich des Tanganjikasees ausgebrochen war und Livingstones Versorgungsbasis Udschidschi von der Küste abschnitt, so daß kein Nachschub mehr zu ihm gelangen konnte. Die Hilfsexpedition sollte Verbindung mit ihm aufnehmen und ihm Hilfe bringen. Es ist bezeichnend, daß die Regierung es ablehnte, Gelder dafür zu bewilligen. Die Geographische Gesellschaft war genötigt, eine Spendensammlung zu veranstalten. In einigen Wochen gingen ihr mehr als viertausend Pfund zu; sie selbst gab fünfhundert. Damit war schon etwas anzufangen.

Doch kaum hatte die Expedition in Bagamojo das afrikanische Festland betreten, da trafen dort Boten ein, die Stanley mit Telegrammen für den New York Herald und mit Briefen vorausgesandt hatte. Aus diesen Sendungen ging hervor, daß sich Livingstone wohl und in Sicherheit befand und von Stanley alles bekommen hatte, was er für die nächsten Jahre brauchte, nur noch keine Träger. Damit war die Hilfsexpedition überflüssig geworden, sie löste sich auf. Auch Oswell Livingstone fuhr nach England zurück, und zwar mit Stanley. Er hatte nicht die kräftige Konstitution seines Vaters; schon in Sansibar war er von Malaria und Ruhr befallen worden. Um allein eine Expedition nach Udschidschi zu führen, dazu fehlte ihm jede Erfahrung. Und was sollte er dort? Seinen Vater überreden, vor der letzten, abschließenden Reise, die sicher nicht länger als sechs, sieben Monate dauern würde, umzukehren und nach Hause zu kommen? Das wäre ihm nie und nimmer gelungen. Und wäre er mit

seinem Vater gereist, er hätte das Schicksal, das den alten Forscher erwartete, nicht abzuwenden vermocht; wahrscheinlich hätte er es geteilt.

Stanley warb in Sansibar siebenundfünfzig Träger für Livingstone an. Sie kamen zum größten Teil aus den Reihen seiner eigenen Leute. Bereits drei Wochen nach seiner Ankunft brachen sie nach Unjanjembe auf.

Obwohl Livingstone nach Stanleys Aussage für die nächsten vier Jahre mit allem Nötigen ausgestattet war, hielt es die Geographische Gesellschaft doch für gut, ihm weitere Hilfe zu leisten. Sie rüstete daher im Jahre 1872 zwei neue Expeditionen aus.

Die eine sollte den Lauf des Kongo von der Mündung an aufwärts verfolgen. Die englischen Geographen neigten nämlich immer mehr zu der Ansicht, daß die großen Ströme Lualaba und Lomami Zuflüsse des Kongo seien und nicht des Nil, wie Livingstone annahm. War ihre Ansicht richtig, so konnte es geschehen, daß Livingstone, wenn er den Lualaba abwärts fuhr, an der Kongomündung wieder auftauchte. Traf das nicht zu, so konnte die Expedition wenigstens neue Erkenntnisse über den noch wenig bekannten Kongo sammeln. Sie drang in den ersten Monaten des Jahres 1873 von Luanda aus ins Innere vor, erreichte im Oktober den unteren Kongo und legte sich für mehrere Monate ins »Winterquartier«. Hier erhielt sie die Nachricht von Livingstones Tod und bald danach den Befehl zur Rückkehr.

Die andere Expedition wurde ebenfalls von der Geographischen Gesellschaft entsandt. Ihr Leiter war der später als Forscher bekannt gewordene Marineleutnant Cameron. Er landete im Januar 1873 in Sansibar und marschierte im März von Bagamojo ab. Er sollte sich mit seiner gesamten Mannschaft und Ausrüstung Livingstone zur Verfügung stellen. Der Expedition gehörten noch drei andere Engländer an, von denen einer unterwegs dem Fieber erlag. Im August wurde Unjanjembe erreicht. Die Engländer quartierten sich in dem Haus ein, das Livingstone und Stanley in den letzten Tagen ihres Beisammenseins bewohnt hatten. Von Livingstone hatte seit Monaten niemand etwas gehört; wo er sich zur Zeit aufhielt, war unbekannt. Cameron erkrankte schwer an Malaria und wurde dadurch wochenlang in Unjanjembe festgehalten. An einem Oktobertag übergab ihm jemand eine schriftliche Nachricht, die ein Afrikaner gebracht hatte. Cameron konnte sie jedoch nicht lesen, die Krankheit hatte sein Sehvermögen geschwächt. Er ließ den Überbringer kommen. Es war Tschuma. Er hatte die Nachricht von Livingstones Tod gebracht.

Der letzte Marsch. Nach Stanleys Abreise beginnt für Livingstone wieder einmal eine Zeit des Wartens – ungeduldigen, quälenden Wartens. Immer wieder rechnet er sich aus, wann die von Stanley versprochenen Träger frühestens eintreffen können. Der Marsch von Udschidschi nach Unjanjembe hat ihm gezeigt, wie sehr seine Gesundheit untergraben ist – so sehr, daß auch die gute Kost und die Arzneien, die ihm Stanley gebracht hatte, sie nicht wiederherstellen konnten. Nur die eine Reise noch, die letzte, die ihm Gewißheit verschaffen soll über die Quellen, dann wird er heimkehren und in England bleiben. Auch dort harrt seiner ja noch eine große, dringende Aufgabe...

Ende März fängt es an zu regnen, erst nur nachts, dann auch am Tage, und bald regnet es jeden Tag. Livingstone kann nichts tun als in seinem Hause sitzen und lesen oder schreiben oder nachdenken. Die Tagebuchnotizen sind kurz, und für manchen Tag fehlen sie ganz. Zum Teil sind es Gebete, flehentliche Bitten, daß Gott ihm erlauben möge, die Quellen Herodots zu entdecken. Ständig kreisen seine Gedanken um dieses Vorhaben. Die Quellen Herodots... Schon der griechische Geschichtsschreiber Herodot interessierte sich für die Quellen des Nils und überlieferte der Nachwelt eine merkwürdige Mitteilung, die er einem ägyptischen Schreiber verdankte: Tief in Afrika stehen zwei kegelförmige Berge, sie heißen Krophi und Mophi. Zwischen ihnen entspringen vier Quellen. Zwei davon fließen nach Norden, es sind die Quellen des Nil; die beiden anderen fließen nach Süden. Damit – so ergänzt Livingstone – können nur die Quellen des Sambesi gemeint sein. »Die kegelförmigen Berge samt ihren Namen sehen stark nach Erfindung aus«, meint er. Aber an die vier Quellen glaubt er, und sie will er finden. Sie müssen irgendwo zwischen dem Tanganjikasee und dem Kupfergebiet von Katanga liegen. Wenn er sie gefunden hat, ist das Rätsel gelöst und sein Entdeckungswerk vollendet.

Er weiß also genau, was er will. Aber während er Ziel und Weg so klar vor sich zu sehen scheint, zieht wieder der Zweifel auf und trübt ihm den Blick. Anfangs tut er ihn mit einem Scherz ab: »Ich wünsche, ich hätte etwas von der Sicherheit, die andere Leute besitzen, aber mich bedrückt die Besorgnis, es könnte sich am Ende herausstellen, daß ich dem Kongo gefolgt bin; und wer wollte schon riskieren, um seinetwillen in den Kochtopf eines Kannibalen gesteckt und auf diese Weise in einen Schwarzen verwandelt zu werden?« Aber der Zweifel weicht nicht, die Unsicherheit bleibt. »Ich weiß zu viel, um meiner Sache sicher zu sein.« Der Lualaba kann sowohl der Nil wie der Kongo sein.

In den langen Monaten des Wartens in Unjanjembe treten ihm auch die entsetzlichen Szenen, die er im Manjemaland miterlebt und miterlitten hat, wieder grell vor Augen. Zwar hatte in den letzten Jahren der Entdeckerehrgeiz in ihm die Oberhand gewonnen, es ging ihm vor allem um die Nilquellen. Aber in der Einsamkeit von Unjanjembe besinnt er sich wieder auf seine Anfänge, als ihm die geographische Tat, die Entdeckung nicht Endzweck war, sondern der Anfang der »Mission« im weitesten Sinne – der Hilfestellung für den Afrikaner, zu der seiner Meinung nach den Europäer sein Vorsprung in der Zivilisation moralisch verpflichtete. Die Sklaverei zu bekämpfen und auszurotten war ihm dabei als die vordringlichste Aufgabe erschienen.

Damals hatte er zum erstenmal den Ruf, sein Leben diesem Kampf zu widmen, vernommen, und er war dem Ruf gefolgt. Jetzt vernimmt er ihn wieder, lauter und dringlicher denn je.

Eine Zeitlang hat er zu vergessen versucht: »Was ich mit angesehen habe, obwohl es nur die gewöhnlichen Begleiterscheinungen des Sklavenhandels gewesen sind, war so abscheulich, daß ich mich ständig bemühe, es aus meiner Erinnerung zu tilgen.« Aber das ist ihm nicht gelungen. »Die Versklavungsszenen kommen ungebeten immer wieder und lassen mich mitten in der Nacht entsetzt auffahren, so lebendig habe ich sie vor mir.«

Eine letzte Wandlung vollzieht sich in dem einsamen Mann, eine letzte Läuterung und Klärung, fast möchte man sagen, Verklärung. Wenn er noch immer leidenschaftlich wünscht, sein Lebenswerk mit einer großen Entdeckung zu krönen, dann nicht mehr des Ruhmes wegen, nicht mehr aus Ehrgeiz, sondern weil dadurch sein Ansehen unter den Menschen wachsen und die Wirkung seines Aufrufs, die Menschheitsschande der Sklaverei endlich auszurotten, sich erhöhen wird. Schon in einem der Briefe, die er Stanley mitgab, hatte er geschrieben: »Wenn meine

Entdeckungen wirklich zur Unterdrückung des Sklavenhandels an der Ostküste führen sollten, so würde ich das für eine weit größere Tat halten als die Entdeckung aller Quellen zusammen.« Im Mai 1872 schreibt er in einem Brief an den New York Herald die Worte, die man später auf sein Grabmal setzte: »Alles, was ich in meiner Einsamkeit sagen kann, ist: Möge des Himmels reicher Segen auf jeden, sei er Amerikaner, Engländer'oder Türke, herniederkommen, der helfen will, diese offene Wunde der Welt zu heilen.«

Schleichend langsam bewegt sich die Zeit in Unjanjembe weiter. Frühestens Mitte oder Ende Juli können die neuen Leute eintreffen, hat Livingstone sich ausgerechnet. Aber der Juli geht vorüber, ohne daß er etwas von ihnen hört. Stanley muß längst in London sein. »Die beste Zeit zum Reisen verstreicht ungenutzt«, seufzt Livingstone am 30. Juli. Doch am nächsten Tag erfährt er, daß die Leute auf dem Weg zu ihm sind. Am 9. August trifft ein Vortrupp von drei Mann ein, am 15. kommen die übrigen. Livingstone gewährt ihnen zehn Tage zum Ausruhen, dann setzt sich die Expedition in Marsch.

»Fünf Monate dieses Jahres bleiben noch für die Reise. Das ganze Jahr 1873 wird auch noch davon ausgefüllt sein, aber im Februar oder März 1874 werde ich, sofern es dem allmächtigen Lenker allen Geschehens gefällt, mein Werk vollendet haben und heimkehren können.«

Zweiundsechzig Mann zählt die Expedition außer Livingstone: die fünf Getreuen der letzten Jahre, unter ihnen Susi, Tschuma und Amoda, und die siebenundfünfzig Mann, die Stanley geschickt hat. Soweit die neuen Leute aus dessen Truppe stammen, bewähren sie sich; die übrigen sind Nassickboys, die für die inzwischen aufgelöste Suchexpedition aus Bombay geschickt worden waren. Von ihnen hat Livingstone in der ersten Zeit wenig Nutzen. Als Anfänger brauchen sie nur die halbe Last zu tragen, je fünfundzwanzig Pfund. Außerdem sollen sie sich unterwegs um die mitgeführten Milchkühe kümmern, aber aus Trägheit verlieren sie die Tiere mehrmals und brauchen viel Zeit, um sie wieder einzufangen. Einer von ihnen, Jacob Wainwright, der sehr intelligent war und gut Englisch konnte, erstattete später Bericht über die letzten Monate von Livingstones Leben.

Wie Stanley ein Jahr vorher, so umgeht auch Livingstone das Kriegsgebiet in südwestlicher Richtung. Durch trockenes ebenes

Buschland kommt er anfangs gut und stetig vorwärts, doch ist der Marsch bei wolkenlosem Himmel und sengender Sonne sehr anstrengend. Der Erdboden glüht wie eine riesige Herdplatte, er versengt den Männern die Fußsohlen. Livingstone muß das Tempo mäßigen, indem er die täglichen Marschstrecken verkürzt – sehr gegen seinen Willen. Hin und wieder wird ein Büffel, ein Zebra, ein Wasserschwein, ein Elefant geschossen und verzehrt, seltener ein Rind geschlachtet.

In der siebenten Woche wird der Tanganjikasee erreicht, etwa in der Mitte zwischen Udschidschi und seinem südlichen Ende. Der mühselige Weg, steil bergan, steil bergab, erschöpft allmählich Livingstones Kräfte. Schon am Ende der dritten Marschwoche, am 15. September, hat er seine Tagebucheintragung mit einem kurzen, aber vielsagenden Wort beendet. »Krank.« Nicht die Malaria ist es, die ihm zusetzt, sondern sein altes Darmleiden, die Ruhr. Tagelang kann er nichts essen und nicht marschieren. Mehrere Ruhetage hintereinander bessern seinen Zustand etwas, aber er fühlt sich schwach. Es hilft auch nicht, wenn er auf einem Esel reitet; das Rütteln und Stoßen auf den holprigen Bergwegen peinigt ihn. Die Mattigkeit, eine Folge der Unterernährung und des fortgesetzten Blutverlustes, übermannt ihn immer mehr. Trotzdem scheint ihm nie der Gedanke zu kommen, das sein jetziges Unternehmen über seine Kräfte geht und daß er lieber aufgeben und umkehren sollte.

Anfang November beginnt es zu regnen, zunächst noch mit langen Zwischenzeiten von glühendem Sonnenschein. Gleichzeitig kommt die Expedition in eine Gegend, wo es Lebensmittel entweder gar nicht oder nur zu Wucherpreisen gibt. »Leute, die ausgeschickt waren, nach einem Dorf zu suchen, kehren mit leeren Händen zurück, und wir müssen haltmachen. Ich bin krank und verliere viel Blut.«

Livingstones Ziel ist der Bangweolosee. Wenn der Lualaba der Nil ist, dann müssen die letzten, eigentlichen Quellwässer des Nil irgendwo von Süden her in den Bangweolosee einfließen. Umrundet man den See im Süden – und das hat Livingstone vor –, so muß man auf diese Quellen, die Nilquellen Herodots, stoßen.

Unglücklicherweise kommt er zur ungünstigsten Jahreszeit in die flachen Landstriche am Bangweolosee. Schon in den trockenen Monaten sind sie morastig. Während der Regenzeit aber und danach stehen sie meilenweit unter Wasser. Der Anblick könnte selbst einen gesunden Mann abschrecken. Der kranke Livingstone schreckt nicht zurück. Nie waren sein Wille und sein Glaube stärker, der Glaube, daß Gott ihn stärken und bis ans Ziel führen werde, wenn nur er selbst mit einer letzten Anstrengung durchhält.

Er kommt durch Dörfer und zu Häuptlingen, die er von früher kennt, und wird gut aufgenommen. Aber er passiert auch verwüstete und eingeäscherte Dörfer, die vor kurzem ein arabischer Sklavenjäger heimgesucht hat; und manche findet er zwar unversehrt, aber verlassen vor – die Bewohner sind beim Nahen der Expedition geflohen. In solchen Gegenden ist nichts Eßbares zu bekommen.

Im Dezember wird der Regen häufiger und stärker, der Weg schlammig. Die zahllosen Flüsse und Bäche werden täglich tiefer und reißender, sie treten über die Ufer. Manche kann man nicht mehr durchwaten, sondern man muß Kähne zum Übersetzen leihen; das hält auf. Und dabei regnet es ständig. Manchmal gießt es in Strömen, manchmal nieselt es nur fein. Selten hat Livingstone trockene Kleider auf dem Leib und oft legt er sich abends auf ein nasses Bett.

Wieder einmal verlebt er Weihnachten in Afrika, bei nassem, kaltem Wetter. Er legt einen Rasttag ein und läßt einen Ochsen schlachten. Am Neujahrstag fehlt diesmal im Tagebuch das Gebet, ihn an sein Ziel zu führen, er ist zu krank zum Schreiben. Andauernde Nässe, kalter Wind und eine schlechte, oft schwer verdauliche Kost – Schlimmeres kann es für seinen kranken, durch fortwährenden Blutverlust geschwächten Körper nicht geben. Sein Leben wird zu einem zähen, hinhaltenden Widerstand, den er mit fast übermenschlicher Willenskraft seinem Leiden entgegensetzt. Nur die Milch der wenigen Ziegen, die seine Leute mitführen, hält ihn nach dem Tod der letzten Kuh noch auf den Beinen.

Je näher man dem See kommt, desto schwerer rauschen die Regengüsse nieder. Den ganzen Januar bleibt das Wetter so naß und kalt. Nicht nur das Hochwasser der Flüsse ist ein immer wieder auftretendes Hindernis, auch der aufgeweichte, schwammige Boden, der sich von den überfluteten Flußufern aus weit ins Land hinein erstreckt, ist nur mit großen Schwierigkeiten zu überschreiten, man sinkt fortwährend darin ein.

Livingstone ist nicht mehr fähig, diese Wasserwüste aus eigener Kraft zu bewältigen. Ist ein Fluß zu durchqueren, so nehmen ihn einige seiner Leute abwechselnd auf die Schultern. »Betrüblich langsam« nähert sich die Expedition dem Bangweolosee. Das liegt nicht nur an den Sümpfen und den zahllosen Wasserläufen, sondern auch an dem mißtrauischen, unfreundlichen Verhalten der Bevölkerung, die absichtlich falsche Auskünfte gibt und die Fremden irreführt. Regen und Nebel machen es Livingstone unmöglich, Beobachtungen über seine Lage anzustellen. »Regen, Regen und wieder Regen, als wollte er sich niemals erschöpfen. Die Regenschauer verhindern jede Umschau und machen alles naß und morastig... Ich muß wohl oder übel ohne Führer weiterzukommen suchen.« Das ist um so schwieriger, als die flache, eintönige Landschaft keinerlei Merkmale bietet. »Ein halber Monat ist uns durch dieses Umherirren verlorengegangen.«

Am 13. Februar wird endlich der Bangweolosee gesichtet. Fast zwei Monate hat man für die letzten achtzig Meilen gebraucht; das ist – in der Luftlinie gerechnet – täglich nur anderthalb Meile.

Eines Nachts wird Livingstone von einem Heer roter Treiberameisen überfallen und von den Füßen an aufwärts so gebissen, daß aus den kleinen Wunden Blut austrat. Er wankt aus dem Zelt, aber die Quälgeister lassen von ihm nicht ab. Ein paar Männer eilen herzu, um sie abzustreifen; gleichzeitig wird ein Grasfeuer angezündet. Selbst in dieser Lage bleibt Livingstone Forscher: Genau beobachtet und beschreibt er die Schlachtordnung, in der die Tiere anrücken, ihre Kieferbewegungen und ihre Körperhaltung beim Biß.

Sein Darmleiden hat sich ständig verschlimmert. Trotzdem beruhigt er sich noch Ende Januar mit den Worten: »Ich verliere viel Blut, aber es ist ein Sicherheitsventil für mich, ich habe kein Fieber oder andere Beschwerden.« Er wird zwar nach und nach schwächer, aber auf leidlich trockenem Boden vermag er sich immer noch ohne fremde Hilfe fortzubewegen, sein Kopf ist klar, und er führt regelmäßig und ziemlich ausführlich Tagebuch, er schreibt sogar etliche Briefe, die er vorläufig aufbewahrt. Aus ihnen spricht die ungebrochene Zuversicht, daß er in absehbarer Zeit nach England heimkehren wird. Der längste Brief, an dem er nach längeren Pausen immer weiter schreibt, ist an Horace Waller gerichtet, der ihm ein guter Freund geworden ist. Darin schlägt er stellenweise einen scherzhaften, übermütigen Ton an wie in seinen besten Tagen. Nebenher bittet er Waller, schon immer mit einem Dentisten zu verhandeln wegen schleuniger Anfertigung künstlicher Zähne für ihn; auch eine behagliche, aber nicht zu teure Wohnung könne Waller bereits für ihn und seine Tochter Agnes in London suchen.

Ein Brief an seinen Bruder, der sich in Kanada befindet, zeugt ebenfalls von dem festen Glauben Livingstones an ein künftiges Wirken in der Heimat: »Wenn Gott mir erlaubt, dem ungeheuren Übel des Sklavenhandels im Innern Einhalt zu gebieten, werde ich über meinen Hunger und meine Mühen nicht murren... Die Nilquellen sind für mich nur von Wert als ein Mittel, das mich befähigt, meinen Mund mit Macht unter den Menschen aufzutun.« Die Erinnerung an die Greuel im Manjemaland, an das Blutbad von Njangwe verblaßt nicht. Ruhe und Stillstand wird es auch nach der Heimkehr für ihn nicht geben. Der Kampf gegen die Unmenschlichkeit soll in England nicht nur weitergehen, sondern mit noch größerer Schlagkraft und Wirkung fortgesetzt werden.

Am Nordostufer des Bangweolosees stockt der Vormarsch. Bis zur Mündung des Tschambesi sind es noch reichlich fünfzehn Meilen. Aber zu Fuß kommt man nicht weiter, vier bis sieben Fuß hoch steht Wasser über dem ebenen Land. Nur hier und da ragen Schilfinseln, Termitenhügel, kahle Büsche aus der unabsehbaren schweigenden Wasserfläche, über der nur das Rauschen des Windes in den Binsen, das endlose Plätschern des Regens und zuweilen der seltsame schrille Schrei des Fischadlers ertönen. Irgendwo geht das überschwemmte Land unmerklich in den See über.

Für den Transport des Gepäcks müssen Kähne beschafft werden. Matipa, der über diese Gegend herrschende Häuptling, verspricht zwar welche, schickt aber keine. Livingstone wartet ungeduldig und fragt durch Boten immer wieder nach – ohne Erfolg. »Ohne Kähne kann man in keiner Richtung weiterkommen, denn überall ist Wasser, Wasser oben und Wasser unten... Es ist nicht möglich, irgendeine astronomische Beobachtung zu machen. Ein so nebliges, regnerisches Wetter habe ich in Afrika noch nicht erlebt.« Mehrmals muß er der Nässe wegen seinen Lagerplatz wechseln.

Anfang März sucht er selbst Matipa auf und spricht mit ihm. Der alte Häuptling ist sehr freundlich und entgegenkommend, er wird die Fremden gern über das Wasser zu seinem Bruder befördern, der ihnen gleichfalls weiterhelfen wird.

Livingstone fragt ihn auch nach den Bergen südlich des Sees, wo die vier Quellen entspringen sollen, von denen Herodot spricht. Matipa weiß zwar von Bergen im Südosten und im Westen, hat aber nie etwas von Bergen im Süden gehört.

Livingstone wartet weiter. Am 19. März begeht er seinen sechzigsten Geburtstag. »Kann ich auf einen endgültigen Erfolg hoffen? So viele Hindernisse haben sich erhoben.«

An diesem Tag entschließt er sich zu einem energischen Vorgehen gegen Matipa, der ihn trotz seinen Versprechungen abermals mehr als zehn Tage hingehalten hat. »Ich bin der Bevölkerung freundlich und ehrlich begegnet, ich fürchte aber, ich muß jetzt streng auftreten, denn wenn sie merken, daß wir uns Ungerechtigkeiten gefallen lassen, so schließen sie daraus, wir seien leichte Beute für alle... Ich versichere, es liegt nicht in meiner Natur und war auch bisher nicht meine Art zu reisen, als ob ich jeden Augenblick einen Feind zu gewärtigen hätte.« Er besetzt mit fünfzig seiner Leute Matipas Dorf und Haus und feuert seine Pistole ab – durchs Dach. Matipa erschrickt und flüchtet, aber noch am selben Vormittag bringen seine Untertanen drei Kähne, in denen Livingstone mit einem Teil seiner Leute und dem Gepäck südwärts fährt. Die Kähne werden gestakt. Der größere Teil der Mannschaft muß sich zu Fuß durchschlagen.

Für die erste Nacht werden die Kähne auf ein baumloses Inselchen gezogen, umgedreht und als Schutzdach gegen den niederprasselnden Regen verwendet. Das Zelt hat der kalte Wind den Männern, die es aufschlagen wollten, aus den Händen gerissen und zerfetzt. »Nichts auf Erden wird mich dazu bringen, mein Werk in Verzweiflung aufzugeben. Ich schöpfe Mut aus Gott, meinem Herrn, und gehe vorwärts.« Das trägt der Schwerkranke an diesem Abend in sein Tagebuch ein.

Für lange Zeit geht die Verbindung mit der zu Fuß marschierenden Abteilung, die oft weite Umwege machen muß, verloren. In den letzten Märztagen wird der Tschambesi überquert.

Das Wasser in den Überschwemmungsgebieten ist auf weite Strecken so seicht, daß die Kähne in Schlamm und Schilf fast steckenbleiben. Obwohl alle Mann aus Leibeskräften staken, bewegt sich der Kahn bei jedem Ruck nur wenige Fuß weiter. Abends sind die Männer ausgepumpt.

Auch Livingstone ist mit seinen Kräften am Ende, nicht vor Überanstrengung, sondern infolge des unaufhörlichen Blutverlustes. »Ich bin bleich, blutarm, und schwach von den übermäßigen Blutungen seit dem 31. März; eine Arterie gibt einen reichlichen Strom ab und nimmt mir meine Kraft. Oh, wie ich mir wünsche, daß mir der Höchste erlauben möge, mein Werk zu beenden!«

Erst als die Kähne verlassen werden und wieder die ganze Truppe zu Fuß geht, spürt er, wie hinfällig er geworden ist. »Großer Blutverlust machte mich so schwach, daß ich kaum gehen konnte. Ich wankte fast zwei Stunden dahin und legte mich dann ganz erschöpft nieder. Kochte Kaffee – unseren letzten – und ging weiter, war aber nach einer Stunde gezwungen, mich hinzulegen. Gar keine Lust, getragen zu werden; aber von den Leuten gedrängt, erlaubte ich ihnen, mir abwechselnd so weiterzuhelfen.« Das schreibt er am 12. April. Die nächsten Tagebuchseiten enthalten nun nicht etwa Klagen über seinen bedenklichen Zustand, sondern Beobachtungen der Pflanzen und Fische, die das Wasser, das jetzt zu fallen beginnt, überall beleben. Auch Bemerkungen über das Abwandern der Fische zum See hin und über den Fischfang der Einheimischen sind eingestreut. Die Vogelstimmen werden geschildert, die Rufe der Turteltauben und Hähne, der merkwürdige Schrei des Fischadlers: »Wer diese unheimliche, unirdische Stimme einmal gehört hat, kann sie nie wieder vergessen – sie klingt einem das ganze Leben lang in den Ohren ... Es ist, als riefe er jemanden in der anderen Welt.«

Um überhaupt weiterzukommen, muß Livingstone sich nun öfter »einen Teil des Weges« tragen lassen. Nicht den ganzen Weg! Er kämpft immer noch gegen die Schwäche an.

Das Wetter bessert sich jetzt, es wird wärmer. Aber eines Nachts prasselt wieder ein so schwerer Guß nieder, daß die morschen Zelte nun völlig zerreißen. Und in der Finsternis und dem eintönig rauschenden Regen liegt der einsame Mann die ganze Nacht unter Schmerzen wach und fühlt, wie mit dem Blut seine Lebenskraft mehr und mehr entweicht.

Trotz allem setzt er den Marsch an den nächsten Tagen fort, wenn er auch in immer kürzeren Abständen haltmachen und ausruhen muß. Am 19. April gesteht er sich zum erstenmal seine völlige Erschöpfung ein: »Ich bin unsäglich schwach, und hätte ich nicht den Esel, so könnte ich mich keine hundert Schritt weit bewegen ... Wegen der großen Schwäche jetzt keine Beobachtungen. Ich kann kaum den Bleistift halten, und mein Stock ist eine Last für mich. Das Zelt ist hin. Die Leute bauten eine gute Hütte für mich und das Gepäck.« Keine Klagen, nur sachliche Feststellungen. Und sogar jetzt noch fügt er, müde scherzend, mit schwacher Hand hinzu: »Es ist kein reines Vergnügen, diese Erforschung.«

Die letzten, mühsam hingekritzelten Notizen füllen nur noch anderthalb Seite im Tagebuch:

»21. Versuchte zu reiten, mußte mich aber niederlegen, und sie trugen mich erschöpft zum Dorf zurück.

22. Auf der Kitanda getragen.«

An den vier folgenden Tagen ist nur die zurückgelegte Wegstrecke in Meilen angegeben. Die Eintragung vom 27. April ist die letzte:

»Ganz erschöpft und bleibe: erhole mich, lasse Milchziegen kaufen. Wir sind am Ufer des Molilamo.«

Was an diesen und den nächsten Tagen geschah, berichteten später dem Herausgeber der Tagebücher, Horace Waller, die beiden Diener Livingstones, Susi und Tschuma, die man nach England kommen ließ.

Am 21. April war Livingstone auf seinem Reitesel vor Schwäche ohnmächtig geworden und zu Boden gestürzt. Er konnte nicht mehr reiten und nicht mehr gehen. »Tschuma«, sagte er, »ich habe so viel Blut verloren, daß meine Beine völlig kraftlos sind. Du mußt mich tragen.« Er wurde behutsam auf Tschumas Rücken gehoben und umfaßte den Hals, um sich festzuhalten. So brachte man ihn in das Dorf und in die Hütte zurück, die er soeben verlassen hatte.

Seine Leute stellten eine Trage her, belegten sie mit Gras und breiteten eine Decke darüber; eine zweite Decke spannten sie als Sonnenschutz über dem Kranken aus. Zwei Mann trugen die Kitanda auf ihren Schultern. Sie mußten langsam und vorsichtig gehen, denn jede unsanfte Bewegung bereitete dem Kranken Schmerzen. Häufig ließ Livingstone sie haltmachen, um mit Tschumas Hilfe herunterzusteigen; sein Darmleiden nötigte ihn dazu. Die Männer rieten ihm, irgendwo längere Zeit zu rasten, um sich etwas zu erholen und zu kräftigen, doch er wollte nicht.

Jetzt verlor er öfter für eine Weile das Bewußtsein. Einmal rief er einen seiner Begleiter zu sich, aber als dieser kam und sich zu ihm niederbeugte, konnte er vor Schwäche nicht sprechen. Den Leuten wurde allmählich klar, daß sein Zustand hoffnungslos war, ihm selbst jedoch nicht, denn noch in den letzten Apriltagen machte er sich Gedanken über den Rückmarsch zur Küste und befahl Susi, die Säckchen mit den Glasperlen zu zählen, die man als Zahlungsmittel brauchen würde.

In dem Dorf, das die Expedition am 25. April erreichte, ließ er einige Bewohner zu sich kommen und fragte sie, ob sie einen Berg kennen, auf dem vier Flüsse entspringen – noch immer spukte in seinem Kopf der Herodot, den er so wörtlich nahm wie die Bibel. Die Einheimischen wußten nichts von einem solchen Berg.

Am 29. verursachte ihm jede Bewegung derartige Schmerzen, daß er nicht einmal von seinem Bett in der Hütte auf die Kitanda hinausgetragen werden konnte. Da die Tür zu schmal war, um die Trage hereinzuholen, brach man eine Seitenwand der Hütte ab und stellte die Kitanda neben das Bett.

An diesem Tag mußte, wie so oft, ein Fluß überquert werden. Susi und Tschuma legten das Bett auf den Boden eines Kahns und wollten Livingstone von der Trage heben und in den Kahn betten; doch er konnte den Druck der Hand auf seinem Rücken nicht ertragen. Tschuma mußte sich tief herabbeugen, so daß der Kranke ihm die Hände um den Nacken schlingen und angehoben werden konnte. Sogar auf der Kitanda waren die Rückenschmerzen jetzt so stark, daß Livingstone die Träger oft bat, die Trage niederzusetzen und eine Weile stehenzubleiben.

Als eine Ansiedlung in Sicht kam, ließ er sich dorthin bringen. Es war das Dorf des Häuptlings Tschitambo, das vier Meilen vom Südostufer des Bangweolosees entfernt lag. Während rasch aus Zweigen, Schilf und Gras eine Hütte für den Kranken gebaut wurde, ruhte er auf der Kitanda im Schatten. Ringsum standen die Dorfbewohner und betrachteten den halb bewußtlosen weißen Mann, über den anscheinend schon Gerüchte zu ihnen gedrungen waren. Als die Nacht anbrach, war die Hütte fertig. Livingstone wurde hineingetragen und auf sein Bett gelegt. Auch die Kisten und Warenballen trug man, wie gewöhnlich, in diese Hütte. Vor der Tür wurde ein Feuer angemacht. Der junge Madschwara übernahm die Nachtwache; er sollte Susi oder Tschuma rufen, wenn Livingstone erwachte und etwas wünschte.

Am nächsten Morgen kam Tschitambo zu Besuch. Livingstone bat ihn, tags darauf wiederzukommen; er hatte nicht die Kraft zu sprechen. Er verbrachte den Tag in der Hütte.

Es wurde Abend, Nacht ... Die Leute schliefen in ihren Hütten, einige wachten an den Lagerfeuern. Alle fühlten, daß es mit dem weißen Mann zu Ende ging.

Um elf hörte man aus der Ferne lautes Geschrei. Susi wurde zu seinem Herrn gerufen, der ihn fragte: »Sind das unsere Leute, die den Lärm machen?« – »Nein, es sind Einheimische, die von ihren Feldern Büffel verjagen.« Susi wartete noch. Nach einer Weile fragte Livingstone langsam: »Ist das der Luapula?« Susi antwortete, sie seien in Tschitambos Dorf in der Nähe des Molilamo. »Wieviel Tage sind es bis zum Luapula?« fragte Livingstone, diesmal auf Kisuaheli. – »Ich denke, es sind noch drei Tage, Herr«, erwiderte Susi in derselben Sprache. Danach seufzte Livingstone und schlief wieder ein. Susi ging.

Ungefähr eine Stunde später rief Madschwara ihn wieder. Als er kam, verlangte Livingstone heißes Wasser und die Reiseapotheke. Susi brachte beides. Livingstone nahm aus der Arzneikiste eine Dosis Kalomel und ließ einen Becher Wasser an sein Bett stellen. »All right«, murmelte er, »you can go out now.« Es waren seine letzten Worte.

Gegen vier Uhr morgens wurde Susi abermals von Madschwara geweckt. »Komm mit«, sagte der Junge, »ich fürchte mich.« Bevor er eingeschlafen war, hatte er Livingstone vor seinem Bett knien sehen; als er nach einer Weile wieder aufwachte, erblickte er ihn noch in derselben Stellung.

Susi holte Tschuma und einige andere. Sie gingen zu der Hütte und sahen hinein. Eine Kerze, mit ihrem eigenen Wachs auf eine Schachtel geklebt, brannte darin. In ihrem Schein kniete Livingstone neben seinem Bett, den Körper nach vorn geneigt, den Kopf auf dem Kissen, das Gesicht in die Hände vergraben. Er schien zu beten, und die Männer zögerten einzutreten. Aber sie nahmen keine Bewegung, keine Atemzüge wahr. Da trat einer von ihnen näher und berührte die Wange des Knienden, sie war kalt. David Livingstone war tot. Das Leben mußte schon vor geraumer Zeit entwichen sein.

Kurz vor dem Ziel war Livingstone zusammengebrochen, kurz bevor er sein Entdeckungswerk mit der Auffindung der wahren

Nilquellen krönen konnte – so schien es seinen Anhängern, zu denen auch Stanley gehörte, der in den zahlreichen Vorträgen, die er in England hielt, Livingstones Ansicht über die Lage der Nilquellen beharrlich verteidigte.

Diese Ansicht war nämlich bei etlichen Geographen in England und Deutschland auf Widerspruch gestoßen. Sie führten gewisse Tatsachen an, die eine Zugehörigkeit der von Livingstone entdeckten Riesenflüsse Luapula und Lualaba zum Stromgebiet des Nil nahezu ausschlossen. Auch James Grant, der zusammen mit Speke den Nil erforscht hatte, war in der Frage der Nilquellen ein Gegner Livingstones; er hielt den gewaltigen Lualaba für den Oberlauf des Kongo. Livingstone war ja seiner Sache selbst nicht sicher gewesen, wenn er auch, seinen immer wiederkehrenden Zweifeln zum Trotz, bis zuletzt geglaubt hatte, den wahren Nilquellen auf der Spur zu sein.

Der Meinungsstreit konnte nur dadurch entschieden werden, daß ein kühner Forscher den Lauf des Lualaba abwärts verfolgte. Diese Aufgabe nahm Stanley auf sich.

Nachdem er als Zeitungskorrespondent an der Eroberung des Ashantistaates, der sich auf dem Territorium der heutigen Republik Ghana befand, durch britische Truppen teilgenommen hatte, rüstete er mit Unterstützung des New York Herald und des Londoner Daily Telegraph eine große Expedition zur Lösung der Frage »Nil oder Kongo?« aus. Im November 1874 marschierte er mit seiner Truppe aus Bagamojo ab. Seine Träger transportierten auch die Teile eines zerlegbaren Schiffes, mit dem er später den von Speke entdeckten Victoriasee und den erstmals von Burton gesichteten Tanganjikasee umfuhr. Er selbst entdeckte das Ruwenzorigebirge und den Edwardsee und gelangte schließlich nach Njangwe, wo Livingstone einst das entsetzliche Blutbad auf dem Markt erlebt hatte. Mit einer Flotte von großen Kähnen begann er zwei Jahre nach seinem Abmarsch aus Bagamojo seine kühne Fahrt den Lualaba abwärts, auf der sich dieser Strom als der Oberlauf des Kongo erwies. In Kämpfen mit den Einheimischen und durch Unglücksfälle verlor er viele Menschen und Boote. Nach 9 Monaten erreichte er die Kongomündung. Damit war das letzte der großen Rätsel gelöst, die Afrikas Ströme den Geographen aufgegeben hatten. Allerdings blieb noch viel zu tun; vor allem mußte das weitverzweigte System der großen Kongozuflüsse entwirrt werden.

Livingstones immer wiederkehrende Zweifel waren also berechtigt gewesen, und der Tod hatte ihm die bittere Erkenntnis erspart, daß er auf seiner ganzen letzten Expedition, sieben Jahre lang, einem Irrtum erlegen war und tatsächlich »nur« den Ursprung des Kongo, nicht des Nil gefunden hatte. Dennoch bleibt es ein unbestreitbarer Erfolg des Forschers, durch seine Entdeckung der Seen Mweru und Bangweolo und der Ströme Luapula und Lualaba auf dieser Reise erstmals das völlige Dunkel gelichtet zu haben, in das bis dahin ein riesiges Gebiet im innersten Afrika gehüllt war.

Susi und Tschuma. David Livingstone ist tot, die Expedition hat ihren Führer verloren. Keinen seiner Leute hat er zum Stellvertreter ernannt, keiner hat ein Anrecht darauf, in dieser kritischen Lage die Führung zu übernehmen. Und die Lage ist kritisch genug! Hunderte von Meilen, zeitlich gerechnet viele Monate, sind die Männer von ihrer Heimat und von der Küste entfernt. Wie sollen sie ohne die Weisheit und Tapferkeit des alten Mannes die vielen Gefahren bestehen, die auf dem weiten Weg von seiten der Araber und der einheimischen Bevölkerung auf sie lauern? Er hat sie ja nicht nur geführt, sondern auch geschützt.

Und was soll mit dem Leichnam geschehen? Mit den Instrumenten, den Heften und Büchern? Ein Toter, noch dazu ein toter Weißer – das ist für die Afrikaner etwas Unheimliches, Bedrohliches. Was wird Häuptling Tschitambo sagen? Ist es nicht das klügste, den Leichnam in tiefster Stille irgendwo zu begraben und dann schnell und unauffällig das Land zu verlassen, bevor Tschitambo erfährt, was geschehen ist? Und sich danach irgendwie zur Küste durchzuschlagen? Niemand könnte den Männern aus solchem Verhalten einen Vorwurf machen. Doch es geschieht etwas ganz anderes.

Die Kunde von Livingstones Tod verbreitet sich noch in derselben Nacht durch das ganze Lager. Im Morgengrauen versammeln sich alle, um zu beraten, was nun zu tun sei. Ohne Zögern und einmütig wird beschlossen, daß Susi und Tschuma die Führung übernehmen sollen. Sie standen Livingstone am nächsten, und sie haben von allen die größte Reiseerfahrung. Und ebenso einmütig wird beschlossen, Livingstones Leichnam und persönliche Habe nach Sansibar zu bringen. Ein erstaunlicher Beschluß! Diese einfachen Menschen, selber noch in abergläubischen Vorstellungen befangen, sind sich der Schwierigkeit und Gefährlichkeit ihres Vorhabens durchaus bewußt: Sie wagen ihr Leben, wenn sie die Leiche eines Fremden durch halb Afrika tragen, von Dorf zu Dorf, der Furcht vor Toten und ihren umherirrenden Geistern Trotz bietend. Vielleicht wird schon Tschitambo ihnen den Weg versperren und den Leichnam sowie das Eigentum des Verstorbenen samt den Tauschwaren beschlagnahmen. Das gleiche kann sich auch unterwegs jederzeit ereignen. Besser ist es, Tschitambo den Tod Livingstones zu verheimlichen.

Tschuma geht zu ihm und bittet ihn um die Erlaubnis, das Expeditionslager in einige Entfernung von dem Dorf zu verlegen. Tschitambo hat nichts dagegen. Noch am selben Tag erfährt er, was geschehen ist. Er läßt Tschuma kommen und fragt ihn: »Warum hat du es mir nicht gesagt? Ich weiß, daß ihr nicht mit bösen Absichten in unser Land gekommen seid und daß oftmals der Tod Reisende auf ihren Wanderzügen ereilt.«

Dadurch beruhigt, sagen ihm Tschuma und Susi, was sie mit dem Leichnam vorhaben. Aber der Häuptling rät dringend ab und empfiehlt, ihn hier zu begraben, denn es sei ganz unmöglich, ihn bis nach Sansibar zu bringen. Als die Männer sich ihren Entschluß nicht ausreden lassen, gestattet er ihnen großmütig, alle Vorbereitungen für die Ausführung zu treffen.

Der Leichnam wird auf der Kitanda in die neue Hütte getragen. Einer der Männer aus Stanleys früherer Truppe ist in Sansibar bei einem Arzt in Dienst gewesen und hat manchmal beim Sezieren zugesehen. Er entfernt das Herz und die Eingeweide; sie werden in eine zinnerne Büchse getan und an Ort und Stelle beigesetzt. Jacob Wainwright, einer der Nassickboys, besitzt ein Gebetbuch, er liest vor der versammelten Mannschaft die Sterbegebete. Der abgemagerte Körper, der mit Salz konserviert wurde, ist fast nur noch Haut und Knochen; er wird inmitten des Lagers der Sonne ausgesetzt und auf diese Weise getrocknet. Tag und Nacht steht eine Wache davor. Nach vierzehn Tagen wird er in Kattun gehüllt und in eine Rolle aus Baumrinde gesteckt, die man sorgfältig von einem Stamm abgeschält hat. Dieser Rindensarg wird in Segeltuch eingenäht und das Bündel so an einer Stange befestigt, daß es zwei Männer tragen können.

Jacob Wainwright schneidet in einen großen Baum, in dessen

Nähe der Leichnam gelegen hat, die Inschrift »Livingstone, May 4, 1873«. Der 4. Mai 1873 ist auch auf Livingstones Grab in der Westminsterabtei als Todestag angegeben. Nach den Angaben von Susi und Tschuma muß der Tod jedoch schon in den frühen Stunden des 1. Mai eingetreten sein. Der Baum ist später eingegangen, an seiner Stelle errichtete man ein Denkmal. Der Teil des Stammes, der die Inschrift trägt, wurde herausgesägt und 1900 nach England gebracht, wo ihn die Geographische Gesellschaft verwahrt.

Mitte Mai tritt die Expeditionsmannschaft den Rückmarsch an, der Trommler an der Spitze – es ist der junge Madschwara –, hinter ihm die Fahnenträger mit dem Union Jack und der roten Sultansflagge, danach die langen Reihen der Träger, in der Mitte die beiden Männer mit den Überresten Livingstones.

Susi und Tschuma wählen nicht den Weg, den sie gekommen sind, sondern setzen den Marsch im Sinne des Verstorbenen fort, das heißt, sie wenden sich dem Luapula zu und dringen an der Westseite des Bangweolosees nach Norden vor. Vielleicht ist der Weg dort besser als auf der Ostseite, schlechter kann er kaum sein!

Schon in den ersten Tagen stockt der Vormarsch, weil fast die ganze Gesellschaft von einer seltsamen Krankheit befallen wird, die sich in Gliederschmerzen und großer Mattigkeit äußert; einige werden völlig lahm, unter ihnen Susi. Zwei von den Frauen, die die Reise mitgemacht haben, sterben. Erst nach einem Monat haben sich die anderen so weit erholt, daß weitermarschiert werden kann.

Jetzt hat endlich die trockene Jahreszeit begonnen. Die Wasserläufe treten in ihre Ufer zurück. Ein größerer Fluß, wie ihn Livingstone zu finden gehofft hatte, wird nicht entdeckt – die Nilquellen des Herodot gibt es nicht.

Die Karawane erreicht den Luapula. Er ist viel breiter als der untere Sambesi. Mit geliehenen Kähnen wird er überquert.

Die Kunde, daß Fremde durch das Land ziehen, die den Leichnam eines Weißen mit sich führen, eilt ihnen stets voraus und trägt sehr dazu bei, daß sie mitunter unfreundlich oder gar nicht aufgenommen werden. Mehrmals müssen sie deswegen im Wald lagern. Einmal kommt es zu einem Gefecht, als sie sich mit Gewalt Einlaß in eine große Ansiedlung verschaffen, weil das

Gelände ringsum morastig ist. Dank ihrer Feuerwaffen siegen sie, vertreiben die Bewohner und essen sich an der Kriegsbeute satt, die sie vorfinden: Mehl, Schafe, Ziegen, Hühner. Ein unschöner Zwischenfall, zu dem es unter Livingstones Führung sicherlich nicht gekommen wäre; aber es bleibt der einzige dieser Art.

Der Tanganjikasee wird erreicht und an seinem südlichen Ende umgangen. Schon vorher haben die Männer gehört, daß sich eine Hilfsexpedition für Livingstone, der angeblich auch einer seiner Söhne angehört, in Unjanjembe aufhält. Daraufhin beschließen Susi und Tschuma, nicht auf dem beschwerlichen Berg- und Talweg längs des Tanganjikasees nordwärts zu ziehen, sondern quer landein nach Unjanjembe zu marschieren.

Jacob Wainwright wird beauftragt, einen Bericht über Livingstones Krankheit und Tod aufzusetzen, und Tschuma geht mit drei Mann voraus, um diesen Bericht der englischen Expedition zu überbringen. Es ist das Schreiben, das am 20. Oktober der schwerkranke Cameron in Unjanjembe in die Hand bekommt. Das Gerücht, daß sich bei seiner Expedition ein Sohn Livingstones befinde, erweist sich zu Tschumas Enttäuschung als falsch.

Leutnant Cameron hält die Absicht der beiden Afrikaner, Li-

vingstones Leichnam nach Sansibar zu bringen, für zu gewagt. Vielleicht wollte der Forscher selbst lieber in dem Land ruhen, in welchem seine Frau gestorben und begraben war? Er hat in der Tat mehrfach geäußert, er möchte dereinst lieber irgendwo im afrikanischen Urwald als in der Enge eines europäischen Friedhofs ruhen. Cameron schlägt vor, ihn hier in Unjanjembe zu bestatten. Doch Susi und Tschuma beharren auf ihrem Vorhaben, und Cameron gibt schließlich nach.

Sie hatten in Tschitambos Dorf Livingstones gesamten Nachlaß sorgfältig verpackt und von Jacob Wainwright ein Verzeichnis anfertigen lassen. Ohne Rücksicht darauf, daß sie die Gegenstände pietätvoll und unter Lebensgefahr transportiert haben, um sie dem britischen Konsul in Sansibar zu übergeben, befiehlt Cameron, ihm die Kisten auszuhändigen. Er öffnet und durchsucht sie und nimmt Livingstones Instrumente, die Barometer, Kompasse, Thermometer und den Sextanten, heraus, um sie weiterzuverwenden.

Von Susi erfährt er, daß Livingstone einen Kasten mit Büchern und Papieren in Udschidschi gelassen hatte; kurz vor seinem Tod habe er gesagt, wenn ihm etwas zustoße, müsse dieser Kasten geholt und nach England gebracht werden. Cameron wird daher zunächst nach Udschidschi gehen. Einer seiner Offiziere, Leutnant Murphy, soll jedoch an die Küste zurückkehren. Ihm schließt sich der Marinearzt Dr. Dillon an, der schwer an Malaria leidet.

Cameron fragt Susi und Tschuma, ob sie und ihre Mannschaft mit Murphy marschieren wollen; für diesen Fall soll jeder Mann, der als Träger dient, Lohn erhalten. Sie gehen darauf ein.

Am 9. November setzen sich die Reisegesellschaften in Marsch, Cameron und seine Leute nach Westen, Murphy und Dillon, Susi und Tschuma mit ihren Mannschaften nach Osten. In einem Anfall von geistiger Umnachtung erschießt sich Dr. Dillon auf dem Weg nach Bagamojo.

Zwischen den beiden Afrikanern und Leutnant Murphy kommt es bald zu Zwistigkeiten, weil Susi und Tschuma streng an Livingstones Gewohnheiten festhalten, zum Beispiel an dem frühzeitigen Aufbruch morgens. Schließlich versuchen aber die beiden Reisegruppen doch, im guten miteinander auszukommen.

Noch immer läuft ihnen die Kunde, welcher Art die Last ist,

die sie mit sich führen, um Tage voraus, und nicht überall verhalten sich die Einheimischen gleichgültig dagegen. Um drohenden Feindseligkeiten vorzubeugen, bedienen sich Susi und Tschuma einer List. Heimlich nehmen sie den Leichnam aus der bisherigen Umhüllung heraus und packen ihn in eine neue Baumrindenrolle, die sie so mit Kattun umwickeln, daß das Ganze einem gewöhnlichen Stoffballen gleicht. In die alte Segeltuchhülle wird ein Bündel Pflanzenstengel eingenäht. Mit diesem Packen marschieren sechs Männer ab, angeblich um den Leichnam nach Unjanjembe zurückzubringen und dort zu begraben. Im Dikkicht holen sie die Stengel heraus und verstreuen sie, danach begeben sie sich, jeder auf einem anderen Weg, zu ihren Gefährten zurück. Die Einheimischen sind beruhigt, und unbehelligt können die Männer nach Bagamojo ziehen, wo sie am 15. Februar 1874 anlangen – neun Monate nach ihrem Abmarsch aus Tschitambos Dorf.

Tschuma ist wieder vorausgeeilt und erstattet dem Stellvertreter des Konsuls Bericht – Dr. Kirk befindet sich auf Urlaub. Ein britischer Kreuzer, der im Hafen liegt, nimmt schon am 16. Februar den doppelten Sarg aus Zink und Holz, in den die Überreste Livingstones gelegt worden sind, an Bord und bringt ihn noch am selben Tag nach Sansibar. Hier wird eine ärztliche Untersuchung des Inhalts vorgenommen. Sie stellt am Schädel zwar europäischen Typus, starke Wangenknochen, eine breite, hohe Stirn und schlichtes Haar fest, aber die Gesichtszüge sind nicht mehr erkennbar. Es besteht jedoch kein Anlaß zu bezweifeln, daß es sich um den Leichnam Livingstones handelt. Bei einer nochmaligen Untersuchung in London wurde später die Identität dadurch bestätigt, daß man den schlecht verheilten Knochenbruch an der Schulter fand, der von dem Löwenbiß in Mabotsa herrührte.

Auf Anweisung des Foreign Office wird der Sarg, den von Livingstones afrikanischen Gefährten nur Jacob Wainwright begleitet, mit einem Dampfer nach England befördert.

IX
Beisetzung in Westminster Abbey

Von treuen Händen über Land und Meer gebracht, ruht hier DAVID LIVINGSTONE, Missionar, Forschungsreisender, Philanthrop, geboren am 19. März 1813 in Blantyre, Lanarkshire, gestorben am 1. Mai 1873 in Tschitambo, Ulala.

Dreißig Jahre seines Lebens gab er hin in dem unermüdlichen Bestreben, den eingeborenen Rassen das Evangelium zu bringen, unentdeckte Geheimnisse zu entschleiern, den verheerenden Sklavenhandel abzuschaffen – in Zentralafrika, wo er seine letzten Worte schrieb:

»Alles, was ich in meiner Einsamkeit sagen kann, ist: Möge des Himmels reicher Segen auf jeden – sei er Amerikaner, Engländer oder Türke – herniederkommen, der helfen wird, diese offene Wunde der Welt zu heilen.«

Und ich habe noch andere Schafe, die sind nicht aus diesem Stalle, und auch diese muß ich herführen, und sie werden meine Stimme hören ...

Ev. Joh. 10, 16

So groß ist die Liebe zur Wahrheit, daß nichts ist, was ich lieber erkennen wollte, als die Quellen des Flusses, die so viele Jahrhunderte hindurch verborgen sind.

(Text der Grabplatte in Westminster Abbey)

Southampton, Mittwoch ... Als der Sarg von der ›Malwa‹ auf das Vorderdeck des kleinen Dampfbootes ›Queen‹ gebracht wurde, nahmen alle Anwesenden ehrerbietig die Kopfbedeckung ab. Mit der ›Queen‹ fuhren auch die Leidtragenden und die Abordnung der Geographischen Gesellschaft zur Royal Pier ...

Die städtischen Autoritäten ordneten unterdessen den Trauer-

zug, der den Leichenwagen durch die Stadt zum Bahnhof geleiten sollte... Alle Schiffahrts- und öffentlichen Gebäude und die
ausländischen Konsulate hatten halbmast geflaggt, und dichte
Menschenmassen sammelten sich rasch auf der Pier und längs
der Kais an... Der Trauerzug, geführt vom Bürgermeister und
den Ratsherren, alle in ihrer Amtsrobe und mit ihren Insignien,
jedoch mit einem Flor am Arm, ... die Richter, der Klerus, Geistliche aller Konfessionen in ihren Talaren und Hüten sowie Vertreter aller Berufe und öffentlichen Körperschaften der Stadt,
... der Leichenwagen, von vier Pferden gezogen, ... dahinter die
Angehörigen Dr. Livingstones, der Präsident und die Mitglieder
der Königlichen Geographischen Gesellschaft, ... der Präsident
der Medizinischen Gesellschaft von Southampton, die Konsuln
mehrerer Nationen.

Jacob Wainwright war nicht der einzige Afrikaner, der hinter
dem Leichenwagen schritt. Ein anderer Schwarzafrikaner, der
ein weißes Banner mit schwarzem Rand und den Worten ›Livingstone, der Freund der Sklaven‹ trug, hatte sich eingereiht, als
der Zug den Kai erreichte... Kanonenschüsse wurden abgefeuert..., Glocken der verschiedenen Kirchen läuteten dumpf...
Kapelle spielte den Trauermarsch aus ›Saul‹..., der ganze Weg
des Zuges von Menschen gesäumt, jeder Balkon, jedes Fenster
besetzt... Was an dem ganzen Schauspiel am meisten beein-
druckte, war das ruhige, beherrschte, ehrerbietige Verhalten der
Menschenmassen, die offensichtlich von dem gemeinsamen
Wunsch beseelt waren, einem Manne zu huldigen, dessen
Schicksal sie beklagten, während sie auf seine Taten stolz waren... Nach Meinung derer, die die Stadt am besten kennen, hat
man hier nie eine großartigere Menschenansammlung, sowohl
der Zahl wie der Haltung nach, erlebt als die heutige, auf die eine
strahlende Aprilsonne herabschien...

Gegen halb eins erreichte der Trauerzug den Bahnhof. Dort
wurde der Leichenwagen auf einen offenen Waggon am Ende des
Sonderzuges gestellt, der Livingstones Sarg und die Leidtragenden nach London bringen sollte...

THE TIMES, Donnerstag, 16. April 1874

Die Beisetzung von Dr. Livingstone. Am Sonnabend wurde David Livingstone mit allen Zeichen tiefer Anteilnahme und Verehrung der Nation jener langen Reihe hervorragender Engländer angefügt, die in der Westminsterabtei ruhen. Alle Bevölkerungsschichten, von den höchsten bis zu den niedersten im Lande, wetteiferten darin, ihm die letzte Ehre zu erweisen ...

Die Organisierung der Beisetzung war einem besonderen Komitee der Königlichen Geographischen Gesellschaft übertragen worden. Im Kartensaal ihres Hauses in Savile-Row lag der Leichnam seit seiner Überführung aus Southampton aufgebahrt ...

Am Samstagmorgen wurde auf Befehl Ihrer Majestät ein großer Kranz von Azaleen und anderen auserlesenen Blumen, mit der Inschrift ›Als Zeichen der Achtung und Bewunderung von Königin Victoria‹, gesandt, um die Bahre zu schmücken, die bereits ähnliche Gaben zierten ... Die Hinterbliebenen und die Vertreter der verschiedenen britischen gelehrten Gesellschaften sowie Vizeadmiral Baron de la Roncière le Noury, der eigens aus Paris gekommen war, um die Französische Geographische Gesellschaft zu repräsentieren, deren Präsident er ist, versammelten sich in dem Kartensaal im Halbkreis um die Bahre, und der presbyterianische Geistliche von Hamilton, der Gemeinde, in der die Angehörigen des Verstorbenen wohnen, hielt einen vorbereitenden Gottesdienst. Danach ordnete sich der Trauerzug von zwölf Kutschen, die dem von vier Pferden gezogenen Leichenwagen folgten ... Hinter den Trauerkutschen kam eine lange Reihe von privaten Equipagen, voran diejenigen Ihrer Majestät, des Prinzen von Wales, des Herzogs von Sutherland ... In der St.-James-Straße erhielt eine Abordnung von Arbeitern die Erlaubnis, im Namen ihres Standes einen Lorbeerkranz mit einer passenden Inschrift dem übrigen Schmuck des Sarges beizufügen ...

Eine große Menschenmenge hatte sich in den Straßen angesammelt, um den Trauerzug zu sehen; sie wurde gegen das Ende des Weges allmählich immer dichter; wo der Zug vorüberkam, entblößten die Menschen ehrerbietig das Haupt.

Nur ein kleiner Teil der Anträge auf Einlaß in die Abtei konnte berücksichtigt werden, obwohl jeder verfügbare Winkel des großartigen alten Bauwerkes ausgenutzt wurde. Die so glücklich waren, Eintrittskarten zu erhalten, mußten zeitig kommen, um sich gute Plätze zu sichern ... Die strahlende Morgensonne goß durch die reichbemalten Fenster von Altarraum und Laterne eine Lichtflut, in der sich die kleinsten Einzelheiten der Architektur scharf abzeichneten. Unter der Laterne, unmittelbar vor dem Altarraum, stand ein mit schwarzem Samt überzogenes Postament, auf dem während des ersten Teiles der Trauerfeier der Sarg ruhen sollte. In den Kirchenstühlen daneben saßen die beiden Töchter des berühmten Toten und seine anderen weiblichen Angehörigen.

Kurz vor eins begann die Glocke der benachbarten St.-Margareten-Kirche zu läuten, und einige Minuten danach betrat der Trauerzug die Abtei ..., empfangen von dem vollen Abteichor, den man zu diesem Anlaß durch ausgesuchte Stimmen aus der Schloßkapelle, St. Pauls und der Tempelkirche verstärkt hatte ... Der Boden des Mittelschiffes war mit schwarzem Tuch belegt; die große Fläche in Trauerfarbe wurde nur durch den weißen Saum unterbrochen, der das Podium andeutete, auf dem das schwarzumhüllte Lesepult stand. Eine ähnliche Borte in Weiß auf diesem Podium bezeichete, in Form des Umrisses eines Sarges angebracht, das neu ausgehobene Grab ...

Die ganze Versammlung erhob sich, um den Trauerzug zu grüßen, der unter dem Dröhnen der großen Orgel sich langsam an diesem offenen Grab vorüber und durch den Altarraum bewegte. Die Sargträger, acht an der Zahl, repräsentierten gleichsam drei unterschiedliche Epochen in der Laufbahn des großen Reisenden. Die ersten von ihnen waren Generalmajor Sir T. Stele und Mr. W. Oswell, der in der Anfangszeit von Livingstones Missionstätigkeit mit ihm in Afrika reiste und jagte. Um Haupteslänge überragte alle ringsum Mr. F. W. Webb, eine Art afrikanischer Nimrod, unter dessen gastlichem Dach in Newstead Abbey der Doktor wohnte, als er sein zweites Buch über Afrika schrieb. Die zweite Periode vertraten Dr. Kirk, Generalkonsul in Sansibar, dessen Forschungen und dessen Kampf zur Unterdrückung des Sklavenhandels so wohlbekannt sind, ferner der Rev. Horace Waller, der Bischof Mackenzies Mission im Jahre 1860 angehörte und die Bemühungen dieses verstorbenen Prälaten und Livingstones, die Sklaverei in den Schire-Hochlanden auszurotten, unterstützte, und Mr. E. D. Young, der Navigationsoffizier des ›Pionier‹ auf den Flüssen Sambesi und Schire, der später die von Musa und den anderen Johannadeserteuren erfundene Geschichte von Livingstones Ermordung widerlegte. Die dritte und letzte Periode veranschaulichte Mr. H. M. Stanley, der die berühmte Hilfsexpedition nach Udschidschi … führte. Die Gestalt unter den Sargträgern aber, die die meiste Neugier zu erregen schien, war Jacob Wainwright, der aus der Sklaverei befreite und getaufte junge Afrikaner, dessen Anwesenheit das segensreiche Wirken des Mannes, dem er bis zuletzt so treu ergeben war, versinnbildlichte.

Gleich hinter dem Sarg kamen Mr. Thomas und Mr. Oswell Livingstone, beide in Afrika geboren, wo ihre Mutter begraben liegt. Sie ähneln sehr ihrem Vater. Als nächster in der Reihe ging Dr. Moffat, der Patriarch der Südafrikamission, des Verstorbenen Schwiegervater; … Nach ihm kam ein langer Zug hochgestellter Freunde und Bekannter des Verstorbenen …

Nachdem der Sarg unter der Laterne niedergesetzt worden war und die Leidtragenden Platz genommen hatten, nahm die Trauerfeier ihren Verlauf … Dann wurde der Sarg aus dem Altarraum in das Mittelschiff getragen, wie vorher gefolgt von dem Trauerzug … Die Leidtragenden gruppierten sich rund um das Grab, und der Sarg wurde hinabgesenkt. Der Dekan sprach vom Lesepult her die Worte, mit denen er den Leichnam seiner letzten Ruhestätte übergab: ›Erde zu Erde, Asche zu Asche‹ … Während sich das Trauergeleit allmählich auflöste, spielte die Orgel im Zusammenklang mit der gedämpften Trommel den ergreifenden Trauermarsch aus ›Saul‹. Danach hatten viele tausend Menschen Gelegenheit, an dem neuen Grab vorüberzuziehen …

THE TIMES, Montag, 20. April 1874

Der Nassickboy Jacob Wainwright war also für würdig befunden worden, an den Feierlichkeiten teilzunehmen und sogar der Ehrenwache am Sarg anzugehören. »Noch erfreulicher wäre es, hätten auch Tschuma und Susi, die ein paar Wochen später nach England geholt und von Waller den Freunden Livingstones vorgestellt wurden, ihrem Herrn das letzte Geleit geben und an seinem Grabe stehen können. Sie hatten ein besseres Recht darauf, dort anwesend zu sein, als jeder andere in der großen Trauerversammlung, sogar ein besseres als Waller oder Kirk.« Das sagte mehr als siebzig Jahre danach der Engländer Coupland in seinem Buch über Livingstones letzte Reise.

»Das Werk, das Livingstone unvollendet lassen mußte, zu vollenden, ist nun die Aufgabe der englischen Nation.« Mit diesen Worten schloß eine andere englische Zeitung ihren Bericht über die Beisetzung David Livingstones.

Die englische Nation erledigte die Aufgabe, Livingstones Lebenswerk zu vollenden und den Sklavenhandel auszurotten, in erstaunlich kurzer Zeit – behauptet die englische Geschichtsschreibung, und zwar mit Stolz. Und wenn man unter einem Sklaven einen Menschen versteht, der juristisch das Eigentum eines anderen Menschen ist, dann ist die Behauptung auch richtig und der Stolz berechtigt, denn bereits 1875 war der Sklavenhandel in Ostafrika offiziell abgeschafft und damit der Sklavenraub im Innern Afrikas zumindest stark zurückgedrängt.

Noch während Susi und Tschuma mit ihren Gefährten Livingstones Leichnam vom Bangweolosee nach Bagamojo trugen, verbot der Sultan von Sansibar den Sklavenhandel und hob den öffentlichen Sklavenmarkt für immer auf. Freilich traf er diese Maßnahmen nur sehr ungern und nicht aus eigenem Antrieb.

Livingstones unablässige Anprangerungen der in Afrika täglich verübten Greueltaten hatte die englische Öffentlichkeit wachgerüttelt, sie verlangte von der Regierung ein energisches Einschreiten, sowohl aus moralischen als auch aus handelspolitischen Gründen. Der Sklavenhandel war ja nicht nur eine empörende Barbarei, er mußte auch die allmähliche Ausblutung und Entvölkerung der betroffenen Gebiete zur Folge haben und diese somit wirtschaftlich entwerten.

Im Januar 1873 traf eine Gesandtschaft in Sansibar ein, die den Sultan zum Abschluß eines Vertrages mit der britischen Krone veranlassen sollte. Dieser Vertrag enthielt ein Verbot der Ausfuhr von Sklaven aus des Sultans Hoheitsgebiet und eine Bestimmung über die sofortige Schließung aller Sklavenmärkte. Zwei Monate lang sträubte sich der Sultan. Er befürchtete einen Aufstand seiner arabischen Untertanen, die teils vom Sklavenhandel lebten, teils auf ihren Plantagen Sklaven verwendeten. Er wollte es aber auch mit den mächtigen Engländern nicht verderben und zog daher die Verhandlungen in die Länge. Schließlich reiste die britische Gesandtschaft unverrichteterdinge ab. Das Prestige Englands hatte in Ostafrika erheblich gelitten: Die britische Regierung schien nicht mächtig genug zu sein, in diesem Teil der Welt ihren Willen durchzusetzen.

Nunmehr erhielt Livingstones alter Reise- und Kampfgefährte Dr. Kirk den Auftrag, den Sultan zur unverzüglichen Unterzeichnung des Vertrages aufzufordern und ihm, falls er sich noch länger weigerte, die Blockade Sansibars durch die britische Kriegsmarine anzudrohen. Kirk überreichte das Ultimatum am 3. Juni, und zwar in Gegenwart der Berater des Sultans, deren Anwesenheit er aus diesem Anlaß verlangt hatte. Sie rieten ihm, sich zu fügen. Und so wurde am 5. Juni 1873 der Vertrag vom Sultan von Sansibar unterzeichnet, gesiegelt und in Kraft gesetzt und der Sklavenmarkt geschlossen. Ein britisches Geschwader sorgte dafür, daß der regelmäßige Transport von Sklaven nach Sansibar und der Nachbarinsel Pemba aufhörte.

So schnell gaben sich die Sklavenhändler freilich nicht geschlagen. Ihre Karawanen zogen auch weiterhin nach dem Hafen Kilwa, wo die lebende Ware bisher eingeschifft worden war. Von dort marschierten sie nunmehr an der Küste nordwärts bis Somaliland. Hier brachte man die Sklaven in den Küstenstädten auf den Markt. Ein Teil wurde sogar auf dem Wasserweg zurückbefördert und nach Pemba eingeschmuggelt. Um das Problem restlos zu lösen, mußte also auch auf dem Festland etwas geschehen.

Dr. Kirk wurde zum Generalkonsul ernannt, mit einem Stab von Mitarbeitern umgeben und auf das ostafrikanische Festland gesandt, wo er persönlich mit den bedeutendsten Häuptlingen verhandelte. 1875 entwarf er zwei Proklamationen, in denen »jeglicher Transport von Sklaven zu Land unter allen Umständen verboten« und die Freilassung aller aus dem Landesinnern abtransportierten Sklaven angekündigt wurde. Der Sultan von Sansibar unterschrieb auch diese Proklamation. Zwar bestand ein Überrest des verbotenen Menschenhandels noch einige Jahre als Schmuggel fort, aber dem offenen, organisierten, regelmäßigen Sklavengeschäft war endlich der tödliche Schlag versetzt worden.

Die »offene Wunde der Welt« war geheilt, und Livingstone hatte dazu den entscheidenden Anstoß gegeben.

Im Grunde ging es den britischen Politikern bei den Verhandlungen in Sansibar und auf dem ostafrikanischen Festland allerdings nicht um die Befreiung der Sklaven. Dieses edle Anliegen, von David Livingstone so leidenschaftlich und wirkungsvoll propagiert, bot indessen den denkbar schönsten Vorwand, sich in

Ost- und Zentralafrika einzumischen und festzusetzen. So lauter Livingstones Absichten waren, mittelbar dienten sie der britischen Expansionspolitik. Letzten Endes half in der zweiten Hälfte des neunzehnten Jahrhunderts jeder Missionar und jeder Forschungsreisende, ob er wollte oder nicht, direkt oder indirekt, die Entwicklung des Industrie- und Handelskapitalismus zum Imperialismus beschleunigen.

Zu Livingstones Zeit hatte sich das britische Industrie- und Handelskapital in Süd- und Ostafrika mit der Gewinnung billiger Rohstoffe und neuer Absatzmärkte begnügt. Mit der Entdeckung der Goldfelder am Witwatersrand in Transvaal (1885) und der Diamantenvorkommen von Kimberley erwachte das britische Interesse am Besitz dieser Gebiete. Der Tauschhandel mit Baumwolle und Elfenbein von der einen Seite, Web- und Eisenwaren von der anderen rückte in den Hintergrund. Der Kapitalexport setzte ein, damit vollzog Großbritannien einen wesentlichen Schritt vom Kapitalismus zum Imperialismus. Unter dem Ministerium Disraeli begann Großbritannien sich nunmehr auch in Afrika ein riesiges Kolonialreich zu schaffen – durch Überredung und Erpressung, Verträge und Vertragsbrüche, bewaffnete Überfälle und Krieg.

Der Prototyp des »Kolonialpioniers« war der Gold- und Diamantminenbesitzer Cecil Rhodes, nach dem später die beiden Rhodesien benannt wurden. Er betrieb eine Macht- und Expansionspolitik auf eigene Faust, aber mit Billigung der englischen Regierung. Seinen Traum eines britischen Imperiums vom Kap bis Kairo konnte er zwar nicht verwirklichen, aber er wies dem britischen Imperialismus in Afrika die Stoßrichtung.

Scheinheilig schlossen englische Agenten Freundschafts- und Bündnisverträge mit den Häuptlingen, um sie gegen die burischen »Mörder und Raubgesellen« in Schutz zu nehmen. Da die Einheimischen keinen privaten Landbesitz kannten, kam ihnen, wie Livingstone schreibt, »der Gedanke, durch Zulassung der Ausländer ihr Land zu verlieren, von vornherein nicht in den Sinn«, und die Europäer nützten das hemmungslos aus. Durch geschickt formulierte Klauseln in den Verträgen büßten die Häuptlinge, ohne die Tragweite ihrer Zugeständnisse zu begreifen, ihre Selbständigkeit und die Verfügungsgewalt über das Land ihres Stammes ein. Wenn sie endlich begriffen, war es zu spät – sie waren in ihrem eigenen Land Fremdlinge geworden.

Auf diese Weise entstand in den Jahrzehnten nach Livingstones Tod eine ganze Anzahl verschiedenartiger britischer Kolonien und Protektorate in Süd- und Ostafrika. Die Buren wurden schließlich in einem mit schonungsloser Grausamkeit geführten Krieg, der von 1899 bis 1902 dauerte, nach erbittertem Widerstand der britischen Herrschaft unterworfen. 1910 wurden die Burenrepubliken Oranje und Transvaal dem neuen britischen Dominion Südafrikanische Union einverleibt.

In Ostafrika erreichte die britische Politik zunächst ein Protektorat über Sansibar und die umliegenden Inseln und danach die Durchdringung des Landesinnern. Unter der Flagge des Kampfes gegen den Sklavenhandel drängten die Engländer die Araber immer tiefer in den Kontinent hinein und rissen den übrigen Handel an sich. Livingstones Kampf gegen den arabischen Sklavenhandel war, historisch gesehen, ein Frühstadium des britischen Kampfes um die Herrschaft über Ostafrika, in die sich die Briten später mit den deutschen Imperialisten teilten.

In den Gold- und Diamantengebieten Südafrikas wuchsen Industrien aus dem Boden, die Arbeitskräfte benötigten – billige Arbeitskräfte, die riesige Profite ermöglichten. Es entstand ein farbiges Proletariat. Die alte Sklaverei, in der der Sklave seinem Herrn mit Leib und Seele gehörte, war zwar abgeschafft, aber sie wurde nur durch eine neue, rentablere Form, die Lohnsklaverei, ersetzt, bei der der Sklave persönlich frei war und lediglich seine Arbeitskraft verkaufte. Und auch dazu zwang ihn niemand, es stand ihm durchaus frei, sie nicht zu verkaufen und im vollen Genuß seiner Freiheit – zu verhungern; denn der beste, fruchtbarste Boden, der ihn bisher ernährt hatte, ging mehr und mehr in den Besitz europäischer Farmer und Pflanzer über.

Nur auf den ersten Blick erscheint die neue Form der Sklaverei humaner als die alte. Der Sklavenhalter alten Typs war immerhin bestrebt, seine Sklaven am Leben und gesund zu erhalten, denn er hatte in ihnen ja Betriebskapital investiert. Die Minen-, Fabrik- und Plantagenbesitzer aber waren ausschließlich darauf bedacht, die Arbeitskraft möglichst billig zu kaufen, also niedrige Löhne zu zahlen, und sie so vollständig wie möglich auszunutzen, ohne Rücksicht auf raschen Verschleiß. Was übrigblieb, der Invalide, die menschliche Schlacke, das wurde abgestoßen und seinem Schicksal überlassen; der Arbeiter war danach wieder völlig frei: Er konnte zugrunde gehen, wie es ihm beliebte.

Livingstone hat diese Wendung der Dinge in Afrika, die ein Hohn auf seine Bestrebungen war, nicht mehr erlebt. Er starb, bevor ihm bewußt werden konnte, daß er selbst mit seinen Reisen und Forschungen den imperialistischen Landräubern und Blutsaugern vom Schlage Rhodes' vorwärtsgeholfen hatte. Der Tod ersparte ihm die bittere Erkenntnis der Tragik seines Wirkens.

An jenem 18. April 1874 bestattete man in der Westminsterabtei nicht nur einen großen Forscher und Menschen, mit David Livingstone wurde ein ganzes Zeitalter der Afrikaforschung zu Grabe getragen. Auch der Forschungsreisende trat nunmehr ganz offen in den Dienst des Kolonialismus und damit des Imperialismus. Die erste und reinste Verkörperung des neuen Forschertyps war Henry Morton Stanley, der seine Autorität nicht wie Livingstone auf die Liebe und das Vertrauen der Afrikaner gründete, sondern mit Peitsche und Revolver aufrechterhielt. Nach seiner berühmten Kongofahrt schuf er für den belgischen König Leopold II. den »unabhängigen Kongostaat«, der siebenundsiebzigmal so groß wie Belgien war und viele Jahre »Privatbesitz« des Königs blieb, bis dieser ihn 1908 an den belgischen Staat verkaufte.

In der Zeit der Aufteilung Afrikas unter einige Staaten West- und Mitteleuropas verblaßte Livingstones Ruhm. Der Held des Tages war der harte Draufgänger Stanley. Über ihn wurde, auch in Deutschland, viel mehr geschrieben als über Livingstone, von dem die Wortführer des Kolonialismus in abfälligem Ton sprachen.

»Livingstone wird in vieler Beziehung überschätzt«, heißt es zum Beispiel in der Stanley-Biographie des deutschen Afrikaforschers und »Kolonialpioniers« Paul Reichard (»Stanley.« Berlin 1897). »... Wenn man die unendlich lange Zeit in Anrechnung bringt, welche Livingstone zur Ausführung seiner Reisen brauchte, so schrumpfen seine Fähigkeiten gewaltig zusammen. Hätte er nicht eine solche ungeheure Leidenschaft fürs Reisen gehabt und wäre er nicht von solchem Ehrgeiz beseelt gewesen, der Nilquellenentdecker zu werden, so würde er bei dem Mangel an durchgreifender Energie und bei seiner pedantischen steten Rücksichtnahme auf die Schwächen der ›armen Neger‹ überhaupt nie etwas zustande gebracht haben.

Wie ganz anders Stanley: ohne Vorurteil, rücksichtslos bis zur Brutalität, mit eiserner Energie ausgestattet, geht er drauflos ...

Stanley hat durch die Art, in der er seine Reisen ausführte, bahnbrechend gewirkt ... Man war bis dahin, hauptsächlich seit der jüngsten Epoche der Neubelebung der Afrikaforschung, dem Vorbilde Livingstones folgend, gewohnt, Reisen unter großer Rücksichtnahme auf die Eingeborenen und deren Launen zu unternehmen. Unendliche Zeitverschwendung und vielfache Mißerfolge ergaben sich daraus. Stanley führte ein anderes System ein ... Er ging mit einer Rücksichtslosigkeit ohnegleichen auf sein Ziel los; wo alle Versuche friedlicher Lösung scheiterten, brach er sich mit der Flinte Bahn.«

In der Tat, diese Art von »durchgreifender Energie« besaß Livingstone nicht. Wenn bei ihm alle Versuche einer friedlichen Lösung scheiterten, dann kehrte er lieber um, als daß er sich mit der Flinte Bahn gebrochen hätte. Daß es ihm etwa an Mut gefehlt hätte, wagte indessen niemand zu behaupten. Manche bedrohliche Lage, in der ein Stanley unweigerlich zur Waffe gegriffen hätte, meisterte er durch überlegene Ruhe und Geduld oder durch ein verblüffendes Lachen – so wenig waren andere Menschen imstande, ihm Furcht einzuflößen. »Er wußte nicht, was Furcht ist«, sagte sein Freund Dr. Kirk von ihm.

Am nördlichen Teil des Njassasees gibt es die Stadt Livingstonia und die Livingstone Mountains; eine Stadt in Sambia unweit der Victoriafälle des Sambesi trägt den Namen Livingstone, und wenn es nach Stanley gegangen wäre, so hieße der Kongo Livingstonefluß.

Aber in Südafrika kann man das Andenken Livingstones nicht wirklich in Ehren halten. Allzu schroff ist der Gegensatz zwischen dem, was er gelehrt und gelebt hat, und dem, was die herrschende Schicht dort denkt und tut. In einen geistigen Ahn- und Schirmherrn des bestehenden Regimes kann man den unermüdlichen Kämpfer gegen Rassendünkel und Rassenhaß nicht umfälschen, man kann ihn höchstens totschweigen. Man *muß* ihn totschweigen, er ist ein zu unbequemer Mahner.

»Ich habe kein Vorurteil gegen ihre Hautfarbe«, sagte er von den Afrikanern. »In der Tat, jeder, der lange unter ihnen lebt, vergißt, daß sie schwarz sind, und fühlt, daß sie einfach Mitmenschen sind.«

So sehr er zeitlebens im Bibelglauben und in den Moral- und

Anstandsbegriffen seiner Zeit befangen blieb, so wenig er die Unmoral der bürgerlichen Gesellschaftsordnung, in der er lebte, begriff, in seiner Einstellung zu den Afrikanern war er seiner Zeit voraus.

Er war ein Gegner jeder unnötigen Gewaltanwendung; selbst wenn er angegriffen wurde, wehrte er sich nur im äußersten Notfall mit der Waffe. Dennoch kann niemand, der den Unterdrückten den gewaltlosen Widerstand gegen die Gewalt predigt, sich auf ihn berufen. Hat er nicht die friedlichen Manganja zur Einigkeit und zum gemeinsamen Widerstand gegen die Sklavenjäger und -händler aufgefordert?

Hätte er noch den Terror und das Elend in den Townships Südafrikas, die Rechtlosigkeit der farbigen Afrikaner, die Politik der Apartheid erlebt, er hätte seine Stimme sicherlich gegen die Rassisten und Unterdrücker erhoben.

Nachbemerkung. Dieses Buch enthält keine erfundenen Personen und Begebenheiten. Die Darstellung beruht auf den angegebenen Quellen; einige Tatsachen aus jüngster Zeit sind den neuesten Nachschlagewerken entnommen.

Zitate ohne Namensnennung sind Stellen aus den Werken und Tagebüchern Livingstones und vom Verfasser aus dem englischen Original übertragen, teilweise unter Benutzung der im Literaturverzeichnis aufgeführten deutschen Übersetzungen. Auch der gekürzte TIMES-Bericht wurde vom Verfasser aus dem Original übertragen.

Die alten Längenmaße Fuß, Yard und (englische) Meile sind beibehalten worden. Um eine Umrechnung zu ermöglichen, sei die metrische Entsprechung angegeben:

```
1 Fuß                 = 0,305 m
1 Yard = 3 Fuß        = 0,914 m
1 englische Meile     = 1609,3 m
```

Die wichtigsten Quellen

David Livingstone: »Missionary travels and researches in South Africa, including a sketch of sixteen year's residence in the interior of Africa...« London 1857 – Deutsche Ausgabe: »Missionsreisen und Forschungen in Süd-Afrika während eines sechzehnjährigen Aufenthalts im Innern des Continents.« Leipzig 1858

David and Charles Livingstone: »Narrative of an expedition to the Zambesi and its tributaries, and of the discovery of the lakes Shirwa and Nyassa 1858 to 1864«. London 1865 – Deutsche Ausgabe: »Neue Missionsreisen in Süd-Afrika... Forschungen am Zambesi und seinen Nebenflüssen...« Leipzig 1865/66

»The last journals of David Livingstone in Central Africa from 1865 to his death, continued by a narrative of his last moments and sufferings, obtained from his faithful servants Chuma and Susi, by Horace Waller«. London 1874 – Deutsche Ausgabe: »Letzte Reise von David Livingstone in Centralafrika von 1865 bis zu seinem Tode 1873. Vervollständigt durch einen Bericht über seine Leiden und letzten Augenblicke nach den Erzählungen seiner treuen Diener Chuma und Susi von Horace Waller«. Herausgegeben von Dr. Josef M. Boyes. Hamburg 1875

Wilhelm Berdrow: »Afrikas Herrscher und Volkshelden«. Berlin 1908

William Garden Blaikie: »Das Leben David Livingstones«. Gütersloh 1881

Reginald Coupland: »Livingstone's last journey«. London 1947

Emil Holub: »Sieben Jahre in Süd-Afrika«. Wien 1881

Henry M. Stanley: »Wie ich Livingstone fand«. 3. Auflage. Leipzig 1891

Henry M. Stanley: »Mein Leben«. München 1911

W. I. Lenin: »Über die nationale und die koloniale Frage«. Berlin 1960

»Die Völker Afrikas in Vergangenheit und Gegenwart«. Redaktion D. A. Olderogge und I. I. Potechin. Bd. II. Berlin 1961

»Weltgeschichte in zehn Bänden«. Bd. 6 und 7. Berlin 1965 und 1969